Ebel · Qualitätsmanagement

W0033805

Vorwort zur zweiten Auflage

Der Qualitätsbegriff befindet sich in einem steten Wandel und hat sich von der rein technischen Qualität von Maschinen, Material, Werkzeugen oder Methoden über die Prozessqualität in Form von Know-how, Organisation, Qualifikation und Prozessorientierung bis hin zur sozialen Qualität bezüglich Kommunikation und Teamarbeit weiterentwickelt. Auch nimmt die Bedeutung der „Dienstleistung" entsprechend ihrem Gewicht in der volkswirtschaftlichen Gesamtleistung permanent zu.

Ziel ist es heute, dem Kunden nicht nur die vereinbarte Leistung zu liefern, sondern ihn durch zusätzliche Angebote so zu begeistern, dass seine Einstellung zu einer dauerhaften Loyalität und engen Kundenbindung führt. Für Unternehmen und Organisationen bedeutet das eine kompromisslose Qualitätsstrategie, problemlösungsorientierte Organisation, qualitätsorientierte Entwicklungs- und Produktionsprozesse sowie die Mobilisierung aller Mitarbeiter.

Diese neuen Anforderungen sind in der Mehrzahl der Fälle nicht mehr mit den traditionellen Aufbau- und Ablauforganisationen zu bewältigen. Die Verbesserungspotentiale sind in den weichen Faktoren wie Kommunikation, Kooperation, Motivation oder Teamorientierung zu suchen. In den Prinzipien des Total-Quality-Managements (TQM) und der Modelle zur Erreichung von Business Excellence (z.B. EFQM) finden diese neuen Sichtweisen des Managements in Bezug auf Mitarbeitereinbeziehung und Führungsstil ihren Ausdruck.

Dieses Buch soll als Lern- und Nachschlagewerk eine Orientierungshilfe auf dem Gebiet des ganzheitlichen Qualitätsmanagements bieten. Besonderer Wert wurde daher auf eine übersichtliche und durch Grafiken unterstützte Darstellung gelegt. Wichtige Merksätze und zusammenfassende Aussagen sind optisch durch einen Rahmen hervorgehoben. Ein ausführliches Stichwortverzeichnis und Hinweise auf weiterführende Literatur sollen dem Leser die ihn interessierenden Gebiete zusätzlich erschließen helfen. Viele der angeführten Beispiele stammen aus der eigenen Praxiserfahrung des Autors als Geschäftsführer, Unternehmensberater und Hochschullehrer.

Zur Zielgruppe gehören zum einen Studierende und Teilnehmer an Weiterbildungsveranstaltungen in eigentlich allen Fächern, da sich die Prinzipien des Qualitätsmanagements überall dort anwenden lassen, wo es um die Gestaltung und Optimierung von Abläufen und Prozessen geht. So sollte jeder Absolvent einer Aus- und Weiterbildungseinrichtung etwas über die Bedeutung des Qualitätsmanagements im praktischen Arbeitsleben und seine mögliche Beteiligung daran erfahren haben. Zur Lernkontrolle wurde deshalb zum Abschluss eines jeden Kapitels ein Fragenkatalog eingefügt.

Zum anderen wendet sich das Werk an Praktiker, die Näheres über die Wirkungszusammenhänge in Unternehmen und Organisationen erfahren möchten und ein Hilfsmittel für die eigene Projektarbeit benötigen.

Den aktuellen Anforderungen des sich rasch wandelnden Umfelds trägt diese zweite Auflage des Buches dadurch besonders Rechnung, dass es auf die Struktur und Inhalte der ISO 9000:2000 ausgerichtet ist und sich die Anforderungen der verschiedenen Qualitätspreise als roter Faden durch die Themen ziehen.

Zusätzlich wurden die aktuellen Normungen aus dem Bereich Gesundheitsschutz und Arbeitssicherheit sowie die branchenspezifische Norm der Automobilindustrie aufgenommen. Die Entwicklung der letzten Jahre führte zu einer weiteren Schwerpunktverlagerung in Richtung Prozess- und Kundenorientierung, die an entsprechenden Stellen in diesem Werk zusätzlich betont wird. Auch dem Bereich Dienstleistung und Nonprofit-Organisationen ist besonderer Raum gewidmet. Dazu vielen Dank an Herrn Dr. Thomas Krickhahn für die Bearbeitung dieses Teilbereiches.

Insgesamt wird den derzeitigen Fragestellungen der globalen Wirtschaft, wie umfassende und ganzheitlich konzeptionierte Managementsysteme, die Rolle der Führung, die Vorbereitung auf Qualitätspreise, Einbeziehung der Mitarbeiter, rechtliche Aspekte der Qualität sowie die Verbindung zum Controlling besondere Bedeutung beigemessen. Diese Entwicklung findet in vielen Unternehmen heute ihren Ausdruck in der Aufnahme und Umsetzung des EFQM-Modells und daran ausgerichteter strategischer Steuerungsinstrumente, wie sie sich in so genannten Balanced Scorecards finden lassen.

So wie die globalen Geschäfte immer enger zusammenrücken, müssen auch die Funktionsbereiche innerhalb der Wirtschaft enger miteinander kooperieren. Einen Beitrag zum gegenseitigen Verständnis der Aufgabenschwerpunkte und zur gemeinsamen Nutzung des jeweiligen Spezial-Know-how möchte dieses Buch liefern.

Neunkirchen, im Mai 2003   Bernd Ebel

Inhaltsüberblick

Inhaltsverzeichnis

Abbildungsverzeichnis

Abkürzungsverzeichnis

Abb.	Abbildung
APP	Analyse Potentieller Propleme
AQAP	Allied Quality Assurance Publication
AQL	Acceptable Quality Level
ASQ	Arbeitsgemeinschaft für statistische Qualitätskontrolle
BAM	Bundesanstalt für Materialprüfung
BPR	Business Process Reengineering
BS	British Standard
CA	Computer Aided
CAQ	Computer Aided Quality Assurance
CE	Communité Européen
CIM	Computer Integrated Manufacturing
DGQ	Deutsche Gesellschaft für Qualität e.V.
DIN	Deutsche Industrie-Norm
DKD	Deutscher Kalibrier Dienst
DoE	Design of Experiments
EDI	Electronic Data Interchange
EFQM	European Foundation for Quality Management
EG-VO	Europäische Gemeinschaft - Verordnung
EMAS	Environmental Management and Audit Scheme
EN	Europäische Norm
ENX	European Network Exchange
EQA	European Quality Award
EU	Europäische Union
EWG	Europäische Wirtschafts-Gemeinschaft
FH	Fachhochschule
FMEA	Failure Mode and Effects Analysis
GMP	Good Manufacturing Practices
GS	Geprüfte Sicherheit
HACCP	Hazard Analysis and Critical Control Points
IPC	In-Process-Control
ISO	International Organization for Standardization
Kap.	Kapitel

LEP	Ludwig-Erhard-Preis
MIL	Militär Standard
NAGUS	Normenausschuss Grundlagen des Umweltschutzes
NPO	Nonprofit-Organisation
NQSZ	DIN-Ausschuss zur Normung von QM-Systemen
OTG	Obere Toleranzgrenze
OWG	Obere Warngrenze
PPS	Produktionsplanungs- und Steuerungssystem
PTB	Physikalisch-Technische Bundesanstalt
QFD	Quality Function Deployment
QM	Qualitätsmanagement
QMB	Qualitätsmanagement-Beauftragter
QS	Qualitätssicherung
RAL	RAL Deutsches Institut für Gütesicherung und Kennzeichnung e.V.
s.	siehe
S.	Seite
SCC	Safety Checklist Contractors
SGU	Sicherheit, Gesundheit und Umweltschutz
SMED	Single Minute Exchange of Die - Einminuten-Werkzeugwechsel
SPC	Statistical process controlling
TGA	Trägergemeinschaft für Akkreditierung GmbH
TPM	Total Productive Maintenance
TQM	Total Quality Management
TÜV	Vereinigung der Technischen Überwachungsvereine
UMS	Umweltmanagement System
USP	Unique Selling Proposition
UTG	Untere Toleranzgrenze
UWG	Untere Warngrenze
VDA	Verband der Automobilindustrie e.V.
VDE	Verband Deutscher Elektrotechniker e.V.
VDI	Verein Deutscher Ingenieure e.V.

1. Grundlagen und Konzepte im Qualitätsmanagement (QM)

Inhaltsübersicht zu Kapitel 1

1.1 Ausgangspunkte und historische Entwicklung zum QM

1.1.1 Ursprünge und Entwicklung bis zur Industrialisierung

Qualitätsaspekte spielen seit den Anfängen unserer Kultur eine große Rolle. Bereits im Codex Hammurabi (ca. 1750 v.Chr.) drohten einem Baumeister drakonische Strafen, wenn das von ihm erstellte Bauwerk einstürzte. So wurde er nach dem Prinzip „Auge um Auge – Zahn um Zahn" mit dem Tode bestraft, wenn ein Qualitätsmangel zum Tode eines Bewohners führte.

Auch in einem Zarenerlass aus dem Jahre 1723 als Folge der Lieferung unbrauchbarer Gewehre werden denen, die schlechte Qualität geliefert haben oder nachlässig kontrolliert haben, Degradierungen, Auspeitschungen oder der Entzug des sonntäglichen Glases Wodka angedroht.

Schlechte Qualität zu liefern war also schon immer gefährlich !

Noch bis zur Mitte des 19. Jahrhunderts war bei den Handwerkern die Notwendigkeit zur Qualitätssicherung in der Produktion gegeben, da jeder für sein Produkt und seinen Ruf allein verantwortlich war. Ihre Arbeitsweise war Qualitätssicherung durch Prozessselbstkontrolle.

Mit der Industrialisierung kamen oft nur kurzfristig angelernte Menschen in die Produktion (Kinderarbeit/unausgebildete Landflüchtlinge). F.W.Taylor (1856 - 1915) erkannte, dass durch Zerlegung der Arbeitsvorgänge in einzelne Bewegungsabläufe eine hohe Rationalisierung ermöglicht wird. Henry Ford (1863 - 1947) führte in Umsetzung dieses „Taylorismus" das Fließband ein, das durch extreme Zergliederung in einzelne Arbeitsschritte gekennzeichnet war. Die Folge war, dass die beteiligten Mitarbeiter immer weniger Verantwortung für die Qualität der Produkte übernahmen. Zwingend war nun der Qualitätskontrolleur, der von den Mitarbeitern naturgemäß als „Aufseher" empfunden wurde. Wir wissen heute, dass diese Idee viele Aspekte im psychologischen und soziologischen Bereich vernachlässigt. So ist die Monotonie der Fließbandarbeit bereits als eine Ursache von Fehlern anzusehen.

1.1.2 Entwicklungen in der Nachkriegszeit

Aussortieren in der Endkontrolle

Durch die Weltwirtschaftskrise und den 2. Weltkrieg mit seinen Zerstörungen gab es in Deutschland bis dahin keine besonders intensive Weiterentwicklung. In der Nachkriegszeit waren Handarbeit und Endkontrolle unvermeidlich, die erst in den

50er Jahren durch die Investitionen des „Wirtschaftswunders" ein immer ungenü-
genderes Instrument wurden.

Stichproben als statistische Prüfung

In den 60er Jahren begann man verstärkt, statistische Methoden und exaktere
Fehlerbewertungsverfahren einzusetzen. Die Erkenntnis, dass Fehler umso teurer
werden, je später sie erkannt werden, führte immer mehr zu präventiven Maßnahmen (vgl. Abb. 1.18).

Durch Adaption des „Military Standards" wurde AQL (Acceptable Quality Level)
zu einem wichtigen Instrument der Warenendkontrolle beim Hersteller und der Wa-
reneingangskontrolle beim Kunden. AQL als Maß für eine Obergrenze von gedul-
deten Fehlern bei Stichprobenprüfungen ist heute als überholt anzusehen, da dieses
Verfahren unwirtschaftlich, unsicher und absolut gegenläufig zu Null-Fehler-
Philosophien ist (siehe auch Kap. 1.3.4 und 4.3.5).

Prozessbegleitende Prüfung

Bald erkannte man, dass eine reine Endkontrolle als Fehlersuche und Nachbesse-
rung im Stadium der höchsten Veredelungskosten und AQL nicht zum Ziel führten.
So entschloss man sich zu prozessbegleitenden Systemen, die den Ablauf mindestens in Wareneingang, Zwischenprüfungen und Endprüfung zerlegten, so dass bei
niedrigerem Investitionsniveau ein Fehler erkannt und durch Nachbearbeitung noch
korrigiert werden konnte. Diese Einzelstufen wurden zwar jeweils auch nur nach
statistischen Probenahmen geprüft, jedoch führte die insgesamt höhere Prüfdichte
(z. B. halbstündlich) zu schnelleren Erkenntnissen und zu weniger fehlerhaften
Losgrößen. Diese „IPC" (In-Process-Control) als Qualitätssicherungssystem führte
in vielen Fällen zu messbaren Qualitätsverbesserungen und zu deutlichen wirtschaftlichen Erfolgen.

Ausrichtung an Normen

Die ersten gesetzlich verfügten Kennzeichnungen ausländischer Produkte wurden
1887 in England zum Schutz der einheimischen Industrie beschlossen. Diese als
Diskriminierung gedachte Maßnahme gegen Produkte „Made in Germany" verkehr-
te sich ins Gegenteil und wurde später - nachdem die Qualität deutscher Produkte
sich am Markt behauptet hatte - zu einem Gütesiegel.

Die Institutionalisierung der Qualitätssicherung begann in den 60er-Jahren in den
USA mit der Begründung des „MIL-Standards" in der Militär- und Raumfahrttech-
nik, der sich zur für den NATO-Bereich verbindlichen AQAP-Norm (Allied Quality
Assurance Publication) entwickelte. In Deutschland wurde 1957 die „Arbeitsge-

meinschaft für statistische Qualitätskontrolle" (ASQ) gegründet, aus der später die „Deutsche Gesellschaft für Qualität e.V." (DGQ)[1] hervorging. Zusätzlich entstand eine Reihe von Firmennormen und Vorschriften, so dass Lieferanten gleichzeitig mehrere unterschiedlich strukturierte Vorgaben zu erfüllen hatten.

Aus deren Forderung nach einer einheitlichen Vorgehensweise und nicht zuletzt aufgrund des enormen Marktdrucks japanischer Anbieter durch niedrige Preise bei gleichzeitigem hohen Qualitätsniveau entstand der Ruf nach abgestimmten international anerkannten Normen. Ausgangspunkt der Normungsbewegung war Großbritannien, wo staatliche Programme und die Einführung des „British Standard" zur Qualitätssicherung (BS 5750) eine Wiederbelebung der Wirtschaft ermöglichen sollten. Auf Basis dieser britischen Norm wurde vom technischen Komitee ISO/TC 176 der „International Organization for Standardization" (ISO) die Qualitätssicherungsnormenreihe ISO 9000 ff. im Jahre 1987 in einer ersten Fassung verabschiedet.

Da der „Leidensdruck" der deutschen Industrie Mitte der 80er Jahre nicht so groß war wie z.B. in England, wurde noch lange am „Made in Germany" als Qualitätssiegel festgehalten. Erst später – viele meinen wegen der nun fehlenden Einflussmöglichkeiten zu spät – schloss sich auch Deutschland aktiv der Qualitätsbewegung an. Das Normensystem ISO 9000 ff. wurde 1994 aktualisiert und hat sich seitdem als weltweiter Standard zum Aufbau und zum Nachweis von QM-Systemen etabliert (siehe auch Kap. 2.2).

Die Normen der ISO-9000-Reihe aus dem Jahr 1994

Wenn Unternehmen Qualitätsmanagement-Maßnahmen etablieren, sollten diese für den Kunden vergleichbar und damit bewertbar sein. Das wesentliche Ziel der ISO-9000-Reihe ist die Schaffung eines national und international gültigen, einheitlichen Rahmens für den Aufbau und die Beschreibung von QM-Systemen.

Seit der Erstausgabe der ISO 9000ff im Jahre 1987 haben QM-Systeme, die sich an dieser Norm ausrichten, eine flächendeckende Verbreitung erlangt. Im Jahre 1990 wurde für die Normen der ISO 9000ff ein Veränderungsprozess in zwei Phasen beschlossen. Um eine Konstanz in der Anwendung sicherzustellen, wurden in der Kurzzeitrevision 1994 nur geringe Änderungen verwirklicht. Die Langzeitrevision vom Dezember 2000 realisiert die notwendigen strukturellen und inhaltlichen Veränderungen (siehe Kap. 2.2.2).

---

[1] Deutsche Gesellschaft für Qualität e.V., http://www.dgq.de.

Langzeitrevision der ISO-9000-Normenserie aus dem Jahr 2000 und Harmonisierung der Normenwerke zur TS 16949 aus dem Jahr 2002

Die Philosophie des TQM, die Qualitätspreise, die Branchen-Managementsysteme, die Idee eines Integrierten Managementsystems sowie Gedanken des Reengineering wurden parallel zur Entwicklung der ISO 9000ff von den Unternehmen aufgegriffen.

Die Anpassung der QM-Systeme nach der Langzeitrevision besteht in der Umsetzung zusätzlicher Forderungen, die aus der Entwicklung der Qualitätsbewegung resultieren. Die größte Neuerung der ISO 9000:2000 liegt in der Prozessorientierung. Dies drückt sich aus in einer veränderten Struktur der Normen auf Basis eines Prozessmodells und durch Orientierung der QM-Forderungen an den Unternehmensabläufen.

Nachdem durch die Neuorientierung der ISO 9000 viele der bisher von den Automobilherstellern vermissten Themen mit aufgenommen wurden, entschloss man sich, die unwirtschaftlichen Mehrfachzertifizierungen zugunsten einer Integration der Zusatzforderungen in die ISO-Inhalte aufzugeben. Die aktuelle Norm TS 16949 aus dem Jahre 2002 ist analog der ISO 9000 aufgebaut und enthält zusätzlich einige automobilspezifische Anforderungen.

Eine ausführliche Darstellung der derzeit gültigen Normen für Qualitätsmanagementsysteme findet sich in Kapitel 2.2.

Zukunftssysteme

Das über die ursprünglichen Ansätze hinausgehende Verständnis des Qualitätsmanagements als unternehmensweite Aufgabe hat sich in der Industrie erst Ende der 80er Jahre entwickelt. Verstärkte Kundenorientierung, Einbeziehung der Lieferanten, Umweltgesichtspunkte und die permanente Herausforderung zur Analyse, Schwachstellenbeseitigung und Verbesserung von Prozessen kennzeichnen eine Einstellung, die mit "Total Quality Management" (TQM) bezeichnet wird.

TQM bedeutet Qualität über den gesamten Prozess hinweg und erfasst die Qualität des gesamten Unternehmens. Es führt zu einer lernenden Organisation, in der alles aufgenommen und eingeführt wird, was der Zielerfüllung dient. Die Realisierungszeiträume sind relativ lang und müssen in Jahren gerechnet werden. Die Entwicklung tendiert derzeit eindeutig in Richtung präventiver QM-Systeme, die sehr hohe Eigenverantwortlichkeit der Mitarbeiter voraussetzen.

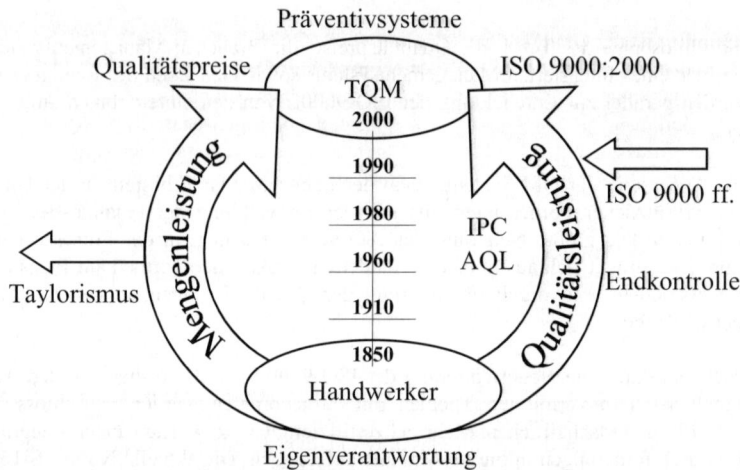

Auseinanderdriften und Wieder - Zusammenführung
der Verantwortung für Menge und Qualität

Abb. 1.1: Rückbesinnung auf die Eigenverantwortung

1.1.3   Zur Entwicklung des Qualitätsbegriffs

Leider gehört der Begriff „Qualität" zu den Begriffen in der Umgangssprache, die nicht eindeutig benutzt werden. Der Verkäufer, der seinem Kunden zu dem Produkt mit der „besten Qualität" überreden möchte, meint eigentlich nur das Produkt mit der höchsten Spezifikation oder der edelsten Ausführung und benutzt den Begriff als Werbeargument.

Bis ins 19. Jahrhundert war der Begriff Qualität vor allem philosophisch als „Eigenschaft oder Beschaffenheit" belegt. Erst später sind Aspekte der Verbraucherorientierung, der Herstellerorientierung und der Produktorientierung hinzugekommen.

Für den Verbraucher stellt Qualität ein Synonym für etwas dar, mit dem er zufrieden ist und das seinen Vorstellungen entspricht.

Exakt definiert es die Norm DIN EN ISO 9000:

Qualität ist der Grad, in dem
   ein Satz   (= mehrere Positionen)
   inhärenter   (= mit dem Ergebnis verknüpfter)
   Merkmale   (= kennzeichnende Eigenschaften)
   Anforderungen   (= festgelegte, vorausgesetzte oder verpflichtende
                        Erfordernisse oder Erwartungen)
   erfüllt.

oder kürzer:

Qualität ist die realisierte Beschaffenheit bezüglich Qualitätsanforderungen.

Ein **Fehler** ist die Nichterfüllung einer Anforderung.

Der Normtext weist darauf hin, dass die Qualitätsanforderungen der Kunden eben auch im Bereich der vorausgesetzten Erfordernisse zu erfüllen sind, was manchmal etwas schwierig zu definieren ist. So kann der Klang einer zuschlagenden Autotür oder die Bereitstellung eines Ersatzwagens während des Werkstattaufenthalts eines Fahrzeugs für den Kunden ein wichtiges Erfordernis sein. Erkennt das der Anbieter nicht, hat er einen entsprechenden Imagenachteil.

Die Qualitätsentwicklung der Neuzeit führte etwa alle zehn Jahre zu veränderten Grundbegriffen im Verständnis von Qualität (Abb. 1.2). Ging es zunächst hauptsächlich um die Verfügbarkeit der Ware (50er Jahre), also eine produktbezogene Sicht, wandelten sich die Anforderungen über Fehlerfreiheit mit dem Schwerpunkt auf statistische Prüfmethoden (60er Jahre) zur Sicherstellung des Produktionsprozesses im Sinne einer prozessbegleitenden Qualitätssicherung (70er Jahre).

Unter **Qualitätssicherung** versteht man den

"Teil des Qualitätsmanagements, der auf das Erzeugen von Vertrauen darauf gerichtet ist, dass Qualitätsforderungen erfüllt werden". (DIN EN ISO 9000)

In der Folge erkannte man, dass die Voraussetzungen für Erfolg im Kopf der Beteiligten geschaffen werden und gute Planung und Fehlervermeidung Vorrang vor Fehlerentdeckung besitzen. Das führte zu präventiven Konzepten und unternehmensweiten Strategien von Führung und Organisation (80er Jahre). Manifestiert hat sich dieses Gedankengut in den Normen der ISO 9000-Reihe.

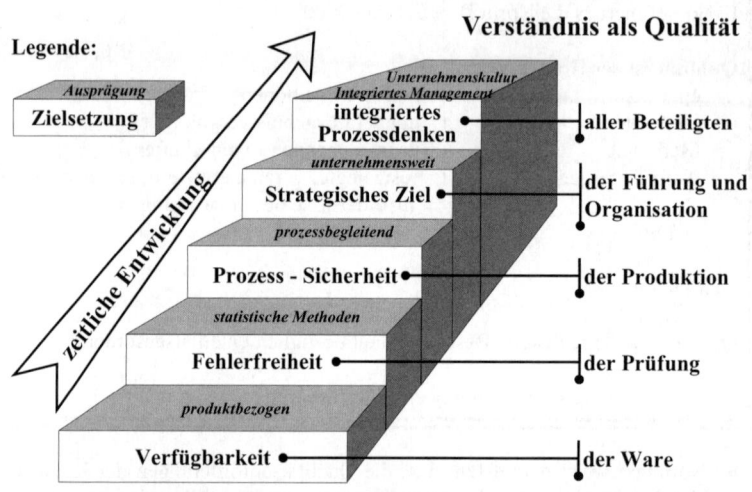

Legende:

Verständnis als Qualität

Abb. 1.2: Verständnis des Qualitätsbegriffs im Wandel der Zeit

In den 90er Jahren schließlich wurde das Wort „Qualitätssicherung" abgelöst durch den Begriff „Qualitätsmanagement". Dabei geht es um die Planung, Gestaltung und Weiterentwicklung eines übergreifenden Systems als strategische Aufgabe der Führung.

Qualitätsmanagement umfasst die aufeinander abgestimmten Tätigkeiten zum Leiten und Lenken einer Organisation bezüglich Qualität. (DIN EN ISO 9000)

Dass dieses „Gesetz" der 10-Jahres-Schritte tatsächlich zu gelten scheint, erkennt man daran, dass wir jetzt auf dem Weg zur nächsten Entwicklungsstufe sind. Zukunftsfähige Unternehmen orientieren sich an Begriffen wie „Business Excellence", Lernende Organisationen und globale Vernetzung. Ausprägung dieses erweiterten Qualitätsbegriffes finden wir in den Qualitätspreisen, die über Self-Assessments und mit Benchmarkingmethoden zu einer permanenten Weiterentwicklung der Organisation führen und vor allem auf die Fähigkeiten des „Human Capitals" ausgerichtet sind (siehe auch Kap. 1.4).

In dem alltäglichen Umgang mit den Begriffen aus dem Qualitätsmanagement herrscht allerdings keine einheitliche Verwendung. Auch wenn die Normung hier eine sehr ausführliche Begriffsbestimmung bereit hält, ist es sicher zu dulden, dass

Begriffe nicht exakt nach Normdefinition verwendet werden. Hauptsache ist, dass sie zwischen den Handelnden eindeutig sind und jeder dasselbe darunter versteht.

Aus Gründen der Einheitlichkeit und um Missverständnisse zu vermeiden, sollten allerdings die hauptsächlichen Definitionen bekannt sein und einheitlich verwendet werden. Einen Überblick dazu vermittelt Abb. 1.3.

Total - Quality - Management

Erzeugen einer Unternehmenskultur mit Orientierung
an Kunden, Mitarbeitern und Ergebnissen.

Qualitätsmanagement

Planung, Gestaltung und Weiterentwicklung eines
übergreifenden Systems als Führungsaufgabe

Qualitätsplanung	**Qualitätssicherung**
Festlegen der Qualitätsziele und Ausführungsprozesse inklusive der benötigten Ressourcen	Erzeugen von Vertrauen, dass Qualitätsanforderungen erfüllt werden

Qualitätslenkung	**Qualitätsverbesserung**
Regelungen im operativen Bereich zur Erfüllung der Anforderungen	Erhöhen der Fähigkeit zur Erfüllung der Qualitätsanforderungen

Abb. 1.3: Zusammenhang der managementbezogenen Qualitäts-Begriffe
in Anlehnung an die DIN EN ISO 9000:2000

1.2   Das derzeitige Verständnis von QM

1.2.1   Der kundenorientierte und prozessbezogene Qualitätsbegriff

Der Qualitätsbegriff war ursprünglich rein produktbezogen und basierte im Wesentlichen auf subjektiven Einschätzungen bei der Messung produktrelevanter Parameter. Die Qualität wurde im Zusammenhang mit dem Überprüfen der Arbeitsschritte durch den Werker in einer Endprüfung betrachtet. Wesentliche Kriterien waren in diesem Zusammenhang Fehlerfreiheit, Plausibilität, Eindeutigkeit und Übersichtlichkeit.

Der Qualitätsbegriff wurde von den meisten Mitarbeitern in produzierenden Unternehmen quantitativ auf die erstellten Zeichnungen, Berechnungen, Dokumentationen, Konstruktionen und Schaltpläne bezogen.

Der zwischenzeitlich in den meisten Bereichen vollzogene Wandel vom Verkäufermarkt zum Verbrauchermarkt erfordert ständig neue Strategien, welche sich an veränderte Marktbedingungen anzupassen haben. Der Kunde erwartet neben der reinen Anlieferqualität zusätzlich sichere, langlebige und wartungsfreundliche Produkte. Auch die ressourcenschonende Herstellung und die Möglichkeit zum Recycling spielen zunehmend eine Rolle bei der Kaufentscheidung. Darüber hinaus steht die Fähigkeit des schnellen und flexiblen Reagierens auf sich ändernde Kundenanforderungen als wesentliches Qualitätskriterium der eigenen Dienstleistung im Vordergrund.

Ziel ist es heute, dem Kunden nicht nur die vereinbarte Leistung zu liefern, sondern ihn durch zusätzliche Angebote so zu begeistern, dass seine Einstellung zu einer dauerhaften Loyalität und engen Kundenbindung führt, wie in Abb. 1.4 skizziert.

Auch entspricht die ursprünglich rein auf das materielle Produkt bezogene Betrachtungsweise überhaupt nicht mehr dem Gewicht der volkswirtschaftlichen Gesamtleistung. So trägt der Sekundärsektor nur noch zu weniger als einem Drittel an der wirtschaftlichen Gesamtleistung bei. Die Bedeutung der „Dienstleistung" nimmt permanent zu.

Selbstverständlich sind an die Leistungen solcher Dienstleister ebensolche Ansprüche der Erfüllung von Forderungen zu stellen wie an materielle Produkte. Mittlerweile sind die Methoden des Qualitätsmanagement auch auf den Dienstleistungsbereich adaptiert worden. Trotzdem sind noch gewisse Besonderheiten zu berücksichtigen (siehe Kapitel 1.5).

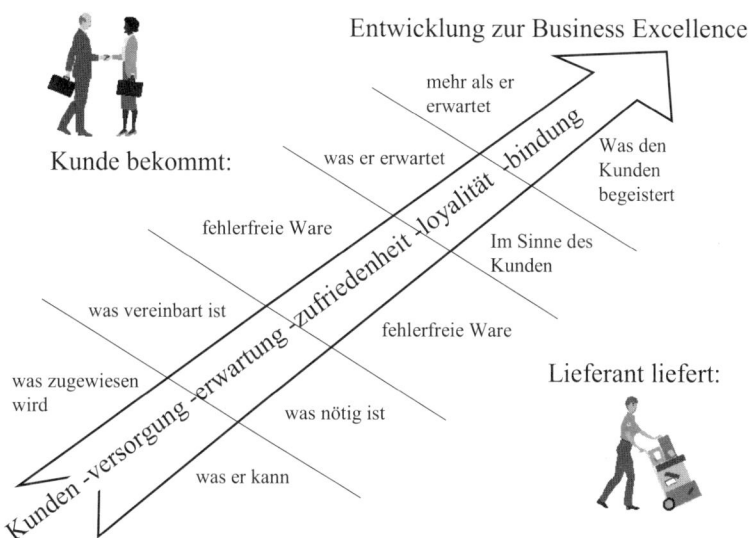

Abb. 1.4: Die Wirkung des Qualitätsbegriffs auf den Kunden

Zunehmend verwendet man prozessorientierte Darstellungen, in der die Entstehung eines Produktes oder einer Dienstleistung als Hauptprozess oder Kernprozess dargestellt wird, unterstützt von weiteren Prozessen, die den Kernprozess ermöglichen und unterstützen (s. Abb. 1.5).

Es gibt keine Stelle im Unternehmen, die nicht direkt oder indirekt Einfluss auf die Kundenzufriedenheit nimmt. So beeinflusst die Telefonzentrale durch die Perfektion der Informationsaufnahme und Weitergabe, durch Freundlichkeit und Schnelligkeit das Urteil des Kunden. Die Geschäftsführung überzeugt den Kunden durch die Qualität der Unternehmensstrategie, die Weitsicht der Investitionsentscheidungen oder die Fähigkeit zur Adaption von Marktbedürfnissen. Der Versandmitarbeiter trägt seinen Teil an der Kundenzufriedenheit durch die Exaktheit der Verpackung oder die Vollständigkeit der Lieferung bei.

Management-
prozesse, z.B.:

Kernprozess

Unterstützungs-
prozesse, z.B.:

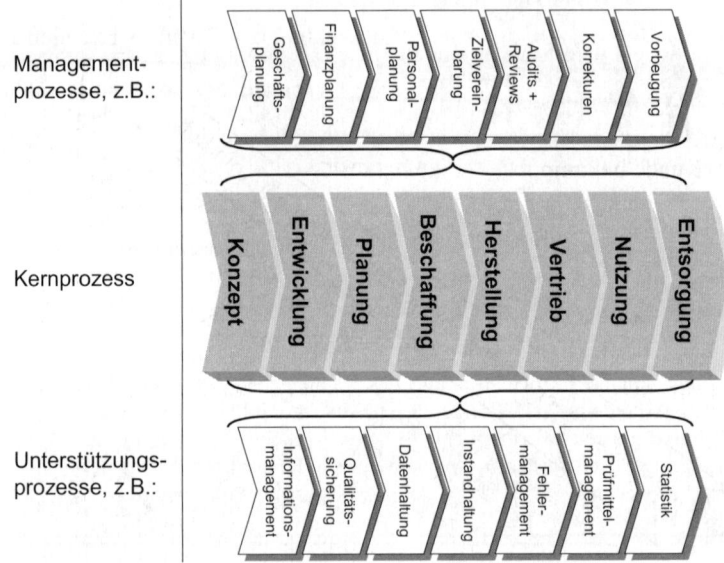

Abb. 1.5: Prozessorientierte Darstellung

Man spricht bei diesen engen internen Beziehungen von einem „internen Kunden-Lieferanten-Verhältnis" – jeder im Unternehmen ist Kunde einer Nachbarabteilung und liefert ebenfalls Nachbarabteilungen wieder zu.

Vereinfachend kann man sagen:

> Wenn jeder im Unternehmen seinen Kunden so behandelt und so mit Informationen und Produkten beliefert, wie er selber als Kunde von seinen internen Lieferanten bedient werden möchte, dann ist für das Gesamtunternehmen bestens gesorgt.

1.2.2   Aufgaben und Ziele von QM-Systemen

Ein QM-System wird heute als ein alle Bereiche eines Unternehmens erfassendes organisatorisches Konzept verstanden, welches die Qualitätsfähigkeit eines Unternehmens sichern soll. Dabei hat sich die Einsicht durchgesetzt, dass nur eine solche Strategie langfristig auch das wirtschaftliche Überleben sichert.

Das QM-System regelt die organisatorischen Abläufe von Geschäftsprozessen, die Zuständigkeiten und die Bereitstellung der Mittel. Es dient dazu, die Unternehmenspolitik umzusetzen und die daraus abgeleiteten Ziele zu erreichen.

Es sind vielfältige Einflussfaktoren zu berücksichtigen, die den Anforderungen und Erwartungen aller Interessenpartner gerecht werden sollen. Auch die betriebswirtschaftliche Sichtweise hat sich von dem „Shareholder-Ansatz", indem es ausschließlich um die Zufriedenstellung der Kapitalgeber ging, weiterentwickelt zu einem „Stakeholderansatz". Hier spielen zusätzlich die Interessen von Kunden, Lieferanten und sonstigen Partnern eine Rolle (siehe Abb. 1.6). Ebenso sind die Mitarbeiter, die Gesellschaft, der Wettbewerb und die Umwelt als Stützen der Qualitätskultur zu verstehen.

Definition des Begriffes "Stakeholder"

Anspruchsgruppen – auch Stakeholder genannt – sind ganz allgemein Gruppen oder Individuen, welche die Zielerreichung eines Unternehmens beeinflussen können oder von seinen Aktivitäten betroffen sind.

Das Stakeholder-Konzept stellt eine Erweiterung des klassischen Shareholder-Ansatzes dar, bei dem das Augenmerk auf die Interessen der Anteilseigner und Kapitalgeber eines Unternehmens gerichtet ist. Die Anteilseigner sind zwar eine der zentralen Anspruchsgruppen jedes Unternehmens, darüber hinaus gibt es aber eine Reihe weiterer Gruppen, die die Ziele eines Unternehmens maßgeblich beeinflussen und somit zum wirtschaftlichen Erfolg beitragen oder von den Aktivitäten des Unternehmens beeinflusst werden.

Neben internen Anspruchsgruppen wie beispielsweise der Belegschaft zählen hierzu auch externe Stakeholder, z. B. Kunden, Verbände, Politik.

Durch diese erweiterte Betrachtungsweise ergeben sich zusätzliche Qualitätsforderungen, die vom gesamten Unternehmen erfüllt werden müssen und die Aufgabenstellung für ein QM-System darstellen (siehe Abb. 1.6).

Faktoren	Forderungen
Wirtschaftlichkeit	• Effizienz der Abläufe • Transparenz der Organisation • Kostenoptimierung über den Gesamtprozess • Optimierung innerhalb der Kosten von Nichtqualität
Gesetzgebung	• Gesetze und Verordnungen einhalten • Sicherheitsvorschriften einhalten • „Stand der Technik" kennen und berücksichtigen • Konsequenzen der Produkthaftung berücksichtigen
Umwelt (Ökologie)	• Aktiven Umweltschutz betreiben • Ressourcenschonung
Mitarbeiter	• Förderung des Qualitätsbewusstseins • Einbeziehung bei Planung, Umsetzung und Verbesserung • Verantwortungsbewusstsein stärken und fordern • Know-how-Erweiterung durch Ausbildung und Schulung
Ressourcen	• Transparenz schaffen • optimale Nutzung planen • Vermeidung von Verschwendungen • Vermeidung von Redundanz
Kundenerwartung	• Gebrauchstauglichkeit nachweisen • extreme Einsatzbedingungen ermöglichen • zusätzliche Funktionen bereitstellen • erhöhte Zuverlässigkeit und Lebensdauer garantieren • Kosten-/Nutzenverhältnis darstellen und realisieren • Servicefreundlichkeit bieten • Verfügbarkeit sicherstellen • Werterhaltung und Geltungswert leisten
Unternehmensziele	• Image aufbauen und verbessern • Marktakzeptanz sichern • Risikobegrenzung aktiv betreiben • Marktanteile sichern und ausweiten • Konkurrenzfähigkeit absichern • Zukunftssicherung betreiben

Abb. 1.6: Forderungen aus dem Stakeholder-Ansatz

Jede Nichterfüllung einer dieser Forderungen kann zu einer Beeinträchtigung des Unternehmenserfolgs führen, so dass sich die Planung und Umsetzung dieser Qualitätsforderungen als anspruchsvolle Managementaufgabe darstellt. Die Unternehmensleitung trägt eine nicht delegierbare Verantwortung für die Qualitätsorientierung des Unternehmens. Eine Maßnahme, dieser Verantwortung nachzukommen, ist eine schriftlich formulierte Qualitätspolitik, in der Ziele und Absichten der Unternehmensleitung eindeutig und für alle verpflichtend festgelegt sind.

Die Grundaussagen einer solchen Qualitätspolitik, die oft in einem Mehr-Punkte-Katalog festgehalten werden (sich hierzu Kapitel 3.1.2.), können dabei sein:

- Eigenverpflichtung der Unternehmensleitung
- Verpflichtung aller Mitarbeiter
- Einbeziehung aller Geschäftspartner
- Betrachtung des gesamten Produktlebenszyklus
- Wege zur Zielerreichung, wie z.B.:
  - Verhaltensänderungen
  - Kundennutzen im Mittelpunkt
  - ständige Verbesserung
  - Null-Fehler-Ziel
  - Excellence anstreben
  - gesellschaftliche Akzeptanz

Griffige Formulierungen, um den Mitarbeitern diesen Qualitätsgedanken näher zu bringen, können sein:

Qualitätsmanagement ist Erfüllen von Anforderungen + Geisteshaltung.

Qualität ist keine Funktion – Qualität ist ein Weg des Denkens

Qualität entsteht in den Köpfen der Beteiligten

Qualität ist das Ergebnis beherrschter Prozesse

Bei der Analyse der durch Qualitätsmängel verursachten Kosten hat man festgestellt, dass der überwiegende Anteil aller Fehler, die innerhalb des Lebenszyklus eines Produktes auftreten, bereits in den Planungsphasen verursacht wurden (siehe Abb. 1.7). Ein weiterer Hinweis, dass präventive Maßnahmen auch von der Wirtschaftlichkeit her sehr sinnvoll sind.

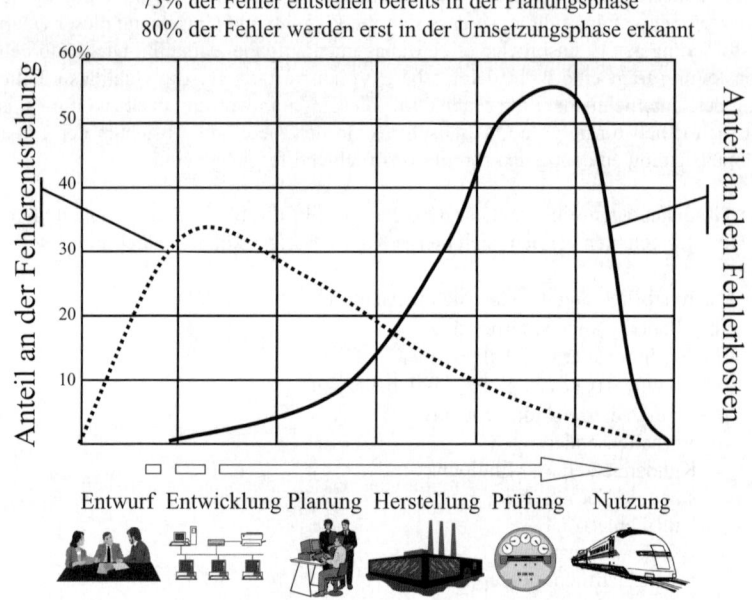

Abb. 1.7: Zusammenhang Fehlerentstehung und Fehlerkosten

Zusammen mit der Tatsache, dass die Behebung von Fehlern umso kostspieliger wird, je später sie entdeckt werden, lassen sich einige Voraussetzungen und Forderungen für den Einsatz eines wirtschaftlich sinnvollen QM-Systems formulieren (siehe Abb. 1.8).

- Richtig angewendete QM-Systeme sind ein geeignetes Werkzeug, die Tagesarbeit besser und einfacher abzuwickeln sowie die Produktivität zu steigern.

- Vertrauensverlust beim Kunden ist vorrangig zu vermeiden.

- Qualität kann mit den geringsten Kosten während der Planungs- und Entwicklungsphase erzeugt werden.

- Zielgerichteter Mehraufwand bei der Planung wird durch Senkung von Fehlerkosten mehr als kompensiert.

- Schlechte Planung führt zu hohen Folgekosten und kann die Erfüllung geforderter Qualität unmöglich machen.

- Qualitätskontrolle setzt zu spät an und führt nicht zu Qualität auf Anhieb.

- Planende und ausführende Abteilungen müssen zum frühestmöglichen Zeitpunkt zusammenarbeiten.

- Qualitätsmängel binden ungeplante Ressourcen und reduzieren damit die Wirtschaftlichkeit.

- Das QM-System muss Entlastungen bringen und darf selbst nicht zu einer weiteren Belastung werden.

- Ein bürokratisiertes QM-System führt zu mehr Aufwand und erschwert bzw. behindert den Prozess der Wertschöpfung.

- Ein QM-System, das nur wegen externer Zertifikate errichtet wird, kann kontraproduktiv wirken, weil es nicht von den Mitarbeitern „gelebt" wird.

Abb. 1.8: Voraussetzungen beim Einsatz von QM-Systemen

Bei verschiedenen Umfragen[2] haben Unternehmen jeweils Vorteile genannt, die sie sich durch die Einführung von QM-Systemen versprechen (s. Abb. 1.9)

---

[2] siehe: Malorny, Chr.:TQM umsetzen, 2002

- Erfüllung aktueller Kundenforderungen,
- Erfüllung von Gesetzen und Vorschriften,
- Risikosenkung bezüglich Produkthaftung und Umweltschutz,
- Optimierung innerbetrieblicher Abläufe,
- Beherrschung abteilungsübergreifender Prozesse,
- Erhöhen der Mitarbeiterqualifikation,
- Steigern der Mitarbeitermotivation,
- Fördern des vernetzten Denkens,
- Vorbeugende Fehlervermeidung,
- Erschließung von Kostensenkungspotentialen,
- Werbung nach außen
- Bessere Konkurrenzfähigkeit
- Schaffung von Transparenz

Abb. 1.9: Vorteile durch Einführung eines QM-Systems

1.2.3   Überblick derzeit eingesetzter QM-Systeme

Durch die historische Entwicklung und das Hineinwachsen neuer Strukturen in bestehende Systeme haben alle Unternehmen mehr oder weniger starke Mischsysteme entwickelt, die als "ihr" System zu bezeichnen sind. Ebenso wird in der Weiterentwicklung der Systeme von jedem Unternehmen wieder nur das aus den angebotenen Methoden genutzt, was speziell für das Unternehmen von Bedeutung ist. Es ist aus diesem Grund erforderlich, sich mit verschiedenen Ansätzen gedanklich auseinander zu setzen, um zur richtigen Auswahl der Bausteine des eigenen Systems zu kommen. Viele allgemeine und praktische Fragen sind dabei zu klären, wobei in Abb. 1.10 einige beispielhaft gestellt werden.

Die Zahl der Fragen lässt sich beliebig vermehren. Alle neueren, oft pauschal als TQM-Systeme angebotenen Ansätze verfolgen mit unterschiedlichen Gedanken und Mitteln die Beantwortung dieser Fragen. In Kapitel 1.6 werden Definitionen und Hinweise zu den angeführten Systemen und Philosophien ausführlicher behandelt.

Frage	Geeignete Methode zur Bearbeitung	Beschreibung in Kapitel
Benötigt das Unternehmen eher zentrale oder dezentrale Strukturen?	Profit Center / Fabrik in der Fabrik	1.3.4
Wie viele Führungsebenen sind erforderlich?	Lean Management	1.6.2
Wie arbeiten unsere Mitbewerber?	Benchmarking	3.3
Reichen unsere bisherigen Konzepte aus, oder müssen grundsätzliche Schritte in die Überlegungen mit einbezogen werden?	Business Reengineering	1.6.3
Welche Bedeutung hat unser Personal, und wie lässt sich sein Einsatz optimieren?	Schulung, Motivationstechniken, Mitbeteiligung an Entscheidungsprozessen, Lohnsysteme	4.1
Welche Prüfungen können durch automatisierte Überwachung ersetzt werden?	Null-Fehler-Konzept	4.3.5
Ist für die verschiedenen Prozessschritte autonome Qualitätssicherung oder Prozessselbstkontrolle vorzuziehen?	QS-Abteilung / QS-Prüfer / Werkerselbstkontrolle	4.1.3 4.3
Welche Methoden bieten sich an, um die Logistik bezüglich Beständen und Warenbewegungen zu optimieren?	Just-in-time, Kanban	5.4.3
Welche Methoden stehen zur Qualitätsplanung bereits in der Entwicklungsphase zur Verfügung?	Pareto-Analyse, FMEA, Risikoanalysen, Statistische Methoden, ABC-Analysen	4.3.4 5.2.5 5.2.7
Welche Risiken bestehen bei Reduzierung des Prüfaufwandes?	Prozessselbstkontrolle, Abbedingungsvertrag, Produkthaftung	5.4.5 5.5.3

Abb. 1.10: Auswahl geeigneter Methoden beim QM-System-Aufbau

1.2.4   Erweiterte Forderungen an QM-Systeme

Aufgrund einiger Schwächen des Normenwerks aus dem Jahre 1994 haben die drei großen amerikanischen Automobilhersteller ("Big Three") Chrysler, Ford und General Motors in den Jahren 1995 bis 1998 eine Ausweitung der Forderungen erarbeitet. Diese "Quality System Requirements QS-9000" haben das Ziel, grundlegende QM-Systeme so zu entwickeln, dass kontinuierliche Verbesserung sichergestellt wird, Fehlervermeidung gefördert wird und Zuverlässigkeit und Prozessfähigkeit in der Wertschöpfungskette verstärkt werden. Dabei steht Kundenzufriedenheit an erster Stelle.

Parallel dazu hat in Deutschland im Rahmen seiner Normungsarbeit der Verband der Deutschen Automobilindustrie e.V. (VDA)[3] ein Regelwerk für die Anerkennung von Zulieferbetrieben erstellt. Speziell im VDA Band 6 Teil 1 wird das Verfahren des Systemaudits beschrieben, dem sich alle Zulieferanten zwingend unterziehen müssen.

Trotz gleicher Zielsetzung entstanden damit zwei in der Struktur sehr unterschiedliche Normenwerke, an die sich die meisten Zulieferfirmen der Automobilindustrie gleichzeitig halten und auch getrennte Zertifikate erlangen mussten. Zur Vereinfachung entwickelten die Automobilhersteller eine Technische Spezifikation, die TS 16949, in der alle bestehenden Forderungen harmonisiert wurden. Seit dem März 2002 wurden die Regelwerke der ISO 9000:2000 und der TS 16949 zusammengefasst und als neue ISO/TS 16949:2002 veröffentlicht.

Diese Norm wird von allen Automobilherstellern als Zertifizierungsgrundlage global akzeptiert.

Neben diesen branchenspezifischen „Automobilnormen" haben sich weitere Branchensysteme etabliert. Zu nennen sind die Nachweise bezüglich

- der Entsorgungsfachbetriebsverordnung (EfbV)
- der Anerkennung von Prüflaboren (DIN EN ISO 45000ff.)
- der Normung für Unternehmen der Luft- und Raumfahrt (ALS 9001)
- der Normung in der Medizintechnik (DIN EN ISO 13485 und 46001)
- der Hygienestandards in den Bereichen
  Lebensmittel, Arzneimittel, Gesundheitswesen (HACCP, GMP)

---

[3] Verband der Automobilindustrie e.V., http://vda.de.

Hinzu kommen wiederum generell geltende Vorschriften, welche die Bereiche

- Umweltschutz
- Arbeitssicherheit
- Gesundheitsschutz

betreffen (siehe hierzu Kap. 1.6.4 und 1.6.5).

Somit finden sich in der Unternehmenslandschaft eine Reihe unterschiedlich ausgeprägter QM-Systeme, die sich durch Umfang, Anwendungsbereiche und Nachweispflicht unterscheiden.

1.3 Weiterentwicklung zum „Integrierten Management" - TQM

Unabhängig von der beschriebenen Vielfalt der Management-Systeme existieren einige generelle Trends, auf die sich alle Unternehmen und Organisationen einstellen müssen.

1.3.1 Notwendigkeit zum Wandel

Von Kunden werden heute variantenreiche und innovative Produkte mit höherem Qualitätsniveau in immer kürzerer Zeit zu immer niedrigeren Preisen gefordert. Damit steigt die Komplexität der Produkte und Herstellungs-Prozesse. Gleichzeitig wächst die Wahrscheinlichkeit, dass Fehler auftreten. Für die Beherrschung technisch bedingter Fehler sind die erforderlichen Qualitätssicherungsmaßnahmen weitgehend bekannt und eingeübt. Hinzu kommen die durch die Prozesskette bedingten Fehler, gilt es doch, das richtige Teil in der richtigen Beschaffenheit zur richtigen Zeit am richtigen Ort zur Verfügung zu haben. Hier liegen die Ansatzpunkte für die Neuausrichtung im Qualitätsmanagement hin zur Geschäftsprozessoptimierung.

Die Qualität, die vom Kunden als fehlerfreie und dem Wettbewerb überlegene Produkte und Dienstleistungen wahrgenommen wird, ist ein wesentlicher Erfolgsfaktor. Für das Unternehmen bedeutet das eine kompromisslose Qualitätsstrategie und eine problemlösende Organisation ebenso wie qualitätsorientierte Entwicklungs- und Produktionsprozesse und die Mobilisierung der Mitarbeiter.

Diese neuen Anforderungen sind in der Mehrzahl der Fälle nicht mehr mit den traditionellen Aufbau- und Ablauforganisationen zu bewältigen.

Standen bisher Anweisung und Ausführung sowie die Prüfung der Arbeitsergebnisse auf technische Rationalisierungsmöglichkeiten im Mittelpunkt der Betrachtungen, so ersetzen diese jetzt die folgenden Aspekte.

Gefordert werden flexiblere Strukturen, die es erlauben, schnell und zuverlässig auf Kundenwünsche und Marktentwicklungen zu reagieren. Bislang scheitert diese offensive Kundenorientierung an zu langen Informationswegen, wenig transparenten Kompetenzstrukturen und einer insgesamt stark arbeitsteiligen Prozessorganisation. Neueren Unternehmenskonzepten gemeinsam ist daher das Ziel, die arbeitsteilige funktionale Organisation auf eine Prozess- und kundenorientierte Organisation umzustellen.

Die Notwendigkeit zum Wandel ergibt sich somit aus einem erweiterten Verständnis von Qualität. Zur eigentlichen Produktqualität zählen weitere Erfolgsfaktoren, wie z. B. die Qualität der Prozesse, die Qualität der Arbeitsbedingungen und die Beziehung des Unternehmens zu seinem gesellschaftlichen Umfeld.

In einer weltweiten Langzeitstudie von McKinsey[4] wird deutlich, dass in der Praxis (167 unterschiedliche Unternehmen wurden befragt) große Unterschiede zwischen den jeweiligen Unternehmen existieren. Bei den erfolgreichen, profitablen Unternehmen handelt es sich um Unternehmen, die wirksame Methoden einsetzen. Umsatzrendite und Umsatzwachstum entwickelten sich bei diesen Unternehmen überproportional. Ähnliche Ergebnisse lassen sich aus den Auswertungen des Excellence-Barometers[5] ableiten.

1.3.2   Die Ermittlung kritischer Erfolgsfaktoren

Auch wenn es mitunter schwierig ist, die Ursachen für den Erfolg von Unternehmen zu analysieren, kann doch ein Zusammenhang zwischen dem Qualitätsniveau und dem wirtschaftlichen Erfolg hergestellt werden.

Bei sonst vergleichbaren Randbedingungen müssen die Methoden, die erfolgreiche Unternehmen stärker anwenden als Unternehmen mit geringerer Leistungsfähigkeit, somit als Erfolgsfaktoren gelten. Qualität im Sinne des Kundennutzens trägt dazu bei, nachhaltigen Unternehmenserfolg zu sichern. Ein nicht zu unterschätzender Motivationsfaktor für die Gestaltung des Veränderungsmanagements ist die Kenntnis der kritischen Erfolgsfaktoren.

Für eine Neuausrichtung der Unternehmensstrategie können folgende beispielhafte Erfolgsfaktoren als Ansätze und Orientierungshilfe dienen (siehe auch Kapitel 3.1):

- Vision des Unternehmens
- Führung durch das Management
- Kundenzufriedenheit
- Mitarbeiterzufriedenheit
- Lieferantenoptimierung
- QM-System
- Weiterentwicklung zu TQM nach Kriterien des EFQM-Modells (s. Kap. 1.4)
- Methodenauswahl und -einsatz zur Zielerreichung
- Messung der Ergebnisse
- Kontinuierliche Verbesserung (KVP) (siehe auch Kap. 4.1.4.5)

Abb. 1.11: Kritische Erfolgsfaktoren zur Unternehmensstrategie

---

[4] McKinsey: „Excellence in Quality Management ".
[5] www.excellence-barometer.de

1.3.3   Soziale Qualität

Der Qualitätsbegriff hat sich von der rein technischen Qualität von Maschinen, Material, Werkzeugen oder Methoden über die Prozessqualität in Form von Knowhow, Organisation, Qualifikation und Prozessorientierung bis hin zur sozialen Qualität entwickelt.

Die Verbesserungspotentiale finden sich dabei häufig in weichen Faktoren wie Kommunikation, Kooperation, Motivation oder Teamorientierung. Weil hier zahlenmäßige Zuordnungen und Aussagen über Kosten-Nutzen-Relationen äußerst schwierig oder gar unmöglich sind, wird dieser Aspekt der Qualität oft vernachlässigt.

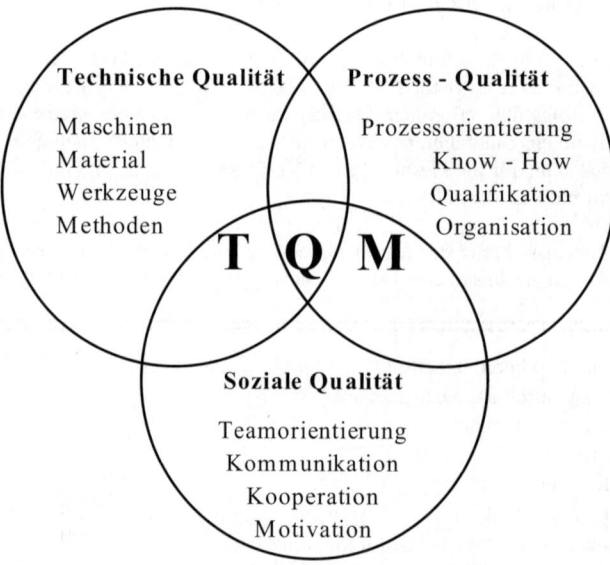

Abb. 1.12: Qualitätsausprägungen im TQM

Tatsächlich lassen sich über die Verbesserung der sozialen Qualitätsfaktoren große Erfolge erzielen. In Form von weniger Fehlleistungen über die Gesamt-Wertschöpfungskette birgt die Verbesserung von Zusammenarbeit und die Bewusstmachung des Unternehmertums in den Mitarbeiter/innen ein hohes Kostensenkungspotential.

1.3.4   Der TQM-Ansatz

TQM erfordert eine das ganze Unternehmen erfassende gelebte Qualitätsphilosophie, dabei ist der Qualitätsbegriff umfassend gemeint, nicht nur die Produkt- und die Servicequalität, sondern auch die Qualität im Hinblick auf die Belange der Mitarbeiter, der Umwelt und der Gesellschaft.

Total Quality Management gilt sowohl für die Produktion als auch für alle administrativen Bereiche und Dienstleistungen.:

Die Anfangsbuchstaben verdeutlichen die Zielsetzung bei der Umsetzung von TQM

- **T** (total im Sinne von umfassend) steht für die Einbeziehung aller Mitarbeiter im Unternehmen sowie der Kunden und Lieferanten.

- **Q** (Qualität) steht für die ganzheitliche Betrachtung der Qualität, die weit über die Produktqualität hinausgeht.

- **M** (Management) steht für Top-Down-Verantwortung aller Manager, die ihre Verantwortung mit den Mitarbeitern teilen müssen.

An anderer Stelle (z.B. im EFQM-Modell) wird „Total Quality Management" definiert als:

.. auf die Mitwirkung aller ihrer Mitglieder basierende Managementmethode einer Organisation, die Qualität in den Mittelpunkt stellt und durch Zufriedenstellung der Kunden auf langfristigen Geschäftserfolg sowie auf Nutzen für die Mitglieder der Organisation und für die Gesellschaft zielt.

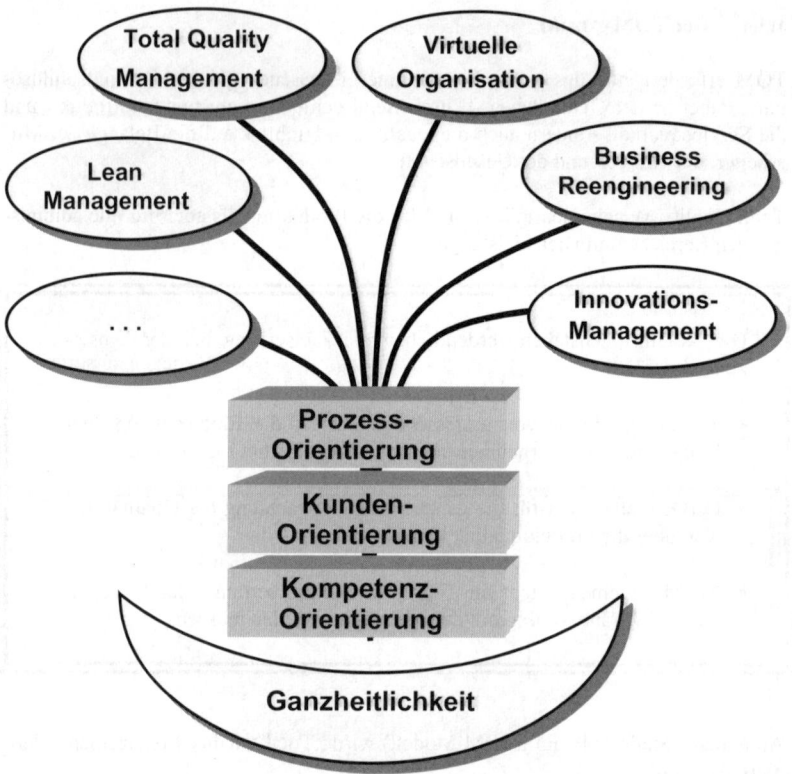

Abb. 1.13: Gemeinsamkeiten aktueller Konzepte des Wandels

Wegen der Einbeziehung aller Bereiche, die jeweils als interne Dienstleister für den nächstfolgenden tätig werden, wird das ganze Unternehmen „total" erfasst, die Qualitätsstrategie ist auf die Schaffung geeigneter Voraussetzungen durch ein entsprechendes Führungsmodell ausgerichtet.

Die Spannweite dieses Begriffes führt dazu, dass unter dieser Überschrift zahlreiche Systeme verstanden werden, die alle für sich die Erfüllung des TQM in Anspruch nehmen. Dazu gehören Methoden wie Kaizen, Lean Production, Zero-Defect Program, Continuous Improvement, Fabrik in der Fabrik und viele andere.

Was ist nun an der TQM-Methode Besonderes?

Zunächst einmal kommt sie zusammen mit dem Lean-Gedanken auch aus Japan und wurde in den USA zum Standard für Qualitätsmanagement als Führungskonzept entwickelt. TQM basiert auf den Grundannahmen aller modernen Management-Konzepte (s. Abb. 1.13 und Kap. 1.6):

- Kundenorientierung
- Prozessorientierung
- Kompetenzorientierung
- Ganzheitlichkeit

TQM ist ein Managementkonzept, das neue Sichtweisen des Managements in bezug auf Mitarbeiter und Führungsstil bietet. Der TQM-Ansatz beinhaltet die Doppelstrategie, das Qualitätsniveau zu steigern und gleichzeitig die Kosten zu senken. Eckpunkte der TQM - Strategie sind in Abb. 1.14 zusammengefasst.

- Konsequente Orientierung aller Aktivitäten an den Qualitätsanforderungen der internen und externen Kunden

- ganzheitlicher Managementansatz

- flächendeckende Verankerung von Qualitätsverantwortung bei allen Interessengruppen

- qualitätsorientierte Grundhaltung aller Mitarbeiter

- Schaffen einer qualitätsorientierten Unternehmenskultur

- Betrachtung des gesamten Produktlebenszyklus

- Abstellen von Fehlern sofort an der Wurzel

- vorbeugende Fehlerverhütung

- Zielsetzung: NULL-Fehler

Abb. 1.14: Eckpunkte der TQM-Strategie

Effektivität
(Qualität, Innovation, Kundennutzen,..)

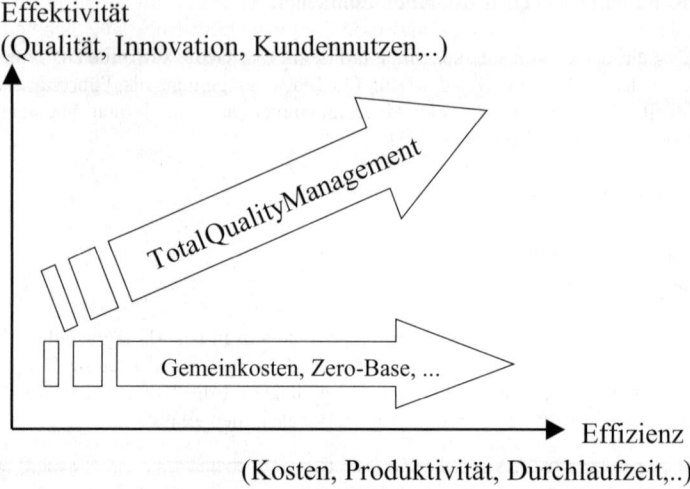

Effizienz
(Kosten, Produktivität, Durchlaufzeit,..)

Abb. 1.15: Gleichzeitige Förderung von Effektivität und Effizienz

Dabei wird Qualität nicht ausschließlich als technische oder prozessbezogene Qualität verstanden, sondern umfasst insbesondere auch den zwischenmenschlichen Bereich.

Die Stärken des TQM-Ansatzes liegen in der auf Effektivität ausgerichteten ganzheitlichen Betrachtungsweise aller Prozesse im Unternehmen. Die Ausweitung des Kundenbegriffs auf den "internen Kunden" und die damit verbundenen Zielvereinbarungen führen zu einer höheren Identifikation mit dem Unternehmen. Neben der Förderung der Effektivität findet gleichzeitig eine Steigerung der Effizienz statt, die sich in Produktivitätserhöhung und Senkung der Kosten der Nichtqualität bemerkbar macht. Dabei bedeutet:

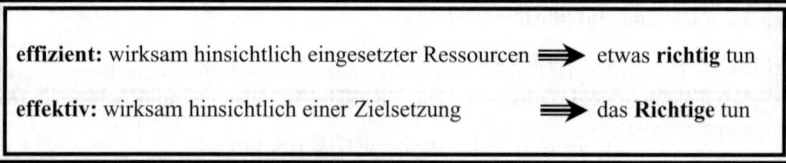

Allerdings sollten auch einige Schwächen des Konzepts nicht verschwiegen werden. Übertriebene Kundenorientierung kann durch ständige Forderung nach neuen

Produkten oder Leistungen bei deren Umsetzung zu einer Minderung der Erträge aus laufenden Produkten führen und somit die Finanzkraft eines Unternehmens gefährden. Ebenso können Zielkonflikte zwischen Qualität und Produktivität auftreten, die oft aus kurzfristigen wirtschaftlichen Überlegungen zu Ungunsten des „Null-Fehler-Gedankens" des TQM entschieden werden.

1.3.4.1 Einführung von Total Quality Management (TQM) in Unternehmen

Wer dauerhaft in seinem Markt bestehen will, muss in erster Linie die Anforderungen der Kunden erfüllen und möglichst übertreffen und dabei den Wettbewerb ausstechen. Nur Produktqualität in Form des „Made in Germany" alleine ist kein Differenzierungsmerkmal mehr. Qualität muss täglich neu erarbeitet werden. Das Prinzip des Total Quality Managements (TQM) bedeutet eine ganzheitliche Qualitätsbetrachtung als System zur Zukunftssicherung (siehe VDI 5500).

Da TQM der Ausdruck einer Geisteshaltung ist, bestehen zur Anwendung der TQM-Prinzipien überhaupt keine branchenbezogenen Unterschiede. Die Grundsätze und Elemente des TQM-Systems zielen auf das Verhalten und die Einstellung der Mitarbeiter und der Vorgesetzten ab. Damit eignet sich TQM auch als verbindende Managementmethode quer durch alle Branchen.

Ebenso ist das System unabhängig von der Unternehmensgröße einsetzbar. Je kleiner ein Unternehmen ist, um so größer ist die Wahrscheinlichkeit, dass sich die durch TQM geforderten und geförderten zwischenmenschlichen Kontakte bereits ausgebildet haben.

Dagegen ist die direkte Übertragbarkeit eines TQM-Systems von einer Firma auf eine andere nur sehr bedingt möglich. Da jedes Unternehmen eine eigene Kultur und einen eigenen Führungsstil entwickelt und außerdem in jeweils unterschiedlichen Märkten mit differierenden Kundenanforderungen operiert, muss jedes Unternehmen eine eigene TQM-Ausprägung entwickeln. Dabei bleiben aber die Strategien und Zielsetzungen der TQM-Philosophie identisch.

1.3.4.2 Ziele und Aufgaben von TQM

Abgeleitet aus den Qualitätsleitlinien ist eine auf das jeweilige Unternehmen angepasste Qualitätsstrategie zu entwickeln. Mögliche Bestandteile sind in Abb. 1.16 zusammengefasst.

- Qualitätsvoraussetzungen   (z. B. Führungsstil, Wille des Managements)
- Qualitätsziele   (z. B. Kundenzufriedenheit, null Fehler)
- Qualitätsmesswerte   (z. B. Index der Kundenzufriedenheit,
                               Fehlleistungsaufwand)
- Qualitätsbeeinflussung   (z. B. Q-Zirkel, Problemlösungsgruppen)
- Qualitätsressourcen   (z. B. Werkzeuge, Ausbildung)
- Qualitätssysteme/Methoden   (z. B. Prozessmanagement, Statistik, QFD ...)
- Qualitätsprinzipien   (z. B. Kaizen, KVP ...)

Abb. 1.16: Bestandteile einer Qualitätsstrategie

Die erarbeiteten Qualitätsstrategien sind durch ständiges Controlling auf ihre Wirksamkeit hin zu überprüfen und gegebenenfalls geänderten Anforderungen durch Kunde, Wettbewerb oder Markt anzupassen.

Die Umsetzung der Strategien ist unter Einbezug aller betroffenen Mitarbeiter durchzuführen. Es sollen persönliche, messbare Ziele vereinbart werden, die regelmäßig zu überprüfen sind. Durch Review und Audits (siehe Kapitel 2.5 und 3.3) wird sichergestellt, dass das QM-System nicht nur beschrieben, sondern auch umgesetzt und gelebt wird.

1.3.4.3 TQM-Prinzipien

In einer formulierten Qualitätspolitik werden Zielvorgaben definiert, die sich in

- strategische Ziele   (z.b. Qualitätsführerschaft, ständige Verbesserung),
- taktische Ziele   (z.b. Produktplazierung, Preispolitik) und
- operative Ziele   (z.b. Senken der Fehlerquote, Durchlaufzeitverkürzung)

aufteilen lassen.

Es lassen sich eine Reihe von Bausteinen definieren, die jeder einen Beitrag zum Aufbau und zur Erhaltung eines TQM-Systems leisten. Jedoch nur in der Summe entfalten sie ihre tatsächlichen Möglichkeiten. Nicht eine Aktion alleine hilft weiter, sondern nur der aufeinander abgestimmte Prozess hin in Richtung TQM unter Nutzung aller Einzelbausteine.

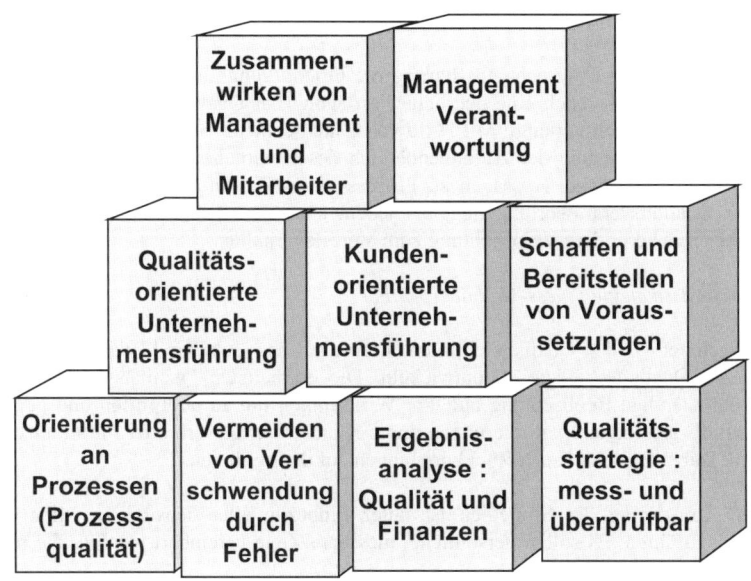

Abb. 1.17: Bausteine zu einem TQM-System

Die Inhalte der einzelnen Bausteine sollen kurz umrissen werden.

Kundenorientierte Unternehmensführung

Weltweit bekannt ist der Begriff „Customer-Driven Quality" als uneingeschränkte Orientierung an der vom Kunden gewünschten Qualität. Der Kunde entscheidet, welchen Qualitätsanspruch er stellt. Der Maßstab für die Unternehmensleistung ist nicht das, was z.B. technisch hochstehend oder das Bestmögliche ist, sondern das, was der Kunde auch honoriert. Die Ermittlung der Kundenforderungen geschieht über Marktforschung, Marktanalysen und Benchmarking.

Die Zufriedenheit mit der erbrachten Leistung ist wesentliche Motivation für einen Kunden, ein Folgegeschäft mit einem Lieferanten abzuwickeln. Ebenso ist die

Mundpropaganda aufgrund zufriedenstellender Vertragserbringung eine wichtige Quelle für Neugeschäfte.

Qualitätsorientierte Unternehmensführung

Ebenso wie die Unternehmensführung die Orientierung auf den Kunden im Auge hat, wird von ihr auch eine deutliche Festlegung der Qualitätspolitik in Form von Qualitätsleitlinien verlangt. Mit Hilfe von Unternehmens- und Qualitätsgrundsätzen wird der Zweck und der Aufgabenbereich des Unternehmens festgelegt. Höchste Priorität haben dabei Aussagen zu Prozess-, Dienstleistungs- und Produktqualität. Die Qualitätsverantwortung liegt bei jedem einzelnen. Die Führungskräfte haben dabei eine besondere Verpflichtung zum Vorbildverhalten.

Qualitätsstrategie : mess- und überprüfbar

Abgeleitet aus den Qualitätsleitlinien ist eine auf das jeweilige Unternehmen ange-passte Qualitätsstrategie zu entwickeln. Die erarbeiteten Qualitätsstrategien sind durch ständige Beobachtung auf ihre Wirksamkeit hin zu überprüfen und gegebe-nenfalls geänderten Anforderungen durch Kunde, Wettbewerb oder Markt anzupas-sen. Dabei entstehen auch Rückkopplungen auf die Leitlinien.

Die Umsetzung der Strategien ist unter Einbezug aller betroffenen Mitarbeiter durchzuführen. Es sollen persönliche, messbare Ziele vereinbart werden, die regel-mäßig zu überprüfen sind.

Management - Verantwortung

Als übergreifendes Organisationsprojekt hat TQM nur eine Erfolgschance, wenn es vom Unternehmer, dem Vorstand oder der Geschäftsführung gewollt, initiiert und unterstützt wird. Die Verantwortung für Qualität liegt nicht - wie oft fälschlicher-weise und gedankenlos behauptet - beim Qualitätsleiter, sondern bei jedem Mitar-beiter für seinen Einflussbereich und im besonderen bei der „Obersten Leitung" für das Gesamtsystem. Das Management muss durch sein Vorbild überzeugen und je-dem Beschäftigten klar machen, dass die Mitarbeit gewünscht und gewürdigt wird.

Allerdings muss man sorgfältig vorgehen, so dass aus dem geplanten schlanken Un-ternehmen kein magersüchtiges (Cost-cutting) wird, sondern im besten Sinne ein abgespecktes und durchtrainiertes Unternehmen.

Vermeiden von Verschwendungen durch Fehler

Innerhalb der Geschäftsprozesse sind die Verluste durch Fehler, schlechte Organisa-tion oder fehlende Motivation zu minimieren. Damit ist TQM vom Ergebnis her ein

Rationalisierungs- und Kostensenkungsprogramm. Der Ansatz zur Fehlervermeidung muss dabei so früh wie möglich erfolgen. Nach der „Zehnerregel" (s. Abb. 1.20) verursacht die Fehlerbehebung jeweils den 10fachen Aufwand - je nachdem, ob die Korrektur noch im Planungs- und Entwicklungsstadium, während der Teilefertigung, bei der Endmontage oder erst nach der Auslieferung notwendig wird. Deshalb muss darauf geachtet werden, dass bei jeder Leistungserbringung bzw. Wertschöpfungsstufe vorbeugende Fehlerverhütung betrieben wird.

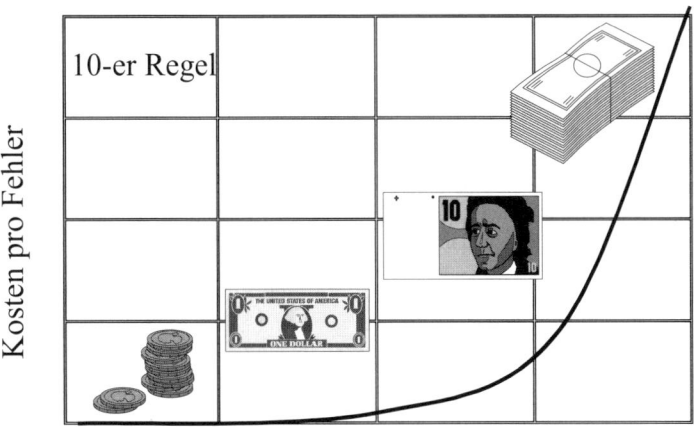

Fehlerentdeckung und -korrektur bei:
Planung   Fertigung   Montage   Kunde

Abb. 1.18: Exponentieller Kostenanstieg bei später Fehlerbehebung

Zusammenwirken von Management und Mitarbeiter (Soziale Qualität)

Der Wille und die Leistungsbereitschaft der Mitarbeiter hängen stark davon ab, inwieweit sich der Mitarbeiter mit den Leitbildern, Visionen und mit den Zielen der Unternehmenspolitik identifizieren kann (Unternehmenskultur). Je stärker der Mitarbeiter seine Tätigkeit als sinnvoll empfindet, um so mehr identifiziert er sich mit den Unternehmenszielen.

Die Führungskräfte sind nicht nur Planer, Organisatoren, Entscheider, sondern auch Moderatoren, Trainer, Koordinatoren und Personalentwickler. Durch Delegation und aktives Führen mit Zielen muss die Integration unterschiedlichster Charaktere zu einer unternehmensbezogenen Handlungsweise gelingen. Diese Veränderungen müssen geplant, eingeleitet, begleitet und überwacht werden. Wichtige Rollen spielen dabei Kommunikation, Ausbildung, Einbindung der Mitarbeiter und Anerkennung.

Schaffen und Bereitstellen von Voraussetzungen

Um Spitzenleistungen zu erzielen, müssen die notwendigen Voraussetzungen geschaffen werden. Das beginnt bei der Bereitstellung von Werkzeugen und Methoden, geht über die systematische Auswertung von Qualitätsinformationen und die Analyse von Fehlerursachen bis hin zur Bereitstellung von Zeitressourcen oder externer Beratung.

Orientierung an Prozessen (Prozessqualität)

Sind die Prozesse in sich fehlerbehaftet, führt das zu fehlerhaften Produkten oder Dienstleistungen. Deshalb ist innerhalb der Prozessketten jeweils darauf zu achten, dass Fehler frühzeitig erkannt werden, Fehlerursachen ermittelt werden und entsprechende Korrekturmaßnahmen eingeleitet werden.

Durch generelle Verkürzung der Durchlauf- und Zykluszeiten wird die Anfälligkeit für Fehler entsprechend reduziert. Aufgrund von klarer Strukturierung der Prozesse ist eine zielgerichtete und ständige Verbesserung möglich.

Eine Orientierung an Geschäftsprozessen weicht die alten Hierarchiestrukturen auf und führt zu einer ereignisbezogenen Zusammenarbeit über Abteilungsgrenzen hinweg.

Innerhalb eines Geschäftsprozesses laufen viele kleine Prozessschritte als Aneinanderkettung von Arbeits- und Prüfvorgängen ab. Nur wenn jeder einzelne Schritt fehlerfrei durchgeführt wird, kann das Gesamtergebnis ohne Fehler sein. Prozessschritte ohne erkennbare Wertschöpfung müssen dann eliminiert werden, wenn sie nicht zur Sicherstellung des Prozesses an sich oder zur Schaffung von Voraussetzungen oder Randbedingungen notwendig sind. Insbesondere sind alle Prüfarbeitsgänge nicht wertschöpfend und damit als erstes daraufhin zu untersuchen, inwieweit sie an dieser Stelle in diesem Umfang notwendig sind. Tätigkeiten oder Aufwendungen, die zur Vorbereitung und Sicherstellung eines Prozesses notwendig sind (Investitionen, Schulung, Prozessfähigkeitskontrollen), müssen auf jeden Fall auf ihre Wirtschaftlichkeit abgeprüft werden. Die Phasen eines Geschäftsprozesses sind mit geeigneten Mitteln zu planen, zu überwachen und gegebenenfalls zu korrigieren.

Ergebnisanalyse - Qualitätsstand und Finanzergebnis

Durch ständiges Messen der Prozess-, Produkt- und Service-Qualität erhält man eine Datenbasis, die Analysen der Stärken und Schwächen in der Leistungserbringung erlaubt. Zusammen mit der betriebswirtschaftlichen Auswertung der Ergebnissituation bilden diese Daten Eingaben für die zukünftige Qualitätsstrategie und -zielsetzung. Darüber hinaus kann bei punktuell auftretenden Problemen sofort reagiert werden und dem Markt schnelle Korrekturen zur Verfügung gestellt werden.

1.3.4.4 Wirtschaftlichkeitsbetrachtungen und Kostenaspekte

Die Einführung eines TQM - Systems ist wie eine Investition in Qualität zu betrachten. Reine betriebswirtschaftliche Kosten/Nutzenbetrachtungen können aber nur einen Teilaspekt der Verbesserungen berücksichtigen. Deshalb müssen immer auch nicht direkt quantifizierbare Verbesserungen mit berücksichtigt werden (siehe Abb. 1.19).

- Erhöhung des Marktimages
- Marktanteilsgewinn und damit Umsatzsteigerung
- Reduzierung von Garantie und Kulanz
- Verbesserung des Deckungsbeitrages durch interne Kostensenkung
- Möglichkeit der Preisführerschaft durch schlanke, kostenoptimierte Organisation
- Geschwindigkeitsgewinn
- höhere Terminsicherheit
- Senkung von Lagerhaltungskosten
- sichere Zulieferbeziehungen und weniger Audits
- Senkung der Kosten für Nacharbeit und Ausschuss
- Kostenersparnis durch paralleles Arbeiten
- weniger Reibungsverluste und Missverständnisse durch bessere Kommunikation
- höherer Einsatzwille der Mitarbeiter/innen (Effizienzsteigerung)
- Erschließen von Verbesserungsvorschlägen

Abb. 1.19: Nicht direkt quantifizierbare TQM-Vorteile

Nur einige dieser Positionen lassen sich in herkömmlichen Wirtschaftlichkeits-Rechnungen darstellen. Aber selbst dafür sind beachtliche Kosteneinsparungen nachzuweisen. Eine Zusammenstellung der wirtschaftlich bewertbaren Vorteile zeigt Abb. 1.20.

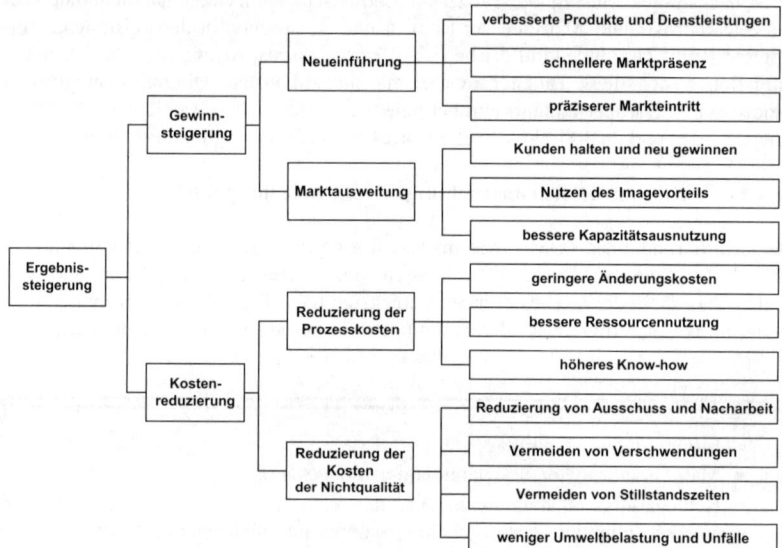

Abb. 1.20: Wirtschaftliche Vorteile des TQM

Bereits Deming hat den Zusammenhang zwischen Qualitätsverbesserung und langfristigem wirtschaftlichen Erfolg in seiner Reaktionskette beschrieben.

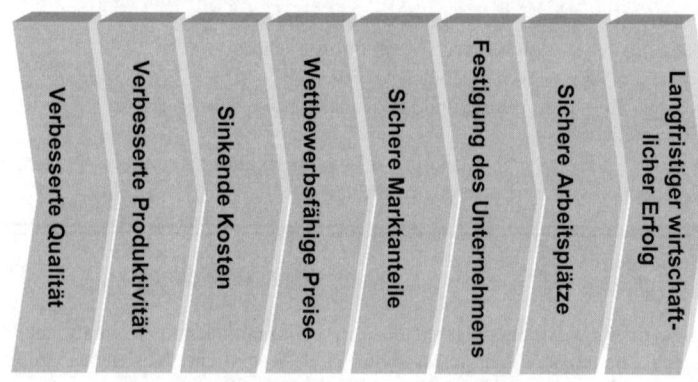

Abb. 1.21: Die Demingsche Reaktionskette

1.3.4.5 Benchmark-Studie "Excellence Barometer"

Um den Zusammenhang zwischen dem Einsatz bestimmter qualitätssichernder und -steigernder Tools und dem Unternehmenserfolg auch empirisch darzustellen, existiert seit dem Jahr 2001 ein Projekt, das "Excellence-Barometer"[6], in dem eine jährliche Benchmark-Studie zur Produkt-, Service- und Unternehmensqualität in der deutschen Wirtschaft durchgeführt wird.

Die Grundlage für das Excellence Barometer 2002 bildet eine repräsentative telefonische Befragung von 800 zufällig ausgewählten Vorständen und Geschäftsführern von mittelständischen und großen Unternehmen mit mehr als 50 Mitarbeitern. Von besonderem Interesse im Rahmen des Excellence Barometers ist, inwieweit sich die Unternehmensgröße, eine Zertifizierung (z.B. nach DIN-ISO 9000ff) bzw. der Einsatz eines TQM-Konzepts auf die Einschätzung des Unternehmenserfolgs und auf den Einsatz und die Bewertung von Lösungsansätzen zur Qualitätssteigerung auswirkt. Daneben wurde analysiert, wie sich der Unternehmenserfolg auf einzelne qualitätssichernde Maßnahmen/Aktivitäten zurückführen lässt, die **nicht** im Gesamtkontext einer Zertifizierung bzw. eines TQM-Konzepts eingesetzt werden.

Die Erkenntnisse des Excellence Barometers 2002 lassen sich in der These zusammenfassen, dass der Schlüssel zum Unternehmenserfolg gerade in als krisenhaft empfundenen Zeiten in einem hoch qualifizierten und kompetenten Management zu finden ist. Damit sind allerdings weniger die traditionell im Vordergrund stehenden fachlichen, insbesondere technischen Qualifikationen der Manager gemeint, sondern vielmehr kaufmännische Fertigkeiten sowie die soziale Kompetenz. Die Studie zeigt, dass sich der Unternehmenserfolg in hohem Maße von diesen beiden Faktoren ableitet.

Das Excellence Barometer 2002 liefert den empirischen Beleg, dass die bisherige Fixierung des Managements auf eine hohe technische und fachliche Kompetenz, die mit einer hohen Produkt- und Unternehmensorientierung einhergeht, als Modell erfolgreichen wirtschaftlichen Handelns ausgedient hat.

Kritikpunkte an der bisherigen Management-Orientierung sind:

• Technikverliebtheit hemmt Kundenorientierung
• Es fehlt an kritischer Außensicht
• Sparen bei Mitarbeitern und Weiterbildung zeigt sich als fataler Fehler

---

[6] Excellence Barometer: Träger: VDI und die forum! GmbH marketing + communications

Dagegen lassen erfolgreiche Unternehmen als Vorbildfunktion erkennen:

- Erfolg durch betriebswirtschaftliches Wissen
- Führungskräfte in erfolgreichen Unternehmen sind höher qualifiziert.
- Die Vereinbarung von Zielen erfolgt kooperativ, was sich offensichtlich positiv auf die Zielerreichung auswirkt.
- Das Mitarbeitermanagement ist in erfolgreichen Unternehmen durchweg effektiver.
- In erfolgreichen Unternehmen erscheinen Mitarbeiter den befragten Unternehmenslenkern als zufriedener.
- Die Kundenzufriedenheit wird von erfolgreichen Unternehmen über alle abgefragten Leistungsbereiche deutlich höher eingeschätzt als in den anderen Unternehmen.
- Die gesellschaftliche Reputation erfolgreicher Unternehmen im Vergleich mit den Unternehmen ihrer Branche ist deutlich besser als die von weniger erfolgreichen.
- Kommunikation zählt zu den wichtigsten Erfolgsfaktoren.
- Qualitätsmanagement unter Zwang ist nur ein Kostenfaktor.

Zusammengefasst bilden sich fünf zentrale Ergebnisse für den unternehmerischen Erfolg heraus[7]:

1. Es besteht ein Zusammenhang zwischen Unternehmenserfolg und Unternehmensgröße bzw. dem Einsatz eines TQM-Konzepts. Eine Auswirkung der DIN-ISO-Zertifizierung auf den Unternehmenserfolg besteht nicht.

2. Es besteht eine erhebliche Diskrepanz zwischen den wahrgenommenen und den tatsächlich für den Erfolg eines Unternehmens entscheidenden Faktoren.

3. Unternehmen schätzen ihre Position im Branchenvergleich zu positiv ein. Dies ist auf Defizite in der systematischen Auseinandersetzung mit den Märkten zurückzuführen.

4. Erfolgreiche Unternehmen kümmern sich viel intensiver um ihre Mitarbeiter und Führungskräfte.

5. Erfolgreiche Unternehmen kommunizieren intensiver mit den Mitarbeitern und den Kunden.

---

[7] Entnommen aus dem Management Summary des Excellence Barometers 2002

1.4 Qualitätspreise auf dem Weg zur „Business Excellence"

1.4.1 Qualitätspreise und ihre Ausprägung

TQM ist ein sich ständig weiterentwickelndes philosophisches und pragmatisches Führungs- und Organisationssystem, für das es kein einheitliches Rezept gibt. Es hat sich aber herausgestellt, dass viele Unternehmen bei der Umstellung zu einem TQM-System eine Orientierung nachfragen, um die richtige Vorgehensweise festlegen zu können. So entstanden weltweit einige TQM-Modelle, die versuchen, den Unternehmen den Weg zur „Business Excellence" aufzuzeigen.

Bereits seit einer Reihe von Jahren werden in verschiedenen Industrienationen der Welt Qualitätspreise vergeben. Sie dienen als Hilfestellung und Bewertungsmaßstab, um die abstrakten Forderungen nach Kunden- und Mitarbeiterorientierung zu konkretisieren. Verschiedene Organisationen fördern die Qualitätsentwicklung durch Preise, die häufig durch ihre Namensgebung an bekannte Persönlichkeiten erinnern. Andere Preise tragen regionale Bezeichnungen oder die der sponsernden Organisation.

Diese „Awards" sind derzeit der weitestgehende Versuch, als Motor dieses TQM-Verständnisses zu wirken. Sie machen verständlich, dass die Philosophie der ISO-Norm 9000ff. in ihnen enthalten ist, daher auch erfüllt werden muss. Sie zeigen aber gleichzeitig, dass damit nur ein Schritt in die richtige Richtung gegangen wird, ohne damit das Ende einer Entwicklung zu erreichen.

Als international bedeutendste Preise sind der Deming Application Price (verliehen seit 1951) in Japan, der Malcolm Baldrige National Quality Award (verliehen seit 1988) in den USA und der European Quality Award (verliehen seit 1992) zu nennen. Inzwischen haben zahlreiche weitere Länder eigene Qualitätspreise ausgeschrieben, die zumeist von hochrangigen Politikern verliehen werden.

In Deutschland befasst sich seit 1995 ein Komitee aus Vertretern von Spitzenverbänden, Politik, Organisationen und Einzelpersonen mit der Vorbereitung zu einem deutschen Äquivalent. Es geht dabei darum, das Prädikat „Made in Germany" wieder an die Weltspitze zu bringen. Nicht allein die technische Qualität soll im Vordergrund stehen, sondern die Steigerung von Wettbewerbsfähigkeit und Wirtschaftlichkeit deutscher Unternehmen und Organisationen. Deshalb wurde bewusst ein Titel gewählt, in dem diese Intention zum Ausdruck kommt:

Ludwig-Erhard-Preis - Auszeichnung für Spitzenleistungen im Wettbewerb.

Die erste Preisverleihung fand 1997 statt.

1.4.2 Der European Quality Award

Die länderspezifischen Aspekte der japanischen und amerikanischen Auszeichnung erschwerten die Akzeptanz in Europa. So wurde der European Quality Award (EQA) von der European Foundation for Quality Management (EFQM)[8], eine europäische Stiftung namhafter Industrieunternehmen gegründet. Mit diesem Preis werden solche Unternehmen ausgezeichnet, die bei der innerbetrieblichen Umsetzung des TQM-Gedankens Herausragendes geleistet haben und als Vorbild für andere Unternehmen herausgestellt werden können. Die ersten Gewinner wurden 1992 in Spanien ausgezeichnet. Die Bewertungskriterien dieser Auszeichnung gehen zurück auf die Idee einer unternehmensweiten Konzeption, die über ein umfassendes Qualitätsmanagement verfügt und ganz auf den Kunden ausgerichtet ist.

Das Modell für Business Excellence der EFQM ist heute international als Richtlinie und Hilfsmittel zur Einführung von TQM-Systemen anerkannt.

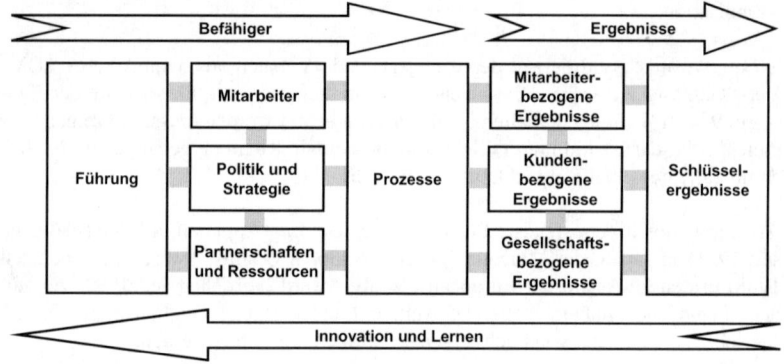

Abb. 1.22: Das Kriterienmodell der EFQM

Während ein Zertifikat sich lediglich auf die Erfüllung der Anwendung der Normenreihe DIN EN ISO 9000 ff. bezieht, werden bei den Qualitätspreisen weitergehende Anforderungen im Hinblick auf TQM gestellt.

---

[8] European Foundation for Quality Management, http://www.efqm.org.

Die Philosophie des **EFQM-Modells** lässt sich so umschreiben:

Kundenzufriedenheit, Mitarbeiterzufriedenheit und positive gesellschaftliche Verantwortung/Image werden durch ein Managementkonzept erzielt, welches durch eine spezifische Strategie, eine geeignete Mitarbeiterorientierung sowie das Management der Ressourcen und Prozesse zu herausragenden Geschäftsergebnissen führt.

Die Bewertungskriterien des EQA verteilen sich nach folgender Gewichtung:

10 %	Führung	Die **Befähiger**-Kriterien
9 %	Mitarbeiter	befassen sich damit,
8 %	Politik und Strategie	WIE die Organisation bezüglich der
9 %	Partnerschaft & Ressourcen	Kriterien vorgeht.
14 %	Prozessmanagement	

9 %	Mitarbeiter Ergebnisse	Die **Ergebnis**-Kriterien
20 %	Kunden Ergebnisse	beziehen sich darauf,
6 %	Gesellschaft Ergebnisse	WAS die Organisation erreicht hat und
15 %	Schlüsselleistungen Ergebnisse	noch erreicht.

Abb. 1.23: Gewichtung der Kriterien im EFQM-Modell

Im Unterschied zum amerikanischen Preis legt der EQA Wert auf die Trennung von Mitteln und Wege (Enablers) sowie Ergebnissen (Results). Diese Ergebnisverbesserung soll über Qualitätsinitiativen erreicht werden.

Besondere Elemente der europäischen Auszeichnung sind die Vermeidung bzw. die Verschwendung von Ressourcen, was im Hinblick auf die europäische Gesamtsituation besonders wichtig ist, sowie die Berücksichtigung der gesellschaftlichen Verantwortung und des Images, welches das jeweilige Unternehmen in seinem Umfeld hat.

1.4.3　Der Ludwig-Erhard-Preis

Der im November 1997 zum ersten Mal verliehene deutsche Preis trägt den Titel: Ludwig-Erhard-Preis (LEP) - Auszeichnung für Spitzenleistungen im Wettbewerb.

Der Preis soll Unternehmen und Organisationen einen Anreiz geben, die eigene Position im Wettbewerb zu bestimmen und durch Eigeninitiative zu verbessern. Es handelt sich um eine Auszeichnung von TQM-geführten, wettbewerbsfähigen Unternehmen/Organisationen durch die deutsche Öffentlichkeit.

Der LEP fördert die Auseinandersetzung mit den Ideen des Total Quality Managements (TQM) und deren Umsetzung zur Zukunftssicherung. Deutsche Organisationen nutzen TQM als System zur Verbesserung der Wettbewerbsfähigkeit. Sie entwickeln die Idee weiter und verbessern kontinuierlich alle Geschäftsprozesse. Die Grundsätze des TQM werden Bestandteil der Führung in allen Organisationen.

In der Bewerbungsbroschüre für den LEP ist formuliert:

Gewinner der »Auszeichnung für Spitzenleistungen im Wettbewerb« genießen international höchste Anerkennung, steigern ihr Image, ihre Wettbewerbsfähigkeit, ihren Gewinn und sichern somit ihre Zukunft.

Die deutsche Öffentlichkeit soll für die Ideen des TQM und die Preisvergabe interessiert werden. Ziel ist, dass der Standort Deutschland an Wettbewerbsfähigkeit gewinnt.

Nach den Bewertungsgrundsätzen des European Quality Awards (EQA) wird eine „Auszeichnung für Spitzenleistungen im Wettbewerb" verliehen, die bei Unternehmen und Organisationen einen hohen Stellenwert besitzt. Der Preis ist ein „bestcompany"-Preis, in dem technische Qualität eine gleichwertige Rolle neben Ergebnis, Prozesssicherheit, Ressourceneinsatz, Mitarbeiterführung usw. besitzt.

Der Preis wird in allen Branchen und in verschiedenen Stufen vergeben (kleine, mittlere, große Unternehmen/Organisationen, Handel, Behörden, Dienstleister, Handwerk usw.).

Die »Auszeichnung für Spitzenleistungen im Wettbewerb« schließt sich an die »Landespreise« (z. B. Bayerischer Qualitätspreis) an und schließt die Lücke zum Europäischen Qualitätspreis (EQA).

Das Kuratorium zur Preisverleihung ist mit Vertretern der Spitzenverbände der Deutschen Industrie, der Gewerkschaften sowie weiterer Verbände und Organisationen aus Handel und Medien besetzt. Die Geschäftsführung liegt gemeinsam beim Verein Deutscher Ingenieure (VDI)[9] und bei der Deutschen Gesellschaft für Qualität (DGQ).

---

[9] Verein Deutscher Ingenieure e.V., http://www.vdi.de.

Nicht nur der Gewinn des Preises bringt Vorteile,
sondern bereits die Bewerbung:

* positive Innenwirkung,
* Schwachstellen und Verbesserungspotentiale werden im
  Self-Assessment erkannt (siehe Kap. 3.4.3),
* die Einbindung aller Mitarbeiter in den Wettbewerb fördert die
  Unternehmensidentität,
* das Management wird sich seines Standortes bewusst,
* positive Außenwirkung,
* Image und Wettbewerbsfähigkeit werden gestärkt,
* gegenüber Kunden und Partnern wird die Zusammenarbeit verbessert,
* die Bewertung gibt ein Bild von außen und ist damit objektiv.

Abb. 1.24: Vorteile durch die Bewerbung beim LEP

1.4.4 Das Kriterienmodell des Ludwig-Erhard-Preises

Im Vorbereitungskomitee entschied man sich, weitgehend das Modell des EQA zu verwenden, es jedoch an einigen Stellen an die nationalen Gegebenheiten anzupassen. Vor allem wurde der Begriff „Befähiger" durch das besser verständliche »Mittel und Wege« ersetzt. In einigen Unterkriterien wurden Formulierungen modifiziert und Schwerpunkte verschoben, im Wesentlichen bleibt aber die Verwandtschaft zum Europäischen Qualitätspreis bestehen.

Das Modell basiert auf der Annahme, dass Kundenzufriedenheit, Mitarbeiterzufriedenheit und positive Auswirkung auf die Gesellschaft durch ein Managementkonzept erzielt werden, das sich auf spezifische Strategien und Planungen und geeigneten Mitarbeiter- und Ressourceneinsatz stützt.

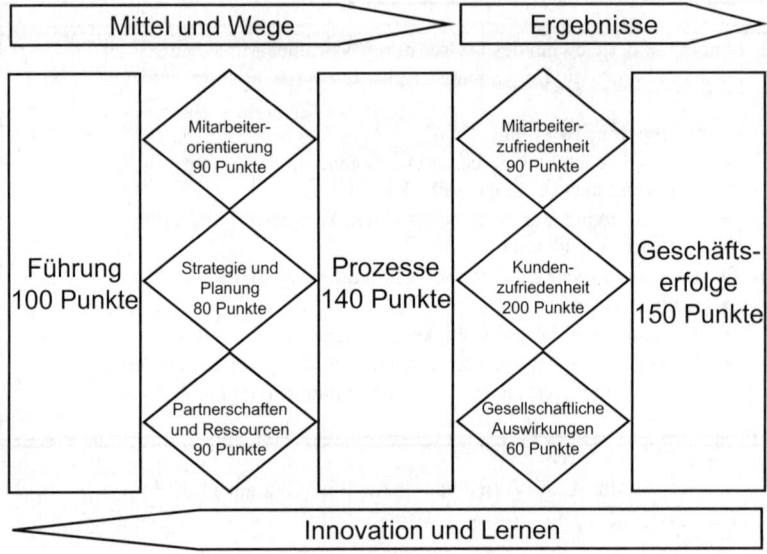

Abb. 1.25: Das Kriterienmodell des Ludwig-Erhard-Preises

Dabei erfassen die sogenannten „Ergebnis" -Kriterien, was die Organisation erreicht hat, und die „Mittel und Wege" -Kriterien, wie die Ergebnisse erzielt werden. Um den relativen Beitrag der einzelnen Kriterien beurteilen zu können, wurde ihnen jeweils ein Prozentwert bzw. eine Höchstpunktzahl zugeordnet.

Die wesentlichen Inhalte der neun Bereiche betreffen[10]:

1. Führung:	wie die Führungskräfte eine Kultur umfassender Qualität anregen, unterstützen und fördern.
2. Strategie und Planung:	wie Ziele, Wertesysteme und strategische Ausrichtung des Unternehmens definiert und umgesetzt werden.
3. Mitarbeiterorientierung:	wie das Mitarbeiterpotential erschlossen wird.
4. Partnerschaften und Ressourcen:	wie Ressourcen effektiv und effizient eingesetzt werden. Dabei geht es um den Umgang mit Lieferanten (im LEP stärker bewertet als im EQA), Technologien, Materialien, Informationen und Finanzen.
5. Prozesse:	wie alle wertschöpfenden Tätigkeiten gemanagt werden und Prozesse definiert, gesteuert und verändert werden. Der LEP legt dabei auf den Einsatz von „Innovation und Kreativität" besonderen Wert.
6. Kundenzufriedenheit:	wie die Organisation von externen Kunden wahrgenommen wird und inwieweit sie deren Bedürfnisse und Erwartungen erfüllt.
7. Mitarbeiterzufriedenheit:	wie Bedürfnisse und Erwartungen der Mitarbeiter erfüllt werden.
8. Gesellschaftliche Auswirkungen:	wie die Öffentlichkeit die Organisation bewertet bezüglich so wichtiger Aspekte wie den Beitrag zur Lebensqualität, Umweltschutz und Erhaltung globaler Ressourcen.
9. Geschäftserfolge:	wie die Organisation die geplanten Geschäftsziele erreicht und die Bedürfnisse und Erwartungen aller finanziell Beteiligten erfüllt.

Abb. 1.26: Inhalte der LEP-Kriterien

---

[10] Entnommen aus: Bewerbungsbroschüre zum Ludwig-Erhard-Preis.

1.4.5   Reifestufen eines Qualitätsmanagementsystems

Da die Differenz zwischen einer Zertifizierung und der Teilnahme an Excellence-Preisen doch erheblich ist, hat die EFQM eine Möglichkeit geschaffen, in einem gestuften Anerkennungsprogramm einen praktischen Einstieg in die Welt der "Business Excellence" zu realisieren. Damit gibt es weitere Möglichkeiten, eine Rückmeldung über den Reifegrad der eigenen Organisation zu erhalten.

Committed to Excellence - Verpflichtung zu Excellence

In der ersten Stufe wird eine erste einfache Selbstbewertung nach dem EFQM-Modell für Excellence anhand von Begleitmaterial durchgeführt und anschließend eine Rückmeldung von einem erfahrenen "Validator" gegeben. Der erfolgreiche Bewerber erhält eine Urkunde der EFQM, die ihm den jeweiligen Reifegrad attestiert. Die Urkunde hat eine Gültigkeit von zwei Jahren.

Recognized for Excellence - Anerkennung für Excellence

Erfolgreiche Absolventen von "Committed to Excellence" müssen eine komplette Selbstbewertung nach dem EFQM-Modell durchführen, daraus Stärken und Verbesserungspotenziale ableiten und für mindestens drei relevante Verbesserungspotenziale Maßnahmenpläne entwickeln. Die Bewertung wird von einem erfahrenen und eigens für diese Stufe ausgebildeten Assessorenteam vorgenommen. Unternehmen, die mehr als 400 Punkte erreichen, erhalten die Urkunde der EFQM "Recognized for Excellence". Den Zusammenhang der Excellence-Stufen zeigt Abb. 1.27.

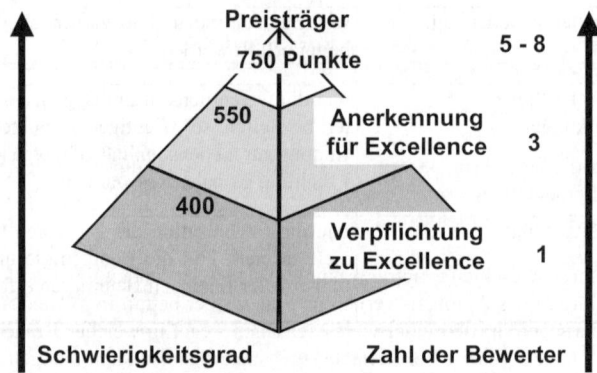

Abb. 1.27: Die Excellence-Stufen[11]

---

[11] www.deutsche-efqm.de

1.5 Dienstleistungsbereich und Non Profit Organisationen[12]

1.5.1 Besonderheiten des Qualitätsmanagements bei Dienstleistungen

In der wirtschaftlichen Entwicklung ist eine permanente Expansion des „tertiären Sektors" zu beobachten. Mittlerweile beläuft sich der Anteil der Dienstleistungen am Sozialprodukt in allen Industrienationen auf über 65%. Die Definitionsansätze sind durchaus nicht einheitlich, jedoch kann die DIN EN ISO 9000 als Richtlinie dienen.

Danach ist Dienstleistung das Ergebnis einer Tätigkeit an der Schnittstelle zwischen dem Lieferanten und dem Kunden, das üblicherweise immateriell ist. Zur Erbringung einer Dienstleistung kann z.b. gehören:

- eine Tätigkeit, die an einem vom Kunden gelieferten materiellen Produkt ausgeführt wird (z.b. einem zu reparierenden Auto)

- eine Tätigkeit, die an einem vom Kunden gelieferten immateriellen Produkt ausgeführt wird (z.b. der für die Erstellung einer Steuerrückerstattung erforderliche Einkommensnachweis)

- die Lieferung eines immateriellen Produktes (z.b. die Vermittlung von Informationen im Zusammenhang mit Wissenstransfer)

- die Schaffung einer Umgebung für den Kunden (z.b. in Hotels und Restaurants)

1.5.1.1 Immaterielle Produkte

Was nutzt die beste Produktqualität, wenn der Autoverkäufer dem sichtbar übergewichtigen potentiellen Käufer eines PKW abwertend vorschlägt: »Solls nicht doch lieber ein Kleintransporter sein?«

Diese (wahre!) Geschichte führte prompt zur Unzufriedenheit des Kunden, der daraufhin verärgert das Autohaus verließ und nie wieder betrat. Im weitesten Sinn ähnliche Erfahrungen dürften wohl viele Menschen - egal in welcher Branche - schon gesammelt haben. Gerade bei Dienstleistungsunternehmen kann mangelnde Qualität die größten Bemühungen der vorgelagerten Glieder einer Prozesskette zunichte ma-

---

[12] Kapitel 1.5 wurde bearbeitet von Dr. Thomas Krickhahn, wissenschaftlicher Mitarbeiter am Fachbereich Wirtschaft in Rheinbach der FH Bonn-Rhein-Sieg.

chen und die vorher auf absolute Kundenzufriedenheit ausgerichteten Aktivitäten in Frage stellen.

Dienstleistungen zeichnen sich im Gegensatz zu materiell-gegenständlichen Produkten insbesondere dadurch aus, dass sie wesentlich immateriell sind und sie sich deshalb nicht lagern lassen, wenn auch bei ihrer Bereitstellung oft durchaus materielle Werkzeuge und Hilfsmittel eingesetzt werden. Sie müssen zeitpunktbezogen und ortsgebunden erbracht und konsumiert werden, wobei der Nutzen sich (z.B. bei Interessenvertretungsleistungen von Verbänden gegenüber dem politisch-administrativen System) daraus für die „Konsumenten" durchaus über einen längeren Zeitraum erstrecken kann.

Dienstleistungen	Sachgüter
Werden persönlich und in Interaktion mit dem Kunden durch den Dienstleister erbracht	Werden als Objekte über den Handel erworben oder durch den Hersteller übergeben
Sind immateriell	Sind materiell
Sind vor dem Kauf bzw. Abnahme nicht existent	Sind vor dem Kauf bzw. Abnahme existent
Können nicht gelagert werden	Können gelagert werden
Leistungserstellung und Leistungsabnahme erfolgen gleichzeitig	Leistungserstellung und Produktabnahme folgen aufeinander
Der Empfänger von Dienstleistungen kann nicht wechseln (auftragsindividuell)	Sachgüter können an Dritte weitergeben bzw. verkauft werden
Qualitätsmängl sind eng mit dem Handlungsprozess der Leistungsbereitstellung verbunden und lassen sich in der Regel im Nachhinein nicht ungeschehen machen	Qualitätsmängl haften den erstellten Produkten an und können in der Regel repariert werden

Abb. 1.28: Unterschiede in den Eigenschaften von Dienstleistungen und Sachgütern

Außerdem werden bestimmte Dienstleistungen weitgehend in Kooperation zwischen Dienstleistern und Leistungsempfängern bzw. Leistungspartnern persönlich erbracht, so dass daraus folgt, dass sie auftragsindividuell und in der Regel deutlich personalintensiv sind. Das bedeutet aber auch, dass die Motivation und Qualifikation der Dienstleister von herausragender Bedeutung für die Qualität der Leistungsergebnisse sind. Die Qualität bzw. der Erfolg der Leistungsbereitstellung hängt somit von dieser Kooperation, dem Verhalten und den Eigenschaften der Kooperationspartner auf beiden Seiten ab.

1.5.1.2 Qualitätsdefinition bei Dienstleistungen

Aus der oft persönlichen, individuellen Leistungsbereitstellung der Dienstleistungen ergibt sich weiterhin eine Heterogenität des Leistungsangebotes. Von daher führt die Messung der Leistungsergebnisse anhand von vorgegebenen Standards nur sehr eingeschränkt zu aussagekräftigen Ergebnissen.

Die Bewertung der Dienstleistungsqualität wird sich insofern weniger auf die Erfüllung technisch-produktbezogener Merkmale richten, sondern eher auf

- den Ablauf bei der Dienstleistungsbereitstellung
  (u.a. Art des Umgangs mit den „Kunden"),
- die tatsächlich erreichten Ergebnisse
  (physisch, psychisch oder rechtlich bewirkte Veränderungen usw.)
- Veränderungen des Leistungspotentials
  (z.B. Gebäude, technischen Einrichtungen, Personalqualifikation usw.) und
- auf Einschätzungen des subjektiven Nutzens durch die Leistungsempfänger.

Die Lücken in der Kommunikation, die dabei auftreten können, zeigt das Gap- oder Lücken-Modell[13] in Abb. 1.29.

Zunächst können bei der genauen Erfassung der Kundenwünsche Schwierigkeiten entstehen (GAP 1). Dann kann die nächste Verfälschung bei der Übertragung der „vermeintlichen" Kundenwünsche in unternehmens- oder organisationsinterne Spezifikationen auftreten (GAP 2). Die tatsächlich erstellte Leistung kann wiederum davon abweichen (GAP 3) und zusätzlich dem Kunden noch fehlerhaft vermittelt werden (GAP 4). Schließlich interpretiert der Kunde die erbrachte Leistung im Spiegel seiner Erwartungen und stellt auch hier Differenzen zur erwarteten Leistung fest (GAP 5).

---

[13] Nach Zeithaml , V.A. : Qualitätsservice, Frankfurt, 1992.

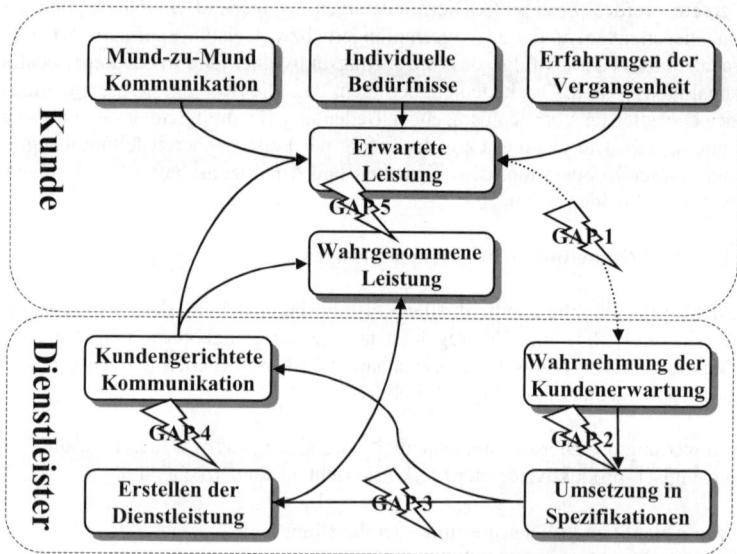

Abb. 1.29: GAP-Modell der Dienstleistungsqualität

Durch diese Veranschaulichung wird die Subjektivität des Qualitätsbegriffs bei Dienstleistungen deutlich. Es sind vereinbarte und erwar-
tete Anforderungen zu erfüllen:

**Dienstleistungsqualität ist genau das,
was sich der Kunde darunter vorstellt.**

1.5.1.3 Dienstleistung und TQM

Bei der Entwicklung eines umfassenden Qualitätsmanagements für Dienstleister
spielen die Ansätze des TQM (siehe Kap. 1.3) eine besonders wichtige Rolle. Wesentliche Punkte, auf die am Beispiel der Nonprofit-Organisationen in Kapitel 1.5.4
näher eingegangen wird, sind

- die Führungs- und Managementfunktion
- das Ressourcen- und Kosten-Management
- die Prozessorientierung und Organisationsstrukturen
- die Ergebnisorientierung
- die (Aktivisten- und) Mitarbeiterorientierung
- die (Mitglieder-, Klienten-, Stakeholder- und) Kundenorientierung
- die präventiven Bemühungen
- der kontinuierliche Verbesserungsansatz

In der Automobilindustrie sind diese Betrachtungen auch von der formalen Ausgestaltung her weit gediehen. So hat der Verband der Automobilindustrie e.V. (VDA) ein Hilfsmittel speziell für die Bedürfnisse von Dienstleistern in der Automobilindustrie erarbeitet. Dieser VDA-Band 6.2 richtet sich an Händlerbetriebe, Zubehörhandel, Auslieferlogistik, Spezialwerkstätten (Tuning-, Felgen- und Reifenspezialisten, Karosserie- und Lackierwerkstätten, Tankstellen, Fahrzeug-Waschanlagen), Sachverständigenorganisationen, Bildungsstätten usw., bietet aber auch anderen Dienstleistungsbranchen wertvolle Inputs bei der Ist-Analyse, dem Aufbau und der Zertifizierung ihres QM-Systems.

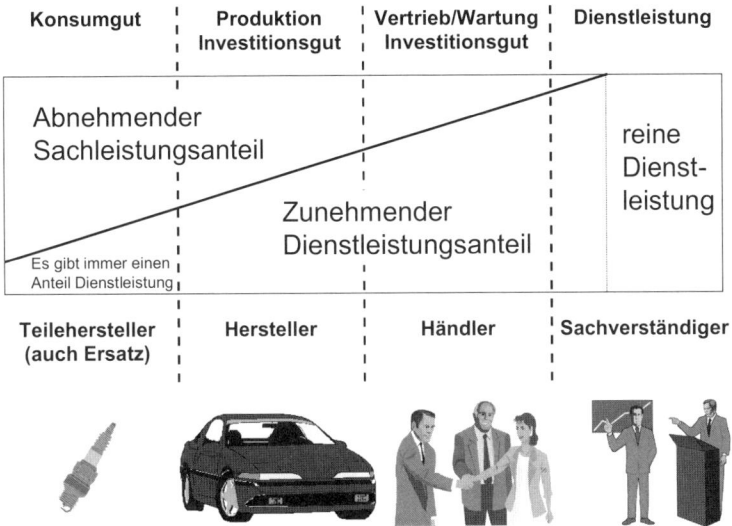

Abb. 1.30: VDA-Ansatz: von der Sachleistung bis zur reinen Dienstleistung

Diese Richtlinie orientiert sich speziell an der Wertschöpfungskette des Dienstleistungsprozesses von der Marktforschung über Entwicklung und Erbringung einer Dienstleistung bis zur Kundenbetreuung. Neben den grundsätzlichen Forderungen an ein QM-System für Dienstleistungsunternehmen richtet sich diese Vorschrift auf die kontinuierliche Verbesserung von Qualität, Preis, Service und Termintreue und bezieht alle Mitarbeiter, Dienstleistungsprozesse und Geschäftsabläufe eines Unternehmens ein.

1.5.2 Qualitätsverständnis für Nonprofit-Organisationen (NPO's)

Als Sonderformen der Dienstleister sind die Nonprofit-Organisationen anzusehen. Die besondere Schwierigkeit besteht hierbei in der Definition des Nutzens eines QM-Systems. Die folgenden Ausführungen gelten natürlich auch unter Weglassen der besonderen Randbedingungen für profitorientierte Dienstleistungsunternehmen.

1.5.2.1 Ausgangssituation

Dem Thema Qualitätsmanagement in Nonprofit-Organisationen wurde bis in die jüngste Zeit hinein in der Praxis und in der Wissenschaft kaum Aufmerksamkeit geschenkt. Nur in Grenzbereichen davon, wie beispielsweise im Zusammenhang mit der Reform öffentlicher Verwaltungen und Unternehmen, spielt es inzwischen eine Rolle. Häufig werden dabei die eher betriebswirtschaftlichen und technologisch-naturwissenschaftlichen produktionsorientierten QM-Konzeptionen noch mehr oder weniger direkt auf den NPO-Bereich übertragen. Entsprechend gering ist das Verständnis dafür, was Qualität und ein diesbezügliches Management für Nonprofit-Organisationen bedeuten kann, entwickelt.

Allerdings wird Qualität heute landläufig als strategischer Erfolgsfaktor für Unternehmen, die sich auf den Märkten privater Güter einem starken Wettbewerb ausgesetzt sehen, angesehen. Dass sich diese Überzeugung vermutlich auch für Nonprofit-Organisationen durchsetzen wird, lässt sich vor dem Hintergrund des sich gegenwärtig vollziehenden ökonomischen und gesellschaftlichen strukturellen Wandels absehen. Dieser Wandel lässt sich mit Stichworten wie Dienstleistungszeitalter, Informationsgesellschaft, Globalisierung der Wirtschaft, gesellschaftlicher Wertewandel und Postmaterialismus grob skizzieren.

1.5.2.2 Zur Bestimmung der Qualität von NPO's

Wenn von Qualität als strategischem Erfolgs- und Bestandsfaktor für Nonprofit-Organisationen gesprochen wird, setzt das voraus, dass dieser Begriff hinlänglich brauchbar abgegrenzt wird (siehe Kap. 1.1.3). Ein Problem, Qualität als Begriff substantiell einheitlich abzugrenzen, besteht darin, dass das, was als Qualität bezeichnet wird, in besonderem Maße von den jeweils verfolgten Zielen, Werten, Interessen, Bedürfnissen und Intentionen der Betroffenen und Beteiligten (Stakeholder) abhängig ist. Als nützliche und akzeptierte Qualitätsdefinition kann folgende Formulierung angesehen werden:

> „Qualität ist: Die Gesamtheit von Merkmalen einer Einheit bezüglich ihrer Eignung, festgelegte und vorausgesetzte Erfordernisse zu erfüllen."

Es lässt sich praktisch jede gewünschte Eigenschaft und jeder Aspekt zur qualitativen Differenzierung der Einheiten heranziehen. Als Einheiten kommen außerdem alle Tätigkeiten, Prozesse, Strukturen, Produkte, Handlungen bzw. alle Elemente und Verfahren, welche als Mittel in Bezug auf die jeweiligen Anforderungen zielführend sind, in Frage. Erforderlich können beispielsweise Leistungsmerkmale wie Brauchbarkeit, Zuverlässigkeit, Sicherheit, Umweltverträglichkeit, ein gutes Preis-Leistungs-Verhältnis, aber auch ästhetische Gesichtspunkte erscheinen.

1.5.2.3 Qualität im organisatorischen Zielsystem

Bei privatwirtschaftlichen Unternehmen wird vor allem der oberste Unternehmenszweck, das Erzielen von Gewinn und das daran ausgerichtete unternehmerische Zielsystem als Maßstab für Qualitätsgesichtspunkte herangezogen. Alles was zur Erreichung des Organisationszwecks und den darauf bezogenen Zielen am besten beiträgt, und das trifft ebenso auf Nonprofit-Organisationen zu, kann danach als qualitativ hochwertig eingestuft werden.

Qualitäts-Management ist deshalb auf die obersten Organisationsziele ausgerichtet, wenn auch in den Zwischenzielen und den Instrumenten zur Erreichung dieser Ziele den Aspekten Produkt-, Prozess- oder „soziale" Qualität eine zunehmend größere Bedeutung beigemessen wird.

Die Verfolgung des einen Ziels muss sich dabei nicht unbedingt positiv auf die Verfolgung eines anderen Ziels auswirken. Es ist möglich, dass ein Ziel nur auf Kosten eines anderen Ziels erreicht werden kann. Eine stärkere Kundenorientierung kann beispielsweise mit höheren Herstellungskosten für eine bessere Produktqualität (was eine Kapital- bzw. Gewinnschmälerung für die Eigentümer bedeuten kann) aber auch mit höheren Leistungsanforderungen an die Mitarbeiter (was eine höher Inanspruchnahme und einen größeren Aufwand oder Stress für Letztere bedeuten kann) einhergehen. Entsprechend gegenläufig fallen dann ebenso die Interessen und Ansprüche in Bezug auf „die Qualität" aus.

Die Vielfalt der qualitätsrelevanten Aspekte hat im Ergebnis auch zu dem gegenwärtig modernen ganzheitlichen und die verschiedenen Gesichtspunkte integrierenden Ansatz des Total-Quality-Managements geführt. Angestrebt wird nunmehr eine Gesamtoptimierung der einzelnen Aspekte in Richtung auf „größtmögliche Qualität".

Die Leistungen sind so bereitzustellen, dass sie den Ansprüchen, Bedürfnissen, Zielen und Interessen nicht nur der externen und internen Kunden, sondern möglichst aller für die Umsetzung des Organisationszwecks bedeutsamer Share- und Stakeholder möglichst optimal entsprechen.

1.5.2.4 Die Kunden: Anspruchsgruppen von Qualität in NPO′s

In Abb. 1.31 sind die wesentlichen Interessen- und Anspruchsgruppen (Share- und Stakeholder) bezüglich der Qualität und des Qualitätsmanagements von NPO′s zusammengefasst. Diese Gruppen lassen sich grob in interne und externe Interessenten einteilen.

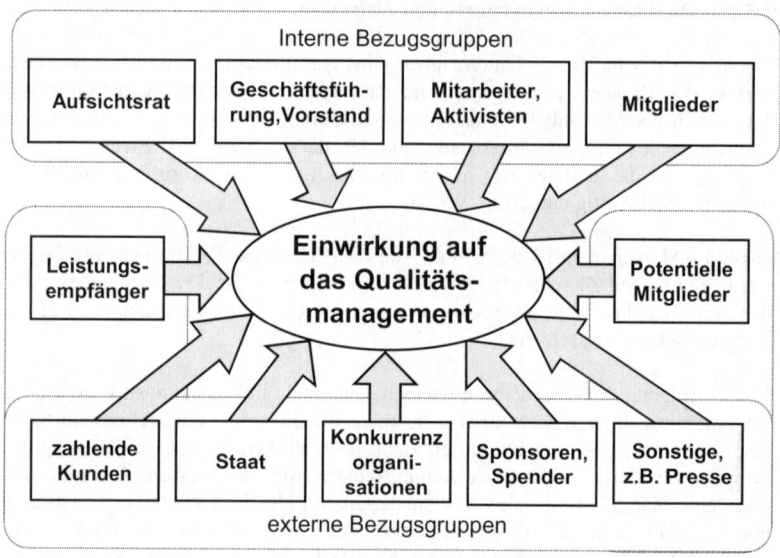

Abb. 1.31: Qualität im Anspruchsfeld der Interessenten von NPO's

Für das Qualitätsmanagement in NPO's sind deshalb nicht nur die Leistungsadressaten und unmittelbaren Kunden (im Sinne von Konsumenten) von besonderer Bedeutung, sondern die anderen aufgeführten Akteure können in NPO's eine ebenso strategische Stellung für das Qualitätsmanagement einnehmen.

1.5.2.5 Interessen und Zielbeziehungen

Dass die verschiedenen Gruppen unterschiedliche Kriterien, Wertmaßstäbe und Erwartungen an die Organisationsleistungen, -strukturen und -prozesse herantragen, liegt auf der Hand. Daraus resultieren aber auch die bereits angesprochenen potenziellen organisatorischen Zielkonflikte. In NPO's besteht allerdings ein stärkerer Anreiz als bei privatwirtschaftlichen Unternehmen, Wirtschaftlichkeitsaspekte zugunsten von Effektivität zu vernachlässigen.

Die Beispiele von unterschiedlichen Zielvorstellungen und Interessenlagen in Bezug auf die Leistungen von Nonprofit-Organisationen machen noch einmal deutlich, dass die Umsetzung des zentralen Teilziels von TQM, eine umfassende Kundenzufriedenheit zu erreichen, in der Realität kaum für alle Beteiligten und Betroffenen in maximaler Weise erfüllt werden kann. Während in privatwirtschaftlichen Unternehmen der zu erzielende Gewinn eine gemeinsame Klammer für alle internen Organisationsangehörigen bildet, bieten die sich aus den Organisationszwecken abgeleiteten Sachziele in NPO's keinen entsprechend allgemeingültigen Bezugspunkt für die betreffenden Stakeholder.

Interessengruppe	Erwartungshaltung
Mitarbeiter	gutes Gehalt, sicherer Arbeitsplatz, sinnvolle Tätigkeit, gutes Arbeitsklima, persönliche Entwicklungsmöglichkeiten
Geschäftsführung, Vorstand, Aufsichtsrat	Machterhalt und -ausbau, Erfüllung von Zielvorgaben, soziale Anerkennung, organisatorische Gestaltungsmöglichkeiten
ehrenamtliche Aktivisten	Selbstverwirklichung, Erreichen von Sachzielen der Organisation
Mitglieder	Erfüllung von Organisationsziel und -zweck, niedrige Beiträge, qualitativ hochwertige Nebenprodukte
Leistungsempfänger	Produktnutzen, Bedarfsdeckung
zahlende Kunden	akzeptables Preis-Leistungsverhältnis
Spender und Sponsoren	wirksame Förderung der eigenen Ziele, soziale Anerkennung, Imagepflege
Lieferanten und Auftraggeber	möglichst hoher und nachhaltiger Absatz ihrer Produkte, stabile Geschäftsbeziehung, vorteilhafte Umsatzerlöse
staatliche Organisationen und Institutionen	Funktionen und Aufgaben übertragen, Informationsversorgung durch NPO's
Konkurrenzorganisationen	eigene Zielverfolgung möglichst nicht beeinträchtigt, Vergleichsmaßstäbe (für ein Benchmarking) Kooperationen bei Verfolgung gemeinsamer Ziele

Abb. 1.32: Erwartungshaltung von Interessengruppen an NPO's

1.5.2.6 Wovon die Qualität von NPO´s abhängt

Die Qualität der Leistungserstellung wird von einer Vielfalt interner und externer Faktoren beeinflusst. Die folgende Übersicht gibt einen Überblick über einige der Faktoren(bündel), welche die Qualität im NPO-Sektor grundsätzlich beeinflussen können.

organisationsinterne Qualitätsbedingungen

In Bezug auf Nonprofit-Organisationen sind es vor allem Dienstleistungsaspekte denen eine hohe Qualitätsrelevanz beigemessen werden kann. Hierzu gehören:

* Leistungsumfang,
* Zeitgenauigkeit der Leistungsbereitstellung,
* Zielgenauigkeit und Wirkung der Leistungen,
* Art und Weise der Leistungserbringung usw.

Vor allem der Mensch mit seinen Fähigkeiten, Interessen, Bedürfnissen, Qualifikationen und Motivationen übt einen beträchtlichen Einfluss auf das Leistungsresultat bzw. die Eigenschaften der Endprodukte von Nonprofit-Organisationen aus. Ein großes Gewicht ist somit dem Engagement, der Erscheinung und den Fähigkeiten des Personals in der Öffentlichkeit beizumessen. Aber auch die jeweilige Organisationskultur ist für das Qualitätsmanagement von großer Bedeutung.

Die festgelegten Entscheidungsstrukturen und Verantwortungsbereiche bestimmen das Kommunikationssystem mit und beeinflussen indirekt das informelle Kommunikations- und Beziehungsnetz. Hier spielt die Veränderung zu flachen Hierarchien sicher eine wichtige Rolle.

organisationsexterne Qualitätsbedingungen

In Bezug auf die externen Faktoren sind es die an die Organisation herangetragenen Anforderungen und bereitgestellten Ressourcen, welche die gewünschte Qualität spezifizieren und die Möglichkeiten der Organisation beeinflussen.

Wichtig für die NPO-Leistungen sind die Veränderungen und Rahmenbedingungen, die speziell aufgrund staatlicher Wirtschaftspolitik, rechtlicher Regelungen und Bestimmungen oder sozialpolitischer Maßnahmen bewirkt werden. Das was als Qualität angesehen, gefordert und von den Organisationen bewerkstelligt wird, steht in enger Beziehung mit den sozialen, technischen, wissenschaftlichen, ökologischen, rechtlichen, politischen und wirtschaftlichen Gegebenheiten, Strukturen und deren Veränderungen und Möglichkeiten in der Gesellschaft.

Zu den Rahmenbedingungen gehören beispielhaft:

- Veränderungen in den demographischen Bevölkerungsstrukturen
  (Zunahme des Anteils älterer Personen)
- Migrations- und Mobilitätsprozesse
  (Erhöhung des Anteils ausländischer Mitbürger)
- Flexibilisierung der Arbeits- und Lebenswelten
  (längere Freizeiten, häufigerer Berufswechsel, lebenslanges Lernen usw.)
- Geschlechteremanzipation und Bildungsmöglichkeiten
  (höhere Bildungsabschlüsse, größerer Anteil berufstätiger Frauen - auch in
  Führungspositionen).
- Globalisierung, World-Wide-Web

Diese Einflüsse stehen, je nach Situation, in einem mehr oder weniger großen Ausmaß auch in einem wechselseitigen Wirkungszusammenhang. Letztlich kommt es auf das Zusammenwirken dieser Faktoren an, was die betreffenden Nonprofit-Organisationen dann als Qualität dabei hervorbringen.

1.5.3 Charakteristika des Nonprofit-Organisations-Sektors

Hier soll nun näher betrachtet werden, was diese Organisationen eigentlich auszeichnet. Daran lassen sich dann weitere Überlegungen über die Anforderungen an ein Qualitätsmanagement in diesen Organisationen anknüpfen.

1.5.3.1 Arten und Formen von Nonprofit-Organisationen

Ebenso wie in Bezug auf den Qualitätsbegriff eine Vielfalt unterschiedlicher Definitionen anzutreffen ist, gibt es zahlreiche Definitionen darüber, was Nonprofit-Organisationen sind.

Viele Definitionen von Nonprofit-Organisationen gehen davon aus, dass sie

- zumindest eine formelle Struktur aufweisen,
- sie nicht gewinnorientiert ausgerichtet,
- sie eigenständig verwaltet,
- unabhängig vom Staat und
- freiwillig organisiert sind.

Anheier und Seibel (1999, S. 25) schlagen eine negative Abgrenzung vor, nach der folgende Organisationstypen als Nonprofit-Organisationen ausgeschlossen sind:

- Erwerbswirtschaftliche Unternehmen
- Produktions- und Verbrauchergenossenschaften
- Organisationsformen auf Gegenseitigkeit (Versicherungen u.ä.)
- Öffentliche Unternehmen und Anstalten
- Regiebetriebe der öffentlichen Hand.

Nach diesen Definitionen sind über eine Million hauptamtlich Beschäftigte und weitere knapp sechs Millionen ehrenamtlich Tätige in NPO´s im Einsatz.

Nonprofit-Organisationen können bei bestimmten Leistungen durchaus mit staatlichen und privaten Organisationen in Konkurrenz stehen. So bieten doch staatliche und private Unternehmen etwa auf den Gebieten Kultur und Freizeit, Bildung und Forschung, im Gesundheitswesen oder im Bereich der sozialen Dienste vielfältige Produkte und Leistungen an.

1.5.3.2 Was unterscheidet NPO´s von Profit-Organisationen?

Es lässt sich leicht vorstellen, dass die in der Tabelle aufgeführten Charakteristika von erheblicher Bedeutung für das Qualitätsverständnis und ein entsprechendes Qualitätsmanagement in NPO´s sein können.

Merkmal	Profit-Organisation	Nonprofit-Organisation	Besonderheiten
Organisationszweck	Erzielung von Profit	Kostendeckende, nicht gewinnorientierte Befriedigung bestimmter Bedürfnisse und Interessen von Stakeholdern und Shareholdern.	nicht For-Profit funktionalisiert, aber eine effektive und effiziente Arbeitsweise kann durchaus als vorteilhaft gelten
Bereitgestellte Produktart	Private Güter- und Dienstleistungen	Hauptsächlich kollektive Güter, wesentlich in Form von (immateriellen) Dienstleistungen	Eigenschaft, dass bei ihrem Konsum niemand ausgeschlossen werden und keine Rivalität stattfinden kann.

Merkmal	Profit-Organisation	Nonprofit-Organisation	Besonderheiten
Wesentlicher Allokationsmodus (Gewinnung und Zuordnungsmechanismus) der Ressourcen	Marktmechanismus über Angebot, Nachfrage und Preisbildung	Ein- und Austritt von Mitgliedern, Unterstützung durch Spenden und Subventionen	keine funktionierenden Märkte Gefahr der Trittbrettfahrer z.T. nicht explizit nachgefragt
Legitimation der Führung	Eigentum legitimiert zur Unternehmensführung	Demokratische Wahlen legitimieren zur Führung	politische Machtstrukturen Wettbewerb um Stimmen
Führungskräfte	Eigentümer und von Eigentümern angestelltes Management	Gewählte nebenberufliche Vorstände und von diesen eingesetzte Geschäftsführer	nebenberuflich, ehrenamtlich Tätige neben hauptberuflichen Geschäftsführern
Rechtsform	Kaufmännisches Unternehmen, AG, GmbH, KG usw.	Eingetragener Verein, Bürgerliche Gesellschaft, Stiftung usw.	Besonderheiten in der Haftung
Ressourcenquellen	Einnahmen durch Umsatz, Kapitaleinkünfte, Eigenkapitalzuführung usw.	Beiträge, Gebühren, öffentliche Subventionen, Spenden usw.	staatlicher Einfluss freiwillige Leistungen der Mitglieder
Mitarbeiterstatus	Voll- und teilzeitbeschäftigte Angestellte und Arbeiter	Haupt- und ehrenamtliche Mitarbeiter und Freiwillige	Motivation und die Fähigkeiten dieser Mitarbeiter sind entscheidend ebenso Machtverhältnisse und Entscheidungsstrukturen
Kunden	Externe Nachfrager der Leistungen (Geldgeber und Leistungsempfänger in einer Einheit)	Interne und externe Interessenten bzw. Leistungsbezieher und -adressaten	nur indirektes „feedback" bei NPO's (Mitgliederzahlen, Spendenbeiträgen, Subventionszahlungen)

Abb. 1.33: Ausgewählte Unterscheidungsmerkmale Profitorganisationen zu NPO's

Gerade im Hinblick auf die Feststellung und Messung von Qualität sind die Kollektivguteigenschaften von NPO's von wesentlicher Bedeutung. Qualität lässt sich beispielsweise nicht allein daran festmachen, ob der Leistungsempfänger mit der Leistung zufrieden ist, sondern es ist zusätzlich die Zielgenauigkeit und die Wirtschaftlichkeit der Leistung im Hinblick auf den öffentlichen Auftrag und dessen Kontext festzustellen.

In der Realität bieten Nonprofit-Organisationen vielfach auch private Güter an, die gleichfalls auf Märkten gehandelt werden bzw. für die theoretisch ein Markt bestehen könnte. Wie sich am Beispiel des ADAC verdeutlichen lässt, werden viele Mitglieder durch die Bereitstellung von privaten Gütern in Form von Pannendiensten, Rechtsbeihilfen, Versicherungen usw. überhaupt erst zur Mitgliedschaft bewogen.

1.5.4   Aktuelle Probleme, Aufgaben und Ansatzpunkte des Qualitäts-Managements von Nonprofit-Organisationen

Um vor dem Hintergrund der geschilderten allgemeinen Rahmenbedingungen für Nonprofit-Organisationen zu einem optimalen Ergebnis bezüglich einer effektiveren (zielgenaueren) und effizienteren (wirtschaftlicheren) Leistungsbereitstellung sowie zu einer optimalen Kunden- und Mitarbeiterorientierung zu kommen, müssen die zentralen Erfolgsfaktoren hierzu und die dabei anzutreffenden Engpässe und Probleme berücksichtigt werden. Aufgrund der Verschiedenheit in den Aufgaben, Funktionen und Formen unter den NPO's wird es jedoch schwerlich möglich sein, einen für alle Organisationen zutreffenden und einheitlichen Katalog solcher Faktoren und Problemschwerpunkte aufzustellen. Einige Beispiele sind in Abb. 1.37 aufgeführt. Aus den Ansätzen des TQM lässt sich für die Lösung dieser Problemfelder wie folgt Unterstützung finden.

1.5.4.1 Kundenorientierung

Die Orientierung am Kunden setzt voraus, dass die Kunden und damit die Zielgruppen eines Qualitätsmanagements hinreichend genau abgegrenzt und identifiziert worden sind. Gewerkschaften sind beispielsweise betroffen von wesentlichen Entwicklungen in der Berufslandschaft und den Wirtschaftszweigen. Die ehemals lebenslange Bindung der Arbeiter an ihre Gewerkschaften in manchen Industriezweigen wird durch die berufliche Mobilität in der jetzt sich ausformenden modernen Arbeitswelt in Frage gestellt. Häufigerer Berufs- oder Arbeitsplatzwechsel, zunehmende räumliche Mobilität und Durchlässigkeit in den sozialen Schichten (bzw. Aufstiegsmobilität) der Beschäftigten sorgen für eine schwankende Basis der „Kundschaft" der Gewerkschaften. Heim- und Telearbeit sind z.B. Aspekte, die einen direkten Einfluss auf die Gewerkschaftsarbeit haben.

Aktuelle Probleme vieler NPO´s	Lösungsmöglichkeiten und Maßnahmen
Rückläufige Mitgliederzahlen	höhere Mitgliederorientierung
	Qualitätsverbesserung der Organisationsleistungen
	Intensivere selektive Anreize
	Herabsetzung der Beiträge und Gebühren
Zu geringer Organisationsgrad	zusätzlich Verbesserung der Informationskanäle
	Verbesserung der Öffentlichkeitsarbeit
Rückläufiges ehrenamtliches Engagement	Schaffung einer Organisationskultur
	bieten sozialer Anreize
Verschlechterung der finanziellen Situation (Spenden, Subventionen, Mitgliederbeiträge)	Einführung betriebswirtschaftlicher Erfolgskriterien
	Erhöhung der Mitgliederzahlen
	Ausrichtung der Öffentlichkeitsarbeit auf potentielle Spender und Subventionsgeber
	Ausrichtung der organisatorischen Leistungen auch an den Bedürfnissen und Interessen von Finanziers.
Disfunktionale Organisationsstrukturen	Reorganisation der Aufbauorganisation
	Übereinstimmung von Aufgaben, Kompetenzen und Verantwortungen)
	Enthierarchisierung der Strukturen
Ineffektive und unwirtschaftliche Ablauforganisationen	Abbau von Doppelarbeiten
	Einsatz von Zeitmanagement und Projektplanung
	Einsatz moderner Informationstechniken
Inadäquate Qualifikation der Mitarbeiter	Weiterbildungs- und Qualifikationsmaßnahmen
	Personaleinsatz nach Fähigkeiten der Mitarbeiter
Geringe Mitarbeitermotivation und ein demotivierendes Organisationsklima	Anpassung des Führungsstils
	vorbildhaftes Verhalten der Führung
	materielle und immaterielle Leistungsanreize

Abb. 1.34: Probleme und Lösungsansätze von NPO´s im Überblick

Zusätzlich sind Gewerkschaften zunehmend gefordert, sich auch auf internationaler Ebene zu organisieren und Interessenvertretungsarbeit gegenüber den europäischen Institutionen und Organisationen wahrzunehmen, was entsprechend andere Anforderungen an die Gewerkschaftsleistungen mit sich bringt.

So kommt es nicht von ungefähr, dass die Gewerkschaften sich in jüngster Zeit in einem organisatorischen Umbruch befinden und vielerorts Reformen durchführen. Ähnlich ergeht es einem großen Teil der Organisationen im Nonprofit-Sektor.

Zur genauen Analyse der Kundenzufriedenheit gehören standardisierte Befragungen und Interviews ebenso wie die Beobachtung bestimmter Aspekte des Mitgliederverhaltens (z.B. Ein- und Austritt) in Verbindung mit bestimmten Leistungen der Organisation. Zur Erfassung der Präferenzen, Kundenzufriedenheit und insbesondere zur Gewinnung von Qualitätsmaßstäben eignen sich auch Qualitätszirkel, runde Tische und Diskussionsforen. Informationen über die Kundenzufriedenheit können insbesondere auch durch ein geeignetes Vorschlags- und Beschwerdewesen (etwa in Form von Kummerkästen) gewonnen werden.

Eine derartige Einbindung der Kunden (bzw. Mitglieder, Klientel, Leistungsadressaten) kann bereits dazu führen, dass die Kundenzufriedenheit steigt. Sie kann aber unter Umständen schon dadurch verbessert werden, dass die Kunden optimal über die Organisationsleistungen informiert werden oder in dem die Kunden in die Leistungserstellung vermehrt einbezogen und zur Mitarbeit angeregt werden. Gefordert ist insofern ein geeignetes Berichts- und Kommunikationswesen sowie ein entsprechendes Angebot von Beteiligungsmöglichkeiten an den Leistungsprozessen. Allgemein ist ein Klima wünschenswert, welches dazu anregt, das freiwillige Engagement zu fördern und die Mitglieder bzw. Kunden in die Organisationsarbeit einzubinden, mit der Konsequenz, dass die Identifikation und die Zufriedenheit der Kunden steigt.

1.5.4.2 Mitarbeiterorientierung

Die in Bezug auf die Kunden erwähnten Veränderungen wirken sich auch auf die Verhaltensweisen und Einstellungen bei den Mitarbeitern von Nonprofit-Organisationen aus. Hier sind auch NPO's gefordert, über andere Leistungsanreize und personalwirtschaftliche Entwicklungsmaßnahmen nachzudenken, welche den neuen Bedingungen entsprechen. Bezogen auf die Gewerkschaften könnte das hinsichtlich der Stellenbesetzungen z.B. bedeuten, dass nicht die „gewerkschaftliche Nähe oder Treue" der Postenaspiranten an erster Stelle der Einstellungskriterien rangiert, sondern deren Professionalität und fachliche Qualifikation.

Durch die Vereinigung von Kompetenzen, Aufgaben und Verantwortung in einer Hand kann bei entsprechender Qualifikation und höherer Motivation der Mitarbeiter nicht nur flexibler, engagierter und schneller auf „die Kunden" reagiert werden, durch die systematische „ganzheitliche" Problembearbeitung ist außerdem zu erwarten, dass sich auch die Ergebnisqualität und Wirtschaftlichkeit der Leistungsprozesse verbessern lässt.

1.5.4.3 Ergebnis- und Leistungsorientierung

Immer weniger lassen sich beispielsweise die Mitglieder von Gewerkschaften aufgrund von Traditionen in der Organisation halten. Es ist anzunehmen, dass mit der Qualität der gebotenen Leistungen künftig zunehmend die Legitimation und Unterstützung auch von Gewerkschaften noch stärker beeinflussen wird.

Es sollte daher vielmehr die zentrale Aufgabe des Qualitätsmanagements aller NPO's sein, die Produktqualität zu sichern, in dem es Qualitätsziele vorgibt, Qualitätsmaßstäbe setzt, die Produkteigenschaften und ihre Wirkungen sowie die den Leistungen zugrundeliegenden organisatorischen Prozesse und Strukturen beobachtet und gegebenenfalls Verbesserungen einleitet und darüber hinaus Innovationen anregt.

In Bezug auf die einzelnen Leistungen sind Qualitätskriterien und Kennzahlen zu entwickeln, auf deren Basis dann die Leistungen messbar und steuerbar gemacht werden können. Auf Basis einer Analyse von qualitativen und quantitativen Daten sollten Schwachstellen identifizierbar und Fehlervermeidungstechniken entwickelt werden können, wie das etwa durch die Fehlermöglichkeits- und Einflussanalyse (FMEA) bei technisch-erwerbswirtschaftlichen Produkten angestrebt wird. Auch der Ansatz, Techniken der „Balanced Scorecard" (Kap. 3.1.3.3) einzusetzen, erscheint gut für Nonprofit-Organisationen anwendbar und übertragbar.

Anders als in Profit-Organisationen sind die wichtigsten Organisationsergebnisse nicht Gewinnoptimierung, Marktanteile oder Umsatzerlöse, sondern ihr Schwerpunkt liegt auf der Bedarfsdeckung und Kollektivgutbereitstellung ihrer Mitglieder, Zielgruppen und Stakeholder.

1.5.4.4 Prozessorientierung und Organisationsstrukturen

Die Bereitstellung der Produkte in Form von Dienstleistungen bedeutet für NPO's , dass bereits die Prozesse der Leistungserstellung aus Kundensicht Leistungsergebnisse, entsprechend dem Motto: der Weg ist das Ziel, darstellen. Guter Service, Vertraulichkeit, Zuverlässigkeit, Termintreue, Betreuung, Flexibilität und Beratung sind wichtige Leistungsaspekte für die Kunden bzw. Mitglieder und Leistungsadressaten. Nicht nur auf die Zielerreichung, sondern auf die Art und Weise der Zielerreichung kommt es ebenso in Bezug auf die Erzielung einer hohen Kundenzufriedenheit an.

Zentrale Aufgabe auch des Qualitätsmanagements in Nonprofit-Organisationen ist es, zur Fehlervermeidung und darüber hinaus zur Optimierung dieser Prozesse beizutragen. Nicht jeder Geschäftsprozess ist bis ins Detail zu optimieren, um ein Gesamtoptimum zu erreichen. Es kommt insbesondere darauf an, Kernprozesse zu optimieren. Hierzu gehören die Prozesse, die besonders relevant für die Effektivität und Effizienz der Leistungserstellung in Bezug auf die Erfüllung der Organisationsziele sind. Bei Verbänden sind das beispielsweise die schnelle, sachgerechte und interessenbezogene Beratung und Information ihrer Mitglieder oder die erfolgreiche Einbringung und Durchsetzung der ihnen von den Mitgliedern anvertrauten Anliegen in den politisch-administrativen Entscheidungsprozessen ebenso wie etwa eine überzeugende und effektive Öffentlichkeitsarbeit.

Zu den typischen Schwachstellen gehören etwa mangelnde Qualifikation und Motivation der Leistungsträger, unklare oder überlappende Zuständigkeiten, Doppelaktivitäten, mangelhafte Informationsversorgung und schlechte Kommunikation, unangemessene technische Ausstattungen, viele Schnittstellen und lange und umständliche Entscheidungswege und -prozeduren.

1.5.4.5 Ressourcen- und Kostenmanagement

Eine fundierte wirtschaftliche Basis ist eine der Existenzvoraussetzungen auch für Nonprofit-Organisationen. Qualitätsmanagement kann sich gerade in dieser Hinsicht sinnvoll einbringen, in dem es dazu beiträgt, dass knappe Ressourcen gezielter eingesetzt und Leistungsprozesse optimiert und vor allem Kosten vermieden werden, die aus späteren aufwendigen Fehlerbehebungsverfahren und aufgrund von Kundenbeschwerden und Reklamationen bzw. Mitgliederschwund resultieren.

Doch es ist auch das Kosten-Nutzenverhältnis eines Qualitätsmanagements selbst zu berücksichtigen. Allerdings kann die Feststellung der Kosten anhand von Zahlen etwa aus einer kameralistischen Rechnungslegung völlig unzureichend ausfallen. Die Wirtschaftlichkeitsanalyse der Leistungsbereitstellung erfordert daher vielmehr eine angemessene Kosten- und Leistungsrechnung, die alle relevanten organisatorischen Funktionen und Aspekte einbezieht. Hier besteht noch ein erheblicher Nachholbedarf.

Darüber hinaus werden in der Regel Kosten- und Nutzenanalysen vonnöten sein, welche Aspekte einbeziehen, die sich nicht genau quantifizieren und in Geldeinheiten ausdrücken lassen. Hierzu sind geeignete Hilfsgrößen und Kennzahlen zu bilden, mit denen sich schwer messbare Kosten und Nutzen hinreichend genau darstellen lassen.

1.5.4.6 Führungs- und Managementfunktion

Wesentlich für den Erfolg eines Qualitätsmanagements ist, dass es auch von den Führungskräften gewollt wird. Allerdings sind dabei die besonderen Willensbildungsstrukturen im NPO-Bereich zu berücksichtigen. Über die Einführung eines Qualitätsmanagements müssen sich im Beispiel von Verbänden alle relevanten Führungsgruppen (z.b. Vorstand, Geschäftsführung, Präsidium und Führungspersönlichkeiten der Suborganisationen) vorher einig werden. Dieser Beschluss erfordert weitere Entscheidungen darüber, wann, in welchen Bereichen, mit welchen Zielen, mit welchen Mitteln, Instrumenten und in welcher Weise und Form das Qualitätsmanagement installiert werden soll.

Die Vorgehensweise kann ansonsten wie auch in Profit-Organisationen erfolgen (siehe Kap. 2.1).

1.5.4.7 Zur organisatorischen Einbindung des Qualitätsmanagements

Aus der Darlegung der organisatorischen Erfolgsfaktoren wird deutlich, dass es sich beim Qualitäts-Management (nicht nur) von Nonprofit-Organisationen um eine organisatorische Querschnittsfunktion handelt. So wird es auf die simultane Abstimmung der einzelnen organisatorischen Teilfunktionen zu einem gemeinsamen Optimum ankommen, um den zentralen Erfolgsfaktoren entsprechen zu können.

Insgesamt gilt: Im Vordergrund des Interesses des Qualitäts-Managements steht zwar die Analyse der Informationen zur Erfüllung des spezifischen Leistungsauftrages, jedoch sollten darin gleichfalls Informationen über die Kundenzufriedenheit, die Mitarbeitersituation und die Wirtschaftlichkeit des Ressourceneinsatzes Eingang finden. Hierzu aber ist die Berücksichtigung und Kooperation mit den anderen organisatorischen Teilbereichen von erheblicher Bedeutung.

1.6 Angrenzende Themen, Konzeptionen und Ansätze zum QM

1.6.1 Change-Management

Zukünftige Wettbewerbsvorteile werden weitgehend durch effizientes Management von Veränderungen erzielt. Somit sind Veränderungsprozesse heute ein selbstverständlicher Bestandteil der Management-Landschaft geworden. Die Einführung von TQM kann dabei ein erfolgversprechender Ansatz sein. Aber es werden auch andere Konzepte angeboten. Wie verhalten sich diese Konzepte zueinander? Welchen Ansatz soll ein Unternehmen in seiner spezieller Situation wählen und wo liegt dabei der beste Nutzen?

1.6.1.1 Notwendigkeit eines Change-Management

Nicht nur die stetig wachsende Komplexität der Lebens- und Arbeitsverhältnisse macht das Management von Unternehmen und Institutionen zunehmend schwieriger, sondern vor allem die ständig steigende Dynamik der Veränderungen in unserem Umfeld bei gleichzeitiger Verknappung der Ressourcen Geld und Zeit lässt die Frage nach der Beherrschbarkeit heutiger Entwicklungen stellen (siehe Abb. 1.36). Die Schere zwischen benötigter Reaktionszeit bei wachsender Komplexität und verfügbarer Zeit bei zunehmender Dynamik öffnet sich immer weiter.

Die Megatrends, die das Management-Umfeld zur Zeit bestimmen, sind[14]:

- Neue Märkte durch Internationalisierung und Globalisierung
- Zunahme von Fusionen und Übernahmen
- Technologischer Fortschritt (Produkt- und Produktionsinnovation, Organisationsentwicklung, Informations- und Kommunikationssysteme)
- Zwang zur Rationalisierung durch Bedeutungszuwachs des "shareholder-value"-Prinzips
- Abwechselndes starkes Wachstum und Rezessionen (z.B. Asienkrise)
- Veränderungen in Demographie und Wertehaltung (Soziale und ökologische Aspekte)

Abb. 1.35: Megatrends im Management-Umfeld

Ziel des Change-Management oder der "Gestaltung des Wandels" ist dabei, diese Herausforderungen durch neue Denkansätze zu meistern. Traditionelle Aufgaben,

---

[14] Siehe auch Bleicher, Knut: Das Konzept Integriertes Management, Frankfurt, 1996.

Rollen und Methoden des Managements sind auf den Prüfstand zu stellen. Die grundsätzlichen Anschauungen über soziale Systemgestaltung und ihrer Lenkung durch das Management sind zu hinterfragen.

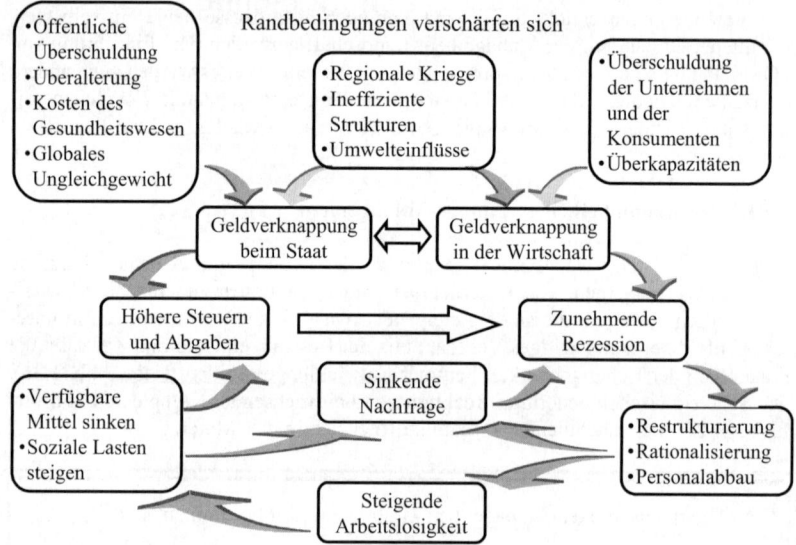

Abb. 1.36: Wirkzusammenhänge in der Wirtschaftsentwicklung[15]

1.6.1.2 Unterschiedliche Ansätze

Unterschiedliche Ansätze von Change-Konzepten differieren in der Beantwortung der Fragestellungen, was sich ändern soll (Inhalte der Veränderung) und wie sich das ändern soll (Umgebung und Randbedingungen sowie Geschwindigkeit), wie in Abb. 1.37 grafisch dargestellt.

In der Praxis findet man immer Kombinationen mehrerer Methoden. Auch ist die Definition der einzelnen Inhalte und deren Auswirkung sowohl in der Literatur als auch bei Praktikern einer unterschiedlichen Interpretation unterworfen.

---

[15] Nach Doppler, Klaus: Change-Management, Frankfurt, 1995.

Abb. 1.37: Einordnung der Veränderungsmodelle

Die Wirksamkeit von Change Management Methoden hängt auch sehr stark von der Positionierung der Unternehmen und dem damit zusammenhängenden Markt- und Wettbewerbsdruck ab. Je nachdem wie groß der aktuelle Veränderungsbedarf ist und wie die Veränderungsfähigkeit des Unternehmens (Mitarbeiter, Führung, sonstige Ressourcen) eingeschätzt wird, bieten sich jeweils andere Methoden an (siehe Abb. 1.38).

1.6.1.3 Randbedingungen für eine erfolgreiche Durchführung

Neben der Komplexität der Einführungsaufgabe bestehen oft Unklarheiten über die gegenseitige Beeinflussung verschiedener Maßnahmen im Rahmen des Projektes. Auch die im Allgemeinen unklare Vorstellung über Ziele und Wege kann leicht zu Fehlentwicklungen, Doppelarbeiten oder einer Lähmung bis zum Stillstand und Abbruch des Vorhabens führen.

Abb. 1.38: Wirksamkeit von Change-Management-Konzepten in Abhängigkeit von der Unternehmenssituation

Deshalb ist ein straffes Projektmanagement unabdingbar für eine erfolgreiche Einführung der Veränderungen. Flächendeckenden Einbezug erreicht man nur durch einen Top-down-Ansatz, indem die Unternehmensführung zunächst den Willen zur Veränderung demonstriert. Nur mit Unterstützung der Machtpromotoren hat ein solch komplexes und in der Anfangsphase auch kostenintensives Projekt eine Chance auf Erfolg. Anschließend ist in einem Bottom-up-Ansatz die Integration aller Beteiligten anzustreben, um das Verbesserungspotential in den Köpfen der Mitarbeiter zu nutzen. Die Arbeit geht über die reine sachliche und methodengetriebene Problemlösung hinaus. In der praktischen Umsetzung hängt der Erfolg stark davon ab, wie die beteiligten Personen miteinander umgehen. Nur die Bereitschaft zur Teamarbeit und zur offenen Kommunikation verspricht erfolgreiche Projektarbeit. Neben der fachlichen und methodischen Kompetenz wird in besonderem Maße soziale Kompetenz bei den für die Umsetzung Verantwortlichen verlangt.

Problemlösungskompetenz entsteht erst durch Kombination von Fachkompetenz, methodischer Kompetenz und sozialer Kompetenz (siehe Abb. 1.39).

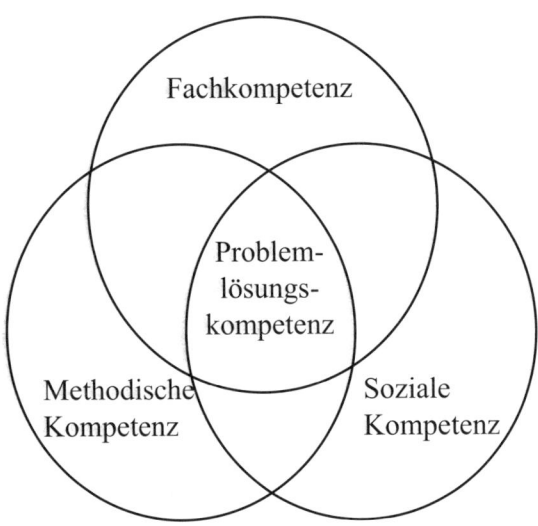

Abb. 1.39: Integration der Kompetenzfelder

Auch die Akzeptanz für Veränderungsprojekte spielt für den Erfolg eine große Rolle. Nur wenn die Ziele klar erkennbar sind und der Nutzen für alle Beteiligten ersichtlich ist, lässt sich eine breite Zustimmung erzielen. In der praktischen Umsetzung spielen somit Fragen der menschlichen Zusammenarbeit, des Durchsetzungsvermögens und der Akzeptanz eine wichtige Rolle.

1.6.1.4 Ablauf des Veränderungsprozesses

Der Veränderungsprozess selbst sollte in mehrere Abschnitte gegliedert werden. Hier soll beispielhaft ein fünfstufiges Modell[16] beschrieben werden.

Nach dem Entwurf eines Veränderungsplans, in dem nach Prioritäten geordnet eine abgestimmte Vorgehensweise festgelegt wird, erfolgt eine Umfeldanalyse, in der Trends und Kernprobleme bestimmt werden. Nachdem eine Unternehmensvision entwickelt wurde, werden daraus Leitlinien für die geplanten Veränderungen generiert. Erst dann sollte man mit der eigentlichen Veränderung starten. Hierbei werden

---

[16] Angelehnt an Große-Oetringhaus: Strategische Identität, Berlin, 1996.

mit allen Beteiligten die konkreten Programme und Arbeitsinhalte zusammengestellt.

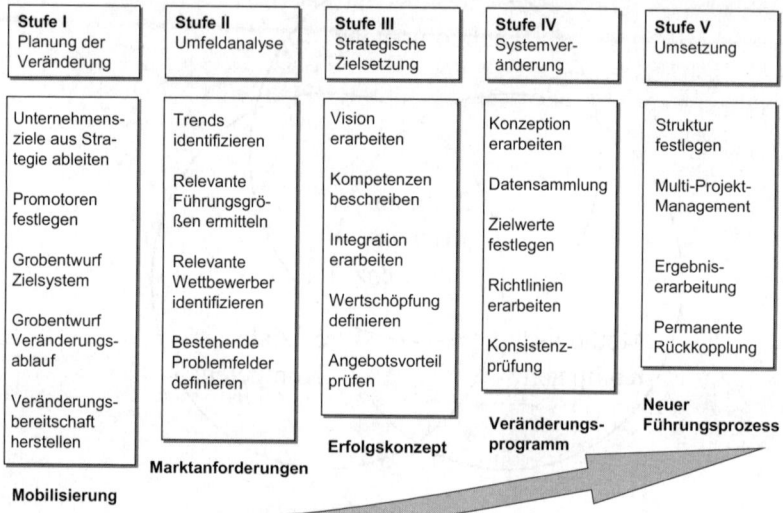

Abb. 1.40: Stufen des Veränderungsprozesses

1.6.1.5 Schwierigkeiten bei der Bewältigung des Wandels

Im Rahmen dieser Aktivitäten stellt sich im Allgemeinen auch ein neuer Umgang miteinander und ein neuer Führungsprozess ein. Nicht zu vernachlässigen sind die benötigten Ressourcen. Im Allgemeinen müssen Veränderungsaktivitäten neben den bestehenden Tagesaufgaben erledigt werden. Neben dem Zusatzaufwand sind Faktoren zu berücksichtigen wie persönlicher Stress, Unsicherheiten und Konflikte.

Eine zentrale Herausforderung für das Management sind die Widerstände der von den Änderungsprojekten Betroffen. Gründe sind:

- Unkenntnis (Nicht-Kennen)
- Überforderung (Nicht-Können)
- Schlechterstellung (Nicht-Wollen)
- Ohnmacht (Nicht-Dürfen)

Bei den Mitarbeitern entwickelt sich Angst vor:

- Schließung von Abteilungen
- Freisetzung von Personal
- zusätzliche Arbeitsbelastung
- verschärfter interner Wettbewerb
- Wegrationalisierungseffekten

Neben dieser Angst und dem damit zusammenhängenden Stress wirkt das Risiko eines Misserfolgs manchmal lähmend.

Durch Kombination von Verfahren und Verhaltensweisen (hybride Modelle) zeichnet sich ein Konsens ab. Neben der Bekämpfung der Risiken nimmt die Förderung der Chancen einen immer breiteren Raum ein.

Wichtige Unterstützer zum Erfolg des Change-Management sind:

- Neugierde
- Aufbruchstimmung
- Lernfähigkeit
- Enthusiasmus
- Unzufriedenheit mit status quo

1.6.1.6 Nutzen der Veränderung

Wenn Unternehmen zwei- bis dreistellige Millionenbeträge für die Kosten von Umstrukturierungen ansetzen, muss natürlich die Frage nach der Wirtschaftlichkeit gestellt werden. Die Kosten lassen sich noch einigermaßen verursachergerecht ermitteln, wenn auch dabei Schwierigkeiten auftreten wie die Bewertung "geistiger Rüstzeiten" beim Umschalten von Projekt- auf Tagesgeschäft oder von Opportunitätskosten, wie sie bei Qualifikationsprogrammen entstehen.

Ergebnisverbesserung

Man kann versuchen, den Nutzen anhand von Ergebnisverbesserungen zu ermitteln. Trotz zunehmender Performance von Controllinginstrumentarien besteht dabei stets eine Unsicherheit bezüglich der Zurechnung zu den Verursachern. Steigende oder sinkende Erträge können eben auch durch Veränderungen des Marktes, der politischen Randbedingungen oder des Verhaltens von Wettbewerbern bedingt sein.

Kennzahlen zur **Ergebnisverbesserung** kommen aus folgenden Bereichen:

- Abbau von Aktivitäten mit ungünstigem Verhältnis Aufwand/Nutzen
  (Sortimentsbereinigung, Anpassung des Leistungsumfangs,..)

- Ausbau von Aktivitäten mit günstigem Verhältnis Aufwand/Nutzen
  (Zusatzleistungen, Neuakquisitionen, Verrechnung bisher kostenfreier Leistungen;..)

- Effizienzsteigerung durch Rationalisierung (Strukturoptimierung, Kundenorientierte Organisation, Vereinfachungen, Vereinheitlichungen, Führungsinstrumente, Selbstorganisation, Hierarchieabbau,...)

- Effizienzsteigerung durch Kommunikationsverbesserung
  (Informationsfluss, Entscheidungswege, Kooperationen,..)

Änderungen in der Unternehmenskultur

Durch den hohen Partizipationsgrad im Total Quality Management - Ansatz ist ein Kulturwandel möglich, der durch die Basis getragen wird. Verbesserungen in der Kommunikation und die Erfahrungen aus Gruppenarbeit und KVP-Projekten fördern nicht nur die Kundenzufriedenheit, sondern führen auch zu einem engeren Zusammenhalt in der Belegschaft.

Beim Aufbau einer qualitätsorientierten Unternehmenskultur lassen sich vorhandene Positivbeispiele aus einzelnen Bereichen auf andere Anwendungen übertragen. Ein gemeinsames Qualitätsverständnis erleichtert die zielgerichtete Zusammenarbeit aller Mitarbeiter und kann den Grundstein für eine „Lernende Organisation" legen.

Durch verändertes Managementverhalten lassen sich langfristig Verbesserungen in der Mitarbeitermotivation und im Problemlösungsprozess erzielen.

Die Reihenfolge im **Reifegrad eines Unternehmens** und in
seiner **Zukunftsfähigkeit** lautet:

- Beherrschung von Methoden und Techniken
- Optimieren der Organisation im Aufbau und in den Abläufen
- Änderung im Verhalten aller Mitarbeiter
- Neuausrichtung der Einstellung aller Beteiligten

Jedes Unternehmen muss zunächst für sich selbst ermitteln, in welchem Stadium des Prozesses es sich befindet. Normalerweise wird das von Teilbereich zu Teilbereich durchaus unterschiedlich sein. Erst dann lässt sich eine abgestimmte und zielorientierte Gesamtstrategie für das Unternehmen entwerfen. Konzepte und Methoden können immer nur Hilfestellung anbieten - agieren und Veränderungen aktiv gestalten bleibt Aufgabe der Beteiligten im Unternehmen.

1.6.2 Lean-Management

Das Prinzip des Lean-Management zielt in erster Linie auf die Reduzierung und Vermeidung von Verschwendungen (die Hälfte der Mitarbeiter, Flächen, Bestände, Zeiten oder Kosten). Das Konzept ist logistikorientiert und erreicht eine systematische Reduzierung der Fertigungstiefe. Begriffe wie Teamwork, Prozessorientierung, Zulieferernetzwerke und permanentes Lernen kennzeichnen diese Methode. Der Mit-Arbeiter soll zum Mit-Unternehmer werden, der Chef sich zum Coach wandeln.

Die Organisation im **Lean-Management** ist geprägt durch:

- geringe Arbeitsteilung
- flache Hierarchien
- einfache Kommunikationsstrukturen
- transparente Abläufe
- dezentrale, sich selbst steuernde Gruppen

Oft entwickeln sich Lean-Projekte aus Ansätzen des Total Quality Management wie Kundenorientierung oder ständige Verbesserung.

Viele Prinzipien des "Schlanken Managements" sind einleuchtend und daher überzeugend:

- pragmatische Vorgehensweise,
- Gründlichkeit und Konsequenz,
- Zuverlässigkeit und Engagement,
- kurze Wege bei Entscheidungen,
- hohes Qualitätsbewusstsein,
- sozialer Friede,
- hoher Bildungsstandard in dualer Qualifikation (Wissenschaft und Handwerk),
- gut ausgebaute Infrastruktur.

Bei der Umsetzung der Lean-Gedanken im Sinne von Total Quality Management (TQM) kommen eine Reihe von Methoden und ineinander vernetzte Strategien zum Einsatz (siehe Abb. 1.41).

Methode	siehe Kapitel
• Geschäftsprozessoptimierung	1.3
• Ständige Verbesserung/Kaizen	1.3.4
• Gruppen- und Teambildung	4.1.3
• Selbstorganisation	4.1.3
• Qualitätszirkel	4.1.4
• Wertanalyse	4.1.4
• Simultaneous Engineering - SE	5.2.3
• QFD	5.2.4
• FMEA	5.2.5
• DoE	5.2.7
• Just-in-Time - JiT	5.4.3
• Single Sourcing/Global Sourcing	5.4.6
• Total Produktiv Maintenance - TPM	5.5.5
• Single Minute Exchange of Die - SMED	5.5.5

Abb. 1.41: Methodeneinsatz bei der Lean-Management-Umsetzung

Nachteile liegen in der Überbetonung des Begriffes "lean = schlank" zu "magersüchtig". Damit nimmt die Anfälligkeit gegen externe Einflüsse zu und es erfolgt eine Weitergabe des Drucks auf Zulieferanten, was zu Motivationseinbrüchen und Unzuverlässigkeiten führen kann. Die zum Teil kritiklose Übernahme dieser aus der japanischen Managementlehre stammenden Methode führte auch hin und wieder zu Unverträglichkeiten mit der westlichen Kultur. Ebenso wie beim Reengineering findet diese Methode ihre Grenzen in unrealistischen Annahmen über die Lernfähigkeit und den Lernwillen der Mitarbeiter.

1.6.3 Business Process Reengineering

Business Process Reengineering (BPR) bedeutet fundamentales Überdenken und radikales Redesign von Unternehmen oder wesentlichen Unternehmensprozessen mit dem Resultat einer Verbesserung um Größenordnungen in den Bereichen Kosten, Qualität, Service und Zeit.

Fundamental bedeutet, dass nicht von einer Ist-Situation aus Veränderungen geplant werden, sondern dass man sich darauf konzentriert, was das Unternehmen überhaupt tun muss. Erst danach folgt die Frage nach dem Wie.

Radikal ist Business Process Reengineering deshalb, weil ein eindeutiger Trennstrich zur Vergangenheit gezogen wird und man sich nicht um Verbesserungen, Erweiterungen oder Modifizierungen kümmert, sondern eine völlige Neugestaltung des Unternehmens angeht.

Mit **Verbesserungen um Größenordnungen** sind Verdopplungen oder Halbierungen von Kennwerten gemeint und nicht die in anderen Organisationsprojekten anvisierten Verbesserungen um 10 oder 20 %.

Kandidaten für Business Process Reengineering sind:

- Firmen in Schwierigkeiten, die keine andere Wahl mehr haben
- Firmen, deren Leiter sich anbahnende Probleme rechtzeitig erkennen
- Firmen der Oberklasse, die ihren Wettbewerbsvorsprung noch ausbauen wollen

---

Im Vordergrund steht der Unternehmensprozess als Summe der Aktivitäten, die für den Kunden einen Wert erzeugen.

Die Gemeinsamkeiten zu den Ansätzen **Lean Management** und **Total Quality Management** liegen in:

- der Kundenorientierung,
- dem umfassenden Qualitätsverständnis,
- der Prozessorientierung,
- der Verbesserung im Leistungsbereich,
- der Hinwendung zum Mitarbeiter,
- der Dezentralisierung von Entscheidungen.

Die Unterschiede lassen sich wie folgt skizzieren:

- **Lean Management** ist japanischer Herkunft. Schwerpunkt ist die Vermeidung von Verschwendungen, die zur Produktivitätssteigerung führt. Der Verbesserungsprozess wird durch die Mitarbeiter getragen und kann in überschaubaren Bereichen erfolgen. Der Einsatz von DV-Techniken ist eher untergeordnet.

- **Total Quality Management** ist zwar unternehmensumfassender, aber stark auf das Qualitätsdenken bezogen. Kunden-Lieferanten-Beziehungen und die Nutzung von Informationstechniken stehen im Vordergrund.

- **Business Process Reengineering** dagegen zielt auf eine fundamentale Neugestaltung des Unternehmens, Konzentration auf die Kerngeschäfte und grundsätzliche Bewertung aus der Sicht des Kunden. Business Process Reengineering ist die radikale Methode der Erneuerung, kann aber durchaus mit den mehr evolutionären Methoden verbunden werden.

Gefahren des BPR liegen in den Beharrungswiderständen der Organisation, der leicht überbordenden Komplexität und der Unterschätzung der auftretenden Spannungsfelder. Im Rahmen des Change-Management ist BPR dann eine ergiebige Methode, wenn es mit einer strengen Projektorganisation durchgeführt wird und sich auf die Kernprozesse eines Unternehmens konzentriert.

1.6.4 Arbeitssicherheit und Gesundheitsschutz

In dem Maße, in dem sich die Management-Methoden einer ganzheitlichen Betrachtung zuwenden und verstärkt Wert auf bereichsübergreifende Zusammenarbeit gelegt wird, tritt auch die Rolle der Mitarbeiter stärker in den Vordergrund.

Der zufriedene Mitarbeiter ist motivierter und leistungsbereiter. Ein Baustein, die Mitarbeiterzufriedenheit positiv zu beeinflussen, ist die Sorge um die Gesundheit und den Schutz der Mitarbeiter im Unternehmen. Aber allein schon aus ethischen und humanitären Gründen ist die Gewährleistung der Arbeitssicherheit ein primäres Unternehmensziel.

Die Bestrebungen zur Humanisierung der Arbeitswelt, die in Deutschland besonders seit den 70er-Jahren staatlich gefordert und unterstützt wird, richten sich auf eine den menschlichen Bedürfnissen angepasste Arbeitsumgebung und Arbeitsorganisation.

Dazu gehören Aspekte wie:

- ergonomische Arbeitsplatzgestaltung
- Schutz vor Lärm, Gerüchen und sonstigen Belästigungen
- Sicherheitsaspekte bei Maschinen und Anlagen
- Wechsel, Erweiterung und Bereicherung der Arbeitsaufgaben

Das Engagement des Managements für Belange der Arbeitssicherheit und des Gesundheitsschutzes führt im Ergebnis zu:

- Einsparungen durch Wegfall von Kosten für Unfälle und Störungen
- Imagegewinn in der Öffentlichkeit und als Arbeitgeber
- rechtliche Sicherheit und Abwehr von Schadenersatzforderungen
- störungsfreieren und besser planbaren Abläufen

und ist damit auch betriebswirtschaftlich und rechtlich sinnvoll.

Bei dem Aufbau von Qualitäts- und Umweltmanagement-Systemen empfiehlt es sich deshalb, auch ein Managementsystem der Arbeitssicherheit und des Gesundheitsschutzes aufzubauen.

Hierzu existieren Standards, an denen sich das Unternehmen orientieren kann. Bei dem Aufbau eines System kann z.B. der SCC-Fragenkatalog (Safety Checklist Contractors) genutzt werden, der seit 1995 auf privatwirtschaftlicher Basis zuerst von der Mineralölindustrie angewandt wurde.

Diese Checkliste (siehe Abb. 1.42) fordert zu den einzelnen Punkten konkrete Maßnahmen, die das Unternehmen einführen, dokumentieren und nachweisen muss. Insbesondere wird gefordert, dass Unfallverhütungsvorschriften eingehalten werden, Notfallpläne erstellt und Risiko- und Gefährdungsanalysen durchgeführt werden.

Seit 1999 besteht mit der Norm OHSAS 18001 und dem zugehörigen Leitfaden OHSAS 18002 ein Instrument das Arbeitssicherheits-Management-System systematisch aufzubauen, zu bewerten und einer externen Zertifizierung zu unterziehen. OHSAS (Occupational Health and Safety Assessment Series) enthält Anforderungen an das Managementsystem, mit deren Hilfe die Arbeitsschutzrisiken gelenkt und die Unternehmensleistung verbessert werden können.

1. Sicherheit, Gesundheit und Umweltschutz (SGU)-Politik und Organisation, Engagement des Managements

2. Gefährdungsermittlung und -bewertung

3. Personalauswahl

4. Information und Ausbildung

5. Sicherheits-, Gesundheits- und Umweltschutzkommunikation

6. Regeln, Vorschriften, Projektsicherheitsplan

7. Sicherheits-, Gesundheits- und Umweltschutzinspektionen/Beobachtungen

8. Betriebliches Gesundheitswesen

9. Einkauf und Prüfung der Materialien, Geräte und Leistungen

10. Meldung, Registrierung und Untersuchung von Unfällen/Zwischenfällen und unsicheren Situationen

Abb. 1.42: SCC-Checkliste

Seit 1999 besteht mit der Norm OHSAS 18001 und dem zugehörigen Leitfaden OHSAS 18002 ein Instrument, um das Arbeitssicherheits-Management-System systematisch aufzubauen, zu bewerten und einer externen Zertifizierung zu unterziehen. OHSAS (Occupational Health and Safety Assessment Series) enthält Anforderungen an das Managementsystem, mit deren Hilfe die Arbeitsschutzrisiken gelenkt und die Unternehmensleistung verbessert werden können.

OHSAS 18001 ist kompatibel mit den Management-Systemnormen ISO 9000:2000 (Qualität) und ISO 14001:1996 (Umwelt)und dient als Ergänzung zu einem Integrierten Managementsystem für Qualität, Umwelt und Arbeitsschutz. Beim Aufbau eines Managementsystems kann der Aufbau in drei Modulen empfohlen werden:

Arbeitssicherheitspolitik und -grundsätze

Hier werden die allgemeingültigen Ziele und Verhaltensgrundsätze festgelegt. Neben der Festlegung von Zielen und bereichsweise abgeleiteten Teilzielen gehört dazu die Regelung der Verantwortlichkeiten und die Festlegung der Überwachungsmethodik. Arbeitssicherheit und Gesundheitsschutz sollen ein zu anderen Zielen gleichrangiges Unternehmensziel darstellen. Durch ständige Verbesserungen sind die Standards permanent zu erhöhen.

Arbeitssicherheitsstrategie

Ausgehend von den festgelegten Grundsätzen sollen in mittel- und langfristigen Zielen konkrete Verbesserungen beschrieben werden, die durch geeignete Maßnahmen zu erreichen sind. Dazu können entweder Kennwerte wie die Zahl der Arbeitsunfälle oder Aktionen wie die Minimierung von Gefährdungspotentialen, spezielle Schulungsmaßnahmen oder technische Optimierungen Gegenstand der Zielsetzung sein.

Arbeitssicherheitsprogramme

Zur Umsetzung der Strategie können Programme festgelegt werden, in denen die notwendigen Teilschritte mit Meilensteinplänen und Verantwortlichkeiten aufgeführt werden. Diese Programme sollen unternehmensweit kommuniziert werden und zu konkreten Aktivitäten führen. Als Ergebnis sollen nicht nur technische und organisatorische Verbesserungen erreicht werden, sondern auch eine Verhaltensänderung der Mitarbeiter in Richtung sicherheitsbewussten Arbeitens.

Zertifizierung

Um die in Gesetzen festgelegten Unternehmerpflichten:
* Auswahlpflicht
* Unterweisungspflicht
* Kontrollpflicht

eindeutig nachweisen zu können, besteht die Möglichkeit einer Zertifizierung durch eine anerkannte Gesellschaft. Die Dokumentation erfolgt analog den Managementsystemen für Qualität und Umweltschutz entsprechend den Kapiteln der Norm.

Inhalte der OHSAS 18001:

1. Anwendungsbereich
2. Referenzen
3. Begriffe und Definitionen
4. Gesundheits- und Arbeitsschutzelemente
   * Allgemeine Forderungen
   * Gesundheits- und Arbeitsschutzpolitik
   * Planung
   * Implementierung und Durchführung
   * Kontroll- und Korrekturmaßnahmen
   * Bewertung durch die oberste Leitung

1.6.5 Umweltschutz

1.6.5.1 Bedeutung eines betrieblichen Umweltmanagements

Im Rahmen dieser Ausführungen kann nur kurz auf das Umweltmanagement-System eingegangen werden. Ziel des betrieblichen Umweltschutzes ist die Bewahrung der natürlichen Umwelt vor negativen Auswirkungen der betrieblichen Tätigkeit. Hierzu werden sowohl technische als auch organisatorische Methoden eingesetzt. Parallel zu den Normungsbestrebungen im Qualitätsmanagement existieren seit Beginn der 90er Jahre ebenfalls Systematisierungsbestrebungen im Umweltschutz. Ausgangspunkt war die britische Norm BS 7750 von 1992, gefolgt von der Verordnung der Europäischen Wirtschaftsgemeinschaft Nr. 1836/93 von 1993 (EMAS - Environmental Management and Audit Scheme).

Nachdem 1996 die internationale Organisation ISO im Rahmen der Normung von Managementsystemen die Reihe 14000 herausgegeben hatte, wurde auf europäischer Basis im Jahre 2001 eine Modernisierung und Harmonisierung der Verordnung verabschiedet, in die auch die Anforderungen der ISO 14000 und der britische Standard BS 7750 integriert wurde.

Die derzeit gültigen Umweltnormen sind:

- Verordnung (EU) Nr. 761/2001 von 2001 (EMAS II)
- ISO-Normenreihe 14000 von 1996

Diese Standards werden genutzt, um den betrieblichen Umweltschutz weiterzuentwickeln.

Beweggründe zur Einführung eines Umweltschutzsystems sind:

- schonender Umgang mit der Natur
- Verantwortung für den Erhalt einer intakten Umwelt
- Folgenabschätzung der Umweltauswirkungen bei Veränderungen
- Effizienter Umgang mit Energie und Ressourcen
- Mitarbeiterschutz
- Mitarbeiterintegration und -motivation
- Information der Öffentlichkeit über Umweltauswirkungen der betrieblichen Tätigkeiten

---

Die kontinuierliche Verbesserung des betrieblichen Umweltschutzes wird durch die Führungsmethode des Umweltmanagements in den Vordergrund gestellt. Umweltmanagement fasst die Funktionen Standortwahl, Produktentwicklung und Produktion, Lieferantenauswahl sowie Schulung der Mitarbeiter zusammen. Im Vordergrund steht das eigenverantwortliche Handeln für den Umweltschutz, das durch die Verhütung, die Verringerung und die Beseitigung der Umweltbelastung gekennzeichnet ist. Dieses Handeln soll durch das Verursacherprinzip sowie den Einsatz sauberer Technologien geprägt sein. Über Umwelterklärungen wird die Öffentlichkeit informiert; sie stellen vertrauensbildende Maßnahmen dar.

Ein Umweltmanagementsystem ist in der Lage, als Frühwarnsystem zu fungieren und ist als Schwachstellenanalyse in der Lage, betriebliche Schwachstellen über eine definierte Zeitachse nach ABC-Prioritäten abzuarbeiten und als Instrument der Unternehmens- und Personalentwicklung die Zukunfts- und Wettbewerbsfähigkeit des Unternehmens zu erhalten.

Durch unabhängige Dritte können betriebliche Umweltmaßnahmen auf der Basis der EU-Verordnung 761/2001 oder der ISO-Norm 14000 mit einem Zertifikat bestätigt werden. Viele Unternehmen, die ihr Managementsystem in den letzten Jahren nach der ISO 9000 qualitätsorientiert gestaltet haben, verfügen über die Voraussetzungen, die zwischen Qualitäts- und Umweltmanagement vorhandenen Synergien zu nutzen. Die Behörden honorieren die Teilnahme an den Umweltschutzprogrammen durch Erleichterungen in der Genehmigungs- und Berichtspflicht.

Zwischen den Anforderungen der EU-Verordnung und der ISO-Norm bestehen die folgenden hauptsächlichen Unterschiede:

EMAS II	ISO 14001
europäische Verordnung	internationale Industrienorm
Anerkennung in Europa	weltweite Anerkennung
Erklärung pro Standort	Bezug auf Gesamtunternehmen
Umweltprüfung und Umwelterklärung zu veröffentlichen	keine öffentliche Erklärung
Werbung auf Produkten erlaubt	keine Werbung auf Produkten
Vorteile bei behördlicher Überwachung	

Mit der EMAS II darf das Logo nun auch eingeschränkt in der Produkwerbung eingesetzt werden, wenn in der Werbung nur Aussagen getroffen werden, die auch in der Umwelterklärung stehen und dort von unabhängigen Gutachtern überprüft wurden.

1.6.5.2 Integration des betrieblichen Umweltschutzes in das Qualitätsmanagement

Obwohl Umweltmanagement sich vornehmlich auf die Einhaltung aller Vorgaben und gesetzlichen Regelungen zum Schutz der Umwelt konzentriert (z. B. Bundesimmissionsschutzgesetz, Umwelthaftungsgesetz usw.), ist eine Integration in die Sichtweise des Qualitätsmanagement trotzdem sinnvoll und naheliegend.

Das Qualitätsmanagement stellt den zufriedenen Kunden in den Vordergrund, der langfristig an das Unternehmen gebunden werden soll. Die Einhaltung gesetzlicher Auflagen und die Berücksichtigung gestiegenen Umweltbewusstseins stellen ebenfalls Kundenwünsche dar, die es zu berücksichtigen und zu erfüllen gilt. Auch die Orientierung an die Bedürfnisse der Mitarbeiter oder die Effizienzsteigerung sind beiden System gemeinsam.

Damit Mitarbeiter optimal und unternehmensbezogen effektiv sein können, ist ein innerbetriebliches Umwelt-Qualifizierungsprogramm erforderlich. Die Mitarbeiter werden dabei in den Kommunikationsprozess intern und extern eingebunden und können dem Unternehmen helfen, wettbewerbsfähig zu bleiben und sich selbst helfen, einen zukunftsorientierten Arbeitsplatz zu sichern.

Vorteile durch die Einführung eines **integrierten** QM- und UM-Systems können sein:

- verbesserte Marktposition durch umweltverträgliche Produkte
- Einsparungen bei Roh- und Hilfsstoffen
- Einsparung bei Prozesskosten durch umweltverträgliche Gestaltung
- geringere Haftungsrisiken
- gesteigerte Mitarbeitermotivation
- vereinfachte Genehmigungsverfahren
- bessere Nachweismöglichkeiten gegenüber Behörden und der Öffentlichkeit

1.6.5.3 Aufbau eines Umweltmanagementsystems

Zum Aufbau eines Umweltmanagementsystems (UMS) auf der Basis der EU-VO 761/2001 bzw. der ISO14001 empfiehlt sich die Vorgehensweise nach Abb. 1.43.

Ein Grundgedanke der Umweltschutz-Normung ist die kontinuierliche Verbesserung sowohl der Umweltauswirkungen durch unternehmerische Tätigkeiten als auch der gesamten Organisation des betrieblichen Umweltschutzes.

Umweltschutz ist nicht nur ein Kostenfaktor, sondern kann zur Erhöhung der Wirtschaftlichkeit führen. Beispiele sind Einsparungen in den Bereichen Energie, Entsorgung und Abwasser sowie Erleichterungen in der behördlichen Abwicklung.

EU-VO 761/2001 EMAS II	ISO14001	Inhalte
Umweltpolitik festlegen	Umweltpolitik festlegen	Selbstverpflichtung der Leitung
		Mitarbeiter informieren und einbeziehen
		Projektteam gründen
		Umweltpolitik formulieren und veröffentlichen
interne Umweltprüfung		Bestandsaufnahme (Stoff- und Energiebilanz, Organisation)
		Benennung der vorhandenen Abweichungen
Umweltprogramm / Umweltziele	Planung	Entwicklung eines firmenspezifischen Maßnahmenkataloges
		Verantwortlichkeiten und Zeitrahmen festlegen
Aufbau des Umweltmanagement-Systems	Implementierung und Durchführung	Verbesserung der Ablauf- und Aufbauorganisation
		Auswahl geeigneter Technologien
		Erstellen der Dokumentation
		Vorbereitung und Durchführung von Schulungsmaßnahmen

EU-VO 761/2001 EMAS II	ISO14001	Inhalte
interne Umweltbetriebsprüfung	Kontroll- und Korrekturmaßnahmen	systematische Beurteilung des UM-Systems Maßnahmen zur Beseitigung von Schwachstellen
Umwelterklärung	Bewertung durch die oberste Leitung	Beschreibung der Aktivitäten Einleiten ständiger Verbesserungen Schaffen einer umweltorientierten Unternehmenskultur
externe Umweltbetriebsprüfung	Zertifizierungsaudit	Überprüfung durch unabhängige Umweltgutachter
Eintragung des Standorts Veröffentlichen der Teilnahmeerklärung	Urkunde durch Zertifizierungsstelle	regelmäßige Überwachungen

Abb. 1.43: Ablaufschritte bei der Errichtung von Umweltmanagement-Systemen

1.6.6 Medizintechnik

Die Mitgliedstaaten der Europäischen Gemeinschaften haben für Medizinprodukte und insbesondere aktive implantierbare medizinische Geräte verbindliche Festlegungen und Vorschriften erlassen, um ein hohes Sicherheits- und Leistungsniveau für Patienten, Anwender und Dritte zu erreichen. Die nationalen Vorschriften mussten harmonisiert werden, um den freien Warenverkehr zu gewährleisten, ohne gerechtfertigte Sicherheitsniveaus zu mindern.

In der Bundesrepublik wurde 1994 das Gesetz über Medizinprodukte (Medizinproduktegesetz - MPG) beschlossen - die letzte Änderung erfolgte am 13. Dezember 2002. Als Zweck des Gesetzes wird angegeben, dass durch Regelung des Verkehrs mit Medizinprodukten die Sicherheit, Eignung und Leistung der Medizinprodukte sowie die Gesundheit und der erforderliche Schutz der Patienten, Anwender und Dritter erreicht werden soll. Diese Ziele stehen in vollem Einklang mit denen eines QM-Systems.

Grundsätzlich unterscheidet sich die Vorgehensweise bei der Zertifizierung für Medizinprodukte nicht von der Zertifizierung im gesetzlich nicht geregelten Bereich. Es gibt aber sowohl Besonderheiten im Zertifizierungsablauf als auch besondere

Anforderungen für die Anwendung der ISO 9000. In den mit der ISO 9000:2000 harmonisierten Normen ISO 13485/13488:2002 (Qualitätsmanagementsysteme Medizinprodukte – Systemanforderungen für regulative Zwecke) werden diese Besonderheiten zusammengefasst.

In den Informations- und Projektgesprächen muss geklärt werden, zu welchen Produktgruppen des gesetzlich geregelten Bereichs die betroffenen Medizinprodukte gehören. Dafür wird eine vom Zertifizierer entwickelte Zusatzfragenliste eingesetzt, um die Klassifizierung der Medizinprodukte zu überprüfen. Die Dokumentation des QM-Systems muss darüber hinaus auf Vollständigkeit und Konformität mit zusätzlichen Forderungen geprüft werden. Das Gesetz sieht bei Zuwiderhandlungen Straf- und Bußgeldbescheide vor.

1.6.7 Management von Informationssicherheit

Die Informationstechnik (IT) ist aus dem heutigen Geschäftsleben nicht mehr wegzudenken. Allerdings ist die Einhaltung gewisser Qualitäts- und Sicherheitsanforderungen Voraussetzung für effizientes und rechtlich abgesichertes Arbeiten mit IT-Produkten und -Systemen und stellt damit die Grundlage für den wirtschaftlichen Erfolg von Unternehmen dar. Zusätzlich muss der Umgang mit personenbezogenen Daten von Kunden und Mitarbeitern immer datenschutzrechtlich einwandfrei verlaufen.

Die zielgerichtete Herstellung von Informationssicherheit ist eine Managementaufgabe. Zum Schutz von Verbrauchern bestehen bereits gesetzliche Anforderungen in sensiblen Bereichen, wie z.B. im Kreditwesen oder auch allgemein für Aktiengesellschaften (z.B.: KonTraG). Auch auf diesem Gebiet schaffen Normen und Standards Voraussetzungen für freien und fairen Handel und Austausch von Informationen. Deren Beachtung schützt vor Gefahren wie Naturkatastrophen oder Brände über die Unwissenheit oder Unvorsichtigkeit von Mitarbeitern bis hin zu vorsätzlichen Angriffen, sowohl von außen als auch von innen.

Derzeit existieren zwei Referenzwerke, nach denen sich Unternehmen zertifizieren lassen können. Zum einen das **IT-Grundschutz-Zertifikat** des Bundesamtes für Sicherheit in der Informationstechik (BSI) und zum anderen die internationale Norm **ISO 17799**.

Das IT-Grundschutz-Zertifikat des BSI

Ein IT-Grundschutz-Zertifikat soll nachweisen, dass IT-Sicherheit umgesetzt ist und aufrechterhalten wird und tatsächlich umgesetzte Standard-Sicherheitsmaßnahmen in informationstechnischen Einrichtungen von Behörden und Unternehmen etabliert sind.

Voraussetzung für die Vergabe eines IT-Grundschutz-Zertifikats ist, dass sämtliche IT-relevanten Anteile des nachweisenden IT-Verbundes berücksichtigt werden, damit keine Sicherheitslücken übersehen werden (Vollständigkeit) und die Aussagen transparent und leicht nachvollziehbar sind (Transparenz).

Die IT-Grundschutz-Qualifizierungsaussage ist skalierbar, einmal nach dem Grad der Umsetzung erforderlicher IT-Grundschutzmaßnahmen, und zum anderen nach dem Grad der Vertrauenswürdigkeit des Nachweises (je unabhängiger die prüfende Stelle ist, umso mehr Vertrauen besteht in einen Nachweis). Die Aussagekraft eines IT-Grundschutz-Zertifikats nimmt mit der Zeit ab, da ständig Veränderungen an der eingesetzten IT, an den Produkten und an den erforderlichen IT-Sicherheitsmaßnahmen stattfinden. Deshalb bildet die regelmäßige Aktualisierung des IT-Grundschutzhandbuchs die Basis der Qualifizierung und das IT-Grundschutz-Zertifikat hat typischerweise nicht länger als zwei Jahre Bestand (Aktualität). Mit einer IT-Grundschutz-Qualifizierung ist eine Dokumentation verbunden, aus welcher der Sicherheitsstatus hervorgeht.

Die Norm ISO 17799 - Best Practices zum Management von Informationssicherheit

Seit seiner Einführung durch die International Standards Organization (ISO) im Dezember 2000 hat sich die ISO 17799 zum weltweit am häufigsten anerkannten IT-Sicherheitsstandard entwickelt.

Eine sinnvolle Vorgehensweise zum Management (d.h. Einführung, Implementierung und Erhaltung) der Informationssicherheit in einer Organisation ist dort beschrieben. Sie beinhaltet im Prinzip folgende Kernaspekte:

- Definition, Spezifikation und Implementierung eines Informationssicherheits-Managementsystems (ISMS), ggf. als Erweiterung eines bestehenden Qualitätsmanagementsystems
- Entwicklung organisationsbezogener Normen und Praktiken bzgl. Informationssicherheit
- Überwachung der Einhaltung rechtlicher Verpflichtungen und jeglicher Anforderungen an die Informationssicherheit (erlaubt den Rückfluss gewonnener Erkenntnisse zur kontinuierlichen Verbesserung des ISMS)

Ein wesentliches Element eines Informationssicherheits-Managements nach ISO 17799 ist das sogenannte **Risiko-Management**, das auf der systematischen Erkennung von Risiken an Hand von Risikoanalysen und Risikobewertungen basiert. Nur ein funktionierendes Risiko-Management erlaubt es, stets angemessene Informationssicherheitsmaßnahmen zu betreiben.

Der in der ISO 17799 enthaltene Leitfaden zum Management von Informationssicherheit eröffnet Organisationen den Weg zu einer formalen Zertifizierung des eigenen ISMS.

Überwachungsbereiche der Norm ISO 17799 sind:

- Vorhandensein von Richtlinien
- Verteilung der Sicherheitsaufgaben
- Klassifizierung und Kontrolle unternehmenskritischer Daten
- Mitarbeitersicherheit
- Physikalische Sicherheit und Schutz der IT-Bereiche
- Kommunikations- und Operationsmanagement
- Zugriffskontrolle
- Systementwicklung und -wartung
- Geschäftskontinuitäts-Management
- Richtlinieneinhaltung

Das Zertifikat bescheinigt einem Unternehmen zum Beispiel gegenüber Banken, Versicherungen oder Kunden die Einhaltung eines definierten Sicherheitsniveaus. Unternehmen, die sich nach der ISO 17799 zertifizieren lassen, können bei der Vergabe von Aufträgen vor anderen Unternehmen ohne ISO-Zertifizierung bevorzugt werden. Immer häufiger kann man bei Ausschreibungen die Forderung nach nachgewiesener Informationssicherheit feststellen.

Vorteile für zertifizierte Unternehmen können sein:

- Verhinderung von Sicherheitsverletzungen zur Risikobegrenzung
- Herstellung von Vertrauen in Geschäftsbeziehungen mit Kunden und Geschäftspartnern
- Analyse und Bewertung der Sicherheit sensibler Informationen und Daten
- Analyse und Bewertung des Informationssicherheits-Managements
- Sicherheit bei Kooperations- und E-Commerce-Möglichkeiten
- Präzise und verlässliche Sicherheitsprüfungen
- Geringere Anfälligkeit

1.7 Fragenkatalog

1. Stellen Sie die Entwicklung zum Qualitätsmanagement im historischer Ablauf dar. Begründen Sie, warum es zu den jeweiligen Entwicklungen gekommen ist.

2. Was ist das zentrale Anliegen des „Qualitätsmanagements" heute? Liefern Sie hierzu einige Argumente.

3. Legen Sie eine Definition von Qualitätsmanagement vor und diskutieren Sie die Vor- und Nachteile Ihrer Definition. Worin besteht die besondere Schwierigkeit, eine einheitliche Begriffsdefinition von Qualität vorzuschlagen?

4. Was macht „die Qualität" aus? Führen sie einige der wichtigsten Aspekte von Qualität, die Sie kennen, auf und begründen Sie die Bedeutung der von Ihnen aufgeführten Merkmale.

5. Nennen Sie wenigstens fünf wichtige Ziele, Vorteile und Problemstellungen, die speziell mit einem Total-Qualitätsmanagement-System erreicht werden sollen.

6. Welche Nachteile können durch ein fehlendes Qualitätsmanagement entstehen?

7. Inwiefern kann Qualitätsmanagement als eine Investition angesehen werden? Begründen Sie Ihre Entscheidung beispielhaft.

8. Woran könnte der Erfolg eines Qualitätsmanagement gemessen werden bzw. was sind Voraussetzungen dafür?

9. Benennen Sie die wesentlichen Prinzipien des TQM und begründen Sie ihre Bedeutung.

10. Welchen Zielen und Funktionen dienen Qualitätspreise? Was können sie grundsätzlich bewirken? Welche Preise kennen Sie?

11. In welchem Verhältnis stehen die Anforderungen der ISO 9001, ISO 9004, TQM und der Qualitätspreise?

12. Zeigen Sie einige wesentliche Unterschiede des QM von Nonprofit-Organisationen zu Profit-Organisationen auf? Welche Konsequenzen lassen sich daraus für Nonprofit-Organisationen ableiten?

13. Warum kommt dem Umwelt-Management im Zusammenhang mit dem Qualitäts-Management eine immer wichtigere Bedeutung zu?

2. Organisation des Qualitätsmanagements im Unternehmen

2.1 Einführung von QM-Systemen

2.1.1 Gründe für die Einführung eines QM-Systems

Der Nachweis eines QM-Systems führt gegenüber Kunden und Wettbewerbern zu einer Steigerung des Firmenimages. Auch aus normativen und zum Teil gesetzlichen Gründen (z. B. CE-Zeichen, Anbieter bei öffentlichen Auftraggebern) müssen zunehmend Nachweise der Vertrauenswürdigkeit der Qualitätsorganisation erbracht werden. Langfristige Prognosen gehen davon aus, dass sich Qualitätsmanagement zu einer unabdingbaren Voraussetzung für das Bestehen am Markt entwickelt.

Einmal besteht ein Einfluss von außen in Form von verschärftem Wettbewerb, steigenden Kundenerwartungen und gesetzlichen Auflagen. Aber auch interne Gründe wie das Erreichen wichtiger Unternehmensziele und die höhere Komplexität der Aufgaben machen einen systematischen Aufbau von QM-Systemen erforderlich.

Die weltweite Akzeptanz der ISO-Normen 9000 ff. hat dazu geführt, dass sich ein solches QM-System in seinen Eigenschaften mindestens an den Anforderungen dieser Norm orientieren sollte, wobei dies für eine Zertifizierung zwar ausreicht, für TQM-Ansprüche jedoch zu wenig ist.

Argumente zur systematischen Einführung eines beschriebenen QM-Systems finden sich in Kapitel 1.2.2 (Aufgaben und Ziele von QM-Systemen). Die betriebswirtschaftlichen Argumente sind in Kapitel 1.3.4.4 (Wirtschaftlichkeitsbetrachtungen und Kostenaspekte) dargestellt. Gewarnt werden muss vor der Einführung von QM-Systemen, nur weil die Kunden es fordern. Das System wird von den Mitarbeitern dann nicht angenommen und verkümmert zu einem Showprogramm für Externe. Reine Lippenbekenntnisse ohne Engagement des Management führen zu zusätzlichen Kosten ohne Wertschöpfung.

Die Einführung eines QM-Systems ist dabei wie eine Investition in Qualität zu betrachten. Reine betriebswirtschaftliche Kosten-/Nutzenbetrachtungen können aber nur einen Teilaspekt der Verbesserungen berücksichtigen. Deshalb müssen immer auch nicht direkt quantifizierbare Verbesserungen mit zu berücksichtigen sein.

Aus verschiedenen Publikationen[17] lässt sich ableiten, dass neben der Halbierung von Prüf- und Fehlerkosten vor allem eine deutliche Reduzierung externer Fehlerkosten - also das, was der Kunde mitbekommt - erreicht werden kann. Preis für die Kostenreduzierung ist die Einmalinvestition in die Erstellung eines QM-Systems

---

[17]   VDI; forum!: Das Excellence Barometer 2001 und 2002, Düsseldorf/Mainz; Art, G., Bachtaler, M., Qualitätsmanagement lohnt sich, in QZ 42 (1997) 4, S. 410-414; Kamiske, G. F. et al., Zertifiziert - die Meinung danach, in QZ 39 (1994) 11, S. 1215-1224; Kamiske, G. F.(Hrsg.), Die Hohe Schule des Total Quality Management, Berlin, 1994.

sowie höhere laufende Aufwendungen zur Fehlerverhütung. Die gesamte Kostenersparnis kann durchaus in der Größenordnung eines Jahresgewinnes liegen.

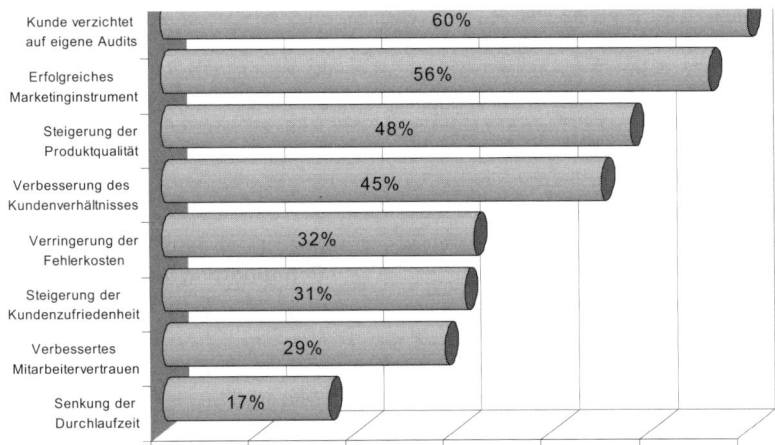

Abb. 2.1: Nachgewiesene Verbesserungen durch QM-Systeme[18]

2.1.2 Vorbereitung und Planung zur Einführung eines QM-Systems

Der Total-Quality-Gedanke setzt voraus, dass alle Bereiche beteiligt werden müssen, wenn man ein QM-System umsetzen will. Will man aus „Betroffenen" aber
„Beteiligte" machen, kommt es darauf an, dass ein solcher Prozess nicht nur argu-
mentativ, sondern auch emotional angenommen wird.

Die Unternehmensleitung muss die notwendigen Ressourcen in Form von Personal,
Mittel und Zeit zur Verfügung stellen. Die in der Aufbauphase auftretende Mehrbelastung der Mitarbeiter darf nicht zu einer Demotivation wegen Überlastung führen.
Hier ist die Unternehmensleitung gefordert, durch eigenes Engagement vorzuleben
und aktiv mitzugestalten.

Wie man aus der Auswertung vieler Veränderungsprojekte weiß[19], lässt sich ein
idealer Verlauf des beabsichtigten Implementierungsnutzens nicht erreichen. Vielmehr kann bei ungenügender Vorbereitung zunächst eine Phase der Konfusion ent-

---

[18] Quelle: Malorny, Chr., TQM umsetzen, Stuttgart, 2002
[19] Reiß, M.(Hrsg.), Change Management, Stuttgart, 1997, S. 115.

stehen, in der die Leistungsfähigkeit der Organisation sogar abnehmen kann. Hier ist proaktives Coaching durch die Unternehmensleitung gefordert.

Nach einiger Zeit stellen sich die ersten Erfolge ein und das Projekt durchdringt die Organisation, begleitet durch entsprechendes internes Marketing mit dem Tenor „Tu Gutes und sprich darüber". Anschließend ist darauf zu achten, dass das erreichte Niveau nicht wieder absinkt. Dieser „Erosion" ist durch gezielte Unterstützung vorzubeugen. Dazu eignen sich Methoden der kontinuierlichen Verbesserung (siehe Kap. 4.1.4.4).

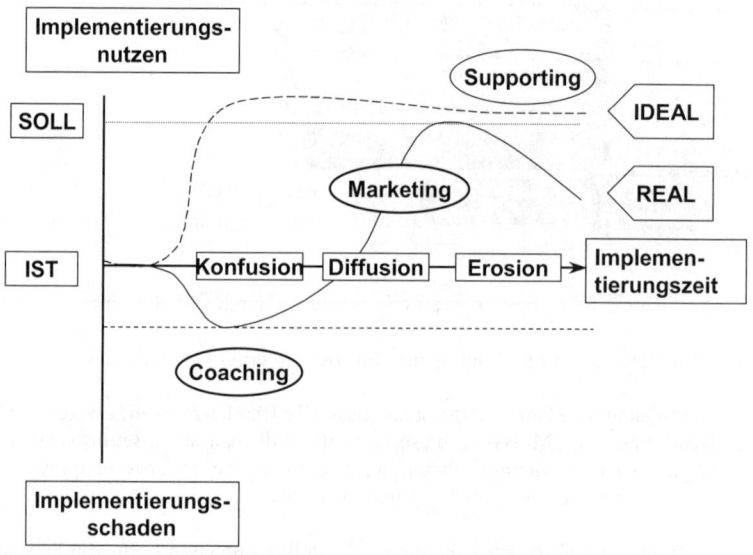

Abb. 2.2: Erfolgskennlinien bei der Implementierung

2.1.3 Organisation und Implementierung von QM-Systemen

Für die konkrete Vorgehensweise bei der Einführung eines QM-Systems gibt es keine allgemeingültigen Patentrezepte. Die Vorgehensweise muss vielmehr firmenindividuell ausgestaltet sein. Es lassen sich jedoch einige generelle Hinweise geben, die als grobe Richtschnur dienen können.

2.1.3.1 Ernennung eines QM-Beauftragten und Projektplanung

Zunächst sind die Anforderungen für die Einführung eines QM-Systems zu erarbeiten und auf die typischen Bedürfnisse sowie auf die spezielle Situation des Unternehmens auszurichten.

Zu diesem Zweck bietet es sich an, eine Arbeitsgruppe einzurichten, die unter der Leitung eines Mitarbeiters aus der Führungsebene als so genannter QM-Beauftragter (QMB) steht und sich ca. alle 3 bis 5 Wochen trifft, um den jeweiligen Fortschritt der einzelnen Teilprojekte zu ermitteln und die noch notwendigen Arbeiten zu koordinieren.

Aufgaben des QMB als Projektleiter sind :

- Organisation von Besprechungen, Schulungen und Workshops,
- regelmäßige Information der Unternehmensleitung zum Projektfortschritt,
- Sammeln und Weitertragen von Verbesserungspotential.
- Unterstützung der Mitarbeiter und Kontakt zu externen Beratern,
- Kontakt zu Zertifizierungsstellen.

Durch entsprechende Zusammensetzung des Projektteams muss sichergestellt sein, dass alle Bereiche des Unternehmens vertreten sind. Besonders wichtig ist die Teilnahme der Arbeitnehmervertretung, denn nur durch offene Information können vorhandene Bedenken und Ängste abgebaut werden.

Die Dauer eines Projekts zur QM-System-Einführung sollte insgesamt 18 Monate nicht übersteigen, kleinere Unternehmen setzen sechs bis 12 Monate an. Je länger sich ein Projekt hinzieht, umso mehr wird es als lästig und doch nicht so wichtig erachtet. Vor allem muss durch eine Einführungsveranstaltung, die von der Unternehmensleitung abgehalten wird, die Bedeutung des Projekts unterstrichen und die Verpflichtung aller zur Mitarbeit deutlich gemacht werden.

2.1.3.2 Bestandsaufnahme

Die vorhandenen Unterlagen sind zu sammeln und zu sichten. Die aktuellen Prozesse im Unternehmen sind zu identifizieren und zu beschreiben. Es kommt darauf an, die geschriebenen - aber auch die ungeschriebenen - Gesetze und Spielregeln auf den Tisch zu legen. In der Praxis findet man meist zahlreiche Arbeitsunterlagen vor, die über Jahre hinweg erstellt wurden. Diese durchaus sehr positiven und über Jahre gewachsenen Erfahrungen können bei der Projektarbeit eingebunden werden und erhöhen die Bereitschaft der Mitarbeiter, an "ihrem" System weiterzuarbeiten. So wird das dort vorhandene Know-how auch vollständig erfasst und kann für die Dokumentation verwendet werden.

Unabhängig von der Existenz etwaiger (schriftlicher) Arbeitsanweisungen ist jeder tatsächliche Betriebsablauf im Detail zu formulieren und zu dokumentieren. Erst dadurch werden Arbeitsabläufe verdeutlicht und organisatorische Mängel offenkundig. In dieser Phase kann die Einbeziehung eines erfahrenen Beraters sehr nützlich sein. Der externe Beobachter ist zum einen nicht betriebsblind und kann zum anderen aus der Normkenntnis heraus gezielte Fragen stellen und Abläufe hinterfragen.

In kleinen Arbeitsgruppen können die jeweiligen Teilaufgaben eigenverantwortlich erledigt werden. Die Koordination erfolgt über den QM-Beauftragten. Auf diese Weise wird eine höhere Beteiligung und eine Identifikation der Mitarbeiter mit dem QM-System erreicht. Darüber hinaus konzentrieren sich die Aufzeichnungen konkret auf die Bedürfnisse der einzelnen Abteilungen und Bereiche.

Bei einer anschließenden Bewertung ist festzulegen, welche Abläufe beibehalten werden können und welche verändert oder neu definiert werden müssen. Ebenso sind Organisation, Zuständigkeiten und vorhandene Formulare auf sinnvolle Inhalte und Wirtschaftlichkeit zu überprüfen. Abschließend ist der so definierte Umfang der zu beschreibenden Prozesse und Zuständigkeiten von der Unternehmensleitung zu prüfen und zur Weiterbearbeitung freizugeben.

2.1.3.3 Erstellung der QM-Dokumentation

Als übergeordnetes Dokument in der Hierarchie des QM-Systems entsteht das QM-Handbuch. Hier werden die Einzelthemen relativ kurz beschrieben und festgehalten, was innerhalb des Systems überhaupt geregelt ist. Die detaillierten Geschäftsprozesse werden in Verfahrensanweisungen beschrieben. Weitergehende Detailregelungen für Tätigkeiten und Prüfungen sind durch Arbeitsanweisungen festgelegt. Eine Verfahrensanweisung beschreibt einen Prozess, der über mehrere Stufen und mit unterschiedlichen Beteiligten erfolgt, eine Arbeits- oder Prüfanweisung bezieht sich zumeist auf einen einzelnen Arbeitsplatz oder eine Arbeitsgruppe mit gleichartigen Tätigkeiten.

Das QM-Handbuch sollte den Führungskräften ausgehändigt werden, während die QM-Verfahrens- und Arbeitsanweisungen an den jeweils betreffenden Stellen ausliegen und für die Mitarbeiter leicht einsehbar sein sollten.

Wird ein Zertifizierungsverfahren angestrebt, so bietet es sich zusätzlich an, das zu erstellende Handbuch auch als externes Dokument für den späteren Nachweis gegenüber dem Kunden zu erstellen. In diesem Fall sollten Firmengeheimnisse oder Unternehmensinterna selbstverständlich nicht Bestandteil des Handbuchs sein.

Zum detaillierten Aufbau der QM-Dokumentation siehe auch Kapitel 2.3.

2.1.3.4 Einführung und Wirksamkeitskontrolle des QM-Systems

Unmittelbar im Anschluss an die Erstellung des QM-Handbuchs sollten die Maßnahmen zur Qualitätsverbesserung umgesetzt und damit in der Praxis getestet werden. Nach projektbegleitenden Schulungen können die abgeglichenen Verfahrensanweisungen nacheinander in Kraft gesetzt werden, so dass Schritt für Schritt das neue Organisations-System Gestalt annimmt. Nach vollständigem Vorliegen der Dokumentation müssen eine Reihe interner Audits durchgeführt werden (siehe Kap. 2.5), um alle Elemente in der Praxis zu testen, wobei bis zum einwandfreien Funktionieren des Systems regelmäßig noch zahlreiche Änderungen erforderlich sind.

Will man neben einer Verbesserung seines Systems auch das werblich nutzbare Zertifikat erwerben, ist mit einer akkreditierten Zertifizierungsstelle ein entsprechender Vertrag zu schließen (siehe Kap. 2.4). Das sollte etwa sechs Monate vor dem geplanten Zertifizierungstermin erfolgen. Die externe Unterlagen-Prüfung durch den Zertifizierer benötigt etwa ein bis zwei Monate Durchlaufzeit.

Das Audit selbst ist eine Prüfung der realen Situation vor Ort. Mit der Unterlagenprüfung ist in der Regel das theoretische System als normkonform bestätigt. Kleine Abweichungen lassen sich auf Basis des Prüfberichtes noch beheben. Das Audit zeigt nun, ob ein Unternehmen das tut, was es aufgeschrieben und damit versprochen hat.

2.1.3.5 Kontinuierliche Weiterentwicklung des Systems

Die in den einzelnen Verfahrens- und Arbeitsanweisungen geforderten Aufzeichnungen dienen der mitlaufenden Dokumentation des Qualitätsstands.

Die festgehaltenen Ergebnisse sind mit den Mitarbeitern ständig zu erörtern. Die Dokumente unterliegen damit einer permanenten Fortentwicklung. Sind z.B. aufgrund von internen Audits oder Qualitätsbesprechungen ein akuter Handlungsbedarf oder Verbesserungsmöglichkeiten festgestellt worden, so sind die Unterlagen möglichst zeitnah auf den neuesten Stand zu bringen. Aufgrund der permanenten Anpassung der Dokumente an die neuesten Entwicklungen wird gleichzeitig auch das QM-System ständig optimiert.

2.1.4 Die organisatorische Einbindung des Qualitätsmanagements

Das Selbstverständnis im Qualitätsmanagement wandelt sich von einer Schiedsrichter- und Polizeifunktion zu einer Dienstleistungs- und Coachingfunktion. Somit sind auch Veränderungen im organisatorischen Bereich notwendig, um den modernen Anforderungen zu genügen.

Insgesamt verlagern sich die Schwerpunkte des Qualitätswesens von operativen Aufgaben, die vermehrt in die ausführenden Bereiche verlagert werden, hin zu strategischen Aufgaben entsprechend dem Deming-Modell "Plan-Do-Check-Act". Aufgaben eines integrierten Qualitätsmanagementsystems finden sich in allen Dimensionen der Unternehmensführungen (Abb. 2.3).

Zeitliche Dimension	Aufgaben des QM
strategisch	• Mitwirkung bei der Entwicklung von Leitbild, Strategie und Zielen • Erfassung der Qualitätsanforderungen • Durchführen und Auswerten von Bewertungen (Audits, Reviews, Assessments, Benchmarks)
taktisch	• Einsatz von Projektmanagement • Stärken des Qualitätsbewusstseins • Vermitteln von Methoden und Techniken • Begleiten von kontinuierlichen Verbesserungsprojekten • Pflege des Berichtsystems
operativ	• Planungs- und Umsetzungsaufgaben • Erkennen von Qualitätsrisiken • Leistungsüberprüfung • Korrekturmaßnahmen anstoßen • Kontakte zu externen Stellen halten

Abb. 2.3: Aufgaben im Qualitätsmanagement nach Fristigkeit

Je nach Ausprägungsform der Unternehmensorganisation findet man unterschiedliche Einbindungen des Qualitätswesens wie in Abb. 2.4 dargestellt.

Einbindung	Kennzeichnung
zentrales Qualitätswesen	Die Mitarbeiter sind in einer Einheit konzentriert und verantwortlich für die Erfüllung qualitätsorientierter Ziele.
duale Organisation	Die Mitarbeiter stehen sowohl in der Linienverantwortung als auch in der Qualitätsverantwortung bezüglich der Mitwirkung in Qualitätszirkel, Problemlösungsgruppen oder Projektteams.
hybride Struktur	Die Mitarbeiter besitzen neben ihrer funktionalen Aufgabe eine integrierte Qualitätsverantwortung für das jeweilige Aufgabengebiet.
polare Organisationen	Die Mitarbeiter agieren in einem Netzwerk und stimmen die Aufgaben in kooperativer und kommunikativer Weise jeweils neu ab.

Abb. 2.4: Organisatorische Einbindung des Qualitätsmanagements

Heutige Anforderung an Mitarbeiter des Qualitätswesens ist die Zusammenarbeit der funktionalen Spezialisierung (z.B. Messwesen) mit dem ganzheitlich operierenden Generalisten. Es sind aus Schnittstellen mit Reibungsverlusten Naht- oder Kontaktstellen unter Betonung der Kooperation zu generieren.

Als Konsequenz für die Mitarbeiter ergibt sich die Verabschiedung von Stellenbeschreibungen zugunsten von Funktions- und Kontaktstellenbeschreibungen. Aus gewohnten Hierarchien werden flexible und komplexe Netze, die eine höhere Motivation und Eigenverantwortung verlangen.

In einer lernenden Organisation muss der Mitarbeiter bereit sein, sich permanent weiter zu entwickeln. Ebenso muss das Unternehmen Rahmenbedingungen schaffen, indem strategisches Lernen, Partizipation an der Unternehmenspolitik und ein freier Informationsfluss zur Selbstverständlichkeit werden.

2.2   QM-Normen und -Richtlinien

2.2.1 Normungsgremien

Die Aufgabe der Normung ist in DIN 820 folgendermaßen definiert:

„Normung ist die planmäßige, durch die interessierten Kreise gemeinschaftlich durchgeführte Vereinheitlichung von materiellen und immateriellen Gegenständen zum Nutzen der Allgemeinheit. ... Sie fördert die Rationalisierung und die Qualitätssicherung in Wirtschaft, Technik, Wissenschaft und Verwaltung. Sie dient der Sicherheit der Menschen und Sachen sowie der Qualitätsverbesserung in allen Lebensbereichen. Sie dient außerdem einer sinnvollen Ordnung und der Information auf dem jeweiligen Normungsgebiet. Die Normung wird auf nationaler, regionaler und internationaler Ebene durchgeführt."

Im Jahre 1946 wurde die International Organisation for Standardization (ISO)[20] ins Leben gerufen. Ihr Ziel ist es, internationale Normen zu entwickeln und allgemein zugänglich zu machen. Die ISO entwickelte, verabschiedete und veröffentlichte bislang ungefähr 8800 Normen. Darunter auch die Normen der ISO-9000-Reihe zum Qualitätsmanagement, die nahezu unverändert als nationale Normen von 129 Ländern direkt übernommen wurden.

Im Rahmen der internationalen Normung durch die ISO befassen sich bisher zwei Technische Komitees (TCs) mit der Normung zu Managementsystem-Teilaspekten: Im ISO/TC 176 "Quality Management and Quality Assurance" wurden die Normen der ISO-9000-Familie erarbeitet und werden ständig weiterentwickelt. Im Jahr 1994 erfolgte die derzeit gültige Überarbeitung dieser Normen, für Ende 2000 ist eine grundsätzlich überarbeitete Version auf Basis prozessorientierter Darstellungen vorgesehenerschienen.

Das ISO/TC 176 gliedert sich in folgende Unterkomitees:

- SC 1 »Terminology«
- SC 2 »Quality Systems«
- SC 3 »Quality Technologies«

---

[20] International Organization for Standardization (ISO), http://www.iso.ch; Bezugsquelle für Normen: Beuth Verlag GmbH, 10772 Berlin, http://www.beuth.de.

Die deutsche Zuarbeit zum ISO/TC 176 erfolgt im Rahmen des DIN - Normenausschusses NQSZ durch den Arbeitsausschuss NQSZ 1 „Qualitätsmanagement".

In dem im Jahr 1993 gegründeten ISO/TC 207 „Environmental Management" wird an Normen zum Thema Umweltmanagement gearbeitet.

Das ISO/TC 207 gliedert sich in folgende Unterkomitees:

- SC 1 Umweltmanagementsysteme (UM-Systeme)
- SC 2 Umweltaudit
- SC 3 Umweltkennzeichnung
- SC 4 Umweltleistungsbestimmung (Environmental Performance)
- SC 5 Öko-Bilanzen (Life Cycle Analysis)
- SC 6 Begriffe

Die deutsche Zuarbeit zu diesem internationalen Komitee wird durch den ebenfalls 1993 gegründeten DIN-Normenausschuss Grundlagen des Umweltschutzes (NAGUS) geleistet.

Seit 1999 besteht mit der Norm OHSAS 18001 und dem zugehörigen Leitfaden OHSAS 18002 ein Instrument, um das Arbeitssicherheits-Management-System systematisch aufzubauen, zu bewerten und einer externen Zertifizierung zu unterziehen. OHSAS (Occupational Health and Safety Assessment Series) enthält Anforderungen an das Managementsystem, mit deren Hilfe die Arbeitsschutzrisiken gelenkt und die Unternehmensleistung verbessert werden können (s. Kap. 1.6.4.).

2.2.2 Langzeitrevision der ISO-9000-Normenserie aus dem Jahr 2000

Die Anpassung der QM-Systeme nach der Langzeitrevision besteht in der Umsetzung zusätzlicher Forderungen, die aus der Entwicklung der Qualitätsbewegung resultieren. Die größte Neuerung der ISO 9000:2000 liegt in der Prozessorientierung. Dies drückt sich aus in einer veränderten Struktur der Normen auf Basis eines Prozessmodells und durch Orientierung der QM-Forderungen an den Unternehmensabläufen.

Die neue Normenreihe ISO 9000:2000 besteht statt bisher aus über zwanzig jetzt nur noch aus 4 Hauptnormen:

ISO 9000:2000	- Qualitätsmanagementsysteme, Grundlagen und Begriffe
ISO 9001:2000	- Qualitätsmanagementsysteme, Anforderungen
ISO 9004:2000	- Qualitätsmanagementsysteme, Leitfaden zur Leistungs- verbesserung
ISO 19011:2002	- Leitfaden für Audits von Qualitätsmanagement- und/oder Umweltmanagementsystemen

Die revidierten Normen IS0 9001 und IS0 9004 verwenden eine neue, prozessorientierte Struktur. Diese entspricht dem Ansatz des Prozessmanagement und ist übergeordneter als die vorherige Struktur aus 20 Elementen der ISO 9000:1994. Im Dezember 2002 ist eine zusammengefasste Norm für die Auditierung von Qualitätsmanagement- und Umweltmanagementsystemen erschienen, so dass sich auch hier die Parallelität der Normen ISO 9000 und ISO 14000 wiederspiegelt.

Die Norm macht keine Vorgaben, wie das QM-System eines einzelnen Unternehmens aussehen muss, sondern ist ein Hilfsmittel für den Aufbau eines auf die speziellen Erfordernisse in einem Unternehmen zugeschnittenen QM-Systems.

Wichtig: Die ISO-Norm normt kein QM-System !

Zusammenfassend bietet das **Normensystem:**

- Leitfaden zur Darlegung und zum Nachweis eines QM-Systems,
- offener Systemansatz zur Integration spezifischer Kunden- oder Verfahrensanforderungen,
- universelle Anwendbarkeit für alle Branchen und regionalen Rahmenbedingungen,
- universelle Akzeptanz durch weltweite Nutzung,
- Verträglichkeit mit anderen Normen,
- Sicherheit durch Kontinuität und Ausgewogenheit der Normung.

Die wesentlichen Ziele der revidierten Normen der Reihe ISO 9000 lauten:

- Prozessorientierung
- Eignung für kleine und mittlere Unternehmen (KMU)
- Eignung für Unternehmen mit immateriellen Produkten / Dienstleister / Softwareunternehmen
- Klarheit und Verständlichkeit der Sprache
- Hohe Kompatibilität mit der Umwelt-Normenreihe ISO 14000 ff.
- Gute Integrierbarkeit in vorhandene Managementsysteme
- Darlegung des kontinuierlichen Verbesserungsprozesses und der Prävention
- Einbeziehung der Kriterien Effektivität und Wirksamkeit
- Ermöglichung von Verfahren zur Selbstbewertung

Basis für die Revision sind acht Managementprinzipien, die eine geeignete Grundlage für kontinuierliche Verbesserung, Führungsqualität und Einbeziehung der Interessen aller Stakeholder bieten.

Die Managementprinzipien der Langzeitrevision ISO 9000:2000:

- Kundenorientierung
- Führung
- Einbeziehung der Personen
- Prozessorientierter Ansatz
- Ständige Verbesserung

- Systemorientierter Managementansatz
- Sachbezogener Ansatz zur Entscheidungsfindung
- Lieferantenbeziehung zum gegenseitigen Nutzen

Die Inhalte dieser Prinzipien decken sich weitgehend mit den TQM-Prinzipien aus Kapitel 1.3.4.3.

In einem Prozessmodell werden die Zusammenhänge der Geschäftsprozesse dargestellt. Besonders wichtig ist dabei die Rolle des Kunden, dessen Anforderungen erfüllt werden sollen und damit zur Kundenzufriedenheit führen. Innerhalb der einzelnen Prozesse besteht ein Regelkreis, der nach dem Prinzip des Plan-Do-Check-Act -Zyklus (siehe Abb. 6.1) zu einer kontinuierlichen Verbesserung des Systems führen soll.

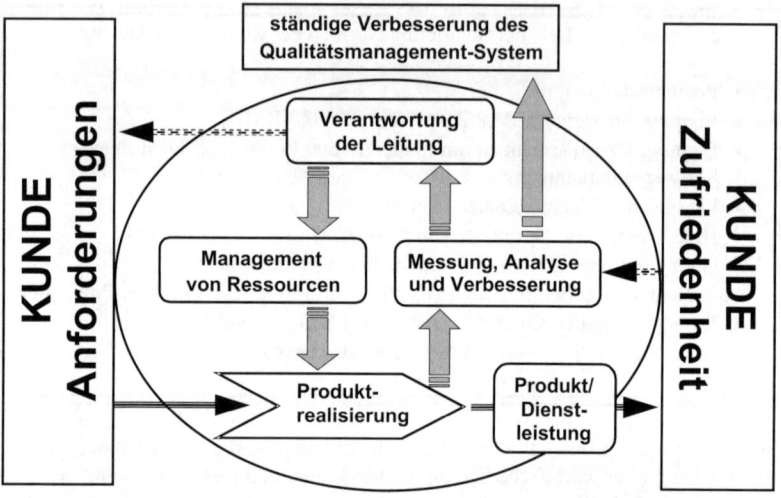

Abb. 2.5: QM-Prozessmodell der ISO 9000:2000

Vorwort
0 Einleitung
0.1 Allgemeines
0.2 Prozessorientierter Ansatz
0.3 Beziehungen zu ISO 9004
0.4 Verträglichkeit mit anderen Managementsystemen

1 Anwendungsbereich (Einschränkungen)

2 Normative Verweisungen

3 Begriffe

4 Qualitätsmanagement-System (Dokumentation und Aufzeichnungen)

5 Verantwortung der Leitung
5.1 Verpflichtung der Leitung
5.2 Kundenorientierung
5.3 Qualitätspolitik
5.4 Planung
5.5 Verantw., Befugnisse, Kommunikation
5.6 Managementbewertung

6 Management der Ressourcen
6.1 Bereitstellung von Ressourcen
6.2 Personelle Ressourcen
6.3 Infrastruktur
6.4 Arbeitsumgebung

7 Produktrealisierung
7.1 Planung der Produktrealisierung
7.2 Kundenbezogene Prozesse
7.3 Entwicklung
7.4 Beschaffung
7.5 Produktion und Dienstleistungserbringung
7.6 Lenkung von Überwachungs- und Messmitteln

8 Messung, Analyse und Verbesserung
8.1 Allgemeines
8.2 Überwachung und Messung
8.3 Lenkung fehlerhafter Produkte
8.4 Datenanalyse
8.5 Verbesserung

Abb. 2.6: Inhaltsverzeichnis der ISO 9001:2000

Das Inhaltsverzeichnis spiegelt die Orientierung an den Hauptprozessen wider, die als Führungsprozesse (5), Unterstützende Prozesse (6), Realisierungsprozesse (7) und Rückkopplungsprozesse (8) beschrieben werden können. An dieser prozessorientierten Darstellung orientiert sich auch der Aufbau dieses Buches.

2.2.3 QM und gesetzliche Normen und Verordnungen

2.2.3.1 Der Fehlerbegriff und mögliche Folgen aus Fehlern

Der Begriff eines Fehlers oder Mangels ist unter anderem in der ISO 9000 wie folgt definiert:

Fehler   ist die Nichterfüllung einer Anforderung

Mangel   ist die Nichterfüllung einer Anforderung in Bezug auf einen beabsichtigten oder festgelegten Gebrauch.

Ein Produkt hat einen Fehler, wenn es nicht die Funktionen und die Sicherheit bietet, die unter Berücksichtigung aller Umstände berechtigterweise erwartet werden kann.

Mögliche Pflichtverletzungen, die zu einem Mangel oder einem Fehler führen können, sind:

- Konstruktionsfehler   (Produkt ist nicht geeignet oder unsicher)
- Instruktionsfehler   (unzureichende Anleitung zum Gebrauch)
- Fabrikationsfehler   (Produkt fehlerhaft hergestellt)
- Produktbeobachtungsfehler   (Fehlgebrauch wird nicht erkannt)
- Organisationsfehler   (Fehlerhafte Information und Dokumentation)
- Zulieferfehler   (Lieferanten nicht qualitätsfähig)

Bei der Klassifizierung möglicher Folgen von Fehlern ist zunächst die Wirkung auf das eigene Unternehmen von dem Schaden zu unterscheiden, der Dritten gegenüber auftreten kann.

Zu eigenem Schaden führen Fehler, indem wirtschaftliche Einbußen (Schrott, Nacharbeit, Material und Zeitverlust), ein Imageschaden und daraus folgend ein möglicher Verlust an Marktanteilen oder Preis-Chancen auftreten.

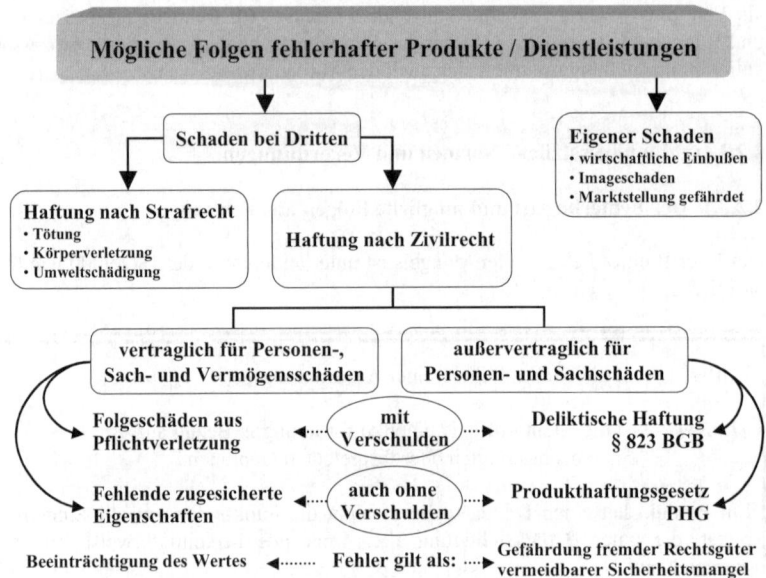

Abb. 2.7: Einordnung von Fehlerfolgen

Mangelnde Qualität eines Produktes oder einer Dienstleistung - Hauptgrund von Beanstandungen - kann aber auch zu Schäden bei den Vertragspartnern führen. Nur in seltenen Fällen führt das zur strafrechtlichen Haftung und zwar nur dann, wenn Vorsatz oder Fahrlässigkeit nachgewiesen werden kann und eine Person geschädigt, verletzt oder gar getötet wird. Meistens geht es aber um Fragen der zivilrechtlichen Haftung.

Gegenüber dem **Vertragspartner** (Verkäufer) kommt in erster Linie die Geltendmachung vertraglicher Ansprüche in Betracht, die in §§ 433 bis 435 des BGB (neues Schuldrecht von 2002) geregelt sind. Das sind im wesentlichen Ansprüche auf Ersatz der Sache selbst und damit verbundener Transport-, Ein- und Ausbaukosten und sonstiger reiner Vermögensschäden. Zu beachten ist, dass auch ohne Verschulden eine Haftung aufgrund fehlender zugesicherter Eigenschaften eintreten kann.

Gegenüber dem **Hersteller**, mit dem regelmäßig keine vertraglichen Beziehungen bestehen, kommt in erster Linie die Geltendmachung außervertraglicher Ansprüche in Betracht.

Hier spricht man von

Produzentenhaftung   nach § 823 BGB (deliktische Haftung) und
Produkthaftung   nach dem Produkthaftungsgesetz (ProdHaftG).

Während die deliktische Haftung eine schuldhafte Pflichtverletzung voraussetzt, haftet der Hersteller nach dem ProdHaftG bereits dann, wenn nachgewiesen ist, dass das vom Hersteller vertriebene Produkt einen Schaden verursacht hat (Gefährdungshaftung). Das ProdHaftG betrifft ausschließlich Folgeschäden, die ihre Ursache in dem Fehler eines Produktes haben, nicht den Schaden an der Sache selbst.

Ob und welche Schäden aus Produktfehlern zu ersetzen sind, kann sich auch danach richten, ob ein Mangel- oder ein Mangelfolgeschaden, auch Mangelbegleitschaden genannt, geltend gemacht wird. Zum Mangelschaden rechnet derjenige Schaden, der unmittelbar durch die mangelhafte Lieferung verursacht ist, zum Mangelfolgeschaden zählen diejenigen Einbußen, die dem Geschädigten an seinen sonstigen Rechtsgütern - also außerhalb der fehlerhaften Sache - entstanden sind.

Qualitätsmanagement hat somit viele rechtliche Bezüge. Es dient in erster Linie der Vermeidung von Fehlern bei der Herstellung und dem Vertrieb von Produkten und der Erhöhung der Produktsicherheit. Damit ist die Verknüpfung zu der Produkthaftung des Unternehmens hergestellt. Ohne Kenntnis von Voraussetzung und Wirkung der Produkthaftung ist Qualitätsmanagement nicht denkbar.

2.2.3.2 Risikominimierung durch Qualitätsmanagement

Qualitätssicherung ist ein bedeutendes Instrument zur Risikominimierung der Produkthaftung. In Abschnitt 7.3.1 der DIN EN ISO 9004 wird diese Verantwortung so beschrieben:

> "Die Leitung ist auch dafür verantwortlich, sicherzustellen, dass Schritte unternommen werden, um potenzielle Risiken für die Nutzer der Produkte und Prozesse der Organisation zu erkennen und zu verringern. Es sollte eine Risikoabschätzung erfolgen, um das Potenzial für und die Auswirkung von möglichen Ausfällen oder Fehlern von Produkten oder Prozessen zu erkennen. Die Ergebnisse der Abschätzung sollten verwendet werden, um Vorbeugungsmaßnahmen zur Minderung erkannter Risiken festzulegen und einzuführen."

Ein in ausreichender Tiefe installiertes und funktionierendes QM-System kann für die Rechtsprechung Indiz für die Fehlerfreiheit eines Produktes sein. Da sowohl in der deliktischen Haftung als auch im Produkthaftungsgesetz der Mangel die Haftung vermittelt, ist ein durchgängiges QM-System über die Unternehmensgrenzen hinweg bei der Abwendung von Schadenersatzansprüchen von entscheidender Bedeutung.

Zusätzlich entstehen Verpflichtungen der Unternehmen aus dem Gesetz zur Kontrolle und Transparenz im Unternehmensbereich (**KonTraG** von 1998) ein Risikomanagement-System einzuführen. Im Vordergrund stehen dort die Ermittlung von Umfeld-, Ressourcen- und Prozessrisiken. Es liegt deshalb nahe, ein bestehendes QM-System zu nutzen und die spezifischen Aspekte unternehmensrelevanter Risiken und finanzieller Steuerungsgrößen dort zu integrieren.

Schritte, diesen Anforderungen zu genügen, können sein:

- Ermitteln einschlägiger Sicherheitsanforderungen, um die Formulierung von Produkt- oder Dienstleistungsspezifikationen wirkungsvoller zu gestalten,

- Durchführen von Designbewertungs- und Prototyp-(oder Muster-)Prüfungen im Hinblick auf die Sicherheit sowie Dokumentieren der Prüfergebnisse,

- Analysieren von Anweisungen und Warnhinweisen für die Benutzer, von Instandhaltungsbüchern, von Beschriftungs- und Werbematerial, um falsche Auslegungen zu minimieren,

- Entwickeln von Mitteln zur Rückverfolgbarkeit, um einen Produktrückruf zu erleichtern, wenn die Sicherheit beeinträchtigende Eigenschaften entdeckt werden, und um eine geplante Untersuchung von Produkten oder Dienstleistungen zu ermöglichen, die im Verdacht stehen, unsichere Eigenschaften zu haben.

Damit erlangen die nach der ISO-9000-Reihe geforderten Qualitäts-, Eingangs- und Ausgangskontrollen, insbesondere aber deren Dokumentation, eine große Bedeutung. Denn mit Hilfe dieser Aufzeichnungen ist der Hersteller in der Lage, diejenigen Umstände darzulegen, die auf die Fehlerfreiheit des Produkts zur Zeit seines Inverkehrbringens schließen lassen und die ihn damit vom Vollbeweis entlasten.

Zur Begrenzung des Produkthaftungsrisikos bezüglich der Zulieferfehler können Qualitätsmanagementvereinbarungen (QMV) genutzt werden (siehe auch Kap. 5.4.5.4), in denen der Hersteller versucht, dem Lieferanten das Haftungsrisiko aufzubürden. Zumindestens soll versucht werden, durch eine umfassende Regressvereinbarung den Zulieferer im Innenverhältnis für den Fall seiner Inanspruchnahme haftbar zu machen.

2.3 Dokumentation von QM-Systemen

2.3.1 Zielsetzung und Adressaten der Dokumentation

Die Dokumentation eines QM-Systems stellt die Abbildung der im Unternehmen vereinbarten Abläufe, Verantwortlichkeiten und Spielregeln dar. Je nach Adressat kann es unterschiedliche Zielsetzungen geben.

Zielgruppe	Zielsetzung der QM-Dokumentation
Angehörige des Unternehmens	Kenntnis der Zusammenhänge zwischen den Bereichen
	Information über Ziele und Ergebnisse
	Transparenz der Abläufe herstellen
	Einarbeitungshilfe für neue Mitarbeiter
Kunden des Unternehmens	Vertrauen in Kompetenz und Qualitätsfähigkeit schaffen
	Umsetzung der Kundenforderungen erläutern
	Vorgehen bei Reklamationen festlegen
Zertifizierungsstelle	Nachweis für die Normerfüllung
	Festlegung von Verantwortlichkeiten und Reaktionen
	Zuordnung der Abläufe zu den Normforderungen

Abb. 2.8: Zielsetzungen von Dokumentation

In der Norm wird die Erstellung von Vorgabe- und Nachweisdokumenten gefordert. Vorgabedokumente beschreiben dabei Methoden und Verfahren zur präventiven Qualitätssicherung. Nachweisdokumente dienen der Dokumentation von Qualitätsprüfungen, die an einem Arbeitsergebnis durchgeführt wurden.

2.3.2 Inhalte und Aufbau der Dokumentation

Da jedes Unternehmen in Bezug auf Struktur, Größe, Produkt, Kundenkreis usw. sein eigenes, diesen Gegebenheiten angepasstes QM-System aufbauen muss, ist eine Normung von QM-Systemen nicht möglich. Wohl aber können Hinweise zur Errichtung eines geeigneten QM-Systems sehr nützlich sein. Die Langzeitrevision ISO 9000:2000 stellt in prozessorientierter Darstellung Forderungen auf, die ein Unternehmen erfüllen muss, um die Zertifizierung (siehe Kap. 2.4) zu erlangen.

Die Qualitätsorganisation eines Unternehmens spiegelt sich in der hierarchisch aufgebauten Struktur der QM-System-Dokumentation wider, die in einem Managementhandbuch mit zugeordneten Verfahrens- und Arbeitsanweisungen dargestellt wird.

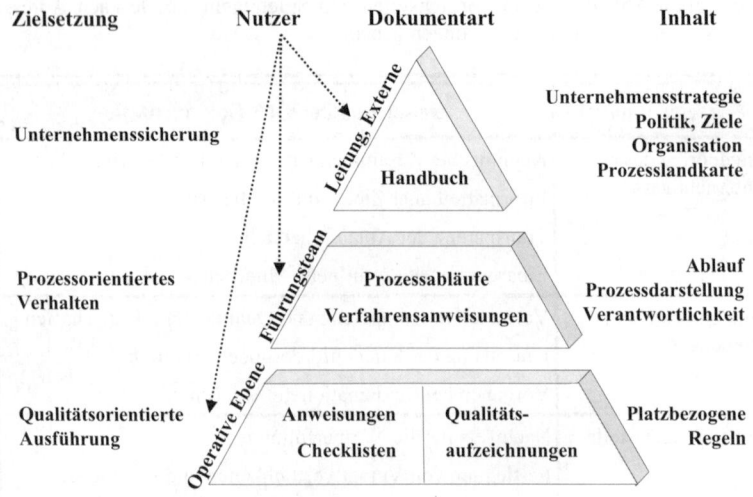

Abb. 2.9: Struktur der QM-System-Dokumentation

Wie alle anderen Regelungen müssen auch die Zuweisungen von Verantwortung dokumentiert sein. Dies dient nicht nur dem Nachweis einer ordnungsgemäßen Festlegung von Verantwortungen bei Audits oder einer Zertifizierung, sondern ist für einen reibungslosen Ablauf der Geschäftsprozesse unabdingbar. Verantwortungen sind an verschiedenen Stellen jedes Unternehmens und in unterschiedlichen Dokumenten festgehalten. Es ist von größter Wichtigkeit, dass alle diesbezüglichen Dokumente untereinander kompatibel und frei von Widersprüchen sind.

Innerhalb eines Geschäftsprozesses werden von verschiedenen Verantwortungsträgern unterschiedliche Beiträge geleistet. Sie werden üblicherweise in Entscheiden (E), Durchführen (D), Mitwirken (M) und Informieren (I) eingeteilt. In einer Verantwortlichkeitsmatrix werden die verantwortlichen organisatorischen Einheiten den zu bewältigenden Aufgaben/Geschäftsprozessen gegenübergestellt und die Beiträge durch Eintrag der oben genannten Kürzel dokumentiert. Zusätzlich kann innerhalb von Flussdiagrammen des jeweiligen Geschäftsprozesses die Nennung der für jeden angegebenen Prozessschritt Verantwortlichen erfolgen wie beispielhaft in Abb. 2.10 dargestellt.

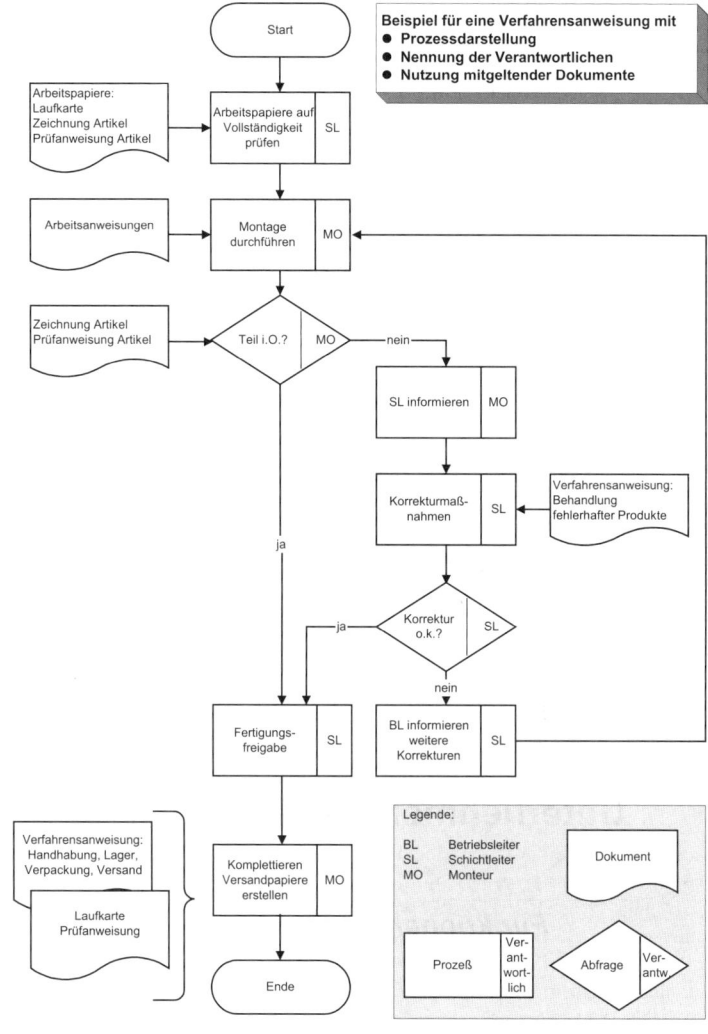

Abb. 2.10: Beispielhafte Verfahrensanweisung

2.3.3 Einführung prozessorientierter QM-Dokumentationen

In der ISO 9000ff sind keine Forderungen an Gestaltung oder Struktur der Dokumentation eines QM-Systems aufgestellt. Organisationen haben die Möglichkeit, ihre QM-Systeme in einer Weise zu dokumentieren, die ihre eigene Art der Geschäftstätigkeit widerspiegelt.

Der Aufbau der Dokumentation sollte sich an den Bedürfnissen des Unternehmens orientieren und nicht an den Wünschen der internen und externen Auditoren. Es ist auch wichtig zu erkennen, dass nicht in erster Linie die Normen den Umfang und die Tiefe der Dokumentation bestimmen, sondern die vorhandenen Prozesse.

In einer prozessorientierten QM-Dokumentation wird das Unternehmen prozessorientiert abgebildet und beschrieben, ohne dabei zwangsläufig Veränderungen in der Aufbau- und Ablauforganisation vorzunehmen.

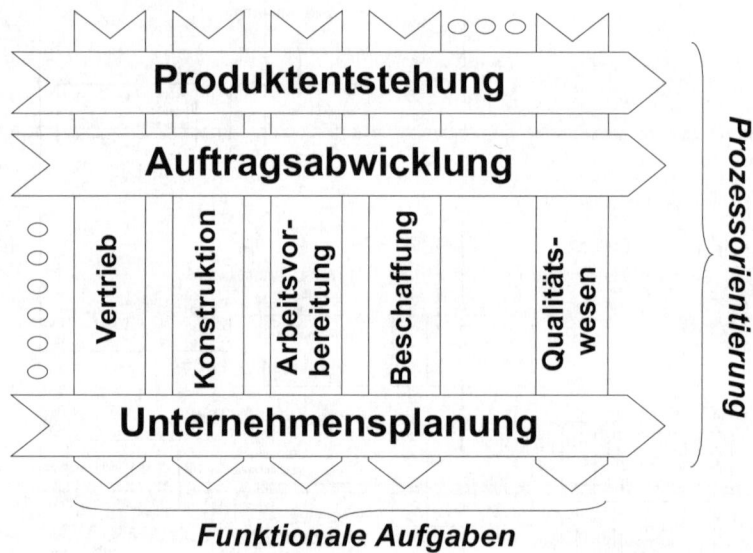

Abb. 2.11: Zusammenhang zwischen Prozessen und Funktionen

Eine an den Geschäftsabläufen orientierte Beschreibung im QM-System zu verankern bedeutet, die Forderungen der Norm bei den jeweiligen Prozessbeschreibungen zu berücksichtigen und nicht isoliert als Elementbeschreibungen darzustellen.

Die prozessorientierte Dokumentationsform bietet einen vielversprechenden Ansatz zum Aufbau einer Dokumentation, die leicht zu erstellen bzw. zu pflegen ist und gleichzeitig die Anforderungen bezüglich Vollständigkeit und Übersichtlichkeit erfüllt.

2.3.4 Vorgehensweise zur prozessorientierten Dokumentation

Für die Vorgehensweise zur Einführung einer prozessorientierten Dokumentation gibt es keine allgemeinverbindlichen Handlungsanweisungen, die für alle Unternehmen zutreffend wären. Es lassen sich jedoch Schritte erkennen, die sich bei der Einführung einer prozessorientierten Dokumentation bewähren.

Identifizierung der Prozesse

Durch eine Ist-Analyse werden die wesentlichen Prozesse im Unternehmen identifiziert.

Die Abgrenzung der einzelnen Prozesse wird von drei grundlegenden Fragestellungen geleitet:

- Was ist das Kerngeschäft, mit dem das Unternehmen seinen Ertrag erwirtschaftet (Kernprozesse oder Realisierungsprozesse)?
- Welche Prozesse unterstützen das Kerngeschäft (Unterstützende Prozesse)?
- Welche übergreifenden Verfahren ergeben sich (Führungsprozesse)?
- Welche Prozesse dienen der Analyse und Verbesserung (Rückkopplungsprozesse)?

Einen Analyserahmen für die Ermittlung relevanter Prozesse bieten die Wertschöpfungskette oder bestehende Organigramme.

Erkennen der Nahtstellen

Bei der Nahtstellenuntersuchung ist es wichtig herauszufinden, was der Betrachtete von den vorgeschalteten Prozessen benötigt bzw. was die nachgeschalteten von dem zu betrachtenden Prozess benötigen (Kunden-Lieferanten-Beziehung). Dabei sind

Forderungen an Material, Personal und Informationen festzuhalten. Sind die Nahtstellen (das ist eine treffendere Formulierung als der Begriff „Schnittstellen", bei
dem eine Trennung von Einheiten durch Schnitte assoziiert wird) und die Forderungen nachgeschalteter Tätigkeiten bekannt, kann der Zweck und das Ziel des be-
trachteten Prozesses definiert werden.

Darstellen der Prozesse

Aufbauend auf der Identifikation der Kunden-Lieferanten-Beziehungen und der
Prozesse des Unternehmens werden ihre Verknüpfung in Ablaufdiagrammen, Pro-
zessmodellen o.ä. dargestellt. Die Kernprozesse sind dabei in ihrer Reihenfolge
festzulegen, wobei es sinnvoll ist, sich an den Kunden-Lieferanten-Beziehungen zu
orientieren. Anschließend sind die Führungsprozesse und unterstützende Prozesse
zu ergänzen.

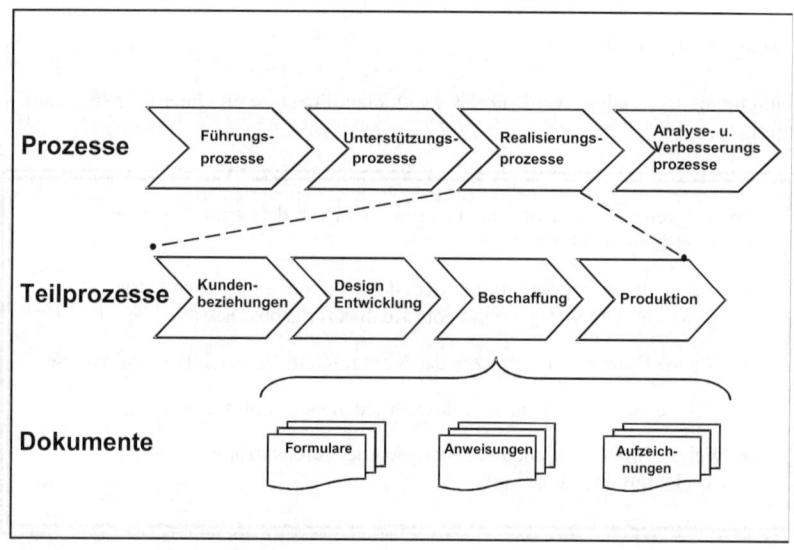

Abb. 2.12: Prozessorientierte Dokumentation

Beschreibung der Prozesse

Grundsätzlich ist die Schilderung von Prozessabläufen möglichst kurz und prägnant
zu gestalten. Eine Aufgabe der Prozessdokumentation ist die Schaffung von Prozesstransparenz, d.h. Erfassung, Strukturierung und Darstellung von Arbeitsabläu-

fen. Die Visualisierung von Prozessabläufen ist hierbei das wichtigste Instrument, um Prozesstransparenz zu schaffen (siehe Abb. 2.12). Auch Außenstehende sollten in der Lage sein, die Prozesse ohne zusätzliche Interpretation zu verstehen. In den Unternehmen vorhandene Daten lassen sich für die Prozessbeschreibung nutzen.

Durch die Einbindung der QM-Forderungen in die jeweiligen Prozesse entsteht eine Dokumentation, die genau diejenigen Vorgänge widerspiegelt, mit denen das Unternehmen seine Existenz sichert - die Kernprozesse der Wertschöpfung. Jeder Mitarbeiter erkennt welche Rolle er innerhalb der Wertschöpfungskette spielt und wie er zum Gelingen des Gesamtprozesses beitragen kann.

2.3.5 Das Managementhandbuch: formaler und inhaltlicher Aufbau

Unter Berücksichtigung des Trends zu Integrierten Managementsystemen ist zu überlegen, nicht mehr nur von einem QM-Handbuch zu sprechen, sondern generell von einem Managementhandbuch, in dem auch Anteile anderer Systeme implementiert sind.

Der Zweck eines Managementhandbuchs ist die angemessene Beschreibung des Systems, gleichzeitig dient es als Bezugsgrundlage für die Realisierung und Aufrechterhaltung dieses Systems.

Das **Managementhandbuch** beschreibt den Ist-Zustand des QM-Systems eines Unternehmens und erfüllt dabei folgende Aufgaben:

- Grundlegende Beschreibung der qualitätsfördernden Abläufe und Techniken zur Information und Anleitung der Führungskräfte

- Zuweisung der Verantwortlichkeiten

- Außendarstellung des Unternehmens und damit vertrauensbildende Maßnahme für Kunden, Lieferanten und die Öffentlichkeit

- Grundlage für die Überprüfung durch Kunden oder Behörden (Auditierung).

Die im Managementhandbuch enthaltenen Beschreibungen, Darstellungen und Pläne sind auf den notwendigen Umfang zu begrenzen, systematisch zu ordnen, stets auf dem aktuellen Stand zu halten und müssen problemlos in die Praxis umsetzbar sein.

Da das Handbuch auch extern nutzbar sein soll, sollte man darauf achten, dass gegenüber externen Geschäftspartnern geheimzuhaltende Informationen oder Firmen-

Know-how nicht explizit beschrieben sind. Solche Inhalte sind Gegenstand von Folgedokumenten, die den Kunden nicht oder nur nach Zustimmung zu einer Geheimhaltungsvereinbarung zur Einsicht gegeben werden. Alle weitergehenden Regelungen finden sich in nachgeordneten Elementen, auf die im Managementhandbuch verwiesen wird.

In der Praxis enthalten die Handbücher einen Vorspann, der eine Erklärung der Geschäftsleitung, eine Verbindlichkeitserklärung, Festlegungen zur Herausgabe und Pflege des Handbuchs, eine Organisationsbeschreibung und anderes allgemein Gültiges bzw. Informatives enthalten. Dann folgen die Prozesse entsprechend der Norm.

Zweck und Ziel von **Verfahrensanweisungen** sind:

- Interne Festlegung und Regelung abteilungsübergreifender Geschäftsprozesse

- Festlegung der Verantwortung für Tätigkeiten und Beiträge

- Definition von Schnittstellen (besser: Kontakt- oder Nahtstellen) und Festlegen der benötigten Eingabe- und Ausgabeinformation

---

Zweck und Ziel von **Arbeitsanweisungen** sind:

- Sicherstellung der anforderungsgerechten Durchführung von Tätigkeiten vor Ort

- Steigerung des Verständnisses und der Motivation der Mitarbeiter für qualitätsgerechtes Verhalten

---

Durch einfache anwenderbezogene Darstellungsform und Visualisierung möglicher Schadensfälle und deren Auswirkungen erreicht man entsprechende Akzeptanz. Verfahrens- und Arbeitsanweisungen haben firmenvertrauliche Inhalte und sind deshalb nicht für den externen Gebrauch bestimmt.

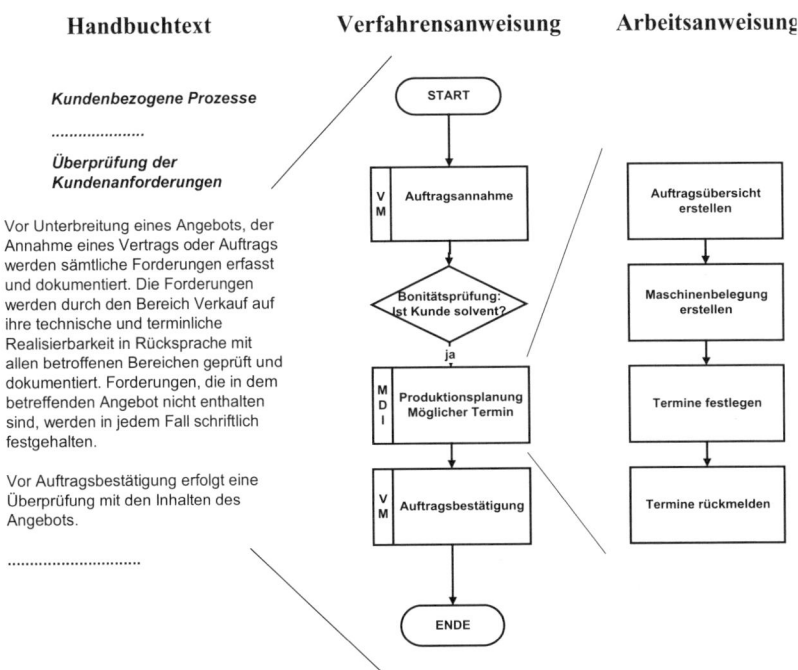

Abb. 2.13: Zusammenhang der Dokumentationsebenen

Um eine nachvollziehbare und eindeutige **Lenkung der Dokumente** sicher zu stellen, sind entsprechende Verfahren einzurichten, die dafür sorgen, dass:

- alle Dokumente vor ihrer Freigabe geprüft und genehmigt werden
- in regelmäßigen Abständen Aktualisierungen vorgenommen werden
- die Dokumente auch den ausführenden Personen bekannt und verfügbar sind
- bei Änderungen alte Dokumente ausgetauscht und ungültige Ausgaben gekennzeichnet werden

Als praktisches Hilfsmittel hat sich hierzu eine Unterlagenübersichtsmatrix bewährt, die vom QM-Beauftragten geführt wird. Ein mögliches Ausführungsbeispiel zeigt Abb. 2.14.

	Gliederung	Benennung	erstellt	geprüft	freigegeben	Version	Aufbewahrungsort	Archivierungsdauer	Verteiler: Geschäftsleitung	Q-Management	Vertrieb	Entwicklung	Einkauf	Auftragszentrum	Produktion	Personal	Controlling	usw.
0	***Systemübersicht***	***Handbuch Einführung***	jeweilige Fachabteilung	Verantwortlicher für Dokumentation	Geschäftsleitung oder QMB	z.B. durch Zahlen oder Buchstaben indiziert	Standort der Originale	Aufbewahrungsdauer der Originale	Kennzeichnung (z.B. durch "x"), an welche Funktionseinheiten welche Dokumente verteilt werden									
		Abkürzungsverzeichnis																
		Personenkürzel																
		Begriffsverzeichnis																
		Organigramm																
1	***Managementsystem***	***Handbuch Kapitel 1***																
1.1	Verantwortung der Leitung	VA-Geschäftsplanung																
		VA-QM Planung																
		VA-Kundenzufriedenheit																
		VA-Mitarbeiterzufriedenheit																
		QM-Plan Managementsystem																
1.2	Organisation	Funktionsbeschreibungen																
1.3	Dokumentation	VA-Lenkung der Dokumente																
1.4	Bewertung	VA-Review und Datenanalyse																
		VA-Interne Audits																
1.5	Produktsicherheit	VA-Produktsicherheit																
2	***Ressourcen Managment***	***Handbuch Kapitel 2***																
2.1	Personal	VA-Personalauswahl/-einarbeitung																
		VA-Schulung																
		…….. ***und so weiter***																
	Arbeitsanweisungen																	
	Bereich GL, Vertrieb, Einkauf	Unterschriftenregelung			Identische Vorgehensweise wie bei Verfahrensanweisungen													
	Bereich Umwelt	Entsorgung																
	Bereich Vertrieb, Produktion	Beigestellte Produkte																
	Bereich Produktion, Versand	Lagerung																
	Bereich DV	Datensicherung																
	Bereich Instandhaltung	Maschinenwartung																
	Bereich Qualitätslabor	Prüfmitteleinsatz																
		…….. ***und so weiter***																
	Formulare																	
	Formulare sind Masken, in denen Werte eingetragen werden. Danach werden sie zu Qualitätsaufzeichnungen	Maschinenwartung			Identische Vorgehensweise wie bei Verfahrensanweisungen													
		Abnahmeprüfzeugnis																
		Auftragseinplanung																
		Bestellung																
		Bewertung von Lieferanten																
		…… und so weiter																
	Dokumente																	
	Dokumente sind unveränderliche Vorgaben	Unterschriftsregelungen			Dokumente können intern erstellt werden oder extern übernommen werden													
		Funktionsbeschreibungen																
		Unfallverhütungsvorschriften																
		Lieferbedingungen vom Kunden																
		Normen																
		Gesetzestexte																
		…… und so weiter																
	Aufzeichnungen																	
	Aufzeichnungen sind mit individuellen Daten versehene Formulare oder Schriftstücke	Angebote			Aufzeichnungen können formgebunden oder formfrei entstehen													
		Aufträge																
		Auftragsbestätigung																
		Meßprotokoll																
		Auditberichte																
		Berichte über Abnahmeprüfungen																
		Prüfkarten des Maschinenparks																
		…… und so weiter																

Abb. 2.14: Beispiel einer Unterlagenübersichtsmatrix

2.3.6 Rechnerunterstützte Dokumentation

Zur Erstellung, Pflege und Nutzung von QM-Dokumentationen bieten sich rechner-unterstützte Verfahren an, um ein "Elektronisches Handbuch" zu erstellen. Der Nutzen gegenüber einer papiergestützten Dokumentation ist:

- Reduzierung des Aufwands für Erstellung, Änderung und Verwaltung
- Stets aktueller Stand an allen Stellen
- Erhöhen der Transparenz, Verständlichkeit und Anwenderfreundlichkeit
- Möglichkeit von direkten Sprüngen zu Referenzstellen (Hyperlink)
- Möglichkeit der gezielten Suche
- Höhere Akzeptanz bei den Mitarbeitern
- Möglichkeit von Rückmeldung und Änderungsvorschlägen über das Netz

Durch aktive Nutzung der Dokumentation hat nicht nur jeder unkompliziert und online Zugriff auf die jederzeit aktuellen Infostände sondern es lässt sich auch eine Ideenbörse mit Verbesserungs- und Korrekturvorschlägen aufbauen. Damit wird aus der reinen Dokumentation ein Kommunikationswerkzeug.

Die eingesetzten Systeme können Ablaufdarstellungen (Flow-Charts), Hypertext-Anwendungen, Suchalgorithmen und "Haftnotizen" enthalten. Zusätzlich sind Lexika, Dateien mit Hilfefunktionen und Antworten zu Verständnisfragen oder Schulungsunterlagen abbildbar. Die Struktur eines solchen Systems zeigt Abb. 2.15.

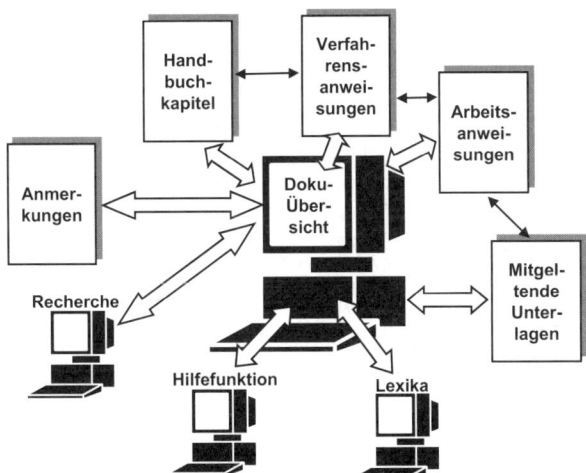

Abb. 2.15: Navigationsmöglichkeiten in der QM-Dokumentation

2.4 Zertifizierung

2.4.1 Anlässe und Motive zur Zertifizierung

Albert Schweitzer hat wohl kaum an die Zertifizierung gedacht, als er seine Erkenntnis in die Worte kleidete:

> **Vertrauen** ist für das Unternehmen das große Betriebskapital, ohne welches kein nützliches Werk auskommen kann.
>
> Es schafft auf allen Gebieten die Bedingungen gedeihlichen Geschehens.

Dieser Grundsatz gilt vor allen Dingen für die heutige Bedeutung der Kunden-Lieferanten-Beziehung. Vertrauen verdient, wer seine eigenen Fähigkeiten realistisch einschätzt und seine Leistungen zur Zufriedenheit seiner Partner sichert und fortlaufend verbessert. Im gesetzlich geregelten Bereich gilt es, das Vertrauen herzustellen, dass Gesetze eingehalten werden und dass das vom Gesetz angestrebte Ziel erreicht wird.

Diese Erwartungen werden bei der Zertifizierung durch einen unabhängigen und anerkannten Dritten gleichsam stellvertretend geprüft. Zertifizierung ist also eng mit den Motiven für das Qualitätsmanagement überhaupt verbunden.

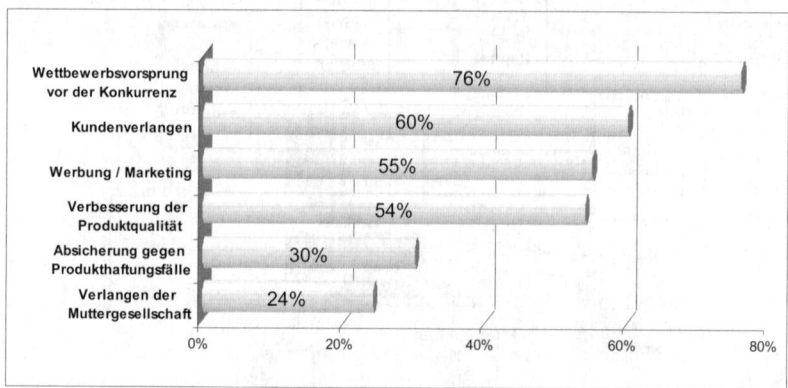

Abb. 2.16: Gründe für eine Zertifizierung

Aus verschiedenen Befragungen[21], die in Abb. 2.16 zusammengefasst sind, lassen sich die hauptsächlichen Gründe, warum eine Zertifizierung angestrebt wird, entnehmen (Mehrfachnennungen möglich).

In dem üblichen Käufermarkt mit weltweiter Kommunikation und Logistik müssen Kunden, Partner und Mitarbeiter zufriedengestellt werden. Ein solches QM-System bewirkt die Verbesserung und Sicherung der Qualität von Leistungen, wirkt fehlervermeidend und erlaubt die Lenkung aller wichtigen im Unternehmen wirkenden Prozesse.

2.4.2 Verfahren zur Zertifizierung von QM-Systemen

Zertifizierung stellt die neutrale Bewertung und Bestätigung der Qualitätsfähigkeit eines Lieferanten durch einen unabhängigen und anerkannten Dritten dar. Die Tätigkeit des Zertifizierens durch eine Zertifizierungsgesellschaft erfolgt gemäß eigens dafür geschaffener genormter Anforderungen (EN 45012) und normativer Festlegungen der Akkreditierung bzw. Notifizierung. Um die Unabhängigkeit und Objektivität der Zertifizierung zu ermöglichen, wird heute auf die strenge Trennung von Beratung und Zertifizierung geachtet.

Das Zertifikat sagt aus, dass das QM-System die in einem Referenzdokument und den Normen festgelegten Anforderungen erfüllt. Es wird bestätigt, dass ein angemessenes QM-System dokumentiert, in der Praxis wirksam eingeführt und beständig aufrechterhalten wird. Die meisten Ansätze für Normen und normative Referenzdokumente für Qualitäts- und Umweltmanagement integrieren neuerdings ökonomische und ökologische Anforderungen. Durch die Darstellung des Geltungsbereichs und des Geltungszeitraums sowie der als Referenz herangezogenen Normengrundlage werden für die Anwendung klare Verhältnisse geschaffen.

Die fortlaufende Überwachung der Zertifikate wirkt zum einen nach innen als Antrieb zur Weiterentwicklung eines lebendigen QM-Systems und nach außen als Bestätigung einer Vertrauensbasis für die Kunden-Lieferanten-Beziehungen. In einigen Branchen hat das Zertifikat den Charakter der Zugangsberechtigung zum Wettbewerb erreicht. Im gesetzlich geregelten Bereich kann damit sogar die benötigte Eintrittskarte zur Marktteilnahme verknüpft sein.

Die Zertifizierung eines QM-Systems schließt weder die Zertifizierung von Produkten und Dienstleistungen noch die von Prozessen und Verfahren oder die von Personal mit ein. Dort, wo Produktzertifizierung gefordert wird, gesetzliche Auflagen bestehen oder Konformitätsbewertungsverfahren zur Erlangung von Kennzeichnun-

---

[21] Malorny, Chr., TQM umsetzen, Stuttgart, 2002

gen erforderlich sind, wird als Basis zunehmend das QM-System-Zertifikat vorausgesetzt.

Die Normforderungen stellen aber nur einen Mindeststandard dar, den ein QM-System erfüllen muss. Die Zertifizierung bedeutet lediglich, dass in einer Stichprobe die Qualitätsfähigkeit des Unternehmens überprüft und als grundsätzlich normkonform beurteilt wurde.

2.4.2.1 Vorbereitungen für die Zertifizierung

Die Ausgangssituation für einzelne Unternehmen ist sicherlich sehr unterschiedlich. Die genannten Normen geben nicht vor, wie etwas beschrieben werden muss, sondern fordern vielmehr, dass das Unternehmen die im QM-Handbuch beschriebenen Regelungen entsprechend der Geschäftstätigkeit angemessen und wirkungsvoll festlegen muss. Jedes Unternehmen kann anhand einer Fragenliste selbst prüfen, ob in seinem QM-Handbuch geeignete Regelungen zu den Anforderungen der Norm getroffen worden sind. Zur Einführung eines QM-Systems siehe Kapitel 2.1.

Nachdem die Verfahren in Kraft gesetzt wurden und durch Hilfestellung von erfahrenen Mitarbeitern und Führungskräften praktisch eingeführt wurden, muss durch interne Audits ermittelt werden, ob das QM-System wie beschrieben angewandt, wirksam und bezüglich der Ziele erfolgreich genutzt wird (siehe Kap. 2.5).

Die Beantragung der Zertifizierung kann aber zu einem früheren Zeitpunkt geschehen, da eine begleitende Funktion des Zertifizierers helfen kann, den Aufwand für beide Seiten einzuschränken. Das von guten Zertifizierern angewandte Meilensteinverfahren mit Vertragsphasen gibt die Gewähr, dass das Unternehmen durch rechtzeitige Maßnahmen im Zertifizierungsablauf Fehlaufwendungen und Zeitverlust vermeiden kann.

2.4.2.2 Auswahl des Zertifizierers

Es ist nicht gleichgültig, wer zertifiziert. Die Zertifizierungsstelle muss akkreditiert sein. Damit ist sichergestellt, dass sie nach der geltenden Norm DIN EN 45012 selbst über ein Qualitätsmanagement verfügt und durch den Akkreditierer (Bei QM-System-Zertifizierungen in Deutschland ist das die TGA[22]) auf Einhaltung und wirksame Umsetzung überwacht wird. Erfahrung, guter Ruf und internationale Anerkennung sind wichtige Merkmale für die Auswahl des Zertifiziers. Im Außenverhältnis und insbesondere bei exportstarken Unternehmen wird darauf zu achten sein, dass das Zertifikat von einer kompetenten und anerkannten Zertifizierungsgesell-

---

[22] TGA - Trägergemeinschaft für Akkreditierung GmbH, http://www.tga-gmbh.de.

schaft ausgestellt wird. Grundsätzlich sollte auch die Akzeptanz des Zertifizierers durch wichtige Kunden oder Auftraggeber des Unternehmens festgestellt werden.

Jahrelange Erfahrung mit dem Qualitätsmanagement und in operativen Führungsaufgaben der Industrie sind das wichtigste Auswahlkriterium für die Berufung von Auditoren. Die Auditoren sprechen die Sprache des Unternehmens und kennen die Aufgaben und Sorgen des Managements. Dadurch entstehen Synergien bei der Bewertung und Aufdeckung von Verbesserungspotential im Unternehmen.

Der Zertifizierer soll auch an seiner Betreuungsleistung nach der Zertifizierung und außerhalb der Erhaltungsmaßnahmen für das Zertifikat bewertet werden. Mitwirkung bei der Weiterentwicklung der Normen und Zertifizierungsverfahren erlauben es einigen Anbietern, über den Zertifizierungsvorgang hinaus die Kunden mit neuesten Informationen zu versorgen und ihnen den oft so wichtigen kleinen Wettbewerbsvorsprung zu erleichtern.

Es versteht sich von selbst, dass es zu dem Ehrenkodex eines seriösen Zertifizierers gehört, dass er sich jeglicher Beratungsleistung enthält. Es dürfte kaum akzeptabel sein, die Ergebnisse einer bezahlten Beratungsleistung wiederum gegen Bezahlung der Zertifizierungsdienstleistung von demselben Unternehmen bewerten zu lassen.

2.4.2.3 Systemzertifizierung

Grundsätzlich lässt sich dazu feststellen, dass der gesamte Aufwand für Zertifizierung und Erhaltung der Zertifikate nur einen sehr kleinen Teil dessen ausmacht, was für die Entwicklung, Einführung und Aufrechterhaltung eines QM-Systems aufzuwenden ist. Hinzu kommt, dass wiederum dieser Aufwand für das QM-System nur einen Bruchteil dessen ausmacht, was für Störungen und Fehlleistungen im Unternehmen anfällt.

Auf Wunsch wird dem Unternehmen ein Voraudit angeboten. Dabei handelt es sich um eine stichprobenartige Vorprüfung des bestehenden QM-Systems vor Ort. Dabei werden sowohl die Dokumentation als auch Tätigkeiten bei der Anwendung des Systems vor Ort bewertet. Der Auditleiter zeigt Handlungsbedarf und Verbesserungspotential auf und beurteilt die Chancen für eine erfolgreiche Zertifizierung.

Als nächstes erfolgt die Prüfung und Bewertung der QM-System-Dokumentation. Dieser Schritt zielt auf die Bestätigung der Konformität der Dokumentation mit den gewählten Referenznormen und geltenden Richtlinien. Auch hier werden wiederum das Verbesserungspotential und der Handlungsbedarf vor dem Zertifizierungsaudit aufgezeigt.

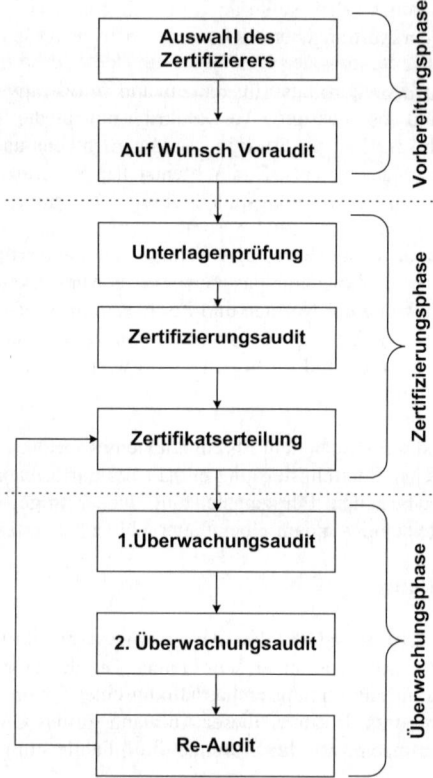

Abb. 2.17: Ablauf eines Zertifizierungsvorgangs

Das eigentliche Zertifizierungsaudit des QM-Systems prüft umfassend auf Erfüllung der Forderungen der Norm und der Richtlinien. Dazu werden die vom Auditteam vorbereiteten Fragen, die sich an der Normenanforderung orientieren und die Unternehmensprozesse berücksichtigen, herangezogen. Die Auditergebnisse werden bereits vor Ort durch den Auditleiter dem Management des Unternehmens vorgestellt. Grundsätzlich wird auch ein schriftlicher Auditbericht angefertigt, in dem der festgestellte Handlungsbedarf und die Verbesserungspotentiale aufgezeigt werden. Dabei wird im Detail sowohl über die positiven als auch über die negativen Ergebnisse berichtet. Sollten gravierende Abweichungen festgestellt werden, kann es notwendig werden, im Rahmen eines Nachaudits die Bewertung der Korrekturmaßnahmen vorzunehmen.

2.4.2.4 Das Zertifikat

Die Ergebnisse aus der Beurteilung der Unterlagen und des Zertifizierungsaudits werden von erfahrenen Auditoren nachgeprüft und einem Gutachtergremium vorgelegt. Im Erfolgsfall erteilt der Zertifizierer das Zertifikat mit einer Geltungsdauer von drei Jahren. Die Gültigkeit ist an erfolgreiche jährliche Überwachungsaudits gebunden.

Hier wird jeweils die Wirksamkeit des QM-Systems anhand ausgewählter Systemelemente und Auditfragen geprüft. Diese Audits dienen der Bestätigung des Zertifikats und der Erkennung von Abweichungen und weiteren Verbesserungspotentialen. Nach drei Jahren prüft der Zertifizierer in einem etwas umfangreicheren Re-Audit die Wirksamkeit des QM-Systems als Voraussetzung für die Neuerteilung des Zertifikats.

Das erteilte Zertifikat und die Zertifikatssymbole können für werbliche Zwecke verwendet werden. Aus der Werbung muss deutlich hervorgehen, dass das QM-System die Zertifizierung erhalten hat. Eine Verwendung des Symbols im Zusammenhang mit Produkten, das zu dem Missverständnis führen könnte, Produkte seien zertifiziert, ist nicht gestattet.

2.4.3 Sonstige Zertifizierungsverfahren

2.4.3.1 Das globale Konzept der EU-Kommission (CE-Kennzeichnung)

Die EU-Kommission hat zur Auditierung und Zertifizierung 1990 eine Konzeption auf dem Gebiet der technischen Harmonisierung und der Normung verabschiedet. Es wurde ein differenziertes System verschiedener Prüfmodule entwickelt, die je nach dem potentiellen Risiko der Produkte anzuwenden sind (siehe Abb. 2.18).

Verschiedene Richtlinien (Niederspannungsrichtlinie, EMV-Richtlinie, Spielzeugrichtlinie, Bauproduktrichtlinie oder Maschinenrichtlinie) legen den Anwendungsumfang jeweils fest. Als Ergebnis wird die Konformität eines Produktes mit den jeweiligen Anforderungen bestätigt, was äußerlich durch das Aufbringen des CE-Zeichens (CE = Communité Européen) dokumentiert wird.

Durch die CE-Kennzeichnung werden die Behörden in die Lage versetzt, sich zu vergewissern, dass die in den Verkehr gebrachten Produkte insbesondere in Bezug auf den Gesundheitsschutz und die Sicherheit der Benutzer und Verbraucher den Forderungen der Richtlinie gerecht werden. Die Mitgliedstaaten benennen in eigener Verantwortung die „gemeldeten Stellen", nachdem sie sich von deren technischer Kompetenz überzeugt haben und sich darüber laufend vergewissern.

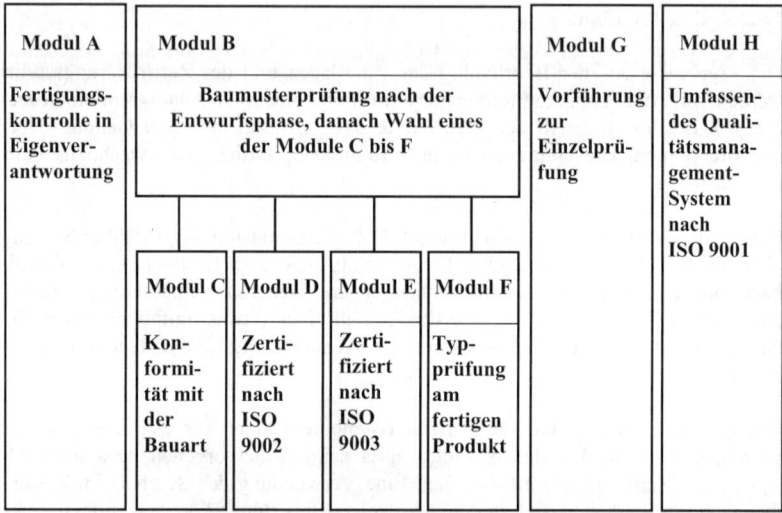

Abb. 2.18: Konformitätsbewertungsverfahren

Die CE-Kennzeichnung, die nach erfolgreicher Konformitätsbewertung verwendet werden kann, stellt keine ausgesprochene Qualitätskennzeichnung dar, sondern wirkt wie ein EU-Freihandelszeichen und gilt für Produkte aus dem gesetzlich geregelten Bereich.

Nach Einführung der ISO 9000:2000 sind die Module D und E nicht mehr entsprechend der weggefallenen Normen 9002 und 9003 zu nutzen. Stattdessen wird im Rahmen der möglichen Einschränkungen entschieden, in welches Modul die tatsächlich vom Unternehmen durchgeführten Prozesse passen.

2.4.3.2 Gerätesicherheitsgesetz (GS-Zeichen)

Im nicht gesetzlich geregelten Bereich findet man eine Reihe von einzelstaatlichen Zeichen. So in Deutschland das RAL[23]-Gütezeichen, das TÜV[24]-Prüfzeichen oder das GS[25]-Zeichen (Geprüfte Sicherheit). Das Letztere ist auch international anerkannt und steht für ein hochwertiges Sicherheits- und Qualitätszeichen.

Nach dem Gerätesicherheitsgesetz dürfen technische Arbeitsmittel nur in den Verkehr gebracht werden, wenn sie den in den Rechtsverordnungen nach diesem Ge-

---

[23] RAL Deutsches Institut für Gütesicherung und Kennzeichnung e.V., http://www.ral.de.
[24] Vereinigung der Technischen Überwachungsvereine, z.B. http://www.tuev-rheinland.de.
[25] Liste zugelassener GS-Prüfstellen, http://de.osha.eu.int/gs-zeichen.

setz enthaltenen sicherheitstechnischen Anforderungen und sonstigen Voraussetzungen entsprechen und Leben oder Gesundheit oder sonstige in den Rechtsverordnungen aufgeführte Rechtsgüter der Benutzer oder Dritter bei bestimmungsgemäßer Verwendung nicht gefährdet werden.

Abb. 2.19: Beispiele für Produktkennzeichnungen

2.4.4 Zum Nutzen aus der Zertifizierung

Werbung mit Zertifikaten spielt im Marketingbereich eine mittlerweile bedeutsame Rolle. Man versucht über die Wirkung der Zertifikate insgesamt Vertrauen der Marktteilnehmer zu gewinnen. Allerdings besagt das Zertifikat nur, dass während des Prüfungsintervalls durch eine zugelassene Stelle keine wesentlichen Abweichungen zu der Referenznorm gefunden wurden. Diese Momentaufnahme stellt keinesfalls sicher, dass zukünftig alle Produkte fehlerfrei sind und dass notwendige Maßnahmen zur Weiterentwicklung betrieben werden.

Der eigentliche Nutzen für die Unternehmen besteht oft darin, dass anlässlich einer Zertifizierung die Ablauf- und Aufbauorganisation eines Unternehmens durchleuchtet und dabei simultan verbessert wird. Durch Schulungen und Projektarbeit entsteht eine - zumindest zeitweise - Aufbruchstimmung, die durchaus zu Prozessverbesserungen und wirtschaftlichen Ergebnissen führen kann. Wichtig ist aber, dass in Form von kontinuierlichen Verbesserungen das einmal Erreichte stabilisiert und weiter entwickelt wird.

In rechtlicher Hinsicht kann ein Zertifikat hilfreich sein, wenn es um den Nachweis der geplanten und sorgfältigen Herstellung von Produkten geht.

2.5   Auditierung

2.5.1 Überprüfung der Wirksamkeit des QM-Systems

Wie alle Strukturen und Abläufe eines Unternehmens muss auch das QM-System laufend den sich ändernden (normalerweise steigenden) Anforderungen angepasst werden. Die Wirksamkeit lässt im Laufe der Zeit durch Gewöhnung und Nachlässigkeit (Schlendrian) nach, wenn nicht gezielte Maßnahmen zur Erhaltung und Stärkung getroffen werden. Die Wirksamkeit, gemessen an den aktuellen Anforderungen, in festgelegten Abständen zu begutachten und gegebenenfalls korrigierende oder verbessernde Maßnahmen zu ergreifen, liegt deshalb im Eigeninteresse jedes Unternehmens. Eine Methode zur Erkennen von Abweichungen und zur Ermittlung von Verbesserungspotentialen sind interne Audits.

In der DIN EN ISO 9001:2000 wird zu **internen Audits** Folgendes gefordert:

Die Organisation muss in geplanten Abständen interne Audits durchführen, um zu ermitteln, ob das Qualitätsmanagementsystem:

- die geplanten Regelungen, die Anforderungen dieser Internationalen Norm und die von der Organisation festgelegten Anforderungen an das Qualitätsmanagementsystem erfüllt, und

- wirksam verwirklicht und aufrechterhalten wird.

Im Rahmen der Überarbeitung der Langzeitrevision ist seit Dezember 2002 eine gemeinsame Audit-Norm für Qualitäts- und Umweltmanagement-Systeme, die DIN EN ISO 19011in Kraft getreten.

Die ISO 9000-Reihe betont die Bedeutung des internen Qualitätsaudits als wichtiges Führungsinstrument zur Erreichung der im Rahmen der Politik der Organisation gesteckten Ziele. Interne Qualitätsaudits sollten durchgeführt werden um festzustellen, ob die Regelungen eines QM-Systems wirksam und zur Erfüllung der vorgegebenen Qualitätsziele geeignet sind.

Dabei umfasst die Begutachtung sowohl die Überprüfung als auch gegebenenfalls Vorschläge zur Verbesserung. Wichtig ist, dass nicht primär das QM-System an sich, sondern seine Wirksamkeit begutachtet wird.

2.5.2 Auditarten und Anlässe für Audits

Je nach Zielrichtung und auditiertem Gebiet unterscheidet man zwischen Systemaudits, Produktaudits und Verfahrens- bzw. Prozessaudits (siehe Abb. 2.20).

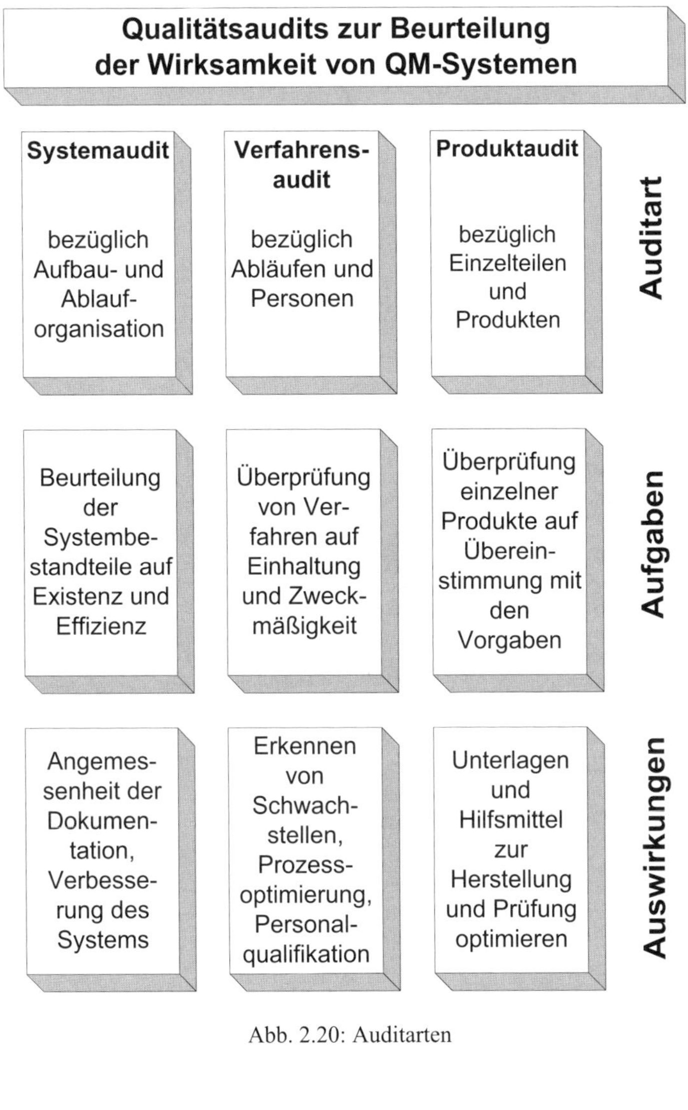

Qualitätsaudits zur Beurteilung der Wirksamkeit von QM-Systemen		
Systemaudit	**Verfahrens-audit**	**Produktaudit**
bezüglich Aufbau- und Ablauf-organisation	bezüglich Abläufen und Personen	bezüglich Einzelteilen und Produkten
Beurteilung der Systembe-standteile auf Existenz und Effizienz	Überprüfung von Ver-fahren auf Einhaltung und Zweck-mäßigkeit	Überprüfung einzelner Produkte auf Überein-stimmung mit den Vorgaben
Angemes-senheit der Dokumen-tation, Verbesse-rung des Systems	Erkennen von Schwach-stellen, Prozess-optimierung, Personal-qualifikation	Unterlagen und Hilfsmittel zur Herstellung und Prüfung optimieren

Auditart — Aufgaben — Auswirkungen

Abb. 2.20: Auditarten

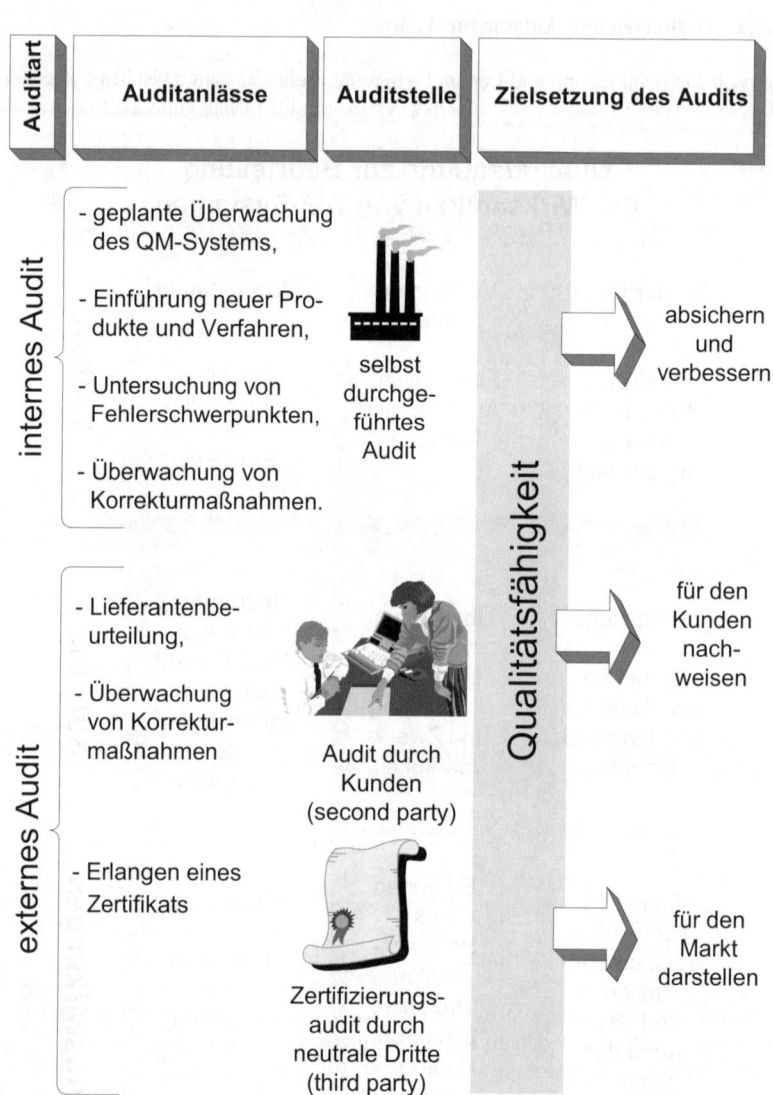

Abb. 2.21: Unterschiede in den Auditarten

Audits können durch das Unternehmen selbst als geplante interne Audits durchgeführt werden, bei denen zum Beispiel das eigene QM-System anhand eines Regelwerkes durch eigene Mitarbeiter auditiert wird. Das kann als Grundlage für eine Herstellererklärung dienen (first party). Weitere Auditformen sind externe Audits, bei denen entweder Kunden das QM-System eines Lieferanten auditieren (Lieferantenaudit, so genannte Second-Party-Audits) oder neutrale Dritte, die ein Unternehmen auf Erfüllung eines bestehenden und zu vereinbarenden Regelwerkes hin auditieren (so genannte Third-Party-Audits), wobei im Erfolgsfall regelmäßig ein Zertifikat erteilt wird (siehe Abb. 2.21 und 2.22).

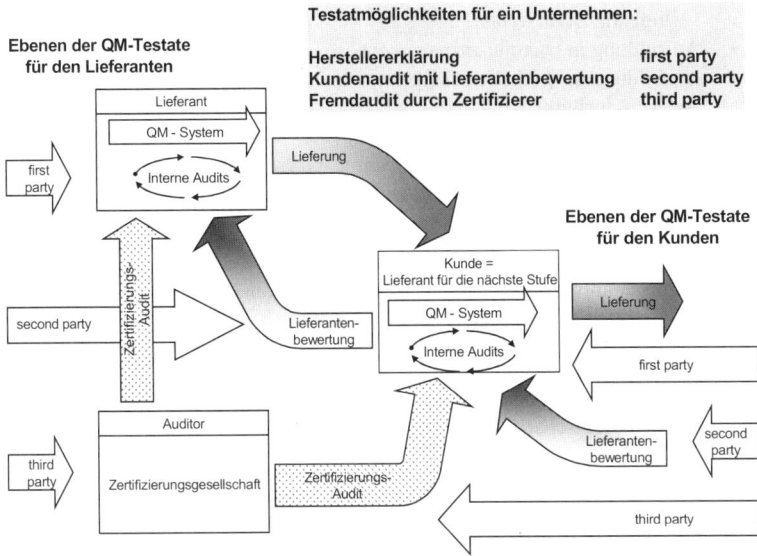

Abb. 2.22: Zusammenhang der möglichen Testate

2.5.3 Anforderungen an Auditoren

Nationale und internationale Regelwerke fordern vom Auditpersonal grundsätzlich Unabhängigkeit. Das bedeutet, dass Prüfungen nur von Personen durchgeführt werden dürfen, die für die zu prüfenden Stellen/Bereiche keine direkte Verantwortung haben. Diese Forderung ist bei externen Audits im Gegensatz zu internen Audits relativ leicht zu erfüllen. Ergänzend hierzu fordern einige Regelwerke einen Nachweis der Qualifikation des Auditpersonals sowie eine Zertifizierung dieser Qualifikation.

Anforderungen an **AUDITOREN:**

- abgeschlossene Schulbildung und fachliche Weiterqualifikation
- Kenntnis und Verständnis des QM-Systems der zutreffenden Normen
- Auditseminar oder wiederholte Auditteilnahme

zusätzlich für den **AUDIT-TEAMLEITER**

- mehrfache Auditteilnahme als Auditor
- vertiefende Berufserfahrung
- Ausbildung in Qualitätsmanagement
- Ausbildung in Qualitätstechniken (statistische Methoden, Auswertetechniken)
- Auditseminar mit bestandener Prüfung
- Kommunikationsvermögen (ggf. Seminar)
- Erfahrung in Teamarbeit, Befragungs- und Interviewtechniken

---

Interne Qualitätsaudits können vom betroffenen Personal, insbesondere von den jeweiligen betrieblichen Vorgesetzten, leicht als Eingriff in ihren Verantwortungsbereich, sogar als Bespitzelung missverstanden werden. Das Verständnis für die Notwendigkeit und Zweckdienlichkeit interner Audits muss von der Unternehmensleitung mit Takt und Einfühlungsvermögen gefördert werden. Deshalb ist die Beachtung der psychologischen Randbedingungen von größter Bedeutung.

Besonders wichtig ist das Vertrauensverhältnis zwischen den Auditoren und den Verantwortlichen der zu auditierenden Stelle. Letztere sind für die Qualität aller Produkte und Abläufe dieser Stelle verantwortlich. Sie sollen das interne Audit als Hilfe zur Aufdeckung von Schwachstellen und deren Beseitigung und damit als Hilfe in der Wahrnehmung ihrer eigenen Verantwortung begreifen. Eine gemeinsame Vorbereitung eines internen Audits ist deshalb besonders wichtig. Es darf nicht zu Heimlichkeiten kommen, die bei überraschend angesetzten Audits zwangsläufig aufgedeckt werden. Dabei muss stets klar sein, dass es nicht um die Person, sondern um die Sache geht.

Damit sind Kommunikationsvermögen und die psychologischen Anforderungen an das Auditpersonal nicht zu unterschätzen. Insbesondere ist hierbei der Audit-Teamleiter gefordert, dessen Aufgabe es ist, bei der zu beurteilenden Abteilung das Einführungsgespräch zu führen, die Durchführung der Beurteilung zu koordinieren und im Schlussgespräch das Ergebnis der Beurteilung vorzutragen.

Schwierigkeiten können entstehen, wenn die Gesprächspartner keine Bereitschaft zeigen, am Audit aktiv mitzuwirken oder sich defensiv verhalten. Nicht weniger problematisch sind solche Fälle, bei denen die Gesprächspartner versuchen, durch langatmige Antworten ihre Gesprächsbereitschaft zu simulieren, um entweder der Frage auszuweichen, vom Thema abzulenken oder einfach das Audit hinauszuzögern.

Der Auditor sollte:

- Ein aufmerksamer Zuhörer sein, aber dafür sorgen, dass der Ablauf durch ausschweifende Erklärungen der befragten Personen nicht gestört wird.

- Ruhig und sachlich bleiben, sich auch in extremen Situationen nicht provozieren lassen (angemessene Reaktionen in emotionaler Auseinandersetzung).

- Sich aufrichtig, aber diplomatisch verhalten, das heißt keine Fangfragen oder Fragen mit inquisitorischem Charakter stellen.

- Schwächen des Gesprächspartners nicht ausnutzen, sondern Hilfestellung geben.

- Persönliche Anspielungen und Unterstellungen vermeiden.

- Keine Diskussionen während des Audits, sondern erst im Schlussgespräch

- Keine voreiligen Schlüsse ziehen, lediglich den Ist-Zustand feststellen.

- Kein Besserwisser sein. Kritik soll hilfreich und motivierend sein, sie darf nicht verletzen.

Aber auch die Auditierten sollten sich an bestimmte Regeln halten wie:

- Keine Show vorbereiten.

- Sich auf die Persönlichkeit des Auditors einstellen.

- Nur Fragen beantworten, keine langen Erklärungen abgeben.

- Fehler zugeben, keine Ausreden und Notlügen.

- Nur typische Beispiele zeigen.

Bei Beachtung dieser Regeln ist eine wichtige Hürde für ein erfolgreiches Audit genommen.

2.5.4 Planung und Vorbereitung von Audits

Das Audit ist eine Managementaufgabe. Die Planung, die Durchführung und die Auswertung sind so zu gestalten, dass die beteiligten Mitarbeiter richtig informiert und motiviert sind, um konstruktiv im Rahmen des QM-Systems und damit an der Erreichung der Unternehmensziele mitarbeiten zu können. Zur organisatorischen Vorbereitung von Qualitätsaudits wird ein Audit-Programm erstellt.

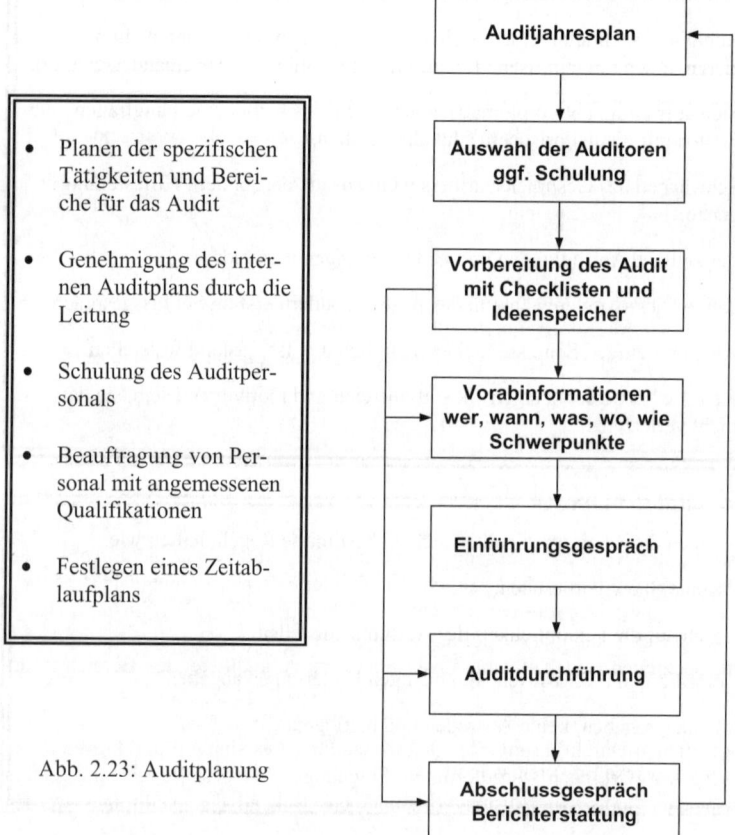

- Planen der spezifischen Tätigkeiten und Bereiche für das Audit

- Genehmigung des internen Auditplans durch die Leitung

- Schulung des Auditpersonals

- Beauftragung von Personal mit angemessenen Qualifikationen

- Festlegen eines Zeitablaufplans

Auditjahresplan

Auswahl der Auditoren ggf. Schulung

Vorbereitung des Audit mit Checklisten und Ideenspeicher

Vorabinformationen wer, wann, was, wo, wie Schwerpunkte

Einführungsgespräch

Auditdurchführung

Abschlussgespräch Berichterstattung

Abb. 2.23: Auditplanung

Ein Auditjahresplan gemäß Abb. 2.23 stellt sicher, dass alle für einen Bereich oder Prozess zutreffenden Regelungen in regelmäßigen Abständen, mindestens einmal jährlich, bewertet werden. Dabei muss berücksichtigt werden, dass die Intervalle geeignet sind, die Wirksamkeit des QM-Systems sicherzustellen.

Der Ablauf **außerplanmäßiger interner Audits** kann in der gleichen Weise erfolgen. Außerplanmäßige Audits werden beispielsweise durchgeführt bei:

- wesentlichen organisatorischen Änderungen
- Erkennen von Schwerpunkten bei der Auswertung von Aufzeichnungen
- Neuentwicklungen von Produkten
- schwerwiegenden Reklamationen

Basis für die **aktuelle Auditplanung** können folgende Dokumente sein:

- Qualitätspolitik
- Bereichs- / Prozessziele
- Auditziele
- zutreffende Normenwerke
- zutreffende Gesetzte, Verordnungen, EG-Richtlinien
- aktuelle QM-Dokumente des Bereiches / Prozesses
- Übersicht über durchgeführte Korrekturmaßnahmen und Reklamationen
- letzter Auditbericht
- aktuelle Kundenanforderungen

2.5.5 Auditdurchführung

Vor Beginn der Auditdurchführung soll durch einen Audit-Plan (siehe Abb. 2.24) oder durch ein Vorbereitungsgespräch der auditierte Bereich Gelegenheit bekommen, sich bezüglich Verfügbarkeit von Unterlagen und Personal optimal vorzubereiten. Umgekehrt kann der Auditleiter dabei sein Wissen aktualisieren und sich über die speziellen Gegebenheiten und Abläufe im zu auditierenden Bereich informieren.

Zur eigentlichen Durchführung von Qualitätsaudits ist es sinnvoll und hilfreich, die Befragung vor Ort nach vorgefertigten Fragebögen, Fragestellungen aus einem „Ideenspeicher" oder Checklisten vorzunehmen. Anhand des Auditplans werden dann die einzelnen Prozesse mit den Verantwortlichen direkt vor Ort durchgesprochen und diskutiert.

FIRMA MUSTER GmbH	**Audit-Plan**			07.10.2002
Auftraggeber:		Herr Unternehmer, genehmigt : *Unternehmer*		
Auftrags-Nr.		6/2002		
Auditleiter/Coauditor:		Herr Prüfer / Herr Schreiber		
QM-Beauftragte:		Frau Müller		
QMH-Nr. + Ausgabedatum:		QMH Rev.: 07 vom 04.01.2002		
Normengrundlage:		DIN EN ISO 9001:2000 / TS 16949		
Datum	**Uhrzeit**	**Bereich**	**Name**	**Vorgang / QM-Prozess**
				1 **Managementsystem**
09.10.02	09:00-10:00	GL	H. Unternehmer	1.1 Verantwortung der Leitung
09.10.02	10:00-11:00	GL	H. Unternehmer	1.2 Organisation
09.10.02	11:00-12:00	QMB	Frau Müller	1.3 Dokumentation
09.10.02	12:00-13:00	QMB	Frau Müller	1.4 Planung
09.10.02	13:30-14:30	GL	H. Unternehmer	1.5 Bewertung
				2 **Ressourcen Management**
09.10.02	14:30-15:30	PE	Frau Maier	2.1 Personal
09.10.02	15:30-16:00	PR	Herr Schneider	2.2 Infrastruktur
10.10.02	09:00-10:00	CO	Herr Schmitz	2.3 Controlling
	und so weiter			**3** **Prozessmanagement**

Abb. 2.24: Beispiel für einen Audit-Plan

In einem **Einführungsgespräch** sollen zunächst der Umfang und die Zielrichtung des Audits besprochen werden. Anhand der Ergebnisse aus dem letzten Audit kann an damals aktuelle Fragestellungen angeknüpft werden. Gleichzeitig ist eine vertrauensvolle Atmosphäre zu schaffen und den Auditierten die Angst vor einer „Prüfungssituation" zu nehmen.

In der sich anschließenden **Befragung** werden die Abläufe des Bereiches anhand konkreter Beispiele durchgesprochen. Das Ergebnis der Befragung muss durch praktische Prüfungen bestätigt werden. Dabei wird festgestellt, ob und in welchem Umfang Regelungen vorhanden sind und eingehalten werden. Jede Prüfung eines QM-Systems erfolgt anhand von objektiven Nachweisen.

Die Tiefe und den Umfang der Prüfung muss der Teamleiter oder Auditor fallweise so bestimmen, dass der Nachweis für die Einhaltung des Soll-Zustandes (zum Beispiel aus QM-Verfahren, Normen, Anweisungen, etc.) erbracht wird oder - falls Abweichungen festgestellt werden - deren Bedeutung und Umfang erkennbar ist (siehe Abb. 2.25). Bei der Befragung und Prüfung vor Ort sollte der Auditor stets beachten, dass die Checkliste nur ein Hilfsmittel ist und das Audit nicht einschränken darf, wenn zusätzliche Fragen erforderlich sind, die nicht in der Checkliste enthalten sind.

Teilaspekte eines Audits	beispielhafte Themen einer Überprüfung
Durchsprache von Anweisungen:	Verfahrensanweisungen Arbeitsanweisungen Prüfpläne usw.
Vorlage von Nachweisen:	Verteilernachweise Prüfvermerke auf Unterlagen, Kurzzeichen Verzeichnisse, Protokolle Kennzeichnungen usw.
Durchführung ausgewählter Vorgänge:	Behandlung von Abweichungen Bestellung von Zukaufteilen Dokumentation über durchgeführte Audits Prüfmittelkennzeichnung Kennzeichnung von Lagerteilen, Sperrlager, usw.

Abb. 2.25: Beispiel für Audit-Themen

In der Checkliste (z.B. entsprechend Abb. 2.26) sollte sofort - möglichst neben den einzelnen Fragen - handschriftlich das Gesprächsergebnis vermerkt werden. Anhand der Gesprächsergebnisse werden gegebenenfalls weitere Prüfungen vor Ort an anderer Stelle erforderlich sein, die dann ebenfalls vorgenommen und deren Ergebnisse ebenfalls notiert werden.

> Als Hilfsmittel zur **Einschätzung einer Abweichung** sollte der Auditor drei grundsätzliche Gedankenschritte vollziehen:
>
> • Was wurde festgestellt?
> • Welche möglichen Ursachen führten zu dieser Abweichung?
> • Welche möglichen Maßnahmen können zu deren Beseitigung führen?

Beispiel für eine Checkliste zum Audit	
Anlass für das Audit:	planmäßiges/außerplanmäßiges Audit Folge-Audit System-, Verfahrens-, Produktaudit interne Veränderungen externe Anforderungen Qualitätsprobleme
Veränderungen seit dem letzten Audit:	neue/veränderte Aufgaben des Bereiches andere Produkte andere Prozesse Organisationsänderungen Umzüge neue Einrichtungen (Maschinen, DV,...)
relevante Geschäftsprozesse für den Bereich:	Kernprozesse Führungsprozesse unterstützende Prozesse
bereitzuhaltende Unterlagen:	Organisationsanweisungen Verfahrensanweisungen Arbeitsanweisungen Schulungsunterlagen Qualitätsaufzeichnungen Reklamationsberichte Mangelmeldungen Problemlösungsreporte Zufriedenheitsmessungen Follow up vom letzten Audit
benötigte Mitarbeiter:	Leitungspersonal Fachpersonal operative Arbeitskräfte Instandhaltungspersonal
Termin und Zeitbedarf	Auditplan Räumlichkeiten

Abb. 2.26: Beispielhafte Inhalte einer Audit-Checkliste

2.5.6 Auditberichterstattung

Bei einem Audit kann es die unterschiedlichsten Beanstandungen und Abweichungen geben. In einer Reihe von Fällen sind diese von formeller Art und leicht zu beheben. Andererseits gibt es jedoch auch Beanstandungen, die auf erhebliche Schwachstellen und Risiken hindeuten. Als Abweichungen darf nur das angesehen werden, was tatsächlich festgestellt wurde. Es dürfen keine verallgemeinernden Schlüsse gezogen und keine persönlichen oder vermeintlichen Forderungen durch den Auditor zusätzlich mit eingebracht werden.

Abweichungen sind definiert als der Unterschied zwischen einem Merkmalswert und einem Bezugswert und liegen dann vor, wenn Soll- und Ist-Zustand nicht übereinstimmen. Der Soll-Zustand wird mit Hilfe einer Checkliste erfragt und ist durch das Regelwerk eindeutig vorgegeben.

Es muss unterschieden werden zwischen zufälligen und systematischen Abweichungen. Zufällige Abweichungen sind so genannte Unfälle (eine Zeichnung wurde einfach übersehen (Einzelfall) oder ein Prüfwert ist nicht eingetragen). Hier genügt es in der Regel, die Mitarbeiter vor Ort nochmals auf die strikte Einhaltung der Vereinbarungen und Vorgaben hinzuweisen. Anders dagegen muss bei systematischen Abweichungen (z.B. wenn bestehende Regelungen für Vertragsprüfungen grundsätzlich nicht eingehalten werden) die Ursache ermittelt werden und durch eine geeignete Korrekturmaßnahme die zukünftige Wiederholung des Fehlers vermieden werden.

In einem **Abschlussgespräch** werden die Ergebnisse des Audits vorgetragen und präsentiert. Dabei sollen positive Eindrücke hervorgehoben, unklare Punkte möglichst noch geklärt werden. Abweichungen werden gesondert zusammengefasst. In der anschließenden Diskussion werden die Abweichungen und die möglicherweise daraus resultierenden Risiken detailliert behandelt und ggf. weiter geklärt. Zur besseren Motivation empfiehlt es sich, dieses Abschlussgespräch mit den Teilnehmern durchzuführen, welche die vorgeschlagenen Verbesserungsmaßnahmen durchführen müssen.

Die Checkliste und die zugehörigen Prozessbeschreibungen können direkt als **Auditbericht** verwendet werden. Ansonsten sollte ein Auditbericht mindestens folgendes umfassen :

*   Teilnehmer / Auditteam / Termin
*   auditierter Bereich / Prozess
*   auditiertes Beispiel
*   Verbesserungspotential
*   Hinweis auf Verbesserungsmaßnahmen

Wesentliches Ergebnis jedes internen Audits ist die Festlegung korrigierender Maßnahmen und die quantitative Verfolgung ihres Erfolges. Nur dann kann es zu nachhaltigen Verbesserungen kommen. In einem **Aktionsplan** für korrigierende Maßnahmen (siehe Abb. 2.27) werden die besprochenen Verbesserungsmöglichkeiten festgehalten. Verantwortlichkeiten für die Durchführung und Überwachung sind mit Terminangaben festzulegen.

Internes Audit 5/2002 durchgeführt am 23.06.2002					
Funk-tion	Korrektur-/Fehlerverhütungsmaßnahme	Ziel der Maßnahme	Verantwortlich	Termin	Status
VT	Auswertung der Kundenzufriede n-heitsbefragung	Nutzen der Information zur Selbs t-einschätzung und zur Handlung sempfehlung	Vertrieb - Herr Sales	28.07. 2002	
PL	KVP-Projekte neu ordnen und Pr i-oritäten vergeben	Konzentration auf das Wesentl iche Einige Projekte mit Priorität durc h-führen	Projektleitung - Frau Prior	14.07. 2002	
CO	Erfassung der Kosten d er Nicht-qualität regeln. Übera rbeitung der VA „Qualitätsbezogene Ko sten".	Schaffen eines Instrumentar iums zur Analyse qualitätsbez ogener Kosten und zur Able itung von Ko r-rekturmaßna hmen	Controlling - Frau Bu chner	01.09. 2002	
EK	Lieferantenbeurteilung ko mplettie-ren. Inhalte der Bewertungscheckli ste für Lieferanten überarbe iten	Überblick über die Qualitätsfähi g-keit der Lieferanten. Krit erien den tatsächlichen Bedürfnissen anpa s-sen	Einkauf - Herr Buyer	01.09. 2002	
LO	Betriebsstofflager aufräumen und kenn zeichnen	Eindeutige Kennzeichnung, Erfü l-len gesetzl icher Auflagen	Logistik - Herr Fuhr	28.07. 2002	

Abb. 2.27: Beispiel für Maßnahmen nach einem Audit

Die Leiter der auditierten Bereiche sind in diesem Zusammenhang verantwortlich für die Durchführung korrigierender Maßnahmen inklusive der Anforderung dazu evtl. benötigter Ressourcen sowie für die quantitative Verfolgung des Erfolges korrigierender Maßnahmen. Der QM-Beauftragte wertet den Auditbericht hinsichtlich der vereinbarten Verbesserungsmaßnahmen und möglichen Änderungen an der Systemdokumentation aus. Die festgelegten Termine für Korrekturmaßnahmen (siehe Kapitel 6.3) und eventuelle Nachaudits werden durch den QM-Beauftragten terminlich verfolgt.

2.6 Fragenkatalog

1. Welche Gründe sprechen für die Einführung eines QM-Systems?

2. Stellen Sie sich vor, Sie müssten ein Qualitätsmanagementsystem einführen, was haben Sie dabei zu beachten und in welchen Schritten würden Sie vorgehen?

3. Welche Bedeutung kommt der internationalen Normierung in Bezug auf das Qualitätsmanagement zu?

4. Schildern Sie den Zusammenhang zwischen Qualitäts-Management und der Produkthaftung in groben Zügen.

5. Was sollten die Inhalte einer Qualitäts-Dokumentation sein und wie kann man eine Struktur vorgeben?

6. Welchem speziellen Zweck dient eine Verantwortungsmatrix und was enthält sie? Erstellen Sie eine solche Matrix beispielhaft.

7. Worum geht es bei der Zertifizierung? Nennen Sie einige Gründe oder Motive für die Durchführung von Zertifizierungen. Worauf kann sich eine Zertifikation beziehen?

8. Wem kann eine Zertifizierung im Allgemeinen nützen? Beschreiben Sie einige positive Effekte für verschiedene potentiell Betroffene.

9. Inwiefern lassen sich durch Zertifizierung (welche) Kosten reduzieren?

10. Was ist ein Qualitätsaudit? Wozu ist es notwendig?

11. Grenzen Sie einige wichtige Auditarten voneinander ab.

12. Über welche persönlichen Qualifikations-Anforderungen sollten Auditoren möglichst verfügen und warum?

13. Was ist bei der Vorbereitung von Audits zu berücksichtigen? Warum sind diese sorgfältig zu planen?

14. Was sollte ein Aktionsplan für korrigierende Maßnahmen enthalten?

15. Worum handelt es sich bei den sogenannten CE- und GS-Zeichen? In welchen Zusammenhang sind sie einzuordnen?

3. Qualitätsmanagement als Führungsaufgabe

Ziel aller Bemühungen um eine anforderungsgerechte Qualität von Produkten und Dienstleistungen ist die dauernde Zufriedenstellung der Kunden. Die Einführung eines wirksamen QM-Systems, das geeignet ist, das erforderliche hohe Qualitätsniveau von Produkten und Dienstleistungen dauerhaft sicherzustellen, ist eine wichtige Führungsaufgabe des obersten Managements. Das QM-System muss so beschaffen sein, dass ständige Qualitätsverbesserung (continuous improvement) messbar erfolgt und eine von allen verstandene und wahrgenommene Aufgabe ist.

3.1   Qualitätsverantwortung der Führung

Die Wirksamkeit eines QM-Systems hängt jedoch nicht allein von seiner Struktur ab, sondern wesentlich von den Rahmenbedingungen, unter denen es von allen Mitarbeitern eines Unternehmens verwirklicht werden kann. Diese Rahmenbedingungen optimal zu gestalten, ist die Hauptaufgabe der Unternehmensführung.

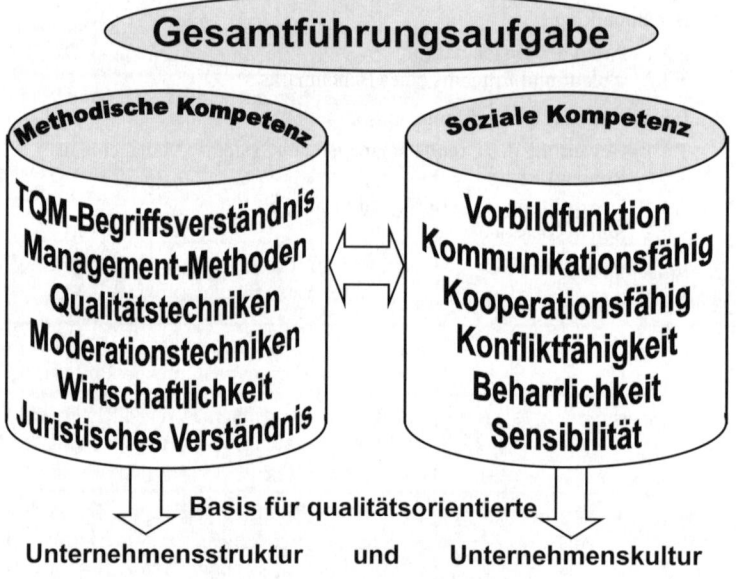

Abb. 3.1: Führungsaufgabe im Qualitätsmanagement

Es ist unumstritten, dass die Umsetzung und Aufrechterhaltung von TQM und der Business Excellence[26] nur über die Vorbildfunktion des Top-Managements, also Top-Down zum Erfolg führt. Dazu ist wie in Abb. 3.1 dargestellt sowohl methodische als auch soziale Kompetenz notwendig, wobei eine permanente Interaktion stattfinden muss. So entsteht sowohl eine qualitätsorientierte Unternehmensstruktur als auch eine entsprechende Unternehmenskultur.

3.1.1 Das Führungsverhalten

Unter Führungsverhalten soll verstanden werden, wie die Führungskräfte eine Kultur umfassender Qualität anregen, unterstützen und fördern. Im Wesentlichen lassen sich folgende Merkmale für gute Führungsprinzipien nennen:

Merkmale	Inhalte
konkrete Führungsgrundsätze	Forderung qualitätsbewussten Führungsverhaltens - von Führungskräften vorgelebt und gemeinsam mit den Mitarbeitern konkretisiert
Führungsstil	Stärken und Schwächen erkennen und persönliche Verbesserungspotentiale ableiten
partnerschaftliche Einstellung	Die Verantwortlichkeiten müssen festgelegt werden und die Mitarbeiter mit entsprechenden Kompetenzen versehen sein
hohe Kommunikationsdichte	Denken in Prozessen - interne Kunden-Lieferanten-Beziehungen pflegen
Transparenz	Daten sind allen Mitarbeitern zugänglich und werden im Unternehmen intensiv diskutiert
Kennzahlensystem	neben den finanziellen Daten auch Daten zur Mitarbeiter- und Kundenzufriedenheit sowie zur Prozessfähigkeit bereitstellen
Handbuch zur Darlegung des Managementsystems	Leitbild des Unternehmens sowie den kontinuierlichen Entwicklungsprozess der firmenspezifischen Politik, Strategie und Ziele darstellen

Abb. 3.2: Merkmale und Inhalte guter Führungspraxis

---

[26] Business Excellence: aus dem amerikanischen übernommener Begriff für „Ausgezeichnete Unternehmensführung".

Die Unternehmensleitung sorgt für einen Führungsstil im Unternehmen, der Qualitätsbewusstsein fördert und eine aktive Beteiligung der Mitarbeiter an dem Verbesserungsprozess ermöglicht. Anerkennung, Information, Kommunikation, Teamgeist, Delegation von Verantwortung und Ermutigung zur Entscheidung sowie besonders eine angstfreie Atmosphäre sind wichtige Elemente einer auf Qualität ausgerichteten Unternehmenskultur. Dazu gehören klare Zielvereinbarung, Feststellung und Bereitstellung der benötigten Ressourcen, Erfolgskontrolle und korrigierende Maßnahmen bei Zielabweichungen. Weitere Aufgaben der Führungskräfte sind die Förderung der Kommunikation zwischen den organisatorischen Einheiten und der Abbau von Abteilungsgrenzen[27].

3.1.2 Die Unternehmenspolitik/-strategie

Hier wird festgelegt und beschrieben, wie Ziele, Wertesysteme und strategische Ausrichtung des Unternehmens definiert und umgesetzt werden.

3.1.2.1 Begriffe zur Unternehmensführung

Vielfältige Interpretationen – insbesondere bei der Übersetzung bzw. Übertragung von Begriffen aus dem fremdsprachlichen Raum – machen eine eindeutige Sprachregelung erforderlich. Im Folgenden werden einige zentrale Begriffe erläutert, wie sie in diesem Lehrbuch verwendet werden.[28]

Begriff	Erläuterung
Unternehmensmission	Selbstverständnis und ggf. gesellschaftlicher Auftrag (insbesondere bei Non-Profit-Organisationen) des Unternehmens. Sie vermittelt eine Grundorientierung für alles Handeln.
Unternehmenswerte	Aus dem Selbstverständnis des Unternehmens und äußeren, z.B. gesellschaftlichen Einflüssen resultierendes System von Wertvorstellungen, das den Umgang innerhalb des Unternehmens sowie in seinen Beziehungen zu Außenstehenden regelt. Aus diesem unternehmerischen Gewissen der Sinngebung und Sinnvermittlung können k.o.-Kriterien hinsichtlich Produktpalette oder Verhalten am Markt resultieren.

---

[27] Der Begriff Ab-teilung (im Sinne von etwas abteilen) widerspricht moderner Formen der Teamarbeit.
[28] In Anlehnung an VDI-DGQ-Richtlinie 5502, Gründruck.

Begriff	Erläuterung
Unternehmensvision	Vorstellung, wie sich das Unternehmen in der Zukunft selbst sieht und gesehen werden will. Die Vision enthält Aussagen zu angestrebten Leistungen, Interaktionen mit der Umwelt sowie zu Identifikation und Motivation der Mitarbeiter.
Unternehmensleitbild	Konkretisierung von Mission und Vision unter Berücksichtigung der Wertvorstellungen. Das Unternehmensleitbild, auch als Unternehmensgrundsätze bezeichnet, beschreibt die fundamentalen Geschäftsprinzipien einer Organisation, die Leitlinien und Ziele für die angestrebte Unternehmensentwicklung vorgeben.
Unternehmensziele	Definierter, möglichst mit messbaren Größen beschriebener Zustand, in dem sich das Unternehmen nach Ablauf einer gesetzten Zeitspanne befinden möchte.
Unternehmenspolitik	Verhalten des Unternehmens, um die Ziele zu erreichen. Schriftlicher Ausdruck der im Unternehmensleitbild enthaltenen Vorgaben.
Unternehmensstrategie	Geplante Vorgehensweise unter Berücksichtigung der Unternehmenswerte und Rahmenbedingungen, um die Unternehmensziele zu erreichen. Die Unternehmensstrategie dient dem Aufbau, der Pflege und der Realisierung von Erfolgspotentialen.
Unternehmensplan	Möglichst detaillierte Umsetzung der Unternehmensstrategie im kurz-, mittel- und langfristigen Bereich. Dabei werden ausgehend von der Ist-Situation unter Berücksichtigung der Randbedingungen und des Wettbewerbsumfelds konkrete Ziele und Maßnahmen zu deren Erreichung festgelegt. Der Unternehmensplan bildet die Basis eines permanenten Erfolgscontrollings.

Abb. 3.3: Begriffsdefinitionen zur Unternehmensführung

Abb. 3.4: Zusammenhang der Planungsbegriffe[29]

3.1.2.2 Aufgabenstellung für die Unternehmensleitung

Die Aufgaben zur Erfüllung der Anforderungen, die an eine qualitätsorientierte Unternehmensführung gestellt werden, können wie in Abb. 3.5 skizziert in einer zeitlichen Reihenfolge dargestellt werden. Nach den grundsätzlichen Festlegungen der Rahmenbedingungen folgt die Definition der Unternehmensstruktur gemäß der sie prägenden Politik und Strategie. Nach Durchdringung der Geschäftsideen auf allen Mitarbeiterebenen werden konkrete Geschäftspläne und Qualitätsziele erstellt. Nur durch Zuordnung der notwendigen Kompetenzen und Ressourcen kann die anschließende Prozessdurchführung erfolgreich sein.

Durch ein permanentes Controlling in Form von Audits, Reviews und Wirtschaftlichkeitsüberlegungen werden Schwachstellen offensichtlich und Verbesserungsmaßnahmen definierbar. Neben der Korrektur operativer Abläufe oder einer intensiven Schulung der Mitarbeiter können auch Anpassungen an den gesetzten Zielen notwendig werden.

---

[29] In Anlehnung an VDI-DGQ-Richtlinie 5502, Gründruck.

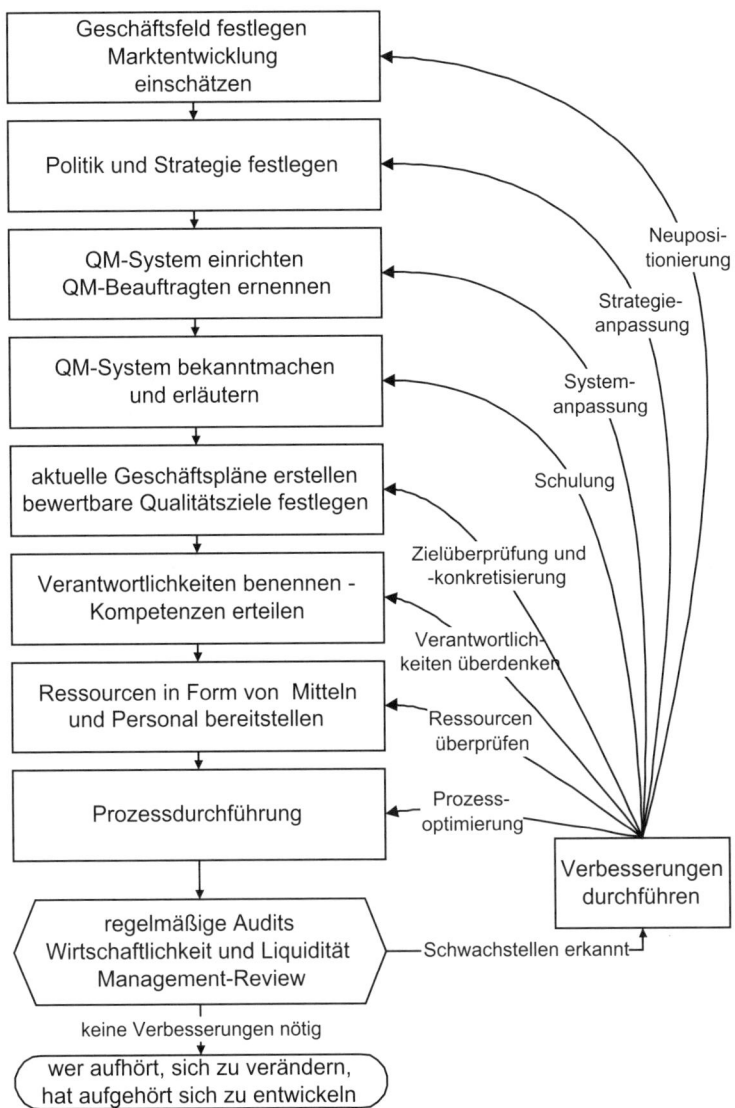

Abb. 3.5: Definition und Weiterentwicklung der Unternehmensgrößen

3.1.3 Strategieentwicklung

Im Folgenden werden Hinweise und Anregungen gegeben, eine Unternehmenspolitik und -strategie zu entwickeln, umzusetzen und regelmäßig zu bewerten und entsprechend den sich ständig ändernden Rahmenbedingungen zu aktualisieren[30].

Ausgehend von der Unternehmensmission wird unter Berücksichtigung der Unternehmenswerte eine Unternehmensvision entwickelt, welche im Leitbild konkretisiert wird. Auf dieser Basis werden strategische Ziele sowie Politik und Strategie festgelegt und die daraus abgeleiteten operativen Ziele definiert. Im Unternehmensplan stehen dann die Prozesse, Maßnahmen und Projekte zur Umsetzung und Erfüllung.

Diese Schritte werden im Allgemeinen von oben nach unten (Top-Down) erfolgen und werden maßgeblich vom Engagement der Führungskräfte getragen. Ihre Eigenidentifikation mit den Inhalten beeinflusst entscheidend die weitere Umsetzung in die operative Planung im kurz-, mittel- und langfristigen Bereich, welche in der Regel von unten nach oben (Bottom-Up) ausgeführt wird. Die Ergebnisse dieser Abstimmungen werden in den entsprechenden Unternehmensplänen zusammengeführt.

Schlüsselfragen bei den einzelnen Phasen und Schritten zur Strategieentwicklung:

- Wo stehen wir?
- Wo wollen wir hin?
- Welche Hindernisse gibt es?
- Welchen Weg sollen wir nehmen?
- Welche Ressourcen haben wir?
- Wie sehen der Zeitplan und die Zwischenschritte aus?
- Wie messen wir das Erreichte?
- Wie verbessern wir das Erreichte?

3.1.3.1 Erarbeitung einer Mission und eines Leitbilds (Unternehmenswerte)

Zur Vorbereitung können zunächst alle Unterlagen über das Unternehmen und seine Marktposition zusammengetragen werden. Dabei wird deutlich, dass das gesamte Umfeld wie in Abb. 3.6 dargestellt eine mitentscheidende Rolle spielt.

---

[30] Zur Vertiefung siehe VDI/DGQ-Richtlinie 5502 Gründruck.

Abb. 3.6: Strategieerarbeitung unter Berücksichtigung des Umfelds

Diese Daten sollen sowohl aus Eigensicht des Unternehmens sowie, falls möglich, aus Sicht anderer (z.b. Kunden, Veröffentlichungen Dritter, Presseberichte, ...) zusammengetragen werden. Darüber hinaus sind für eine saubere Positionierung im Markt die entsprechenden Daten über Wettbewerber nötig (z.b. Benchmark-Daten).

Für die Entwicklung des Leitbilds selbst empfiehlt sich die Durchführung eines Workshops. Dadurch ergeben sich durch die verschiedenen Blickwinkel auch unterschiedliche Aspekte und Perspektiven, zum anderen können Differenzen im Vorfeld geklärt werden. Damit wird ein von der gesamten Führungsebene getragener Konsens erzielt, welcher über die Vorbildfunktion der Vorgesetzten die Umsetzung im Unternehmen entschieden beeinflusst.

Die Fragen, denen sich das Unternehmen stellen muss, sollten sich an den Erwartungen der Stakeholder[31] orientieren und einen Zeithorizont von möglichst mehr als fünf Jahren abdecken, um sich deutlich vom aktuellen operativen Geschäft abzuheben.

Mit den Antworten erhält man eine breite Basis von Stichpunkten, die im Allgemeinen nicht nur zur Festlegung des Selbstverständnisses und der Vorstellung, wo das Unternehmen mittel- bis langfristig stehen soll, dient. Darüber hinaus liefert sie auch Hinweise auf die Wertvorstellungen des Unternehmens sowie ggf. aktuelles oder zukünftiges Konfliktpotential. Damit wird das Unternehmen in die Lage versetzt, diese Herausforderungen proaktiv anzugehen.

---

[31] Stakeholder („at stake" = auf dem Spiel stehen) sind die Interessengruppen im Umfeld eines Unternehmens.

Eine gute Unternehmensvision soll verständlich, attraktiv, glaubwürdig und nach-vollziehbar sein, vor allen Dingen keine Floskeln oder „Mode-Aussagen" enthalten. Mission, Vision und Unternehmensleitbild sollten nun konzentriert und in ein bis maximal zwei Sätzen dargestellt werden.

Beispiele hierfür sind:

• Audi	⇒	Vorsprung durch Technik
• Bayer	⇒	Kompetenz und Verantwortung
• BMW	⇒	Unternehmen Mobilität
• Braas	⇒	Alles gut bedacht
• Hoechst AG	⇒	Leben und Umwelt schützen
• O.TEL.O	⇒	For a better understanding
• Siemens	⇒	Wir gehören zur Familie
• Volks- und Raiffeisenbanken	⇒	Wir machen den Weg frei

Effektive Visionen und Leitbilder müssen von allen Mitarbeitern auch tatsächlich akzeptiert und gelebt werden und dürfen nicht nur als Lippenbekenntnisse und Schlagworte auf Hochglanzbroschüren existieren. Vorrangig ist somit die Erarbei-tung von Werten, die nachvollziehbar, wünschenswert und machbar sind. Die Wert-vorstellungen münden in eine Art Ehrenkodex, der sich nicht nur in der Unterneh-menspolitik und -strategie widerspiegelt, sondern als Selbstverständlichkeit im Ver-halten jedes Einzelnen im Unternehmen und darüber hinaus darstellt.

Siemens Energieerzeugung – KWU:

Kern unserer Vision „Power for Generations" ist das Ziel, über die Grenzen der Generationen hinweg der wachsenden Weltbevölkerung bezahlbaren Strom aus umweltfreundlichen Kraftwerken zur Verfügung zu stellen.

Landhotel Schindlerhof:

Freizeitähnliche Arbeit bei höchsten Entscheidungsspielräumen in einem Team, das sich freundschaftlich verbunden ist.

3.1.3.2 Strategische Unternehmensziele und Politik

Auf Basis der bereits erarbeiteten Stichpunkte sollten sich die Unternehmen nun in einem zweiten Schritt Fragen wie in Abb. 3.7 aufgeführt stellen.

Fragestellung	mögliche Hinweise
Warum kaufen Kunden unsere Produkte / Dienstleistungen?	Alleinstellungsmerkmal, Innovation, Qualität, Termintreue, Preise...
Was sind unsere Stärken?	Know how, Mitarbeiter, Verfahren, Standort...
Was macht die Konkurrenz?	Kundenservice, Reaktionsgeschwindigkeit, Forschung...
Wo haben wir noch Verbesserungspotential?	Reklamationen, Zusammenarbeit, Kosten...
Sind unsere Kompetenzen auch dauerhaft gesichert?	Erschöpfung von Ressourcen, gesetzliche Änderungen, Veränderungen der Zielgruppe, Nachfolgeregelung, Schulung.

Abb. 3.7: Basisfragen zur Feststellung des Handlungsbedarfs

Aus dem Abgleich mit der Ist-Situation des Unternehmens lässt sich der Handlungsbedarf feststellen, aus dem möglichst messbare Ziele auf Unternehmensebene abgeleitet werden können.

Zur Darstellung der heutigen und zukünftigen Marktposition bietet die Portfolio-Analyse die Möglichkeit, auch in komplexen Maßstäben Entwicklungen aufzuzeigen. Spätestens zu diesem Zeitpunkt werden ernste Zielkonflikte auftreten – sei es in Hinblick auf die benötigten Ressourcen, gegensätzliche Forderungen bzw. Erwartungen von Interessengruppen oder der Konflikt zwischen kurzfristig Notwendigem und langfristig Wünschenswertem, zu deren Lösung strukturierte Werkzeuge benötigt werden.

Als besonders hilfreich haben sich hierbei Techniken wie das in der Produkt- und Prozessentwicklung schon weit etablierte QFD = Quality Function Deployment (s. Kap. 5.2.4) erwiesen, die mit qualitativen bzw. numerischen Gewichtungsfaktoren das Setzen der entsprechenden Prioritäten auf eine möglichst sachliche Basis stellen. Darüber hinaus wird es zumindest für einige Bereiche bereits hier notwendig werden, eine erste Risikoabschätzung für nicht oder nur sehr langfristig beeinflussbare Größen durchzuführen.

Unternehmensleitbild mit seinen Wertvorstellungen und strategische Unternehmensziele münden gemeinsam in eine Gesamtpolitik, die u.a. klar regelt, welche Randbedingungen zu beachten sind. Sie lässt sich vorteilhaft z.B. in einem Mehr-Punkte-Katalog wie in den folgenden Beispielen gezeigt, darstellen.

- Wir sind ein weltweit agierender, kompetenter Produzent und Systemanbieter für .... mit qualitativ führenden Markenprodukten.

- Unsere Produkte erzielen überall einen bedeutenden Marktanteil oder die Marktführerschaft

- Wir streben die Marktführerschaft bei .... in allen wichtigen Ländern Europas an. In allen anderen Märkten treten wir als bedeutender Anbieter auf.

- Wir orientieren uns als Qualitäts- und Innovationsführer konsequent an den Bedürfnissen der Kunden und Marktpartner mit dem Ziel der Kostenführerschaft.

- Unsere Geschäftseinheiten richten ihr Handeln auf die Erzielung eines nachhaltig befriedigenden Gewinns aus.

- Wir verpflichten uns einem umfassenden Umweltschutz.

- Wir sind ein unabhängiges Familienunternehmen mit qualifizierten und engagierten Mitarbeitern.

Abb. 3.8: „Kursbuch" eines mittelständischen Familienunternehmens

Grundaussagen, denen man häufig begegnet, befassen sich mit der Verantwortung des Managements und der Mitarbeiter, der Kundenorientierung, einer Null-Fehler-Zielsetzung und Vereinbarungen zur gegenseitigen Information und Kommunikation. Wichtig ist nur, dass diese Aussagen in weiteren Unternehmenszielsetzungen umgesetzt werden.

Gerade auch für Dienstleistungsunternehmen sind klare, richtungsweisende Aussagen zur Qualitätspolitik ein Mittel, Vertrauen in die Leistungsfähigkeit zu erzielen, da hier der menschliche Faktor in der Leistungserbringung eine besondere Rolle spielt.

- *Unsere Aufgabe ist das Entwickeln und Verbreiten von Wissen zur Verbesserung*

  - *von Managementsystemen,*
  - *der Kommunikation und*
  - *des Führungsverhaltens von Mitarbeitern in Organisationen.*

- *Wir unterstützen unsere Kunden bei ihren Anstrengungen zur Verbesserung ihrer Leistungen und bei dem Erreichen ihrer Ziele. Zweck ist das Stärken, Erhalten oder Wiederherstellen der Wettbewerbsfähigkeit.*

- *Vertrauen, Aufrichtigkeit, Klarheit und Zuverlässigkeit bestimmen unser Verhalten im Umgang mit unseren Kunden, Mitarbeitern, Lieferanten und interessierten Stellen.*

- *Umfassendes Qualitätsmanagement und die Beteiligung aller Mitarbeiter am kontinuierlichen Verbesserungsprozess ist unser Weg zur Erreichung der Unternehmensziele.*

- *Wir wollen in allen Geschäftsfeldern aus Kundensicht zu den besten Anbietern gehören.*

- *Wir übernehmen gesellschaftliche Verantwortung durch die Unterstützung von Aktivitäten, die von allgemeinem Interesse sind.*

Abb. 3.9: Unternehmenspolitik einer Unternehmensberatung

Durch die Festlegung und Veröffentlichung der Qualitätspolitik wird die Basis zur Verpflichtung aller Mitarbeiter geschaffen. Eine Begründung für die Zielsetzung ist wichtig, damit alle Mitarbeiter die Beweggründe verstehen und dann aus Einsicht eigenverantwortlich handeln können.

3.1.3.3 Strategieentwicklung mit Hilfe der Balanced Scorecard

Nachdem Ziele und Politik festgelegt wurden, gilt es nun, eine Strategie zu entwickeln, welche die Umsetzung entsprechend dem Unternehmensleitbild unter den gegebenen Rahmenbedingungen auch ermöglicht. Zielsetzung ist die Schaffung und Erhaltung langfristiger Wettbewerbsvorteile, die den Erfolg und den Wert des Unternehmens sichern. Dazu ist eine Organisationsstruktur zu entwickeln und es sind die Rahmenbedingungen festzulegen für ein möglichst prozessorientiertes Managementsystem mit der Zielsetzung Flexibilität, Reaktionsschnelligkeit, Synergieeffekte und Integration der Prozessschritte.

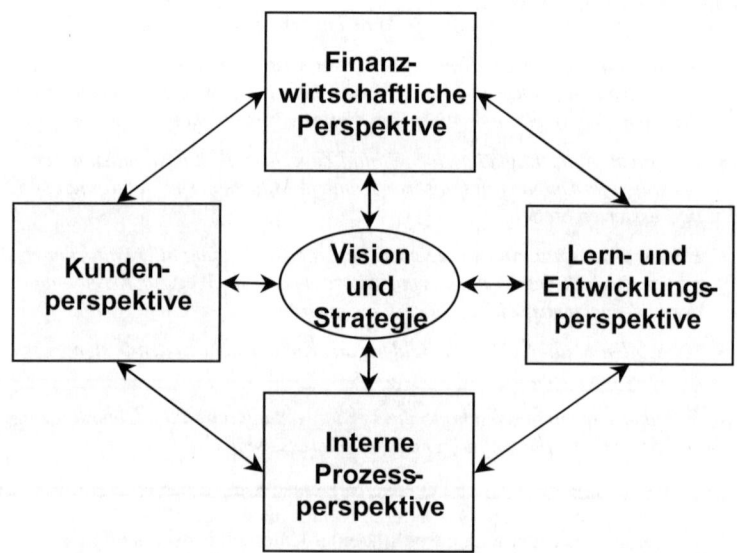

Abb. 3.10: Die vier Perspektiven der Balanced Scorecard nach Kaplan/Norton

Entsprechend dem Unternehmensleitbild und der Gesamtpolitik sollte auch die Unternehmensstrategie langfristig ausgelegt sein und genügend Spielraum zur Anpassung im operativen Bereich lassen. Zur systematischen Ableitung einer Unternehmensstrategie oder der Ableitung von Strategien für Organisationseinheiten bietet sich das Instrument der **Balanced Scorecard**[32] an.

---

[32] Kennzahlensystem, das neben den finanzwirtschaftlichen Daten auch „weiche Faktoren" berücksichtigt. Erstmalig erwähnt von Kaplan/Norton (siehe Kaplan, R.S.; Norton, D.: Balanced Scorecard, Stuttgart, 1997).

Der Grundgedanke der Balanced Scorecard folgt einem Kausalmodell, dessen letzte abhängige Größe die Unternehmensziele sind. Die Grundstruktur der ursprünglichen Balanced Scorecard besteht aus einer Wirkungskette, die in die „Perspektiven" gegliedert wurde (Abb. 3.10).

Zwischen diesen Perspektiven bestehen kausale Abhängigkeiten. Die in Abb. 3.11 dargestellt sind. Die kausale Verknüpfung der Perspektiven in der Balanced Scorecard ermöglicht im Umkehrschluss die Abbildung der Unternehmensstrategie.

Der Strategieprozess lässt sich in der Balanced Scorecard vereinfacht folgendermaßen formulieren:

• Definiere die Unternehmensziele!

• Identifiziere die Kunden und ihre Anforderungen, die bedient werden müssen, um diese Ziele zu erreichen!

• Identifiziere die erfolgskritischen Prozesse und ihre Prozessbedingungen, die erfüllt werden müssen, um die Kundenanforderungen zu befriedigen und die Unternehmensziele zu erreichen!

• Ermittle die erforderlichen Qualifikationen und Fähigkeiten, die benötigt werden, um diese Prozesse optimal zu führen!

Aus dieser Wirkungskette heraus lassen sich einige wenige kritische Erfolgsfaktoren identifizieren, die den Unternehmenserfolg entscheidend beeinflussen. Die Entwicklung dieser Erfolgsfaktoren wird durch Kenngrößen abgebildet.

Durch den Zwang zur kausalen Ableitung der Kennzahlen der Balanced Scorecard ergibt sich automatisch eine schlüssige Befassung mit den Unternehmensabläufen, den Ursache-Wirkungs-Zusammenhängen und den Prioritäten im Strategieprozess. Die Balanced Scorecard ist damit ein wirkungsvolles Hilfsmittel, mit dem die durchgängige Strategieplanung unterstützt werden kann.

Schaut man auf die Kriterien des EFQM-Modells, findet man viele direkte Entsprechungen zu den Perspektiven einer BSC wie in Abb. 3.12 skizziert.

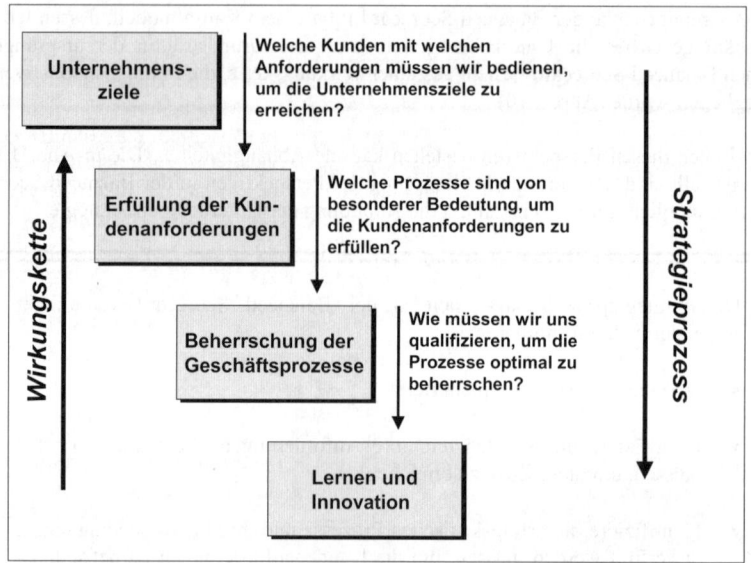

Abb. 3.11: Wechselwirkung Unternehmensstrategie und Balanced Scorecard

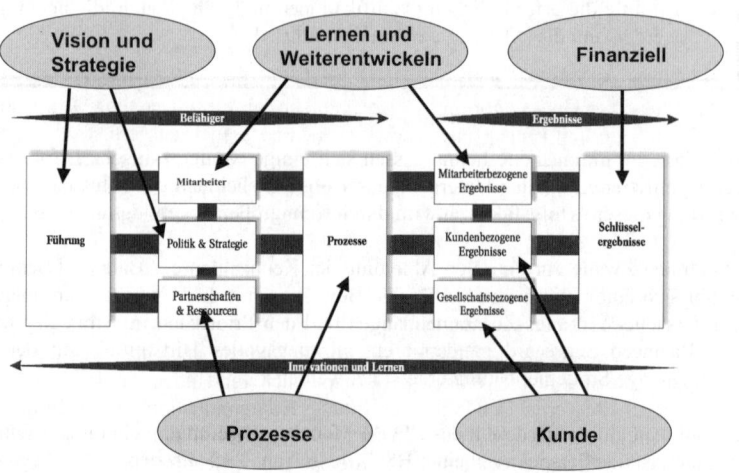

Abb. 3.12: Zusammenhang der EFQM-Kriterien und der BSC-Perspektiven

3.1.3.4 Umsetzung der Strategie

Unternehmenspolitik und -strategie sind in der Regel nicht als Ganzes direkt in das operative Tagesgeschäft umzusetzen. Eine Vielzahl von Mitarbeitern sorgt vielmehr durch ihre Einzelbeiträge dafür, dass die im Unternehmensleitbild dargestellten Gedanken erreicht bzw. eingehalten werden. Entsprechend Unternehmensgröße und -komplexität sind daher Teilziele entsprechend der Organisationsstruktur herunterzubrechen und für die Teileinheiten zu definieren. Der zeitliche Horizont und der Detaillierungsgrad der mittel- und langfristigen Ziele richtet sich dabei u.a. nach den notwendigen Vorlaufzeiten für komplexe Projekte bzw. für die Verfügbarmachung von Ressourcen.

Die Qualitätsziele sind für alle festgelegten Parameter quantitativ anzugeben. Ohne Quantifizierung ist ein Fortschrittsbericht und ein Soll-Ist-Abgleich nicht möglich, die Wirksamkeit korrigierender Maßnahmen kaum überprüfbar. Sinnvoll ist auch eine stufenweise Festlegung über verschiedene Zeiträume (Stufenplan mit Meilensteinen). Die quantitativen Zielsetzungen müssen für den einzelnen verantwortlichen Mitarbeiter verständlich sein, und er muss seinen Einfluss auf die Zielerreichung kennen.

An dieser Stelle muss eindrücklich darauf hingewiesen werden, dass es nicht darum geht, alle Schritte des Unternehmens in einem 5- oder gar 10-Jahres-Plan detailliert festzulegen, sondern sicherzustellen, dass das Unternehmen in den relevanten Aspekten nicht von absehbaren Veränderungen überrascht wird und damit seine aktive Rolle verliert.

In der Phase der Umsetzung muss es sich zeigen, ob die oft mit viel Aufwand erstellte Strategie und Zielsetzung eines Unternehmens auch tatsächlich in operative Maßnahmen umgesetzt wird. Wesentliche Aufgabenstellung ist eine effektive Übersetzung und Implementierung des Leitbildes mit klaren Messgrößen, die eine eindeutige Aussage sowie die Verfolgung der Prozesse und der Leistungsfähigkeit erlauben.

Kommunikation

Wichtig für die Akzeptanz ist eine individuelle und unternehmensspezifische Formulierung, die von der jeweiligen Zielgruppe auch verstanden werden kann. Noch wichtiger als die verbale und/oder schriftliche Kommunikation ist jedoch die nonverbale Kommunikation, wie sie sich im täglichen Vorbild der Führungskräfte und deren Führungsverhalten widerspiegelt. Sie entscheidet letztlich über die Akzeptanz des Veröffentlichten innerhalb und außerhalb des Unternehmens.

Kommunikationsmittel zur Implementierung einer geplanten Systemveränderung können sein:

- Bekanntmachungen, Rundbriefe
- Veröffentlichungen, Broschüren,
- Vorträge, Präsentationen,
- Internet-Homepage oder Multi-Media-CDs.

Instrumente zur Einführung neuer Systeme:

- Kick-Off-Meeting,
- Workshops,
- Betriebs- bzw. Anteilseignerversammlung.

Stufenweises Herunterbrechen der Unternehmensplanung

Als vorteilhafte Vorgehensweise erweist sich die Vereinbarung von Zielen mit den Funktionseinheiten ggf. bis hin zum einzelnen Mitarbeiter. Hierdurch wird nicht nur sichergestellt, dass die über Unternehmensleitbild und -politik kommunizierten Botschaften auch tatsächlich bei den Mitarbeitern ankommen, sondern über die Mitwirkung an der Ausgestaltung auch die für die Umsetzung unerlässliche Eigenmotivation erzeugt. Gleichzeitig bietet sich damit die Möglichkeit, das kreative und innovative Potential der Mitarbeiter freizusetzen.

Dies erfordert jedoch, dass der Zielvereinbarungsprozess im Wechselspiel „Top-Down" und „Bottom-Up" erfolgt. Arbeiten mit Zielen ist Projektarbeit und folgt damit denselben Regeln[33].

Projekte
- haben eine möglichst messbare Vorgabegröße,
- haben einen Verantwortlichen,
- haben einen Zeitrahmen,
- bestehen neben anderen und
- benötigen Ressourcen.

[33] Vgl. VDI/DGQ-Richtlinie 5505.

Hier werden in der Praxis vor allem zwei typische Problembereiche auftauchen:

- Teilziele stehen im Widerspruch zueinander (z.b. Detailoptimierung eines Bereichs zu Lasten des Gesamtsystems) und

- es besteht Konkurrenz beim Zugriff auf beschränkte Ressourcen, die eine unternehmensweite Abstimmung und Synchronisation erforderlich machen.

Als Hilfsmittel hierzu mag wiederum das Konzept der *Balanced Scorecard* dienen, das sowohl zur Kommunikation der strategischen Ziele als auch zur Abstimmung der Messgrößen auf den verschiedenen Ebenen Unterstützung bietet. Neben Problemlösungstechniken werden nun ggf. auch Methoden zur strukturierten Risikoabschätzung, wie Analyse Potentieller Probleme (APP) oder Fehler-Möglichkeits- und Einfluss-Analyse (FMEA), notwendig, die neben Vorbeugungsmaßnahmen auch verbleibende Restrisiken aufzeigen und damit dem Unternehmen einen aktiven Umgang mit ihnen ermöglichen, z.B. durch Alternativszenarien oder Vorhaltung von Eventualmaßnahmen. Damit wird auch deutlich, dass der Planungsprozess in einem ständigen Wechsel von oben nach unten, von unten nach oben sowie quer durch alle Funktionseinheiten erfolgt und niemals einzügig stattfinden kann.

3.1.4 Die sieben Managementwerkzeuge (M 7)

Eine geeignete Methode zur Erarbeitung der Leitbilder und Strategien ist ein Workshop. Bei der Lösung anstehender Probleme ist es hilfreich, zur Strukturierung und Visualisierung auf standardisierte Methoden zurückgreifen zu können. Als Baukasten haben sich zwei Ansätze durchgesetzt, die der japanischen Managementlehre entstammen:

- Die **sieben statistischen Werkzeuge** (s. Kap.4.3) und
- die **sieben Managementwerkzeuge** (M7)

Die M7 werden bei Teamarbeiten zur Lösung komplexer Probleme eingesetzt, so wie sie bei der Einführung neuer Systeme auftreten können. Deren Anwendung kann isoliert oder in Interaktion mehrerer Methoden erfolgen.

Im Bereich der Datenanalyse werden das Affinitätsdiagramm gemäß Abb. 3.14 zur Visualisierung von Brainstormings und das Beziehungsdiagramm gemäß Abb. 3.15 zur Darstellung der Ursache Wirkung-Beziehungen eingesetzt.

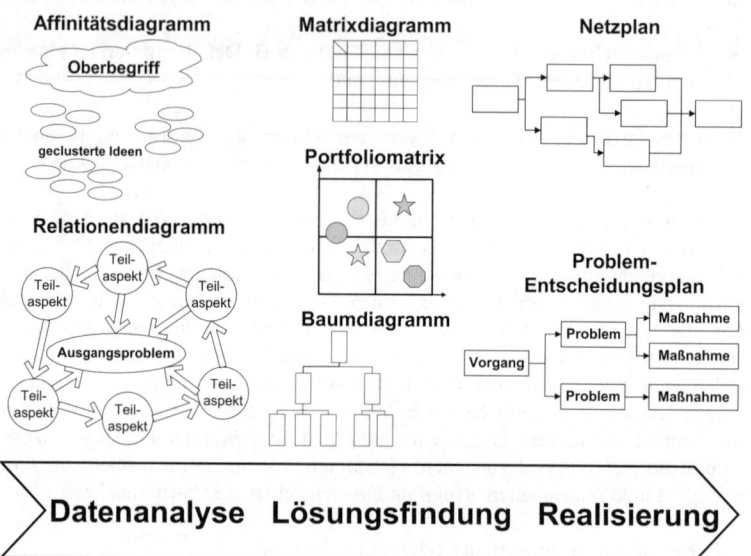

Abb. 3.13: Übersicht der sieben Managementwerkzeuge

Bei der Unterstützung zur Lösungsfindung setzt man das Baumdiagramm ein, um eine zusammenhängend geordnete Darstellung bis hin zur letzten unmittelbar ausführbaren Aktivität darzustellen und somit Zusammenhänge zwischen Zielen und Maßnahmen herzuleiten.

Ebenso wird dort das Matrixdiagramm genutzt, um eine übersichtliche Darstellung wechselseitiger Abhängigkeiten zwischen verschiedenen Faktoren zu erhalten[34]. Dagegen dient die Portfolio-Matrix zur vereinfachten Positionierung von Produkten oder Leistungsmerkmalen innerhalb zweier kennzeichnender Merkmale. Damit ist sowohl eine relative Positionierung zum Wettbewerber möglich als auch die Eintragung zukünftig geplanter Tendenzen.

Die beiden letzten Werkzeuge werden bei der Realisierung gefundener Lösungen eingesetzt. Der Problem-Entscheidungsplan erlaubt im Vorfeld mögliche Störungen zu erkennen (Analyse potentieller Probleme) und daraus entsprechende Vorbeugemaßnahmen zu entwickeln. Das Pfeildiagramm oder der Netzplan stellt eine geord-

---

[34] Eine typische Anwendung findet man bei der Methode QFD (Quality Function Deployment).

nete Abbildung aufeinanderfolgender Prozessschritte dar und unterstützt bei der Planung und Überwachung zeitkritischer Vorgänge.

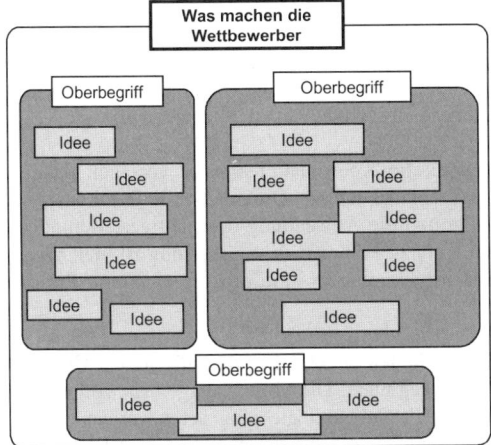

Abb. 3.14: Affinitätsdiagramm zur Datenverdichtung[35]

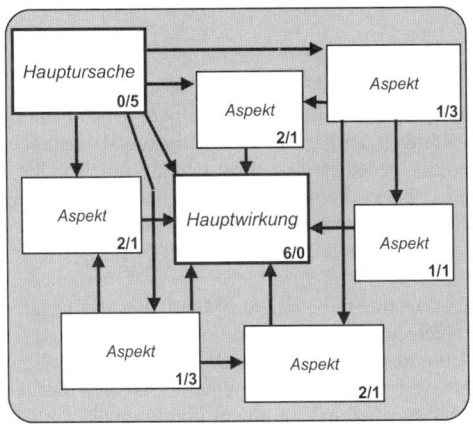

Abb. 3.15 Relationendiagramm zur Vereinfachung komplexer Zusammenhänge

---

[35] Die Darstellung der Affinitäts- und Relationendiagramme entstammen dem Manuskript zur VDI 5502.

3.1.5   Unternehmenskultur durch Qualitätsmanagement

Eine zukunftsweisende Produktfindung und Produktentwicklung bis hin zur Vermarktung bedarf eines integrativen Konzeptes für das Management, will man nicht
in den Fehler vieler Unternehmungen verfallen, die mit unverbundenen Teilansät-
zen und -lösungen der wachsenden Komplexität begegnen. Es entstehen dann vielfältige Insellösungen, die wenig zueinander passen und in der Folge außerordentli-
cher Anstrengungen bedürfen, um sie einigermaßen beherrschen zu können.

Traditionelle hierarchisch-bürokratische Koordinationsmuster versagen dabei vor
allem wegen ihrer zumeist unakzeptabel langen Durchlaufzeit. Die konsequente
Umsetzung der TQM-Philosophie und die Anwendung der richtigen Methoden ermöglichen es, auf den richtigen Kurs zu kommen. Voraussetzung ist, den Weg aus
der weisungsorientierten Funktionshierarchie in eine prozessorientierte Projektorganisation zu finden.

Bereits in der Konzeptphase der Produktentwicklung ist deshalb mit der Umsetzung
und Neuausrichtung nach TQM zu beginnen. Die vom Management vorgegebenen
Unternehmensziele müssen in eine Produktstrategie umgesetzt werden. Diese ist
ausschließlich auf Kundennutzen und Kundenzufriedenheit bei signifikanter Senkung der Kosten ausgerichtet. Das bedeutet zwangsläufig, Abschied von der weisungsorientierten Organisation (die dem Mitarbeiter natürlich ein hohes Maß an
Sicherheit vermittelte, aber auch Widerstand gegen jedwede Veränderung erzeugte)
zu nehmen. An ihrer Stelle muss sich eine offene, selbstlernende Organisation entwickeln.

Bei der Umsetzung der TQM-Philosophie in die Unternehmensstrategie müssen das
Management und die am Prozess beteiligten Mitarbeiter zu einem neuen Rollenver-
ständnis finden. Es gilt, die Erwartungen der Kunden zu erkennen und entsprechend
zu erfüllen. Für die Geschäftspolitik bedeutet dies: Abstimmung mit Kunden und
Lieferanten, Einbeziehung der Mitarbeiter, Fehlervermeidung statt Fehlerkorrektur,
den Willen zur ständigen Qualitätsverbesserung, Vorleben und Abfordern der
Grundsätze von TQM.

Gefordert wird von jedem am TQM-Prozess beteiligten Mitarbeiter das Denken in
unternehmensweiten Zusammenhängen, das Erkennen von Verknüpfungen von
funktionalen Schnittstellen im Unternehmen sowie das Berücksichtigen des geforderten Endergebnisses. So kann eine nachhaltige Unternehmenskultur aufgebaut
werden, die wichtiges Differenzierungsmerkmal in einem immer enger werdenden
Marktumfeld darstellen kann.

3.2 Wirtschaftlichkeit und Kosten im QM

3.2.1 Qualitätsmanagement als Investition

Die Einführung eines TQM-Systems ist wie eine Investition in Qualität zu betrachten. Reine betriebswirtschaftliche Kosten-/Nutzenbetrachtungen können aber nur einen Teilaspekt der Verbesserungen berücksichtigen. Deshalb müssen immer auch nicht direkt quantifizierbare Verbesserungen mit zu berücksichtigen sein. Vorteile, die man durch Einführung eines TQM-Systems erzielt, sind in Kapitel 1.3.4.4 zusammengestellt.

Nur einige dieser Positionen lassen sich in herkömmlichen Wirtschaftlichkeitsrechnungen darstellen. Aber selbst dafür sind beachtliche Kosteneinsparungen nachzuweisen. Aus verschiedenen Publikationen lässt sich ableiten, dass neben der Halbierung von Prüf- und Fehlerkosten vor allem eine deutliche Reduzierung externer Fehlerkosten - also das, was der Kunde mitbekommt - erreicht werden kann. Preis für die Kostenreduzierung sind die Einmalinvestition in die Erstellung eines TQM-Systems sowie höhere laufende Aufwendungen zur Fehlerverhütung.

Die Unternehmensleitung muss die notwendigen Ressourcen in Form von Personal, Mittel und Zeit zur Verfügung stellen. Die in der Aufbauphase auftretende Mehrbelastung der Mitarbeiter darf nicht zu einer Demotivation wegen Überlastung führen. Hier ist die Unternehmensleitung gefordert, durch eigenes Engagement vorzuleben und aktiv mitzugestalten.

Aus verschiedenen Publikationen lassen sich die in Abb. 3.16 dargestellten Durchschnittswerte der einzelnen Kostenanteile nach traditioneller Sichtweise (s. Kap. 3.2.2) ableiten. Die Kostenersparnis kann durchaus in der Größenordnung eines Jahresgewinnes liegen[36]. Rein betriebswirtschaftlich amortisiert sich damit eine Investition in Qualitätsmethoden in Höhe von ca. 2,5 % vom Umsatz innerhalb eines einzigen Jahres.

Die Einführung eines TQM-Systems für ein Unternehmen mit z. B. 50 Mio. Euro Umsatz erzeugt nach Aussagen unterschiedlicher Quellen Kosten von 300 bis 500 TEuro, also höchstens 1 % vom Jahresumsatz.

---

[36] Tomys, Kostenorientiertes Qualitätsmanagement, Produktionstechnik Band 137, München 1994.

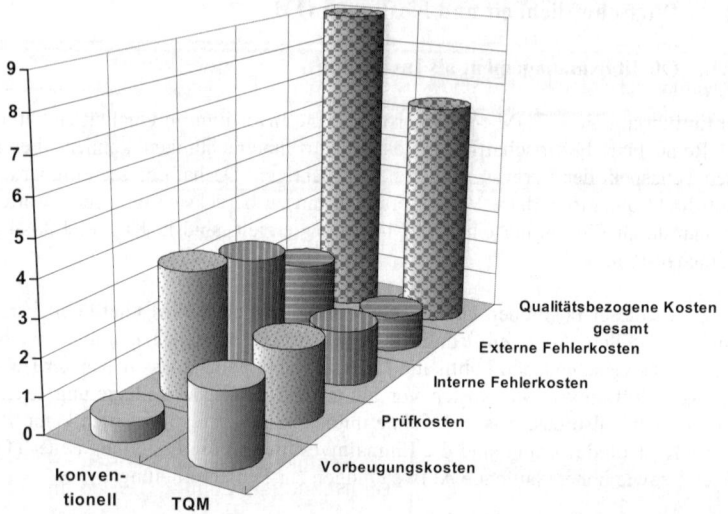

Abb. 3.16: Qualitätsbezogene Kosten konventionell zu TQM in % vom Umsatz

3.2.2 Definition qualitätsbezogener Kosten und Verluste

Die Einrichtung und Aufrechterhaltung des Qualitätsmanagements verursacht wie jede andere Aktivität zunächst Kosten. Durch die Wirkung der eingeführten Maßnahmen sollen auf der anderen Seite aber auch Kosten vermieden werden, die sonst ohne diese vorbeugenden und überwachenden Schritte anfallen würden. Um die Wirtschaftlichkeit qualitätssichernder Maßnahmen beurteilen zu können, ist es notwendig, Aussagen über qualitätsbezogene Kosten zu erhalten.

Qualitätsbezogene Kosten sind Kosten, die durch die Gewährleistung zufriedenstellender Qualität und durch das Schaffen von Vertrauen, dass die Qualitätsforderungen erfüllt werden, entstehen, ebenso wie auch Verluste infolge des Nichterreichens zufriedenstellender Qualität. Einige Verluste sind nur schwer quantifizierbar; gleichzeitig können sie jedoch sehr bedeutsam sein, etwa ein Verlust an positiver Einstellung.

Qualitätsbezogene Verluste entstehen dadurch, dass verfügbare Mittel nicht ausgeschöpft werden.

Eine frühere Definition des gleichen Begriffsinhalts lautet:

> Qualitätsbezogene Kosten sind Kosten, die durch Tätigkeiten der Fehlerverhütung, durch planmäßige Qualitätsprüfungen, durch intern oder extern festgestellte Fehler sowie durch die externe QM-Darlegung verursacht sind[37].

International üblich sind die Bezeichnungen Fehlerverhütungs- oder Vorbeugungskosten (prevention costs), Prüfkosten (appraisal costs) und Fehlerkosten (failure costs), wobei noch intern entdeckte Fehler und extern auftretende Fehler unterschieden werden (siehe Abb. 3.17).

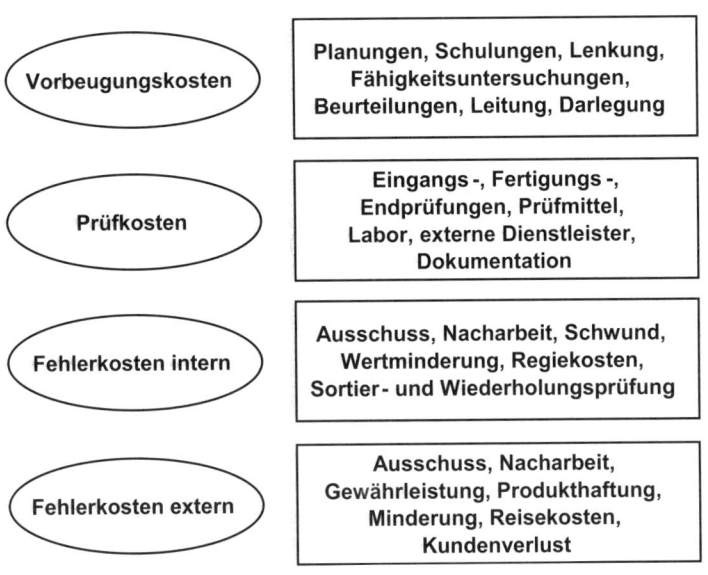

Abb. 3.17: Traditionelle Einteilung qualitätsbezogener Kosten

---

[37] DIN 55350, Teil 11, Mai 1987, Nr. 19.

3.2.3 Eine neue Einteilung qualitätsbezogener Kosten

Der Begriff qualitätsbezogene Kosten wird oft völlig verschieden benutzt, meist lediglich auf die Produktion und nicht auf die Verluste im Gemeinkostenbereich angewandt. Die Gliederung nach Vorbeugungskosten, Prüfkosten und Fehlerkosten entspricht zwar langjähriger Übung in den Unternehmen, ist aber nicht geeignet, den Fehlleistungsaufwand zu identifizieren, betriebswirtschaftlich zu bewerten und zielgerichtete Gegenmaßnahmen einzuleiten. So sind ein Teil der Prüfkosten notwendig, um die Prozesse zu überwachen und den Normalablauf zu sichern, ein anderer Teil entsteht aber nur im Fehlerfall durch Zusatzprüfungen, Nacharbeitsüberprüfungen oder Reklamationsanalysen.

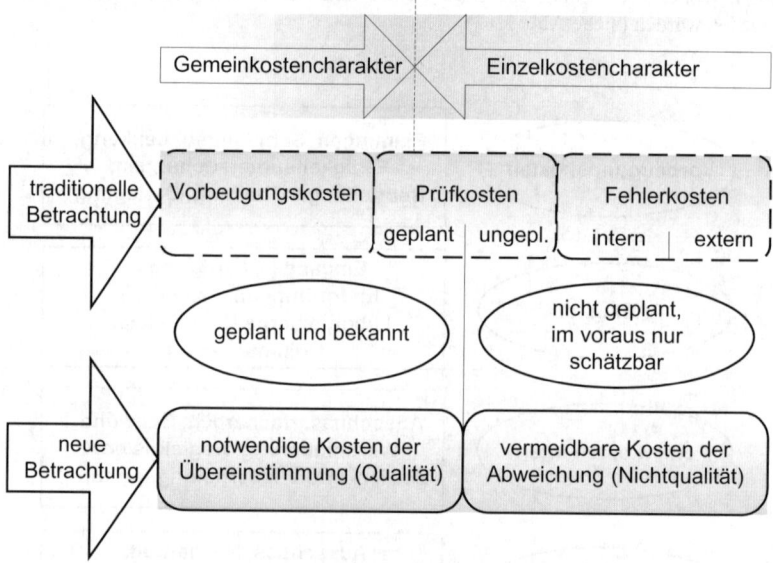

Abb. 3.18: Unterschiedliche Zuordnung qualitätsbezogener Kosten

Daher müssen zur Erfassung der Gemeinkosten eigene Strukturen gebildet werden, deren Aufwand gering und deren Effekt groß sein sollen. So entwickelte sich ein abgeändertes Darstellungssystem, in dem mit den Begriffen Übereinstimmungs- und Abweichungskosten gearbeitet wird [38,39]. In Abb. 3.18 ist der Zusammenhang zwischen traditioneller Kostengliederung und der Neugliederung dargestellt.

---

[38] Wildemann, H.: Qualitätskosten- und Leistungsmanagement, in Controlling, Nr. 5, 1995, S. 193-215.
[39] Tomys, A.-K.: Kostenorientiertes Qualitätsmanagement, Hanser, München 1994.

Zu den **Kosten der Übereinstimmung** zählen z.b. Kosten für präventive Qualitätsmaßnahmen oder für Qualitätsausbildung, die zur Erfüllung von Anforderungen geplant und budgetiert sind, also die minimalsten Aufwendungen, die notwendigerweise für die Produktion oder die Produktionsbegleitung erforderlich sind, um den Prozess erfolgreich abschließen zu können.

Dagegen sind die **Kosten der Abweichung** nicht geplant und resultieren aus der Nichterfüllung von Anforderungen, wie z.b. Kosten für Nacharbeit und Ausschuss oder Garantie- und Gewährleistungsansprüchen. Diese Kosten sind Folgen einer Abweichung vom theoretisch idealen Prozess, daher vermeidbar und sie stellen einen Ansatzpunkt zur Ursachenermittlung und zu Abstellmaßnahmen dar. Die Abweichungskosten sind überwiegend als Einzelkosten dem Prozess direkt zuordbar, wohingegen die Übereinstimmungskosten weitgehend Gemeinkosten darstellen.

Die traditionelle Betrachtung der Kosteneinteilung würde auch zu dem Fehlschluss führen, dass eine Null-Fehler-Strategie wenig sinnvoll ist, da das Optimum der aufsummierten Kostenarten bei einem Qualitätsniveau kleiner 100% liegt (Abb. 3.18). Da diese Darstellung eine gewisse Fehlerhäufigkeit als wirtschaftlich sinnvoll toleriert, stellt es eine Gefährdung der Zukunftssicherung des Unternehmens dar und widerspricht auch den Ideen des TQM-Konzeptes.

Das optimale Qualitätsniveau ist aber genau dann erreicht, wenn die Anforderungen der Kunden erfüllt - also auch nicht übererfüllt - werden. Die Kostenkurve stellt somit die Kosten zur Erfüllung der Anforderungen dar und nicht die Kosten für eine übertriebene Vorbeugung, um das höchstmöglich Erreichbare anzustreben[40].

Betrachtet man unter diesem Gesichtspunkt den Gesamtkostenverlauf nach der Neueinteilung, ergibt sich ein kostenoptimales Qualitätsniveau nahe an der 100%-Marke (Abb. 3.20). Durch diese Art der Darstellung werden Maßnahmen der Qualitätssicherung betriebswirtschaftlich bewertbar, wobei die Übereinstimmungskosten als zuvor getätigte Investitionen den Aufwendungen für Abweichungen im Prozess entgegen stehen. Dadurch wird ein prozessorientiertes Denken unterstützt und das Fehlerbewusstsein gestärkt.

---

[40] Siehe dazu Bruhn, M.: Wirtschaftlichkeit des Qualitätsmanagements, Berlin, 1998, S. 129 ff.

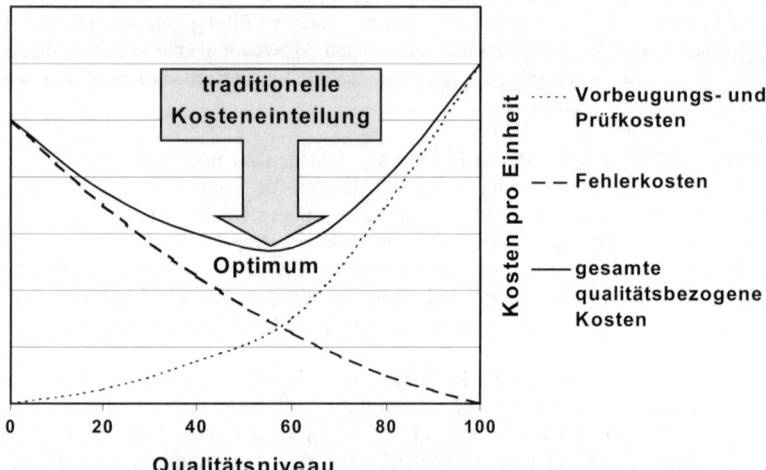

Abb. 3.19: Optimum qualitätsbezogener Kosten unter 100% Fehlerfreiheit

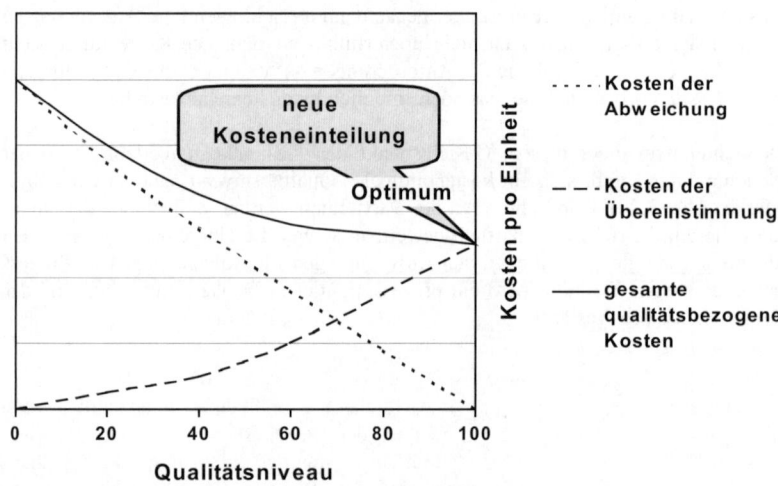

Abb. 3.20: Optimum qualitätsbezogener Kosten bei 100% Fehlerfreiheit

3.2.4 Controlling qualitätsbezogener Kosten

Die Aufgabe der qualitätsbezogenen Kostenuntersuchung ist es, bereichsübergreifend systematisch die Kostenelemente, die den qualitätsbezogenen Kosten zuzurechnen sind, aus dem Kostenrechnungssystem zusammenzutragen und sie anschließend mit analytischen Methoden auszuwerten. Dadurch ist es möglich, den Handlungsbedarf für die Rationalisierung qualitätssichernder Maßnahmen aufzuzeigen, Schwerpunkte für Verbesserungsmaßnahmen darzulegen und Erfolge nachzuweisen.

Die Erfassung aller im Unternehmen verbrauchten Kostenfaktoren (Personal, Material, Anlagen) ist in den bestehenden Kostenrechnungssystemen enthalten. Dort sind auch die Kostenelemente berücksichtigt, die den qualitätsbezogenen Kosten zugerechnet werden. Daher ist für die Querschnittsaufgabe des Qualitätscontrollings der Aufbau eines speziellen Systems zur Erfassung und Bewertung des Verbrauchs von Produktionsfaktoren für die Belange der Qualitätssicherung nicht sinnvoll. Lediglich die Fehlerkosten können von einem Kostenrechnungssystem nur zum Teil erfasst werden. Deshalb sollte das bestehende System erweitert und nur in Ausnahmefällen ein eigenes System zur Erfassung und Bewertung aufgebaut werden.

> Auf Basis der Einteilung der qualitätsbezogenen Kosten in Kostengruppen lässt sich ein System zu ihrer Erfassung entwickeln, das folgende Ziele beinhaltet:
>
> - Erkennung der Schwachstellen am Produkt und in der Fertigung nach Kostenprioritäten,
> - Entscheidungshilfe für die Festlegung einer Qualitätsstrategie,
> - Bilden einer Grundlage zur Kalkulation von Maßnahmen des modernen Qualitätsmanagements,
> - Informationssystem für die Geschäftsführung.

Wird die Erfassung regelmäßig und gleichartig durchgeführt, dokumentiert man damit gleichzeitig den Fortschritt bei den Qualitätsbemühungen.

Durch eine kurze, sich auf das Wesentliche beschränkende, übersichtliche und überzeugende Darstellung des Ergebnisses der Kostenerfassung soll das Management in die Lage versetzt werden, durch Diskussion der Beeinflussungsmöglichkeiten die notwendigen Entscheidungen zu treffen. Wenn feststeht, welche Vorgänge bzw. Stellen für die Kosten verantwortlich sind, können anhand einer Prioritätenliste die notwendigen Maßnahmen festgelegt werden.

Eine **qualitätsbezogene Kostenanalyse** mit besonderem Schwerpunkt Fehlerkosten sollte herausfinden,

- wie hoch die qualitätsbezogenen Kosten sind,
- wie sie strukturiert sind,
- wo die Kostenschwerpunkte liegen,
- wie sich die Kosten senken lassen.

Durch Bilden geeigneter Kennzahlen kann aufgezeigt werden, welche Qualitätslage im Unternehmen herrscht und wie sich die Qualitätslage im Zeitablauf entwickelt hat (Abb. 3.21). Durch eine kontinuierliche Nutzung dieses Instrumentes wird zuerst eine Stabilisierung, langfristig eine Verbesserung der Qualitätslage erreicht. Die Ergebnisse des Qualitätscontrollings tragen zur Erreichung und Absicherung der Ertragsziele bei, da Schwachstellen erkannt und mit Hilfe der Steuerungsinstrumente Schritt für Schritt beseitigt, mindestens aber minimiert werden.

Beispielhaft sind die Inhalte eines Qualitätscontrolling-Berichts in Abb. 3.22 dargestellt. Der Bericht wendet sich an unterschiedliche Ebenen des Unternehmens und kann in Unterkapiteln mit jeweils spezifischen Schwerpunkten unterteilt sein wie z.B. Grobübersicht, Detailanalysen und Darstellung von Besonderheiten. Dabei ist einmal der zeitliche Ablauf bestimmter Werte in Bezug zu Vorgabewerten interessant und zum anderen die Entwicklung von Qualitätskennziffern.

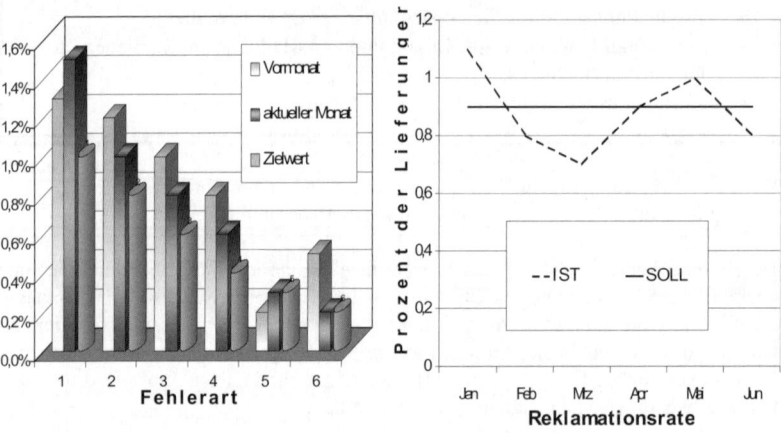

Abb. 3.21: Beispiele für Trenddarstellungen mit Zielwertvorgabe

Der so aufbereitete Bericht sollte an die Geschäftsführung, die Führungsebenen und an die Bereiche (Verwaltung bis zur Produktion) des gesamten Unternehmens verteilt werden, welche die Daten bereitstellenden. Für alle Empfänger ist dieser Bericht ein wichtiges Informationsmittel, um Abweichungen im eigenen Verantwortungsbereich zu erkennen und zu korrigieren.

exemplarische Qualitätskennziffern	
Kostenart	**in Bezug gesetzt zu**
Personalkosten	qualitätsbezogenen Kosten
Prüfkosten	qualitätsbezogenen Kosten
Fehlerkosten	qualitätsbezogenen Kosten
Vorbeugungskosten	qualitätsbezogenen Kosten
interne Fehlerkosten	Gesamtfehlerkosten
externe Fehlerkosten	Gesamtfehlerkosten
Abweichungskosten	Übereinstimmungskosten
Ausschusskosten	Herstellkosten
Reklamationskosten	Umsatz
Fehlerkosten	Herstellkosten
ungeplante Prüfkosten	Gesamtprüfkosten
Wert	**in Bezug gesetzt zu**
Anzahl Beschwerden	Produktionsfehlern
Zeit für die Reklamationsabwicklung	Anzahl der Beschwerden
Anzahl Verbesserungsvorschläge	Zahl der Mitarbeiter
Anzahl von Schulungstagen	Zahl der Mitarbeiter
Mitarbeiteranzahl in Qualitätszirkel	Zahl der Mitarbeiter
Anzahl der A-Lieferanten	Zahl aller Lieferanten
Anteil Qualitätsvereinbarungen	Zahl aller Lieferanten
Anzahl FMEA/QFD-Projekte	Gesamtzahl Projekte
Anzahl statistisch beherrschter Prozesse	Gesamtzahl Prozesse

Abb. 3.22: Mögliche Inhalte eines Qualitätscontrolling-Berichts

Aufgrund der Ergebnisse aus dem Qualitätscontrolling können Reduzierung bzw. Optimierung von Zeiten, Risiken, Kosten und Ressourcen realisiert werden.

Zeiten   : Entwicklungsdurchlauf, Auftragsabwicklung, Projektlaufzeiten
Risiken   : Produkthaftung, Kundenverlust
Kosten   : Fehlleistungsaufwand, Prüfaufwand, Ausschuss
Ressourcen : Maschinenausfälle, Bestandsreduzierung, Sonderaktionen

3.3 Benchmarking

Im heutigen Wettbewerb schlagen nicht notwendigerweise die Großen die Kleinen, sondern Schnelligkeit und intelligente Lösungen sind für den Erfolg ausschlaggebend. Nur wer rasch und effektiv lernt, innovativ ist und sich an ständig verändernde Rahmenbedingungen anpasst, wird auch in Zukunft die Spitzenleistungen erbringen können, die der Markt verlangt.

Im Rahmen der Führungsaufgaben sind die Verantwortlichen verpflichtet, die Transparenz im Unternehmen zu erhöhen und einen guten Überblick über die eigene Situation zu erhalten. So werden beispielsweise kundenorientierte Messgrößensysteme oder die Prozesskosten-Rechnung eingeführt. Auch die Zertifizierung des Qualitäts-Management-Systems nach DIN EN ISO 9000 ff. trägt durch die Beschreibung und Darstellung wesentlicher betrieblicher Abläufe zur Transparenz im Vertriebsgeschehen bei.

Die Methode des Benchmarking ergänzt die genannten Aktivitäten um die externe Sicht. Die Ausrichtung zum Markt und eine systematische Beobachtung des unternehmerischen Umfeldes stehen im Vordergrund.

Benchmark bedeutet „Bezugspunkt".

Benchmarking ist der Vergleich von Unternehmen und deren Vorgehensweise mit dem Ziel, die Verfahren des jeweils Leistungsstärksten für sich zu nutzen.

Benchmarking wird in der Betriebswirtschaft als Managementinstrument zur Gestaltung des Führungssystems eingesetzt.

Die **Fragestellung** lautet:

Wo stehe ich aus der Sicht des Kunden und im Vergleich zum Wettbewerb ?

POSITIONIERUNG

Wie machen es Andere besser und professioneller ?   LERNEFFEKT

Ziel des Benchmarking ist es, die wirkungsvollsten Methoden der Besten herauszufinden (Best Practice) und für das eigene Unternehmen zu nutzen. Damit ist Benchmarking mehr als der herkömmliche Betriebsvergleich oder eine Wettbewerbsanalyse.

Das Benchmark-Ziel ist erreicht, wenn die Arbeitsweisen der Besten verstanden und an die eigenen Anforderungen angepasst wurden. Die überarbeiteten individuellen Prozesse sind dann im Prinzip optimal. Benchmarking darf jedoch keine einmalige Aktion sein, sondern muss zu einer festen Institution werden. Zum einen setzt der sich weiterentwickelnde Wettbewerber immer wieder neue Benchmarks, zum anderen ergeben sich neue Ideen im Rahmen von ständigen Verbesserungsprojekten.

Somit unterstützt Benchmarking den Aufbau einer lernenden Organisation, in der die permanente Verbesserung fest verankert ist[41].

3.3.1 Arten des Benchmarkings

Basierend auf teilweise sehr unterschiedlichen Kriterien können Benchmarking-Aktivitäten gruppiert werden. Am weitesten verbreitet ist die Unterscheidung, wie sie in Abb. 3.23 dargestellt ist, aber auch andere Unterteilungen wie Prozess- oder Produkt-Benchmarking, Kosten- oder Qualitäts-Benchmarking oder aber Strategisches Benchmarking sind zu finden.

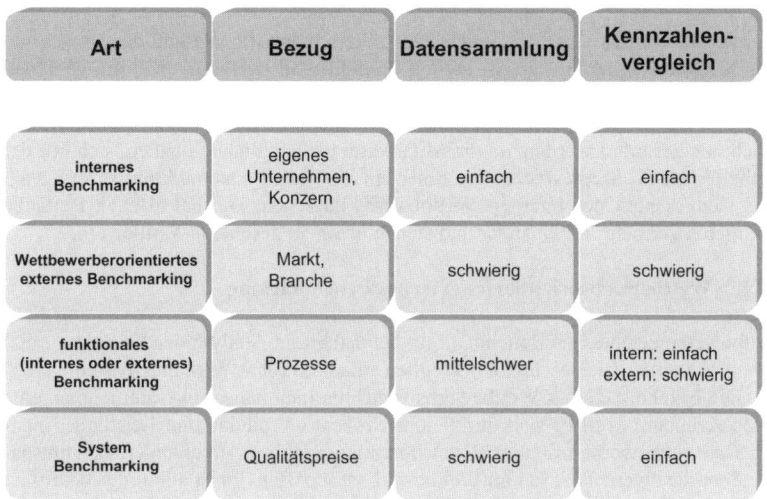

Art	Bezug	Datensammlung	Kennzahlen-vergleich
internes Benchmarking	eigenes Unternehmen, Konzern	einfach	einfach
Wettbewerberorientiertes externes Benchmarking	Markt, Branche	schwierig	schwierig
funktionales (internes oder externes) Benchmarking	Prozesse	mittelschwer	intern: einfach extern: schwierig
System Benchmarking	Qualitätspreise	schwierig	einfach

Abb. 3.23: Klassifizierung von Benchmarkingarten

---

[41] Kamiske, G.F.: Der Weg zur Spitze, München, 2000

Bei der Durchführung eines Benchmarking-Projekts hängt die Exaktheit und damit die Glaubwürdigkeit der ermittelten Ergebnisse sehr stark von der Güte der zur Verfügung stehenden Daten ab. Zum einen müssen die relevanten Daten vom eigenen Unternehmen und vom Vergleichsunternehmen überhaupt verfügbar sein - zum anderen sind die Bezugswerte zur Ermittlung von Kennzahlen eindeutig zu spezifizieren. Im Allgemeinen ist die Datenverfügbarkeit umso besser, je näher man sich am operativen Geschäft befindet. Der Kennzahlenvergleich fällt umso leichter, je globaler oder an Vereinbarungen angelehnt sie sind (Veröffentlichungspflichtige Kennzahlen oder Werte, die im Rahmen von Qualitätspreisen - siehe dazu Kap. 1.4 - nachgefragt werden).

3.3.1.1 Internes Benchmarking

Als Internes Benchmarking bezeichnet man den Vergleich und die Analyse der geschäftlichen Vorgehensweisen, Strukturen und Kennzahlen innerhalb eines Unternehmens bzw. einer Unternehmensgruppe (Vergleich von Konzernunternehmen, von Standorten, Profit- und Cost-Centern, Bereichen, Gruppen und Arbeitsplätzen eines Unternehmens).

Internes Benchmarking ist besonders für größere internationale und dezentral organisierte Unternehmen mit einem breiten Produkt- und Leistungsspektrum geeignet. Aber auch in kleineren Unternehmen wird oft an zwei und mehr Stellen die gleiche Arbeit verrichtet. Über internes Benchmarking kann die Benchmarking-Idee im Unternehmen gefördert werden, da die Mitarbeiter die Möglichkeit haben, sich mit der Methodik des Konzeptes vertraut zu machen. Internes Benchmarking ist aber auch unter dem Aspekt des internen Wettbewerbs zu sehen. Die betroffenen Bereiche diskutieren vermehrt miteinander und stehen in einem gesunden Wettbewerb.

3.3.1.2 Wettbewerbsorientiertes externes Benchmarking

Wettbewerberorientiertes Benchmarking beinhaltet die Analyse der Produkte, Leistungen, Abläufe usw. bei direkten Wettbewerbern und ihre Wirkungen auf die Kunden. Die Ergebnisse eines Wettbewerbs-Benchmarking haben im Unternehmen eine hohe Akzeptanz, weil es sich um gleiche Prozesse, Produkte und Leistungen handelt. Das wettbewerberorientierte Benchmarking erlaubt es unter anderem, Transparenz über die eigene Position im Wettbewerb zu schaffen. Es ist allerdings darauf zu achten, dass bei einer relativ guten Position im Vergleich mit dem Wettbewerb keine Selbstzufriedenheit und Arroganz entstehen.

Angesichts begrenzter Märkte ist Benchmarking eindeutig auf die Verbesserung der eigenen Marktposition und die Zurückdrängung des Wettbewerbs gerichtet. Diese Zielsetzung erschwert natürlich das Benchmarking mit dem Wettbewerb. Kontakte mit Wettbewerbern müssen sehr gründlich abgewogen werden, da niemand Informationen zum eigenen Nachteil herausgeben möchte. Das erschwert die direkte Informationsbeschaffung beim Benchmarking mit dem Wettbewerb und erfordert entsprechende Strategien oder spezifische Benchmarking-Formen. Benchmarking mit Wettbewerbern muss aber nicht unmöglich sein, wenn man themen- und personenabhängig den Wettbewerb zur Mitarbeit motivieren kann, so dass man gegenseitig von dem Austausch profitiert (Win-Win-Situation).

3.3.1.3 Funktionales Benchmarking

Funktionales Benchmarking bedeutet Vergleich und Analyse von Arbeitsabläufen, Prozessen und von Funktionen in Unternehmen und Organisationen, die in keinem Wettbewerbsverhältnis stehen. Diese Art des Benchmarking ist bezüglich der Informations-Beschaffung weniger schwierig, da keine Konkurrenz- oder Vertraulichkeitsprobleme wie bei wettbewerberorientiertem Benchmarking bestehen.

Funktionales Benchmarking bietet die Möglichkeit, zu ganz anderen Lösungen zu kommen, die untypisch für die eigene Branche sind und innovativen Charakter haben. Neben der Möglichkeit, neue qualitative Lösungen zu finden, ist erfahrungsgemäß das Ideenspektrum auch größer. Diesen Vorteilen steht sehr häufig das Argument Vergleichbarkeit entgegen. Nutzt man aber die immer vorhanden Schnittmengen gemeinsamer Merkmale, lassen sich Analogien zum eigenen Unternehmen entwickeln.

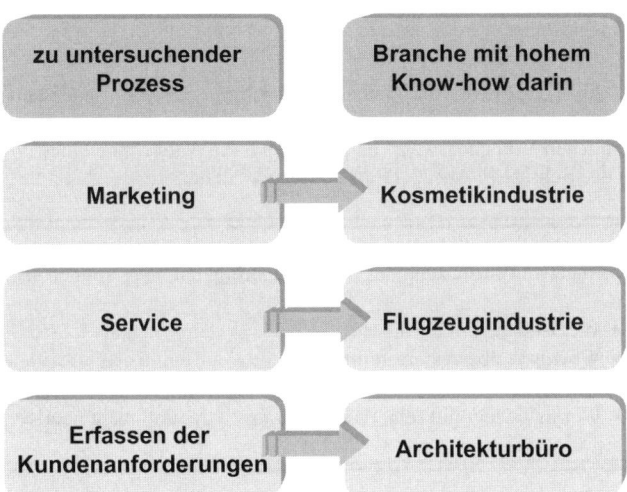

Abb. 3.24: Branchenübergreifender Vergleich beim funktionalen Benchmarking

Je nach zu untersuchendem Sachverhalt wählt man den Partner aus einer Branche, in dem genau diese Anforderungen überlebensnotwendig sind. So kann zum Beispiel ein Unternehmen, das im Bereich der Haushaltsgeräte tätig ist, durchaus Benchmarkpartner aus anderen Branchen finden (siehe Abb. 3.24).

3.3.2 Ablauf und Ergebnis eines Benchmarks

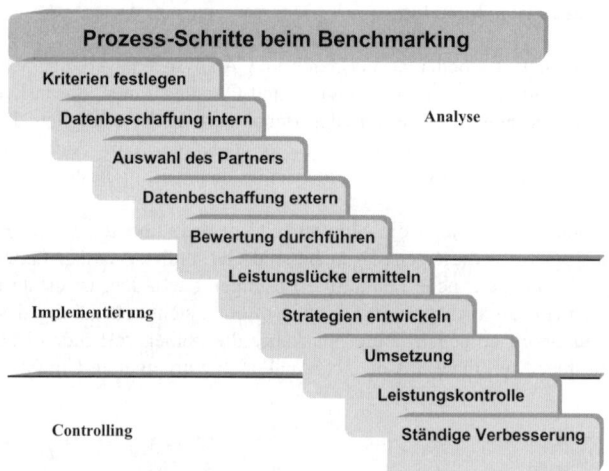

Abb. 3.25: Prozessschritte bei der Durchführung eines Benchmarks

Zur eigentlichen Vorgehensweise empfiehlt sich die Aufstellung eines Projektplans, der nach den Schritte in Abb. 3.25 aufgebaut sein kann.

> Hauptfragen zur Ermittlung des **Benchmarking-Partners** können sein:
>
> - Wer ist darauf spezialisiert?
> - Wo wird es besonders gefordert?
> - Wer ist innovativ?
> - Wer muss sehr gut sein, da er sonst im Extremfall nicht überlebt?

Besonders wichtige Kriterien im Rahmen des Entscheidungsprozesses über geeignete Benchmarking-Partner sind die Bereitschaft und Fähigkeit des potentiellen Vergleichspartners zur Datenbeschaffung und den damit verbunden

Vergleichspartners zur Datenbeschaffung und den damit verbunden Aufwendungen und Bereitstellung eines ausreichenden Zeitfensters für Benchmarking-Kontakte.

In der eigentlichen **Analysephase**
werden insbesondere die folgenden Fragen beantwortet:

- Was machen wir eigentlich, und wie effizient machen wir es?
- Was kennzeichnet unsere Rahmenbedingungen?
- Wie werden wir von internen und externen Kunden gesehen und eingeschätzt?
- Wie werden die internen und externen Anforderungen erfüllt?

Je nach Art des durchgeführten Benchmarks erzielt man unterschiedliche Effekte bezogen auf den Untersuchungsgegenstand. Intern kann man Leistungen messen, extern sind Vergleiche anzustellen und durch ein funktionales Benchmarking lernt man von den Besten. Wo sich der eigene Standort im Vergleich zur best practice befindet, erfährt man durch ein System-Benchmarking in Form eines Self-Assessments (s. Kap. 3.4.3) orientiert am Maßstab der Qualitätspreise. In Abb. 3.26 sind einige der Vor- und Nachteile der unterschiedlichen Arten aufgeführt.

Art	Haupteffekt	Vorteile	Nachteile
internes Benchmarking	messen	gute Datensicherheit, Verbesserung bei hohem Standard	Geringe Datenbasis, Vorurteile, Akzeptanzprobleme
Wettbewerberorientiertes externes Benchmarking	vergleichen	Hohe Akzeptanz, Geschäftsrelevante Informationen	Schwierige Datenerhebung, Beschränkung auf Branche
funktionales (internes oder externes) Benchmarking	lernen	Hohes Ideenpotential Querdenkmöglichkeit	Schwierige Transformation, zeitaufwendig
System Benchmarking	Best practice	Ganzheitliche Standortbestimmung	Aufwendig, Hohe Einstiegshürde

Abb. 3.26: Leistungsmerkmale der unterschiedlichen Benchmark-Arten

Selten zeigen die Resultate einer Benchmarking-Studie, dass man unbestritten der Klassenbeste ist.

Die **Reaktion im Management** und bei den Beteiligten ist fast automatisch :

Leugnen :   Das kann nicht wahr sein, das stimmt so nicht!
Zorn :   War denn bisher alles falsch?
Feilschen :   Ist es denn wirklich so schlimm?
Niedergeschlagenheit : O je, wie fürchterlich!

Wenn diese Phasen überstanden sind, wird sich der einsichtige Manager dazu durchringen, den letzten folgerichtigen Schritt zu machen, nämlich:

Akzeptieren :   Aus der Not eine Tugend machen.

Jetzt können Ziele und Ideen soweit modifiziert und detailliert werden, dass sie im Unternehmen pragmatisch eingeführt werden können.

Nach einer Benchmarking-Anwendung im Unternehmen sollte kein Stillstand eintreten. Erfahrungen aus abgeschlossenen Projekten sollten unbedingt dazu genutzt werden, um neue Benchmarking-Initiativen in anderen Bereichen zu starten. Benchmarking ist ein Teamprozess, die besten Ergebnisse werden, wie auch bei anderen ähnlich gelagerten Aufgaben und Prozessen, in Teams erzielt. Teams ermöglichen Synergieeffekte bezüglich Wissen, Erfahrungen, Fähigkeiten und Kontakten der involvierten Mitarbeiter (s. Kap. 4.1.3).

3.4 Bewertung und Überprüfung

Um eine Erfolgskontrolle durchführen zu können, müssen die vereinbarten Ziele sowie die wichtigen Kennzahlen des Unternehmens kontinuierlich und möglichst zeitnah einer Bewertung unterzogen werden. Ebenfalls müssen einmal festgelegte Zielvereinbarungen stets daraufhin überprüft werden, ob die Rahmenbedingungen noch stimmen oder ob eventuell die Ziele sich verändernden Anforderungen angepasst werden müssen.

3.4.1 Bewertung des Qualitätsmanagement-Systems (Management-Review)

Nicht nur weil es in den ISO-Normen gefordert wird, sondern vor allem aus eigener Einsicht hat die Unternehmensleitung die Pflicht, sich in regelmäßigen Abständen - mindestens einmal jährlich - von der Wirksamkeit des QM-Systems zu überzeugen. Dazu leitet sie aus Abweichungen Handlungsbedarf ab, veranlasst die Verbesserungen und stellt dafür die notwendigen Ressourcen zur Verfügung. Der QM-Beauftragte bereitet im Allgemeinen die Bewertung für die Unternehmensleitung vor, überwacht und dokumentiert das Abarbeiten notwendiger Korrekturmaßnahmen.

Die zur Bewertung der Wirksamkeit des QM-Systems heranzuziehenden Daten müssen geeignet sein, die Qualitätsfähigkeit des Unternehmens zu messen. Die Form, in der diese Daten zusammengefasst und vorgetragen werden, muss einfach, übersichtlich und quantitativ aussagefähig sein und ist über einen längeren Zeitraum beizubehalten. Anderenfalls ist eine Vergleichbarkeit des Zustandes vor und nach der Einführung von korrigierenden Maßnahmen nicht gewährleistet.

In Wahrnehmung seiner Verantwortung für die Pflege und fortlaufende Verbesserung des QM-Systems leitet der QM-Beauftragte auch qualitative Beurteilungen des QM-Systems z. B. aus internen Qualitätsaudits ab. Zusammen mit Vorschlägen zu entsprechenden Verbesserungsmaßnahmen sind sie Teil seiner Präsentation vor der Unternehmensleitung. Zum Aufbau eines solchen Berichts siehe die Checkliste in Abb. 3.27. Defizite zwischen Zielsetzung und Zielerreichung werden auf ihre Ursachen hin untersucht und ggf. Korrekturmaßnahmen, Problemlösungsverfahren oder Verbesserungsprojekte eingeleitet.

Bei der Abwicklung muss gewährleistet sein, dass die Daten eine quantitative Beurteilung der Qualitätsfähigkeit des Unternehmens ermöglichen und festgestellte Abweichungen vom Sollzustand bzw. Zielverfehlungen zu korrigierenden Maßnahmen führen. Diese korrigierenden Maßnahmen müssen detailliert geplant und von der Unternehmensleitung genehmigt werden. Anschließend werden Aktionspläne erstellt und umgesetzt, die durch ein Projektcontrolling überwacht werden.

Teilbereich	mögliche Inhalte
Allgemeine Übersicht :	Erreichte Meilensteine, z. B. Zertifikate, Kundenaudits, abgeschlossene Schulungen, eingeführte Methoden (SPC, FMEA ...)
Besondere Probleme :	z. B. große Reklamationen, Rückrufaktionen, Lieferantenausfall, interne Produktionseinbrüche
Quantitative Daten und Kennzahlen :	interne Nacharbeit, externe Reklamationen, Einhaltung von Lieferfristen, Durchlaufzeiten, Fehlerraten in den Prozessstufen, Prozessfähigkeiten, Lieferantenbewertungen, Anzahl der Unfälle Anzahl der Verbesserungsvorschläge Abwesenheitsrate sowie weitere qualitätsbezogene Kosten (s. Kap. 3.2.)
Qualitative Bewertungen :	Auditberichte/ -bewertungen (s. Kap. 2.5) Reklamationsauswertungen Vergleich der Zielvereinbarungen (Soll-Ist) Ergebnisse von Schwachstellenanalysen Ergebnisse der Kundenzufriedenheitsanalysen Ergebnisse der Mitarbeiterzufriedenheitsanalysen Wirksamkeit der eingeleiteten Korrekturmaßnahmen Stand der KVP-Projekte Stand der Problemlösungsverfahren
Verbesserungspotential :	Statusbericht zu früheren Korrekturmaßnahmen und weitere Vorschläge für die zukünftige Entwicklung

Abb. 3.27: Checkliste zu Inhalten des Management-Reviews

3.4.2 Überprüfung von Politik und Strategie

Um einen geschlossenen Regelkreis zu erhalten, gilt es schließlich, den gesamten Prozess von Politik und Strategie – von der Ausgangssituation über Ziele bis zur Umsetzung – regelmäßig zu überprüfen.

3.4.2.1 Aufbau eines Informationssystems

Die wichtigste Anforderung an ein Informationssystem ist die Sicherstellung eines zeitnahen Informationsflusses. Nur hierdurch erhält das Unternehmen die Möglichkeit, frühzeitig einzugreifen, sobald sich Änderungen abzeichnen. Dies bedeutet auch, dass neben reinen Ergebniskennzahlen, die lediglich eine vergangenheitsbezogene Sicht („Rückspiegel") vermitteln, auch eine Reihe von Frühwarnsystemen benötigt werden, die rechtzeitig anzeigen, wenn etwas „aus dem Ruder zu laufen" droht.

3.4.2.2 Bewertung von Politik und Strategie

Durchdringung

Die Strategie eines Unternehmens wird von der Unternehmensleitung festgelegt und innerhalb des Unternehmens in alle Ebenen heruntergebrochen. Durch die Operationalisierung der Ziele von Politik und Strategie in den einzelnen Bereichen finden sich diese in den Prozessen aller Ebenen wieder. Zur Bewertung von Politik und Strategie gehört auch die Überprüfung, wie tief diese in das Unternehmen eingedrungen sind. So sollten sich idealerweise in den Zielen der Arbeitsprozesse für die Mitarbeiter Aspekte der strategischen Unternehmensziele wiederfinden.

Aspekte von Politik und Strategie müssen sich aber nicht direkt in allen Prozesszielen des Unternehmens wiederfinden. So kann es durchaus ausreichen, die Schlüsselprozesse für die Umsetzung der Politik und Strategie zu kennzeichnen und hier auf eine durchgängige Durchdringung zu achten.

Die **Unternehmenskennzahlen** müssen Aussagen erlauben zu :

- Stärken und Schwächen,
- Chancen und Risiken,
- Verstehen, Akzeptanz und Umsetzung von Politik und Strategie.

Ein pragmatischer Ansatz stellt die Beschränkung der Unternehmenskennzahlen auf 10 bis 15 dar. Für jede Kennzahl wird ein „Champion" oder „Pate" benannt. Die Kennzahlen werden in kurzen Intervallen verfolgt, wobei die Länge der Intervalle von Kennzahl zu Kennzahl durchaus variieren kann. Die Verfolgung erfolgt zeitnah - also innerhalb weniger Tage. Eine Visualisierung in Form entsprechender Diagramme ermöglicht die Erfassung der aktuellen Situation und eventueller Trends „auf einen Blick".

Eine wichtige Rolle spielt auch die Wahl der Bewertungsmethode und -philosophie, da diese ebenfalls einen großen Einfluss auf die Arbeitsergebnisse und der weiteren Aktivitäten haben. So kann es unternehmensspezifische Unterschiede in der Prioritätenbildung geben. Beispielsweise kann ein technisch gesehen guter Prozess, der jedoch nur unbefriedigende betriebswirtschaftliche Ergebnisse liefert, aus der Prozessperspektive insgesamt als „gut" eingestuft werden, aus der Ertragsperspektive ist er als „schlecht" zu betrachten.

Anpassungsfähigkeit

Da sich Politik und Strategie eines Unternehmens immer auf einen längeren Zeitraum beziehen, ist auch die Bewertung des Informationssystems von großer Bedeutung. Da sich im Lauf der Zeit immer neue Randbedingungen ergeben, kann als mögliche Kenngröße die Reaktionszeit der einzelnen Prozesse auf diese Veränderungen gemessen werden. Hierzu ist die Verschmelzung von qualitativer und quantitativer Information notwendig, da es nicht ausreicht, sich auf rein finanzielle Kennzahlen zu stützen.

Möchte ein Unternehmen immer höchste Kundenzufriedenheit erreichen, so muss es auch in kürzester Zeit auf veränderte Kundenwünsche reagieren können. Geschieht dies erst, nach dem festgestellt wird, dass die Verkaufszahlen zurückgehen, ist ein schnelles Handeln meist nicht mehr möglich. Dies weist auf die Verwendung falscher Kenngrößen hin. Das Unternehmen muss mittels anderer Informationsquellen zu einem früheren Zeitpunkt auf die veränderten Randbedingungen reagieren. Optimiert ein Unternehmen durch Veränderungen in Politik und Strategie die eigenen Prozesse, so ist dies erst nach einiger Zeit in messbaren Produkt- oder Dienstleistungsverbesserungen spürbar.

Bestätigung des Bewertungs- und Überprüfungsprozesses

Genauso wie die Unternehmenspolitik und -strategie regelmäßig auf den Prüfstein gelegt werden, ist auch der Prozess der Bewertung und Überprüfung selbst immer wieder auf seine Relevanz und Signifikanz hin zu überprüfen und zu bestätigen (oder ggf. auch zu überarbeiten). Hierfür gelten – wenn auch in größeren Abständen – die gleichen Kriterien wie für die einzelnen Messgrößen, wobei sich die größeren Abstände naturgemäß daraus ergeben, dass sich Trends erst aus einer hinreichenden Anzahl von Messpunkten ableiten lassen.

Das Verfahren der Bewertung muss von der Führung akzeptiert werden, auch wenn es unerfreuliche Ergebnisse zu Tage fördert. Um diese Akzeptanz immer wieder zu bestärken, sollte der Führungskreis sich regelmäßig mit den gewählten Kenngrößen auseinander setzen. Unverständliche oder widersprüchliche Ergebnisse erfordern zusätzliche Untersuchungen und werfen die Frage nach der Vollständigkeit und Kompatibilität der Bewertungsfaktoren auf. Regelmäßig ist zu hinterfragen, ob die gewählten Beobachtungsgrößen auch die Leistungsfähigkeit bezüglich der angestrebten Ziele beschreiben können.

3.4.2.3 Lernen und Weiterentwicklung von Politik und Strategie

„Lernende Organisationen" zeichnen sich vor allem dadurch aus, dass sie auch die Voraussetzungen, auf denen ihre Planungen beruhen, in regelmäßigen Abständen auf deren Relevanz und Aktualität hinterfragen.

Anlässe zur **Weiterentwicklung** von Politik und Strategie ergeben sich auch aus:

- Veränderungen von Kundenwünschen und -erwartungen,
- neuen Wettbewerbsbedingungen bzw. „Best-Practice" in anderen Unternehmen / Organisationen,
- der Einführung neuer Technologien sowie
- zwischenzeitlich geänderten gesellschaftlichen Rahmenbedingungen.

Eine Organisation muss sich flexibel den veränderten Aufgabenstellungen und Randbedingungen anpassen und lernen, sich so zu verändern, dass sie wettbewerbsfähig bleibt. Dazu gehört auch das „Vorausahnen" kommender Trends, um nicht nur auf Veränderungen reagieren zu müssen, sondern über Frühwarnsysteme mögliche Veränderungen zu definieren und Anpassungsstrategien zu entwickeln.

Voraussetzungen zur Gestaltung **lernender Organisationen** können sein:

- Förderung der Autonomie
- Flexibilität
- Prozessorientierung
- Offenheit
- Selbstorganisation
- Nutzen von Intelligenz und Kreativität
- vernetztes Denken

Die erfolgreichen Unternehmen der Zukunft werden sich auch durch ihre „Soziale Qualität" vom Wettbewerb abheben. Deshalb wird empfohlen, sich bei der Entwicklung von Politik und Strategie diesen „weichen Faktoren" besonders zu widmen. Politik und Strategie ausgewogen zu definieren, bedeutet einen wichtigen men. Politik und Strategie ausgewogen zu definieren, bedeutet einen wichtigen Erkenntnisprozess. Stärken und Schwächen, Chancen und Risiken werden erkannt. Die Bedeutung der Felder Kunde, Prozess und Mitarbeiter steigt. Wer aus diesem Entwicklungsprozess den Übergang in eine lernende Organisation schafft, verbessert langfristig die Sicherheit des Unternehmens.

3.4.3 Self-Assessment

Die regelmäßige Überprüfung des Qualitätsmanagementsystems durch interne und externe Audits oder durch eine Zertifizierung richtet sich in erster Linie auf die Sicherung des erreichten Qualitätsniveaus und legt Standards zugrunde wie die Norm ISO 9000:2000.

Schwerpunkt der Betrachtung sind dabei die Übereinstimmung mit den in Normen festgelegten Referenzen. Heutzutage ist das aber zu wenig, um sich im Markt gegenüber dem Wettbewerber positionieren zu können, die Unternehmensergebnisse zu verbessern und die Kundenzufriedenheit wesentlich zu steigern.

Deshalb muss die Bewertung auf das Gesamtunternehmen erweitert werden, indem die Unternehmensziele als Messgröße definiert und mögliche Verbesserungspotenziale ermittelt werden.

Im Rahmen der Qualitätspreise hat sich eine weitere Art der Bewertung etabliert, das Self-Assessment (Selbstbewertung), eine Unternehmensbewertung auf Basis eines Referenzmodells, wie beispielsweise das EFQM-Modell. Dabei handelt es sich um ein Analyseinstrument, mit dessen Hilfe alle Bereiche der Organisation regelmäßig und systematisch untersucht werden[42].

Anhand eines auf das spezielle Unternehmen angepassten Fragenkatalogs kann durch ein Self-Assessment überprüft werden:

- welche Methoden zum Einsatz kommen und ob diese allen bekannt sind
- inwieweit das Unternehmen effektiv und ohne Verschwendungen arbeitet
- ob ausreichend Präventionsmaßnahmen eingesetzt werden
- inwieweit Verbesserungsmaßnahmen umgesetzt sind
- ob die nachgewiesenen Ergebnisse den Zielsetzungen entsprechen
- wie das Unternehmen im Vergleich zum Wettbewerb dasteht

---

[42] Conti, T.: Self-Assessment : ein Werkzeug zur Verbesserung der Wettbewerbsfähigkeit, München, 1999.

Ausgangspunkt einer Selbstbewertung, deren grundsätzlicher Ablauf in Abb. 3.27 skizziert ist, stellt der TQM-Gedanke dar, der sich nicht nur in der Führungsebene, sondern auch in den nachfolgenden Bereichen bereits etabliert haben muss. Die Unternehmensleitung muss für eine offene Atmosphäre sorgen und selbst Kritik gegenüber aufgeschlossen sein. Nach der Einplanung mit Festlegung der Ziele sind die Mitarbeiter in der Methodik der Selbstbewertung zu schulen, bevor die eigentliche Aktion stattfinden kann. Hierbei soll jeder Mitarbeiter angesprochen und einbezogen werden, so wie auch bei der Information über die Ergebnisse und bei der Mitarbeit an den nachfolgenden Verbesserungsprojekten.

Die Selbstbewertung besteht aus einer Vielzahl von Messungen, Umfragen und Analysen, die sich auf die Funktionsweise der Aufbau- und Ablauforganisation, der kritischen Prozesse im Unternehmen sowie auf die Ergebnissituation beziehen.

Als Ergebnis entsteht ein Überblick über Stärken und Schwächen des Unternehmens, nach Prioritäten geordnet und in Bezug zu den Zielwerten gesetzt. Daraus können Verbesserungsmaßnahmen entwickelt werden, die entsprechend umgesetzt werden müssen. Wichtig ist ein begleitendes Controlling, um permanent den Stand der Aktivitäten zu erkennen und gegebenenfalls korrigierend eingreifen zu können. Sind die wesentlichen Schritte durchgeführt, kann man erneut einen Selbstbewertungszyklus starten.

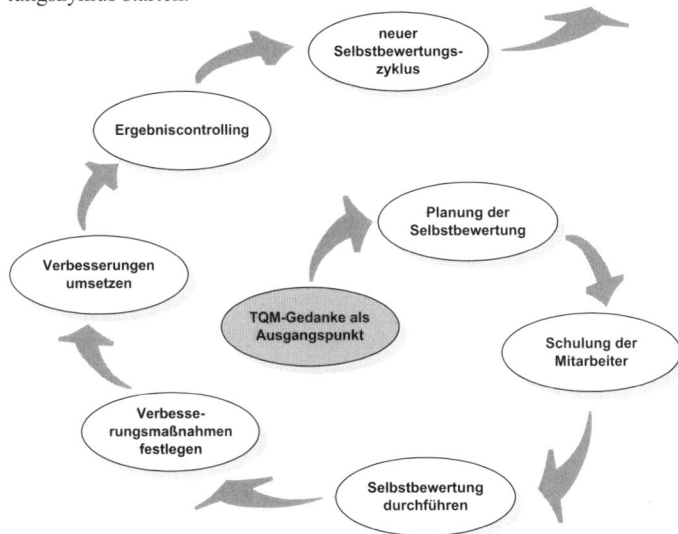

Abb. 3.28: Der Selbstbewertungsprozess als kontinuierliche Weiterentwicklung

Damit ist das Self-Assessment ein Baustein innerhalb des kontinuierlichen Verbesserungsprozesses (siehe Kap. 4.1.4.4) und ist in den Planungszyklus des Unternehmens eingebettet. Erkannte Stärken und Schwächen mit hoher Relevanz zur Unternehmensstrategie fließen unmittelbar in den Strategieplanungsprozess ein.

Vorteile einer Selbstbewertung können sein[43]

- breite Basis durch Mitarbeitereinbezug
- Nutzen von Erfahrung und Kreativität der Mitarbeiter
- reproduzierbare Ergebnisse durch Checklisteneinsatz
- erkennen von Verbesserungspotentialen und deren direkte Umsetzung
- Möglichkeit der Vergleichbarkeit mit anderen Unternehmen (s. Kap. 3.3 Benchmarking)
- Weiterentwicklung der Unternehmensstrategie
- Vorbereitung auf die Teilnahme an Qualitätswettbewerben

---

[43] Siehe auch Kamiske, G.F.: Der Weg zur Spitze, 2000

3.5 Fragenkatalog

1. Worin besteht die Verantwortung der Unternehmensführung und welche Aufgaben hat sie?

2. Stellen Sie einige Führungsgrundsätze zusammen und erarbeiten Sie beispielhaft einige „typische" Aufgaben der Führungsebene speziell zur Erhaltung und Verbesserung des Qualitätsniveau.

3. Warum ist die Vorgabe von Qualitäts-Zielen erforderlich? Was sollte bei der Formulierung von Qualitätszielen auf jeden Fall beachtet werden?

4. Erörtern Sie kritisch die Funktionen von Zielvorgaben.

5. Schildern Sie Aufgaben, Möglichkeiten und Grenzen eines Qualitäts-Management-Beauftragten. Sollte in jedem Fall ein Beauftragter eingesetzt werden?

6. Wie sieht Ihrer Meinung nach eine gute Qualitätspolitik aus?

7. Wann hat sich ein Qualitäts-Management-System bewährt? Stellen Sie die wesentlichen Schritte eines „Management-Review-Prozesses" des QM-Systems zusammen.

8. Schildern Sie, warum eine qualitätsbezogene Kostenanalyse erforderlich sein kann und worauf sich diese hauptsächlich beziehen sollte. Welche Informationen sollte eine Qualitätskostenanalyse liefern? Woraus können sich Qualitätskosten zusammensetzen?

9. Versuchen Sie eine begriffliche Abgrenzung qualitätsbezogener Kosten. Worin besteht die Schwierigkeit, diese Kosten eindeutig abzugrenzen?

10. Was sollte ein Qualitätskosten-Bericht enthalten und wie sollte er aufgebaut sein?

11. Wo sehen Sie die Grenzen für eine qualitätsbezogene Kostenerfassung und -analyse? Diskutieren Sie Kosten und Nutzen.

12. Diskutieren Sie kritisch die Einsatzmöglichkeiten von Benchmarking in Bezug auf die Aufgaben des Qualitätsmanagements.

13. Worum geht es beim Qualitätscontrolling? Versuchen Sie eine Abgrenzung von Qualitätscontrolling und Qualitätsmanagement

4. Ressourcenmanagement

In der ISO 9000:2000 sind unter der Überschrift „Management von Ressourcen" (siehe Abb. 2.6) Forderungen zusammengefasst, die sich mit der Bereitstellung notwendiger Ressourcen zur Aufrechterhaltung und Verbesserung des QM-Systems beschäftigen. Aus der Betriebswirtschaftslehre sind dazu die Begriffe der Einsatzfaktoren und Systemelemente relevant. In Abb. 4.1 sind die hier interessierenden Zusammenhänge dargestellt. Die Finanzierungsaspekte und die fremdbezogenen Dienste sind der Übersichtlichkeit wegen nicht aufgeführt. Ressourcenbereitstellung bedeutet demnach, sich zu kümmern um Menschen, Informationen und Infrastruktur.

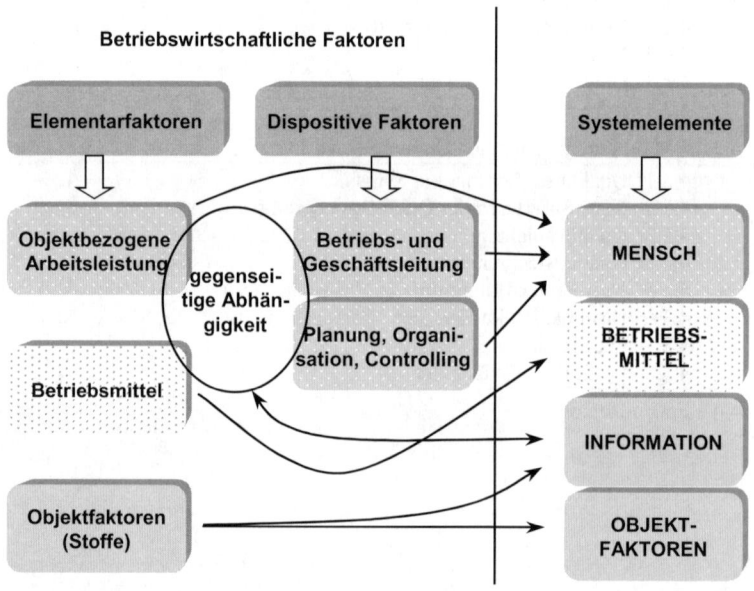

Abb. 4.1: Die Bedeutung der Ressourcen in der systemtheoretischen Betrachtung[44]

---

[44] Angelehnt an Grass, B.: Einführung in die Betriebswirtschaftslehre, Herne, 2003

4.1 Bedeutung der Mitarbeiter für das qualitätsfähige Unternehmen

Die technischen und organisatorischen Verbesserungspotentiale sind in den Unternehmen bisher stärker erschlossen worden als das Humanpotential. Da der Mensch aber als Schlüsselfigur in Form des Unternehmers, der Führungskraft, des Mitarbeiters, aber auch als Konsument agiert, erscheint die Förderung des Humanpotentials zur Steigerung der Unternehmensqualität durchaus vielversprechend.

Dabei spielt Motivation als Managementfaktor zunehmend eine wichtige Rolle.

Motivieren bedeutet, sich selbst oder einen anderen anzuregen, etwas Bestimmtes zu tun. Man wirkt auf jemanden ein, um ihn zu etwas zu bewegen, ihn für eine Sache zu gewinnen, gewünschte Verhaltensweisen zu fördern oder unerwünschte zu vermeiden.

Formen der äußeren Motivation wie Gehaltserhöhungen oder Urlaubsanspruch verlieren zunehmend an Bedeutung gegenüber dem Einsatz nach innen gerichteter Motivationsfaktoren wie Arbeitszufriedenheit, Anerkennung, Verantwortung, Leistung, Erfolg. Diese innere Motivation wird erhöht, wenn die Arbeit des Mitarbeiters anspruchsvoller und abwechslungsreicher gestaltet ist und ihm die Möglichkeit gegeben wird, eigene Entscheidungen zu treffen.

Frederik Herzberg hat 1959[45] eine Theorie entwickelt, die aufgrund empirischer Studien zwischen zwei verschiedenen Arten von Einflussfaktoren auf die Motivation unterscheidet: Motivatoren (satisfiers) und Hygienefaktoren (dissatisfiers). In Abb. 4.2 ist der Zusammenhang exemplarisch dargestellt. Danach können Hygienefaktoren Unzufriedenheit beseitigen, um danach die Motivatoren sinnvoll einsetzen zu können und die Mitarbeiter zur Steigerung ihrer Leistung zu führen.

Neben dieser und der Theorie von Maslow[46], der in Form einer Bedürfnispyramide (s. Abb. 4.3) versuchte, eine hierarchische Stufung nacheinander zu befriedigender Bedürfnisse zur Erklärung menschlichen Verhaltens heranzuziehen, gibt es nur wenige modernere Erklärungsansätze für die Wirkung von Motivation. Die steigende Beachtung menschlicher Bedürfnisse zeigt sich in der Einführung von Gruppenarbeit (s. Kap. 4.1.3.3), der Flexibilisierung der Arbeitsabläufe und in dem Trend zur Selbstorganisation. Auf diesen Gebieten muss die Unternehmensführung auf jeden Fall durch Schaffung eines geeigneten Umfelds und durch Aus- und Weiterbildung die Mitarbeiter für jetzige und zukünftige Anforderungen fit machen.

---

[45] Herzberg, F.: One or more time: How do you motivate employees? Harvard Business Review, 09/10 1987.
[46] Maslow, A.H.: Motivation und Persönlichkeit, Reinbeck, 1987.

Zufriedenheit   Nicht-Zufriedenheit   Unzufriedenheit

Nicht-Unzufriedenheit

Motivatoren

➤Selbstbestätigung

➤Anerkennung

➤Arbeitsinhalt

➤Verantwortung

➤Aufstiegsmöglichkeit

➤„job enrichment"

Hygienefaktoren

➤Bezahlung

➤Beziehungen

➤Status

➤Führungskultur

➤Arbeitsbedingungen

➤Firmenimage

Abb. 4.2: Beispielhafte Faktoren nach Herzberg[47]

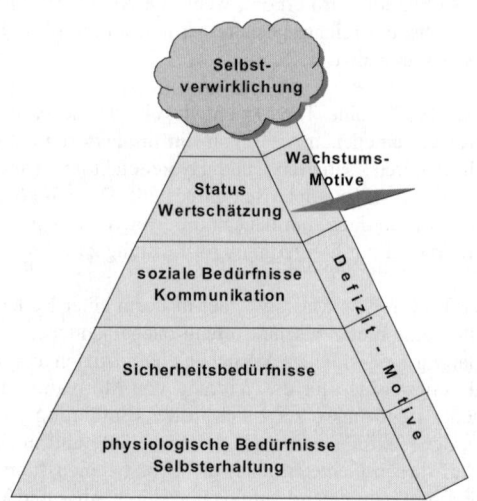

Abb. 4.3: Bedürfnispyramide nach Maslow

---

[47] Angelehnt an Grass, B.: Einführung in die Betriebswirtschaftslehre, Herne, 2003

Um die Umfeldfaktoren so zu gestalten, dass dieses Ziel erreicht wird, stehen den Führungskräften verschiedene Handlungsmöglichkeiten, wie beispielhaft in Abb. 4.4 dargestellt, zur Verfügung.

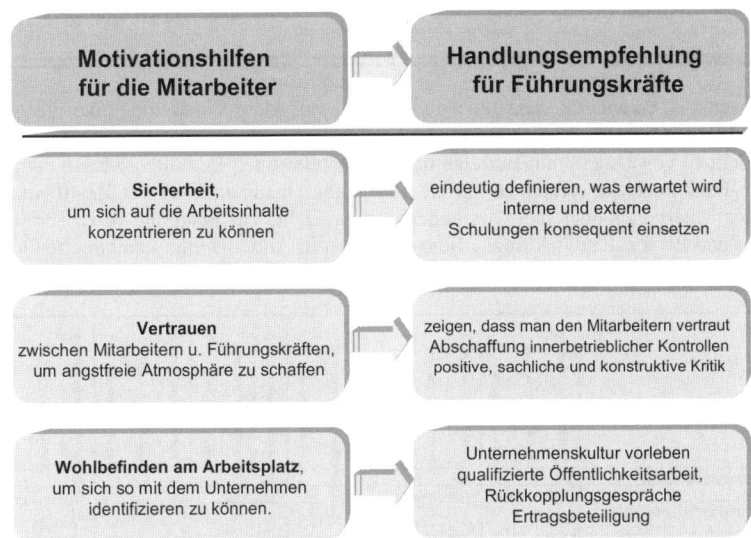

Abb. 4.4: Ableitung von Handlungsempfehlungen zur Motivationssteigerung

Gelingt es den Führungskräften nicht, diese Bedingungen zu schaffen, in denen jeder einzelne Mitarbeiter sich entfalten kann, fließt die dem Unternehmen nicht zur Verfügung gestellte Leistung dann im Regelfall in die Freizeit der Mitarbeiter. Die Führungskräfte müssen deshalb lernen, Ziele zu setzen anstatt die Mitarbeiter zu bevormunden und sie sollten alle am Erfolg teilhaben lassen, so dass jeder stolz auf seine Leistung sein kann.

4.1.1 Qualifikationsanforderungen

Das Leistungsverhalten eines Mitarbeiters hängt neben seiner Leistungsfähigkeit (Können) auch direkt von seiner Leistungsbereitschaft (Wollen) ab. Um die Leistung von Mitarbeitern zu steigern, müssen sowohl Leistungsbereitschaft als auch Leistungsfähigkeit, die sich gegenseitig beeinflussen, konsequent erhöht werden. Stellen sich dagegen Misserfolgserlebnisse ein, so sinkt die Motivation.

Die **Qualifikation** eines Mitarbeiters schließt ein:

- Aneignen fachlicher und überfachlicher Kompetenz (Qualifizierung)

- Kenntnisse, Fertigkeiten und Fähigkeiten zur Aufgabenbewältigung

---

Zunächst ist es wichtig, dass für jede Funktion eine klare Vorstellung über die Anforderungen festgelegt wird. Durch die Strukturierung der Aufgaben sowie die Einbeziehung von Unternehmenszielen und erfolgsrelevanten Verhaltensweisen eignen sich Funktionsbeschreibungen als unterstützende Dokumente bei der Einarbeitung neuer Mitarbeiter über die Mitarbeiterbeurteilung bis zur Schulungsbedarfsermittlung und Personalentwicklung[48]. Beispielhaft ist in Abb. 4.5 eine kombinierte Qualifikations- / Schulungsbedarfsmatrix dargestellt.

Funktionsbezeichnung	GF Funktionsanforderung	GF Qualifizierungsprofil	GF Schulungsbedarf	BL Funktionsanforderung	BL Qualifizierungsprofil	BL Schulungsbedarf	SFK Funktionsanforderung	SFK Qualifizierungsprofil	SFK Schulungsbedarf	MB Funktionsanforderung	MB Qualifizierungsprofil	MB Schulungsbedarf	AM Funktionsanforderung	AM Qualifizierungsprofil	AM Schulungsbedarf	VL Funktionsanforderung	VL Qualifizierungsprofil	VL Schulungsbedarf
Name	Geschäftsführer			Betriebsleiter			Sicherheitsing.			Mgmtbeauftr.			Bereichsmeister			Vertriebsleiter		
Qualifizierungsthema:																		
TQM-Lehrgang	S		O	S		X	S		X	S		A	S		X	S		O
Projektmanagement	S		X	S		A	S		X	S		X			S	S		A
Mitarbeiterführung	S		O	S		A	S		O	S		O	S		X	S		O
Präsentation und Moderation	S		X	S		O	S		X	S		X	S		X	S		X
Rhetorik	S		O			S	S		X			S	S		O			
Englisch	S		A	S		X	S		X	S		A	S		O	S		A
PPS-System	S		X	S		A	S		X	S		X	S		X	S		A
UVV-Training							S		A				S		X			
moderne Fertigungsmethoden				S		A	S		X	S		X	S		X			
Betriebsverfassungsgesetz	S		A															
Vertragsrecht	S		X													S		A
Kalkulation				S		O							S		X			
Umweltschutzvorschriften							S		A	S		A				S		X

⇧ S=Soll   ⇧ I=Ist

X = Schulungsbedarf   :Ist stimmt nicht mit Soll überein
A = Aufbauqualifizierung :Kenntnisse vorhanden, müssen erweitert werden
O = kein Schulungsbedarf :Die derzeitigen Kenntnisse reichen aus

Abb. 4.5: Beispiel für eine Qualifikationsmatrix, genutzt zur Ermittlung des Schulungsbedarfs

---

[48] Siehe auch Meier, H.: Unternehmensführung, Herne, 2002

4.1.2 Aus- und Weiterbildung zur Personalentwicklung

Die Grundvoraussetzungen für erfolgreiche Mitarbeiter sind ausreichende Ausbildung und Erfahrung. Die fachspezifischen Kriterien sind vom Arbeitsgebiet und den gesetzlichen Anforderungen abhängig. Die betriebsspezifische Weiterbildung ist abhängig von den Voraussetzungen, die das Personal für das Aufgabengebiet mitbringt (siehe Abb. 4.5). Innerhalb des Unternehmens sind die Aktivitäten zur Organisationsentwicklung, Personalentwicklung und Weiterbildung aufeinander abzustimmen. Die Mitarbeiter verpflichten sich, an Maßnahmen zur beruflichen Weiterbildung teilzunehmen. Das Unternehmen bietet geeignete betriebsinterne Schulungen und den Besuch externer Seminare an. Dadurch wird die Mitarbeitermotivation gestärkt und die Unternehmenskultur weiterentwickelt.

Ausbildung beschreibt die Grundqualifizierung.

Weiterbildung zielt auf:

- die Optimierung und Verbesserung von Prozessen
- Auffrischen und Beibehalten des bereits Gelernten
- Anpassen an neue Entwicklungen

Die Ermittlung des Schulungsbedarf sollte mindestens einmal jährlich durch einen Abgleich der Funktionsanforderungs- und Qualifikationsmatrix erfolgen und ergänzt werden um aktuelle Themen. Anschließend kann ein Jahresschulungsplan aufgestellt werden. Zu den Schulungsmaßnahmen sollen auch Maßnahmen zählen, die der Bewusstseinsbildung in Bezug auf die Bedeutung, die Anforderungen und die Vorteile des QM-Systems dienen.

Wichtig ist eine Erfolgskontrolle durchgeführter Schulungsmaßnahmen. Zum einen sollen die Teilnehmer die Schulungsinhalte und den äußeren Rahmen beurteilen, um bei der weiteren Planung unzureichende Angebote zu eliminieren bzw. gute Angebote weiteren Mitarbeitern anzubieten. Zum anderen soll die Wirksamkeit der bisher durchgeführten Schulungsmaßnahmen vom Vorgesetzten beurteilt werden. Zur Erfolgskontrolle bietet sich der Einsatz eines Formblatts, ähnlich Abb. 4.6, an.

Beurteilung der Schulung durch den Teilnehmer:					
	sehr gut ☺☺	gut ☺	mittel ☺	weniger gut ⊗	schlecht ⊗⊗
Inhalt					
Praxisbezug					
Unterlagen					
Vortragende(r)					

Unterschrift/Zeichen Teilnehmer: Datum:

vom Teilnehmer auszufüllen

Beurteilung des Schulungserfolges durch den Vorgesetzten:

Wurde das angestrebte Ziel erreicht?   ☐ja ☐nein
Begründung:

Ist weiterer Schulungsbedarf vorhanden?   ☐ja ☐nein
Begründung:

Unterschrift/Zeichen Vorgesetzter: Datum:

vom Vorgesetzten auszufüllen

Verbesserungsvorschläge, sonstige Anregungen:

Abb. 4.6: Beurteilung einer Schulungsmaßnahme und deren Erfolgs

4.1.3 Mitarbeiterintegration

Im Rahmen der Führungsaufgaben spielt die Integration der Mitarbeiter bei der Optimierung von Prozessen sowie Organisations- und Kommunikationsstrukturen eine bedeutende Rolle. Die Delegation von Aufgaben und Verantwortung muss inklusive der dazugehörigen Kompetenzen erfolgen. Erst dann steigt das Interesse an der zu erfüllenden Tätigkeit und damit das Qualitätsniveau.

4.1.3.1 Einarbeitungsprogramme

Die Unternehmen müssen ihr Personal so auswählen und einsetzen, dass die nötige Kompetenz auf der Grundlage einer entsprechenden Ausbildung und Schulung sowie aufgrund von Fertigkeiten und Erfahrungen gewährleistet ist. Deshalb sind Mitarbeiter, die neu in das Unternehmen eintreten, in internen Unterweisungen und Schulungen für ihre Aufgaben planmäßig und systematisch vorzubereiten. Dieser Eingliederungsvorgang kann durch Checklisten wie in Abb. 4.7 unterstützt werden.

Einweisungsplan

Name des Mitarbeiters: Abteilung: Ansprechpartner:

Themen:

Allgemeines	
Betriebsrundgang (Produktion, Verwaltung, Werkstätten, Kantine etc.)	
Dauer: 1,5 Stunden	durchgeführt von:
Datum:	Zeichen MA:
Betriebsorganisation	
Dauer:	durchgeführt von:
Datum:	Zeichen MA:

.... usw.

Arbeitsplatz	
Vorstellung in der Abteilung	
Dauer: 1 Stunde	durchgeführt von:
Datum:	Zeichen MA:

.... usw.

Qualitätsmanagement	
Einführung in das Qualitätsmanagementsystem	
Dauer: 1 Stunde	durchgeführt von: QM-Beauftragten
Datum:	Zeichen MA:

Unfallverhütungs- und Arbeitssicherheitsmaßnahmen	
Betriebsanweisung und persönliche Vorsichtsmaßnahmen	
Dauer:	durchgeführt von:
Datum:	Zeichen MA:
Verhalten im Notfall	
Dauer:	durchgeführt von:
Datum:	Zeichen MA:

.... usw.

Abb. 4.7: Checkliste zur Einarbeitung neuer Mitarbeiter

4.1.3.2 Selbstprüfung

Ein wesentlicher Aspekt für die Motivation ist das Prinzip der Selbstprüfung und der damit verbundene Verantwortungszuwachs. Die Mitarbeiter beeinflussen präventiv maßgeblich den Qualitätssicherungsprozess, wobei das Maß an Verantwortung jedes Einzelnen bis zum Abbruch des Prozesses reichen kann. Durch Selbstprüfung wird sowohl das Bestreben nach Null-Fehler-Prozessen unterstützt als auch die Zeitspanne zwischen dem Auftreten von Fehlern und deren Behebung verkürzt. Dadurch können Kosten vermieden und Prozesse sicherer gemacht werden[49]. Für

---

[49] Siehe auch Kap. 1.3.4.3 Vermeiden von Verschwendung durch Fehler.

die Mitarbeiter ergibt sich eine abwechslungsreichere Tätigkeit, und das interne Kunden-Lieferanten-Prinzip kommt zur Verwirklichung. Demzufolge wird auch das Gruppenbewusstsein gefördert.

4.1.3.3 Gruppenarbeit

Die Problemstellungen in den betrieblichen Abläufen werden immer komplexer. Einzelne Disziplinen oder einzelne Experten sind kaum mehr in der Lage, umfassende Lösungen für aktuelle Probleme zu erarbeiten. Die immer kürzer werdenden Produktlebenszyklen bedingen eine enge Zusammenarbeit von Experten mit unterschiedlichem Fachhintergrund in der Planung und Entwicklung neuer Produkte und Verfahren. Zur Steigerung der Wettbewerbsfähigkeit in den Unternehmen gibt es zahlreiche Überlegungen, die für eine Änderung in der Arbeitsorganisation sprechen. Neue Konzepte beschäftigen sich mit der Bildung von bereichsübergreifenden Teams, der Installation von Arbeitsgruppen unter eigener Leitung und dem Aufbau vernetzter Organisationen[50].

Damit sollen die negativen Auswirkungen bestehender Formen der Arbeitsorganisation wie Insellösungen, Abteilungsegoismus oder Kommunikationsstau vermieden werden. Das Unternehmen stellt ein sozio-technologisches System dar, in das zunehmend eine ganzheitliche Denkweise einzieht, die zu einer gleichrangigen Berücksichtigung personeller, organisatorischer und technischer Rahmenbedingungen führt[51]. Ziel ist der kontinuierliche Veränderungsprozess in Form eines organisatorischen Lernens[52]. Die wichtigsten Gruppenarbeitsformen und deren Einsatzmöglichkeiten zeigt Abb. 4.8.

Die Gruppe bietet große Vorteile bei der Aufgabenbearbeitung und zeigt positive Auswirkungen auf das Arbeitsergebnis. Probleme, welche die Fähigkeiten eines Einzelnen überschreiten, können aufgeteilt werden und jeweils von Spezialisten bearbeitet werden. Unterschiedliche Fähigkeiten oder Informationen, über die der Einzelne verfügt, können koordiniert werden. Die Gruppenmitglieder geben sich bei ihren Beiträgen und Vorschlägen mehr Mühe, sie sind sorgfältiger und stellen nur vernünftige Lösungsvorschläge zur Diskussion.

Fehler können in der Gruppe eher entdeckt und beseitigt werden. Gruppen verfügen über eine erhöhte Flexibilität, eine verbesserte Informationsübermittlung; sie bauen eine Kommunikation auf, die sofortige Problemlösung und Initiative fördert.

---

[50] Siehe auch Kröll, M., Schnauber, H. (Hrsg.): Lernen der Organisation durch Gruppen- und Teamarbeit, Berlin, 1997.
[51] Siehe auch Kap. 1.3.3 Soziale Qualität.
[52] Zum Change-Management siehe auch Kap. 1.6.1.

Gruppenkonzept	Ausprägungsform	Inhalte
Arbeitsgruppen	Montageteam Fertigungsinsel Betreuungsgruppe	feste, meist teilautonome Gruppen, die operative Aufgaben gemeinsam lösen
Projektgruppen	Task Forces Simultaneous-Engineering-Gruppen	interdisziplinär besetzt, Lösung einer konkreten Aufgabenstellung, parallele Bearbeitung führt zur Zeitreduktion
Problemlösungsteams	Wertanalyse-Teams Problemlösungsgruppen	bereichsübergreifend eingesetzt, Erarbeiten abgestimmter Gesamtlösungskonzepte
Verbesserungsteams	Qualitätszirkel Werkstattzirkel Lernstatt	betrieblich organisiert, auf freiwilliger Basis, Ermitteln von Verbesserungspotentialen im eigenen Arbeitsbereich und Diskutieren von Lösungsvorschlägen
Organisationsentwicklungsteams	TQM - Kernteams KVP[53]-Gruppen Selbstbewertungsgruppen	Ingangsetzen des TQM-Prozesses in Workshops mit interdisziplinär zusammengesetzten Teams, Vorbereitung auf Qualitätspreise

Abb. 4.8: Erscheinungsformen von Gruppenkonzepten

Für den Einzelnen gestaltet sich die Arbeit in Gruppen durchaus vorteilhaft; die Gruppenmitgliedschaft steigert die individuelle Motivation, die Aufgabe erfolgreich zu lösen. Durch das wettbewerbsfördernde Gefühl des gegenseitigen „Beobachtet-Werdens" kann ein Leistungsvorteil zustande kommen. Die Arbeit der einzelnen Mitglieder kann in einer Gruppe besser koordiniert und den Erfordernissen angepasst werden, die Schwächen eines Mitglieds können durch Stärken eines anderen ausgeglichen werden.

---

[53] KVP - Kontinuierlicher Verbesserungsprozess - siehe auch Kap. 1.3.4.6.

Merkmale von Gruppen sind:

- Direkte Interaktion zwischen Mitgliedern (face to face)
- Physische Nähe
- Mitglieder nehmen sich als Gruppe wahr (Wir-Gefühl)
- Gemeinsame Ziele, Werte und Normen
- Rollendifferenzierung, Statusverteilung
- Eigenes Handeln und Verhalten wird durch Andere beeinflusst
- Relativ langfristiges Überdauern des Zusammenseins

Das Arbeiten innerhalb einer Gruppe birgt aber auch die unterschiedlichsten Probleme. Die Anwesenheit anderer Menschen kann das Zustandekommen neuer Reaktionen und die Kreativität des Einzelnen hemmen. Gruppen können durch die normalen sozialen Gruppenprozesse - z.B. Statushierarchien oder Konformitätsdruck - behindert werden. Weiterhin kann die Arbeit in Gruppen mehr Zeitaufwand bedeuten, besonders aufgrund der Einarbeitungszeit und des erhöhten Diskussionsaufwands.

Zusammenfassung der Gruppeneigenschaften

- Individuelle Motivation, ein Problem gemeinsam zu lösen
- Bessere Koordination und Anpassung
- Schwächen Einzelner werden ausgeglichen
- Gegenseitige Motivation der Gruppenmitglieder
- Erhöhen des Faktors „Spaß an der Arbeit"

Auch prozessbezogene Workshops können so von den Mitarbeitern selbst organisiert und durchgeführt werden wie in Abb. 4.9 skizziert. Prozessbezogene Workshops beschäftigen sich mit der konkreten Verbesserung eines Arbeitsprozesses, der vorher genau definiert werden muss. Der Ist-Zustand des Prozesses muss aufgenommen werden, Probleme müssen gesammelt und bewertet werden. Dann werden Sollkonzepte entwickelt, in Checklisten eingearbeitet und der Prozess dahingehend verändert.

Um die geforderte Flexibilität zu erreichen, ist das Instrument „Gruppe" wohl ideal. Diese kann allerdings nur aktiv reagieren, wenn sie von der Unternehmensführung über alle Abteilungen der Unternehmung bis hin zum Umfeld auch gute Bedingungen vorfindet. Der Einzelne als Gruppenmitglied muss die Kommunikationsfähigkeiten besitzen, um im Gruppenprozess bestehen zu können. Die Gruppe muss die Möglichkeiten und die Fertigkeiten haben, flexibel und anpassungsfähig zu agieren.

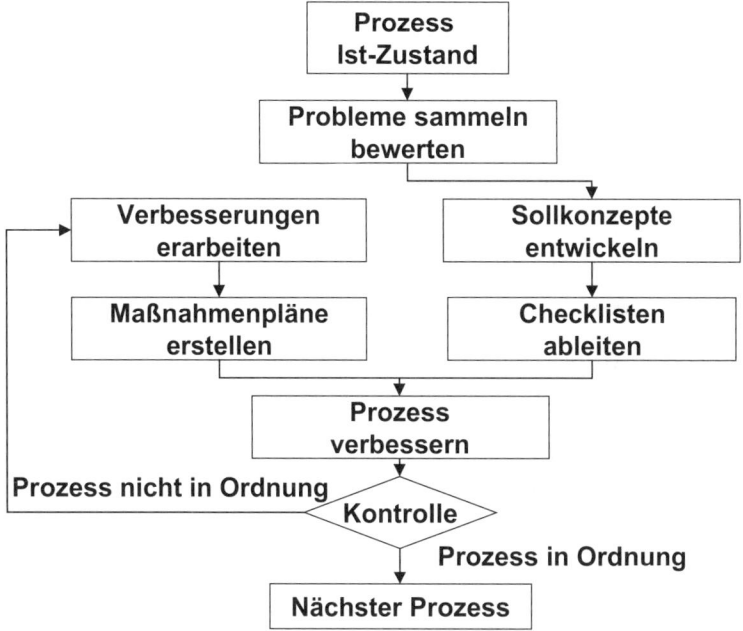

Abb. 4.9: Ablauf prozessbezogener Workshops

Erfolg bei der **Einführung von Gruppenarbeit** setzt voraus:

- Klare Beschreibung der fachlichen Zielsetzung
- Aufbau und Förderung sozialer Fähigkeiten als Basis für die Zusammenarbeit
- Schulung der Methodenkompetenz für ein strukturiertes, zielgerichtetes Vorgehen
- Schaffen einer Aufbauorganisation, die als Basiselement die erforderliche Fachkompetenz zur Verfügung stellt
- Aufbau eines Motivationskonzeptes, das die Vorteile Anderen aufzeigt

4.1.4   Ideenmanagement

Unter dem Begriff „Ideenmanagement" sollen die konkreten Instrumente zusammengefasst werden, die eingesetzt werden, um Verbesserungsprozesse einzuleiten, zu unterstützen und zu begleiten. Durch Umsetzung von Ideen entstehen Produkt- und Serviceinnovation, es werden Prozesse effizienter gestaltet und Infrastrukturen so verändert, dass sie die neuen Ideen optimal fördern[54].

4.1.4.1   Qualitätszirkel

Probleme können dort am besten erkannt und beseitigt werden, wo sie auftreten. Das theoretisch-geistige und praktische Potential der Mitarbeiter soll wesentlich stärker als bisher im Sinne des Unternehmens, aber auch im Hinblick auf eine höhere Arbeitszufriedenheit der Beteiligten genutzt werden.

Ein **Qualitätszirkel** ist eine Gruppe von Mitarbeitern,

- die gleichartige Arbeiten verrichten,
- sich freiwillig regelmäßig, teilweise außerhalb der Arbeitszeit, zusammenfinden,
- als Gruppe Arbeitsprobleme, die sie hindern, effektiver zu arbeiten, besprechen,
- und realistische Lösungen entwickeln.

Als Ergebnis der Qualitätszirkel-Arbeit erzielt man eine Verbesserung der Produkt-, Dienstleistungs- und Arbeitsqualität und steigert die Unternehmensproduktivität. Die Mitarbeiter fühlen sich integriert und sind eher bereit, auch neue Technologien zu akzeptieren. Gleichzeitig erfolgt eine gegenseitige Höherqualifizierung der Mitarbeiter durch das Lernen voneinander. Die Einrichtung der Qualitätszirkel als eine Art der Gruppenarbeit bietet sich vor allem für kontinuierliche Aufgabenstellungen mit nicht zu hohem Komplexitätsgrad an.

4.1.4.2   Wertanalyse

Die Wertanalyse entstand 1947 bei Bemühungen des Einkaufsleiters L. D. Miles von General Electric, die Beschaffungskosten zu senken. Er erkannte, dass bloße Kostenverhandlungen mit den Lieferanten nicht ausreichten, um die geforderten Verbesserungen zu erzielen. Er bezog alle Unternehmensbereiche in die Rationali-

---

[54] Zum Gesamtkomplex siehe Frey, D.: Vom Vorschlagswesen zum Ideenmanagement, Göttingen, 2000.

sierungsüberlegungen ein und entwickelte einen Arbeitsplan, in dem beginnend bei der Konstruktion alle Erzeugnisse auf ihre zu erfüllenden Funktionen hin untersucht wurden. Erst dann sollten Möglichkeiten gefunden werden, diese Funktionen optimal mit den geringsten Kosten über die gesamte Wertschöpfungskette zu erfüllen. Diese Methode führte zu einer kostenoptimalen Lösung über den gesamten Prozess. Die Wertanalyse wurde zunächst 1973 in der DIN 69910 und dann 1996 in der EN 1325-1 genormt.

Wertanalyse (WA) ist ein System zum Lösen komplexer Probleme, die nicht oder nicht vollständig algorithmierbar sind.

Sie beinhaltet das Zusammenwirken der Systemelemente
- Methode
- Verhaltensweise
- Management

bei deren gleichzeitiger gegenseitiger Beeinflussung mit dem Ziel einer Optimierung des Ergebnisses (EN 1325-1).

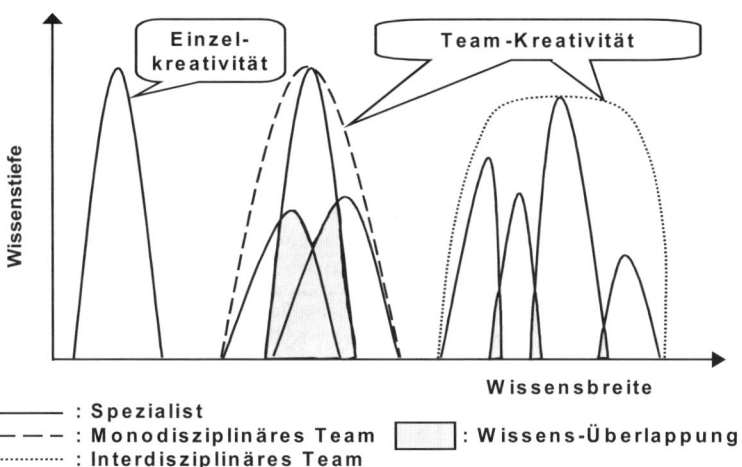

Abb. 4.10: Leistungsvorteil des interdisziplinären WA-Teams

Die Methode ist neben dem ursprünglichen Ansatz der Produktoptimierung auch einsetzbar für die Verbesserung von Ablauf- und Aufbauorganisationen und unterstützt die Entwicklung neuer Konzepte. Bei der Durchführung der Wertanalyse im Team nutzt man die Addition der Einzelfähigkeiten zu einer insgesamt wesentlich verbreiterten Wissensbasis (siehe Abb. 4.10). Das Wertanalyse-Objekt wird in Einzelfunktionen beschrieben und es werden auf Basis einer Zielvorgabe mögliche Lösungen ermittelt. Anhand eines standardisierten Arbeitsplans wie er in Abb. 4.11 skizziert ist, wird die Vorgehensweise strukturiert und dokumentiert.

Arbeitsschritt	typische Inhalte
Projekt vorbereiten	Auswählen des WA-Objekts Festlegung der Ziele Auswahl des Teams Projektplanung
Erkennen, was ist	Beschreibung des WA-Objekts Informationsbeschaffung (Abläufe, Kosten) Beschreibung der Teilfunktionen
Beschreiben, was sein soll	Welche Funktionen sind nicht erforderlich, unnötig oder zu teuer? Wo liegt das wirtschaftliche Optimum?
Ideen suchen	Sammeln vorhandener Ideen Entwickeln neuer Lösungen Einsatz von Methoden zur Lösungsfindung
Ideen bewerten	Prüfen der Durchführbarkeit Prüfen der Wirtschaftlichkeit
Lösungen festlegen	Kriterien zur Bewertung festlegen und gewichten Alternativen einstufen Auswählen der optimalen Lösung
Lösungen umsetzen	Genehmigung durch die Unternehmensleitung Erstellen eines Aktionsplans Bilden eines Umsetzungsteams
Ergebnisse beobachten und korrigieren	Überprüfen der Ergebnisse an Meilensteinen Abweichungen analysieren Korrekturmaßnahmen einführen

Abb. 4.11: Typischer Ablauf eines Wertanalyse-Projekts

Die charakteristischen **Merkmale der Wertanalyse** sind:

- funktionenorientiertes Arbeiten
- ganzheitliche Betrachtungsweise
- interdisziplinäre, nach einem Arbeitsplan ausgerichtete Gruppenarbeit
- Orientierung an einer genau definierten, möglichst quantifizierten Zielvorgabe
- auf menschliche Eigenarten zugeschnittene Vorgehensweise
- Problem- und Lösungssuche mit Hilfe systematischer Anwendung von Regeln für schöpferisches Arbeiten

---

4.1.4.3 Verbesserungsvorschlagswesen

Das betriebliche Vorschlagswesen (BVW) ist eine Form der Mitarbeiterbeteiligung, die bereits von Alfred Krupp 1866 in die Betriebsordnung eingebracht wurde. Bis heute ist der Grundgedanke, die Kreativität der Mitarbeiter herauszufordern, noch aktuell. Da sich aber im Laufe der Zeit durch Aufbau starker bürokratischer Strukturen das traditionelle BVW zu einem langandauernden und dadurch eher kontraproduktivem Instrument entwickelt hat, gibt es heute Bestrebungen, diese Methode nach modernen Gesichtspunkten zu reaktivieren.

Ein **Verbesserungsvorschlag** ist:

- eine freiwillig erbrachte Zusatzleistung eines Mitarbeiters, welche über den Rahmen übertragener Arbeitsaufgaben hinausgeht und nach erfolgter Realisierung Anspruch auf Anerkennung (Prämie) hat,
- eine nicht schutzfähige Erfindung gemäß § 2 des ArbNErfG[55],
- eine eigenständige „Idee" zu einem selbst erkannten Problem mit dem dazu gehörigen Lösungsweg,
- eine zeitgerechte Änderung oder Neuerung eines Gegenstands (z.B. Werkzeug, Produkt) oder eines organisatorischen Ablaufs,
- eine klare Abgrenzung des Ausgangs-(IST-)Zustandes und der Gegenüberstellung mit dem Verbesserungs-(SOLL-)Zustand unter Bezugnahme auf den aufgezeigten Lösungsweg.

---

[55] Arbeitnehmer-Erfindungs-Gesetz.

Die Entwicklung der Organisationen zu dezentralen Strukturen führte auch bei dem Einsatz des BVW zu einer Entbürokratisierung und dem direkten Bezug zwischen Mitarbeiter und Vorgesetztem. Eine moderne Form des Bearbeitungsdurchlaufs zeigt Abb. 4.12.

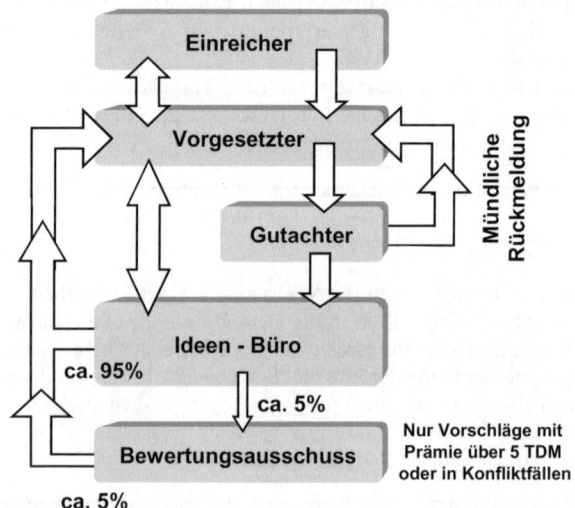

Abb. 4.12: Kurze Wege bei der Bearbeitung von Verbesserungsvorschlägen[56]

Je nach Nutzen und Umsetzbarkeit des Vorschlags werden Prämien vergeben, kleinere in der Art von Bonusmarken und größere, die bis zu 40 % der Ersparnis an Geldwert betragen können. Gruppenvorschläge finden Berücksichtigung, indem die Belohnung anhand eines Belohnungsschlüssels auf die Mitglieder der Gruppe verteilt wird (z.b. erhält ein Auszubildender in der Gruppe mehr als der Gruppensprecher oder ähnlich).

4.1.4.4 Kontinuierlicher Verbesserungsprozess

Prinzipiell verfolgt der kontinuierliche Verbesserungsprozess (KVP) dieselben Ziele wie auch das BVW. Das Vorschlagwesen zielt aber eher auf sprunghafte Verbesserungen im Einzelfall, während KVP einen kontinuierlichen Wandel in kleinen Schritten anstrebt. Den Zusammenhang erläutert Abb. 4.13.

---

[56] Nach Grammer, M.: Das Vorschlagswesen als Harmonisierungsinstrument für den KVP, Zeitschrift für Vorschlagswesen- Ideenmanagement in Wirtschaft und Verwaltung, 1995, Heft 4.

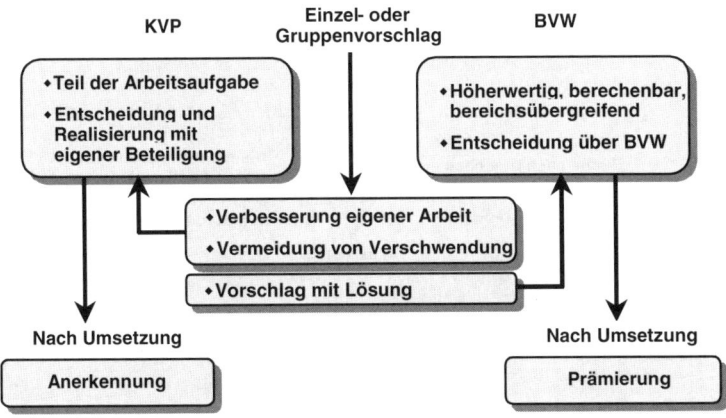

Abb. 4.13: Abgrenzung zwischen betrieblichem Vorschlagswesen und kontinuierlichem Verbesserungsprozess

Der **kontinuierliche Verbesserungsprozess (KVP)** ist:

- ständige Verbesserung unter Einbeziehung aller Mitarbeiter,
- eine Unternehmenskultur, in der jeder ungestraft das Vorhandensein von Problemen eingestehen kann und darf,
- das Umsetzen von Maßnahmen, welche die Kundenzufriedenheit erhöhen,
- prozessorientiert (der Weg ist das Ziel),
- permanente Aufrechterhaltung und Verbesserung in kleinen Schritten,
- das Auffinden und Eliminieren von Verschwendung.

Insbesondere der prozessorientierte Ansatz ermöglicht die Integration des KVP in moderne Managementmethoden[57]. Es wird nicht mehr nur kurzfristig nach den Ursachen eines aufgetretenen Problems gesucht, sondern der Schwerpunkt liegt auf der langfristigen Ergebnisverbesserung und der Erhöhung der Kundenzufriedenheit. In Abb. 4.14 ist der grundsätzliche Unterschied in der Herangehensweise aufgezeigt.

---

[57] Siehe auch Howaldt, J. et al.: Kontinuierlicher Verbesserungsprozess, Köln, 2001.

Abb. 4.14: Der prozessorientierte Ansatz im KVP

Typische Ansätze für KVP-Prozesse sind die grundlegenden Überlegungen zur Vermeidung von Verschwendungen aller Art, wie sie in der japanischen 5S-Methodik nach Abb. 4.15 zu finden sind. Ausgangspunkt ist die Erkenntnis, dass Unternehmen mit verschmutzten Produktionshallen, in denen Mitarbeiter schmutzige Arbeitskleidung tragen und die Schreibtische von Unterlagen überquellen, offensichtlich auch über eine geringere Produktivität verfügen. Die Arbeitsmoral ist schlechter und es treten mehr Fehler auf als in vergleichbaren Unternehmen, in denen Sauberkeit einen höheren Stellenwert besitzt.

Begriff	Inhalt
S e i r i Ordnung schaffen	Aussortieren unnötiger Dinge
S e i t o n Ordnung halten	Alles Notwendige hat seinen Platz in Griffnähe
S e i s o Sauberkeit	Regelmäßiges persönliches Reinigen des Arbeitsplatzes
S e i k e t s u Standardisierung	Schaffen von Routinen zur Erhaltung und Verbesserung
S h i t s u k e Disziplin	Einhalten von Standards, Regeln und Vorschriften

Abb. 4.15: Die japanische 5S-Methodik im KVP

Das Motto der KVP-Konzepte lautet: „Alle machen mit". Zuvor aber muss diese Methode flächendeckend eingeführt werden, wie in der KVP-Pyramide in Abb. 4.16 gezeigt. Dazu sind zunächst vom Management die Ziele klar zu formulieren und ein Einführungsprogramm zu verabschieden. Erst nach einer breit angelegten Führungskräfteschulung und Installation von Moderatoren sowie eines KVP-Beauftragten, der für die Organisation zuständig ist, können einzelne Workshops durchgeführt und dabei die KVP-Themen ausgewählt werden. Die von den Mitarbeitern generierten Ideen und Lösungsvorschläge sind zu bewerten, und die für die Umsetzung notwendigen Ressourcen müssen bereitgestellt werden.

Auf diese Weise etabliert sich KVP als Selbstläufer und wertvolle Methode zur Aktivierung der im Unternehmen vorhandenen Erfahrungen, Fähigkeiten und Kreativität.

Abb. 4.16: Die KVP-Pyramide

4.1.4.5 Kaizen und KVP

Innerhalb von Konzepten des TQM erfolgt die Weiterentwicklung von Produkten und Verfahren in kleinen Schritten, die jeweils für sich eine geringere Gefahr des Scheiterns beinhalten und gleichzeitig die Kosten der gegenseitigen Absicherung minimieren helfen. Je unsicherer die neuen Gebiete sind, um so kleiner sollten die Schritte gewählt werden. Durch direkte Rückmeldung auch kleiner Fortschritte bleiben die Mitarbeiter ständig motiviert und stehen zu keinem Zeitpunkt vor einem unüberwindbaren Berg an Problemen.

In diesem Zusammenhang ist Kaizen ein Schlüsselwort, das aus den japanischen Führungsprinzipien stammt. Übersetzt bedeutet es nichts anderes als „Verbesserung". Beschrieben wird damit eine positive Lebenshaltung, die nach Verbesserung um der Verbesserung willen strebt - und zwar in allen Bereichen des Wirtschafts- und Berufslebens.

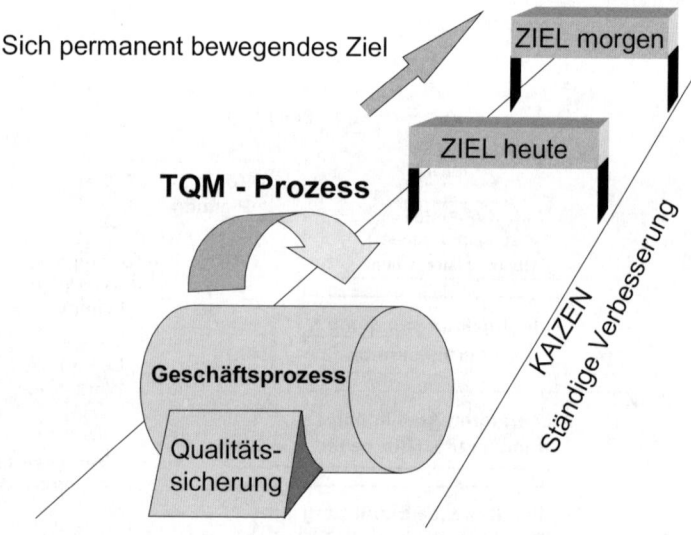

Abb. 4.17: Strategie auf Basis des TQM-Gedankens

Kaizen bedeutet nicht nur ständige Verbesserung des Produkts, sondern auch aller Vorgänge, die zur Fertigstellung und Vermarktung dieses Produktes führen: Entwicklung, Einkauf, alle Prozesse der Fertigung, des Vertriebs und des Kundendienstes. Vor allem aber bedeutet Kaizen die stete Verbesserung der für dieses Produkt arbeitenden Menschen - vom Topmanager bis zum Werker - durch den Grundsatz des bereichsüberschreitenden Zusammenarbeitens.

Die Übernahme des Prinzips erfolgte auch in westlichen Systemen, wobei Schlagworte wie KVP (Kontinuierlicher Verbesserungsprozess - siehe Kapitel 4.1.4.4) oder CIP (Continuous Improvement Process) benutzt werden.

Das Management wird dabei als Trainer, Coach und Personalentwickler gesehen. Seine Hauptaufgabe ist das Aufrechterhalten und Verbessern des Erreichten. Sofern die Mitarbeiter im Sinne der vorgegebenen Qualitätspolitik arbeiten, entstehen kontinuierliche Verbesserungen. Aufgabe des Managements ist es aber auch, eventuelles Nichtbefolgen zu erkennen und durch Einwirken auf die Mitarbeiter die Disziplin herzustellen oder aber deren Einsicht zu stärken. Gegebenenfalls sind auch die gesetzten Ziele zu überdenken, wenn sich bei der Umsetzung unüberwindliche Schwierigkeiten herausstellen.

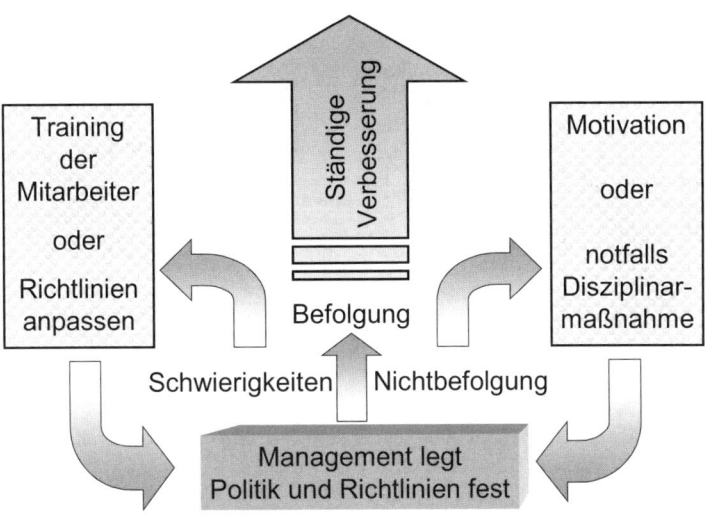

Abb. 4.18: Aufrechterhalten und Verbesserung des Erreichten

4.2   Kommunikation und Infrastruktur

Das Umsetzen der Unternehmenspolitik und der strategischen Unternehmenszielsetzung ist hauptsächlich ein Kommunikationsprozess. Dabei bedeutet Kommunikation nicht eine Einbahnstraße der bloßen Information, sondern einen gegenseitigen Austausch von Informationen, Meinungen und Gefühlen. Die Umsetzung von TQM kann nur erfolgreich sein, wenn auch den Mitarbeitern Gelegenheit gegeben wird, ihre Kritik, ihre Sorgen und Ängste, aber auch ihre Anregungen auszudrücken. Oft wird fälschlicherweise angenommen, dass bereits das reine Aussprechen von Inhalten zu einer nachhaltigen Befolgung führt. Wie in Abb. 4.19 dargestellt, gibt es viele Hürden bis zur akzeptierten Beibehaltung geänderter Zustände.

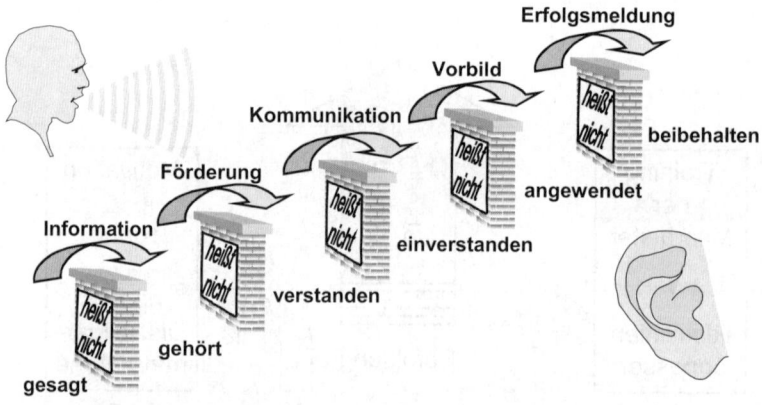

Abb. 4.19: Hürden vom Sender zum Empfänger und mögliche
Hilfen zur Überwindung

4.2.1   Kommunikationsgrundsätze

Kommunikation ist ein komplexer Vorgang, bei dem es zu zahlreichen Missverständnissen kommen kann. Man kann nicht davon ausgehen, dass ein gehörter Satz genau die Bedeutung hat, die der Hörer ihm gibt. Neben dem reinen **Sachinhalt** (Worüber wird informiert?) geht es auch darum, wie der „Sender" persönlich zu dem Empfänger steht und wie er sich selber darstellen möchte **(Selbstoffenbarungsaspekt)**. Die betriebliche Stellung und die persönliche Bekanntschaft prägen den Umgang miteinander, den sogenannten **Beziehungsaspekt**. Schließlich ist noch der **Appellaspekt** zu berücksichtigen, also das, was der Sender mit seiner Nachricht erreichen möchte. Das geschieht nicht immer offen, sondern wird oft verdeckt in der Nachricht verpackt.

Hinzu kommt, dass bei Sender und Empfänger jeweils ein anderer der vier Aspekte in der konkreten Kommunikationssituation Vorrang haben kann - Missverständnisse sind vorprogrammiert, wenn nicht eine Rückkopplung über die Art, in der die Nachricht verstanden wurde, stattfindet.

Ein Beispielsatz zu den Kommunikations-Aspekten ist:

Im Regal liegen überall nicht gekennzeichnete Produkte herum!

- Sachaspekt   Im Regal befinden sich nicht gekennzeichnete
                                 Produkte.
- Selbstoffenbarungsaspekt   Ich beachte genau den Zustand der
                                 Produktkennzeichnung.
- Beziehungsaspekt   Sie sind nicht in der Lage, Ihre Produkte
                                 ausreichend zu kennzeichnen.
- Appellaspekt   Sorgen Sie dafür, dass die Produkte ausreichend
                                 gekennzeichnet sind.

Aufgabe der Führungskräfte ist es, für Kommunikation zwischen den organisatorischen Einheiten zu sorgen und Abteilungsgrenzen abzubauen - aus Schnitt-Stellen Kontakt- oder Naht-Stellen zu machen. Die Schaffung von übergreifend besetzten Teams mit Entscheidungsbefugnis unterstützt die Kommunikation.

4.2.2 Mitarbeitergespräche

Durch einen regelmäßig jährlich oder besser noch halbjährlich stattfindenden institutionalisierten Informationsaustausch zwischen Vorgesetztem und Mitarbeiter kann die Übereinstimmung von Unternehmenserwartung und Mitarbeiterleistung festgestellt werden. Dort soll in offener Atmosphäre über die Erfahrungen der letzten Zeit gesprochen werden und mögliche Defizite herausgearbeitet werden. Erfolgt das nicht in anklagender Form sondern als gemeinsame Suche nach besseren Lösungen, ergibt sich eine einvernehmlich formulierte Zielvereinbarung für den nächsten Zeitraum. Hierzu gehören auch Verabredungen über Verhaltensänderungen und eine Planung zu besuchender Weiterbildungsmaßnahmen.

Fester Bestandteil des Mitarbeitergespräches soll die Gelegenheit für den Mitarbeiter sein, die Zusammenarbeit mit seinem Vorgesetzten zu beurteilen und eigene Vorschläge machen zu können.

Gesprächsprotokoll Mitarbeitergespräch

zwischen .... und .... am ....

Qualifikation: derzeitige Tätigkeit:

Zielerreichung im Zeitraum von .... bis ....

Neue Ziele für den Zeitraum von .... bis ....

Durchgeführte Maßnahmen zur Erhaltung / Steigerung der Leistungsfähigkeit:
z.B.: Seminare, Projektarbeit, Sonderaufgaben

Geplante Maßnahmen zur Erhaltung / Steigerung der Leistungsfähigkeit:
Inhalte und Termine

Ergänzende Hinweise des Mitarbeiters:

Ergänzende Hinweise des Vorgesetzten:

Abb. 4.20: Inhalte eines Mitarbeitergesprächs

Grundsätzlich sollte man davon ausgehen, dass jeder Mitarbeiter eigenverantwortlich und erfolgsorientiert arbeiten möchte (siehe Abb. 4.2 und Abb. 4.3). Die Mitarbeiter müssen für ihren Einsatz Anerkennung bekommen. Das gesprochene und ehrlich gemeinte Wort des Vorgesetzten ist dabei oft mehr wert als materielle Belohnungen wie Prämien oder Preise. Für Beiträge zur Verbesserung, die über die der Funktion entsprechenden Aufgabenstellung hinausgehen, dient das betriebliche Vorschlagswesen (siehe Kap. 4.1.4.3). Besonders erfolgreiche Teamarbeit soll veröffentlicht werden, z. B. in der Werkszeitung oder in Form einer Präsentation durch das Team vor der Unternehmensleitung.

4.2.3 Qualitätsinformationen

Für das Qualitätsmanagement der Unternehmen ist es entscheidend, stets über aktuelle Qualitätsdaten zu verfügen. Es gilt, die Prozesse so zu steuern, dass fehlerfreie und dennoch kostengünstige Produkte entstehen. Hierbei ist der Einsatz rechnergestützter Informationssysteme nicht mehr wegzudenken. Innerhalb eines DV-Systems kann eine Verwaltung der Dokumente in Bezug auf die Änderungshistorie und die gezielte Verteilung der Dokumente erfolgen. Durch Ordnungskriterien wie Titel, Revisionsstand, Verteiler, Dateinamen und Archivierungsort können zentral gepflegte Dokumente von jedem Nutzer eingesehen oder abgerufen werden (siehe auch Kap. 2.3). Dabei sind Themen der Zugriffsberechtigung und des Änderungsschutzes relativ einfach zu realisieren.

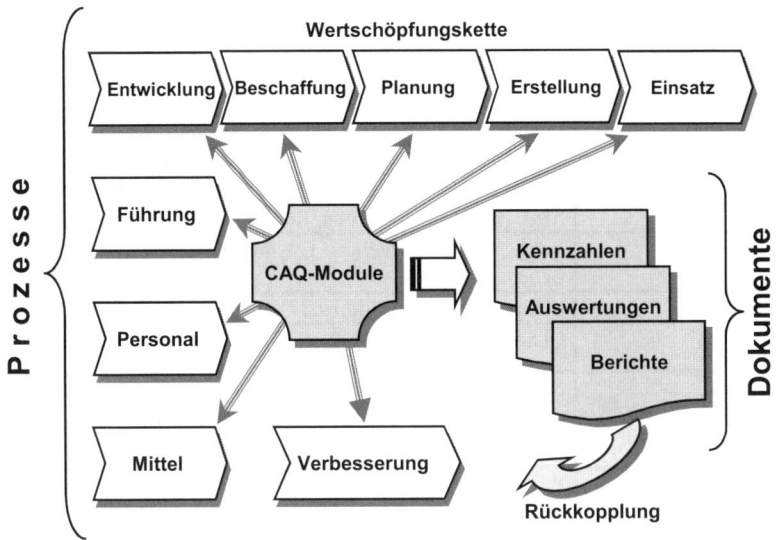

Abb. 4.21: Drehscheibe CAQ innerhalb der Unternehmensprozesse

Weitere Erleichterungen im Umgang mit der Dokumentation können durch Stichwortsuche oder Querverweislisten geschaffen werden. Zur Zeit werden Systeme entwickelt, die neben der Erstellung und Verwaltung der QM-Dokumentation sowie der Überwachung der Verteilung zusätzlich Aufgaben im Bereich Projektkoordination und Workflow-Management übernehmen.

Qualitätsinformationen beziehen sich auf die Qualitätszustände der Produkte und Leistungen in allen Realisierungsphasen. Durch die Auswertung von Qualitätsinformationen werden Kenntnisse über die Güte der Prozesse und über die Kosten gewonnen. Die Qualitätsinformation bildet somit eine Regelgröße zur Optimierung der Prozesse. Die steigenden Forderungen an eine moderne Qualitätssicherung in der Industrie erfordern eine DV-Anwendung mittels **CAQ** (Computer Aided Quality Assurance). Die Anwendungsmöglichkeiten sind vielfältig (siehe Abb. 4.21). Eine Auswahl möglicher Module ist in Abb. 4.19 zusammengestellt.

Teilprozess nach Abb. 4.18	CAQ-System-Module	Beschreibung in Kapitel
Entwicklung	QFD, FMEA, DOE, Zuverlässigkeitsprüfungen, Risikoanalyse, Wertanalyse, Fehlerbaumanalyse, Versuchsmethodik	4.3 5.2
Beschaffung	Erstmusterprüfung, Wareneingangsprüfungen, Lieferantenbeurteilungen	5.4
Planung	Prozessfähigkeitsuntersuchungen, Prozess-FMEA, Prüfplanung, Prüfmittelmanagement	4.3 5.5
Erstellung	Zuverlässigkeitnachweise, Poka Yoke, Audits, SPC, Fehlersammelkarten, Regelkarten	4.3 5.5
Einsatz	Reklamationsbearbeitung, Garantiestatistik, Lebenslaufkosten	5.1
Führung	Managementinformationen, Zielüberwachung	3.1, 3.4
Personal	Qualitätszirkel, KVP, Schulung, Motivation	4.1
Mittel	Nutzungsübersicht, TPM	5.5
Verbesserungen	KVP, BVW, Wertanalyse	4.1
Kennzahlen	Benchmarks, Balanced Scorecard, Qualitätspreise	1.4 3.1, 3.3
Auswertungen	Reklamationsübersicht, ABC-Analysen, Ishikawa-Diagramme, Histogramme, Trendübersichten	4.3
Berichte	Dokumentationen, Auditberichte, Qualitätsberichte, Management-Review, Kosten der Nichtqualität	2.5 3.4 6.3

Abb. 4.22: CAQ - Einsatzmöglichkeiten

Ein CAQ-System, das alle genannten Forderungen erfüllt, wird zum wichtigen Hilfsmittel für ein wirksames Qualitätsmanagement in allen Branchen. DV- und Softwareanbieter haben den Bedarf erkannt und halten die unterschiedlichsten Lösungen bereit. Die Einbindung von CAQ-Systemen in die vorhandene Unternehmensumgebung erfordert aufgrund der Komplexität und der vielfältigen Kontaktstellen ein qualifiziertes Projektmanagement. Ebenso ist besonderer Wert auf die Qualifizierung der betroffenen Mitarbeiter zu legen und die Durchdringung in die tägliche Unternehmenspraxis durch schrittweise und begleitete Projektarbeit sicher zu stellen.

Im technischen Bereich ist die Anwendung von Rechnersystemen zur Konstruktion schon seit langer Zeit Standard. Zunehmend setzen sich betriebswirtschaftliche Programme in Vertrieb, Materialwirtschaft und Produktion durch. In der rechnerintegrierten Produktion bestehen enge Verbindungen im Informationsfluss zwischen den einzelnen Modulen inklusive CAQ.

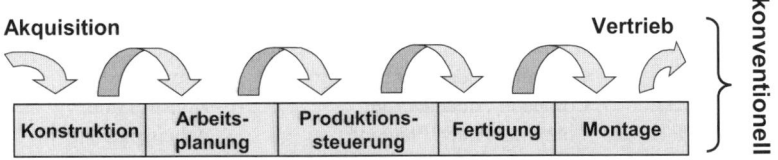

konventionelle Produktion mit nacheinander abzuarbeitenden Schritten gegenüber CIM-Konzept mit Modul-Kopplung über zentrale Datenbasis

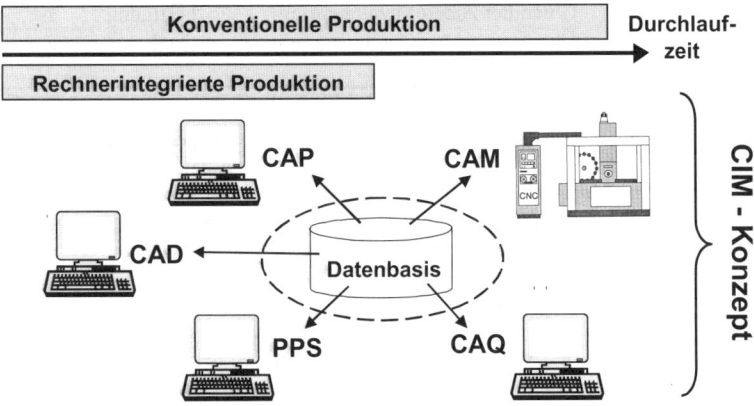

Abb. 4.23: Gegenüberstellung konventioneller zu integrierter Auftragsabwicklung

Durch den Einsatz von Rechnern mit entsprechender Software gelingt es, die komplexen Zusammenhänge im Betrieb übersichtlich darzustellen und basierend auf einer einheitlichen Datenbasis zuverlässige Planungsläufe durchzuführen. Eine effektive Nutzung der zum Teil spezialisierten Programme ist nur möglich, wenn sie in ein Gesamtkonzept eingebunden sind.

Mit dem in Abb. 4.23 dargestellten CIM-Gedanken ist ein Konzept zur Integration der Informationsverarbeitung für betriebswirtschaftliche und technische Aufgaben entstanden. Entgegen einer konventionellen Produktion, in der nacheinander die einzelnen Schritte abgearbeitet werden, besteht im CIM-Konzept jederzeit eine unmittelbare Kopplung der Module - also auch der CAQ-Komponeneten - über eine zentrale Datenbasis. Den betriebswirtschaftlichen Zweig repräsentiert dabei die Produktionsplanung und -steuerung (**PPS**), während die technische Seite durch die CA-Systeme gebildet wird.

Zu den **CA-Systemen** gehören im Planungsbereich:

- CAE :   Computer Aided Engineering   Entwurf
- CAD :   Computer Aided Design   Konstruktion
- CAP :   Computer Aided Planning   Arbeitsplanung

und im Realisierungsbereich :

- CAM :   Computer Aided Manufacturing   Fertigung
- CAQ :   Computer Aided Quality Assurance   Qualitätssicherung

---

Aber nicht nur die technischen Voraussetzungen müssen gegeben sein, sondern es ist ein Gesamtkonzept der Darstellung von Unternehmensdaten und Prozessketten notwendig. An dieser Hürde scheitern immer noch viele Unternehmen. Deshalb ist es wichtig, zunächst die organisatorischen Randbedingungen zu klären und erst dann an die Auswahl einer Software zu denken.

4.2.4 Infrastrukturanforderungen

Innerhalb der Aufgabe „Management der Ressourcen" ist neben der Ermittlung und Bereitstellung von Personal und Information auch daran zu denken, dass die notwendigen Mittel und Einrichtungen bereitgestellt werden und dass die Bedingungen der Arbeitsumgebung eine kreative und innovative Qualitätsarbeit ermöglichen.

Das EFQM-Modell[58] fordert Aussagen, wie die Organisation ihre Partnerschaften und Ressourcen plant und managt, um ihre Politik und Strategie und das effektive Funktionieren ihrer Prozesse zu unterstützen. Die in Abb. 4.24 aufgeführten möglichen Aktivitäten finden ihre Entsprechung auch in der ISO 9000:2000, Kapitel 6 „Management von Ressourcen".

Teilkriterium „wie die Organisation.."	mögliche Aktivitäten
externe Partnerschaften managt	Aufbau partnerschaftlicher Beziehungen mit gegenseitiger Unterstützung und Synergienutzung
Finanzen managt	Planung und Einsatz von Investitionen, Risikovorsorge und Controlling
Gebäude, Einrichtungen und Material managt	Nutzung, Sicherheit und Wartung von Vermögenswerten, Beachtung von Umwelt und Arbeitsschutz, schonender Ressourceneinsatz
Technologie managt	Nutzung vorhandener, Identifizierung innovativer und Ersetzung veralteter Technologien
Information und Wissen managt	sammeln, strukturieren und bereithalten von Information und Wissen, effektive Wissensvermehrung

Abb. 4.24: Teilkriterien des EFQM-Elements: „Partnerschaften und Ressourcen"

---

[58] Das EFQM-Modell für Excellence, Brüssel, 2002.

4.3   QM im Funktionsbereich Qualitätssicherung

4.3.1   Qualitätssicherung und Statistik

Die Funktion „Qualitätssicherung" oder „Qualitätswesen" findet man häufig im operativen Organisationsbereich zur Unterstützung der Produktion, wobei wegen der erforderlichen Unabhängigkeit in der Regel eine eigene Abteilung gebildet wird.

Die Abteilung Qualitätssicherung übernimmt alle Prüfungen, die nicht im Rahmen der Prozessselbstkontrolle bei der Erstellung durchgeführt und dokumentiert werden. Deshalb haben sich Strukturen herausgebildet, die an verschiedenen Ablaufstufen des Prozesses eingreifen, wie Wareneingang, Zwischenprodukte und Endprodukte. Solche Systeme werden sehr häufig als Inprozess-Systeme bezeichnet.

Neben der organisatorischen Struktur ist Qualitätssicherung auf statistische Methoden angewiesen. Derzeit regelt die Norm ISO 3534 die Verwendung statistischer Begriffe. Grundsätzlich laufen die Ergebnisse aus statistischen Aufzeichnungen der Wirklichkeit hinterher. Die Daten stellen eine Situation nur fest, beeinflussen sie jedoch nicht. Damit ist statistische Qualitätssicherung nur dann das richtige Mittel, wenn keine bessere, präventive Methodik zur Verfügung steht (siehe Kap. 4.3.2 und 4.3.3).

Im Rahmen der Entwicklung von Produkten und Fertigungsprozessen spielt die **Versuchsmethodik** eine entscheidende Rolle.

Diese stellt durch das Planen und Auswerten von Versuchen auf der Basis statistischer Methoden sicher, dass sich die erforderlichen Informationen mit einem wirtschaftlich vertretbaren Versuchsaufwand ermitteln lassen.

In der statistischen Versuchsmethodik werden zum einen Einflüsse von Lieferanten oder Werkstoffen auf die Produktqualität ermittelt und zum anderen die Einflüsse der Fertigungsstruktur und der Reihenfolge von Arbeitsgängen auf die Streuung der Produktmerkmale betrachtet. Die globale Zielsetzung der Versuchsmethodik lautet, durch eine gute Planung der notwendigen Versuche die Anzahl benötigter Versuche möglichst gering zu halten, um zu den benötigten Erkenntnissen zu gelangen.

Statistische Regelung von Prozessen hat dagegen die Aufgabe, die gewünschten Merkmale von Produkten in festgelegten Verfahrensbereichen zu halten. Sie ist ein wesentlicher Bestandteil der Prozesslenkung, die bei Störungen oder unzulässigen Abweichungen von Merkmalswerten der gefertigten Produkte in den Prozess korrigierend eingreift. Gleichzeitig besteht die Möglichkeit, die Ursachen dieser Störung aufzudecken und zu eliminieren und so zu einer Verbesserung der Prozesse beizutragen.

4.3.2 Neue Strukturen der Qualitätssicherung

Insgesamt ergibt sich ein starker Änderungsbedarf für die Qualitätssicherung selbst, da die Mängel einer Struktur mit überwiegend nachträglicher Prüfung offensichtlich sind. Wirtschaftliche und qualitative Ziele sind letztlich nur durch vorbeugende Qualitätsplanung (= Präventive Qualitätssicherung) zu erreichen. Solche Strategien führen zwingend zu Strukturen, die sich der TQM-Strategie anpassen. Mit der in Abb. 4.25 dargestellten Schwerpunktverlagerung wird präventive Qualitätssicherung erst ermöglicht. Bestimmte Aktivitäten werden weiter benötigt, ändern aber ihre Gewichtung, andere Aufgaben kommen hinzu und erhalten zunehmend stärkeres Gewicht.

Abb. 4.25: Schwerpunktverlagerung der Mitarbeiter in der Qualitätssicherung

4.3.3   Qualitätsplanung

Qualitätssichernde Maßnahmen erstrecken sich auf die gesamte Wertschöpfungskette. Zum Aufgabengebiet der Qualitätsplanung gehört es, die Kundenbedürfnisse zu ermitteln und diese in realisierbare und überprüfbare Anforderungen an das Produkt und den Prozess umsetzen.

Aufgaben der **Qualitätsplanung** sind:

- Analyse der Qualitätsfähigkeit von Entwurf und Herstellung,
- Auswertung vergangenheitsbezogener Qualitätsdaten,
- Festlegen von Qualitätsmerkmalen,
- Prüfmittelmanagement,
- Prüfplanung inklusive Prüfplanerstellung und Prüfauftragsverwaltung
- Planung von Fehleranalysen zur Qualitätssicherung

Wie in Abb. 4.26 skizziert, sind bei der Festlegung der Anforderungen externe und interne Qualitätsvorschriften zu beachten wie Gesetze und Verordnungen, Normen, (DIN-ISO-Normen oder Verbandsnormen wie VDI, VDE oder RAL), Beschaffungsvorschriften der öffentlich-rechtlichen Körperschaften oder Lieferbedingungen der Kunden sowie Unfallverhütungsvorschriften der Berufsgenossenschaft.

Die Aufgabe der Qualitätsplanung wird im Unternehmen von verschiedenen Stellen gemeinschaftlich wahrgenommen und ist damit eine Querschnittsaufgabe, die jedoch häufig vom Funktionsbereich Qualitätswesen koordiniert wird.

Bei der Qualitätsplanung finden unterschiedliche Methoden Einsatz:

- Projektmanagement-Methoden[59],
- die 7 Management-Methoden (siehe Kap. 3.1.4)
- die 7 Qualitätstechniken (siehe Kap. 4.3.4)
- weitere CAQ-unterstützte Module (siehe Abb. Abb. 4.22)

---

[59]   Zum Projektmanagement siehe Madauss, Bernd J.: Handbuch Projektmanagement, Stuttgart, 2000; Diethelm, G.: Projektmanagement, Bd. 1, Herne/Berlin, 2000.

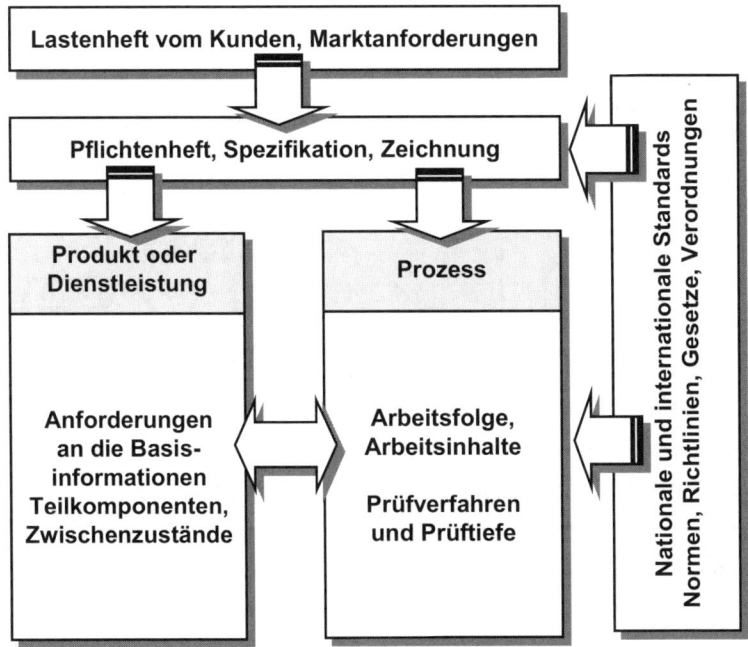

Abb. 4.26: Aufgaben der Qualitätsplanung

4.3.4 Qualitätstechniken

Durch den Einsatz von Qualitätstechniken kann die Ablaufgestaltung verbessert werden und es können Aufgaben der Qualitätsplanung, der Datenanalyse und der Problemlösung zielgerichtet erledigt werden.

Stehen zur Problemlösung Daten zur Verfügung, bedient man sich der sieben statistischen Werkzeuge nach Abb. 4.27. Es handelt sich um Hilfsmittel, die auf grafische Darstellungen aufbauen, um Probleme zu identifizieren, strukturiert zu erfassen und Lösungsansätze zu finden. Mit relativ einfachen Mitteln können somit Probleme festgestellt und eingegrenzt werden. Es wird ermöglicht, Fehlerursachen systematisch zu bewerten und den Erfolg von Korrekturmaßnahmen aus der Vergangenheit festzustellen.

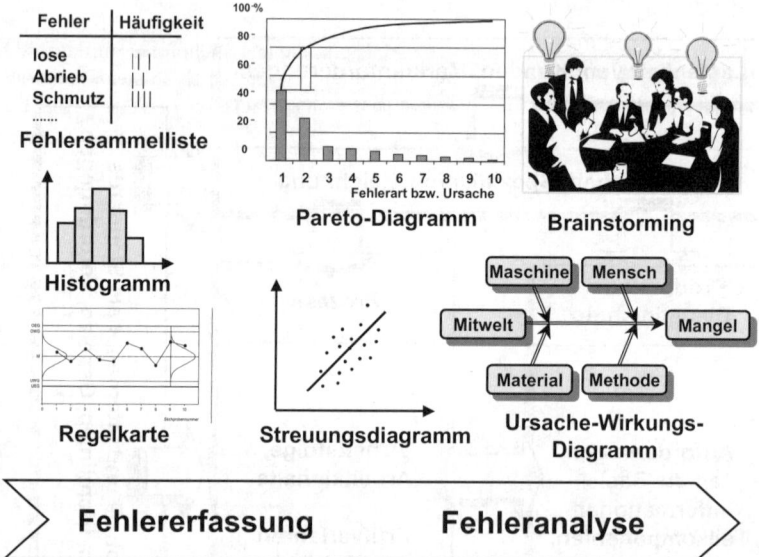

Abb. 4.27: Die sieben Qualitätswerkzeuge zur Fehlererfassung und -analyse

Fehlersammelliste

Die Fehlersammelliste ist eine einfache und übersichtliche Methode, bekannte Fehlerarten in ihrer Auftretenshäufigkeit zu erfassen. Sie dient der Visualisierung und führt zur Festlegung eines einheitlichen Fehlerkatalogs und damit zur besseren Kommunikation.

Histogramm

In einem Histogramm werden gesammelte Daten als Säulendiagramm dargestellt, die zuvor in Klassen zusammengefasst wurden. Durch die unterschiedliche Höhe der Säulen, die der Anzahl der jeweiligen Daten innerhalb einer Klasse entspricht, lassen sich Häufigkeitsverteilungen einfach darstellen. So erhält man einen ersten Ansatz zur Datenanalyse und nachfolgender Problemlösung. Es sind Rückschlüsse auf die Streuung von Prozessen zu ziehen und Aussagen über das zukünftige Prozessverhalten zu gewinnen.

Regelkarte

In Regelkarten werden Werte grafisch dargestellt, die aus Stichproben fortlaufender Prozesse gewonnen werden. Durch Beobachtung dieser Werte können Prozessabweichungen erkannt und drohende Überschreitungen zulässiger Werte vermieden werden.

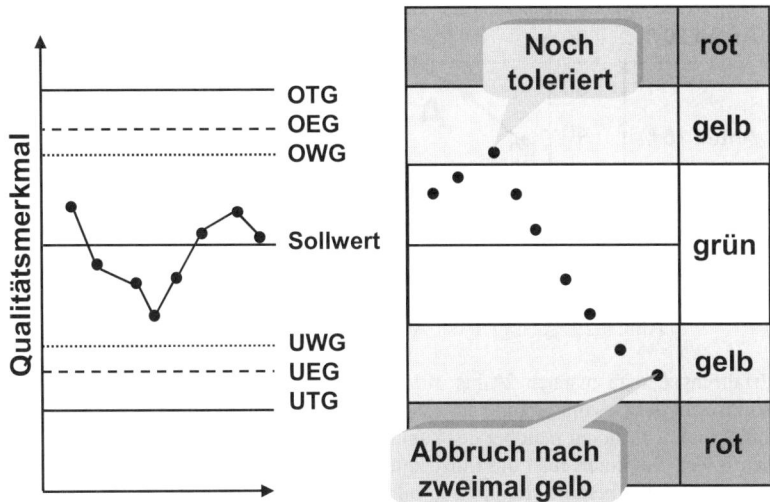

Abb. 4.28: Regelkarten mit Eingriffsgrenzen

Um rechtzeitig in den Prozess eingreifen zu können, werden neben den Toleranzgrenzen OTG (obere Toleranzgrenze) und UTG (untere Toleranzgrenze) Eingriffsgrenzen (OEG bzw. UEG) festgelegt, bei deren Überschreitung noch regelnd eingegriffen werden kann, dass der Prozess nicht abgebrochen werden muss. Eine manchmal zusätzlich eingebrachte Warngrenze (OWG bzw. UWG) ermahnt zur erhöhten Aufmerksamkeit. In Abb. 4.28 ist dies schematisch dargestellt, ebenso wie eine vereinfachte Form der Pre-Control-Regelkarte. In dieser „Ampelregelung" wird der zulässige Wertebereich in vier Abschnitte eingeteilt, wobei der grüne Bereich einen zuverlässigen Prozess markiert. Geraten die Stichprobenwerte in den gelben Bereich, muss der Prozess korrigiert werden, finden sich Werte mehrmals hintereinander im gelben oder erreichen sie den roten Bereich, ist der Prozess anzuhalten.

Pareto-Diagramm (Klassifizierung von Problemen nach Menge)

In einem Pareto-Diagramm werden Probleme oder ihre Ursachen in der Reihenfolge ihres Beitrags zur Gesamtwirkung geordnet. Damit gewinnt man eine Entscheidungshilfe, welchen Problemen man sich mit der größten Priorität widmen soll.

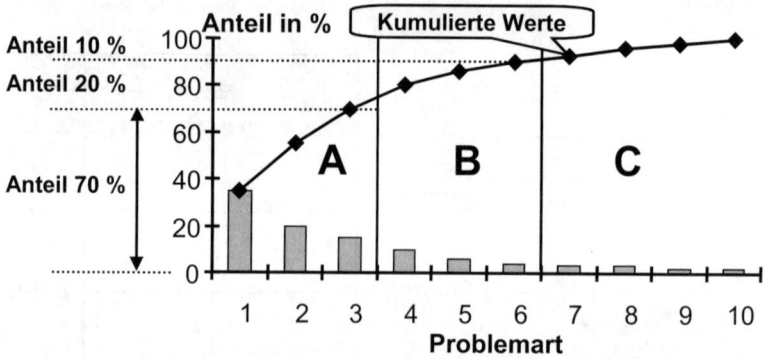

Abb. 4.29: Aussagen der ABC-Analyse im Pareto-Diagramm

Erfahrungsgemäß machen 20 bis 30 Prozent der möglichen Problemarten 70 bis 80 Prozent der Gesamtwirkung aus. Diese Überlegung wird durch die ABC-Analyse aufgenommen, indem man bei der kumulativen Betrachtung der Anteile drei Gruppen bildet. Summiert man die Einzelanteile solange auf, bis man in 70 bis 80 Prozent des Gesamtbetrags erreicht hat, bilden die darin enthaltenen Problemarten die Gruppe A, die man bevorzugt weiter bearbeiten kann. Die Gruppe B ist mit geringerer Priorität zu behandeln, und die Mitglieder der Gruppe C bilden in der Regel keine besonderen Ansatzpunkte für gezielte Untersuchungen.

Streuungsdiagramm (zweidimensionale Abhängigkeit)

Ein Streuungs- oder Korrelationsdiagramm stellt die Beziehung zwischen zwei Merkmalen grafisch dar, die paarweise an demselben Beobachtungsobjekts ermittelt wurden, zum Beispiel die Körpergröße und das Körpergewicht von Personen. Aus der Anordnung der Wertepaare mehrerer Beobachtungsobjekte zueinander kann man dann feststellen, ob zwischen den beiden Merkmalen ein Zusammenhang besteht. Ergibt sich eine Anordnung der Messpunkte so, dass man Ausgleichsgraden durch den Punkthaufen legen kann, ist auf eine Korrelation der Messgrößen zu schließen. Wenn sich also der eine Wert erhöht (Körpergröße) erhöht sich ebenfalls mit einer gewissen Wahrscheinlichkeit der andere Wert (Körpergewicht).

Ursache-Wirkungs-Diagramm (auch Fischgrät oder Ishikawa)

Das Ishikawa-Diagramm wird als Problemlösungstechnik bei Teamsitzungen eingesetzt. Durch eine visuell einleuchtende Ursache-Wirkungs-Darstellung unterstützt
es die Gruppe bei der Zerlegung eines Problems in mögliche Ursachen. Durch anschließende Bewertung lassen sich Ursachenschwerpunkte identifizieren, die dann
weiter behandelt werden können. Neben der üblichen Darstellung in die 5-M-
Kategorien Mensch, Maschine, Material, Methode und Mitwelt (siehe Abb. 4.27)
lassen sich angepasst an die Aufgabenstellung jeweils spezifische Ursachenkatego-
rien definieren wie als Beispiel in Abb. 4.30 gezeigt.

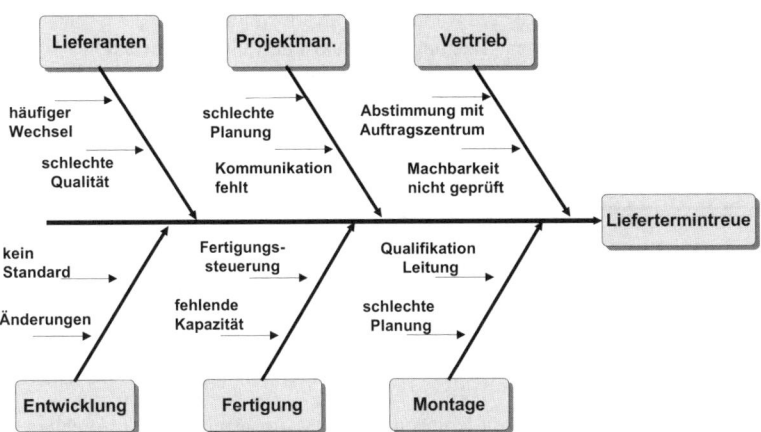

Abb. 4.30: Einsatz eines Ishikawa-Diagramms zur Lösung des
Problems „Liefertermintreue"

Brainstorming

Brainstorming wird in der Gruppe unter Einsatz von Moderationsmethoden durchgeführt mit dem Ziel, in kurzer Zeit viele Ideen zur Lösung des Problems zu generieren. Brainstorming wird angewandt, nachdem das Problem beschrieben ist und
die Ursachen ermittelt wurden, um in kurzer Zeit möglichst viele Ideen und innovative Lösungsvorschläge zu generieren. Als Hilfsmittel kann die Metaplan-Technik[60]
eingesetzt werden, in der die Ideen auf Karten geschrieben werden, die dann an einer Pinnwand nach Aspekten sortiert angebracht werden.

---

[60] Siehe dazu http://www.metaplan-trainings.com.

Man spricht von systematischem Brainstorming, wenn zu einem Thema reihum jeder einen Gedanken ausspricht. Vorteil ist die Einbeziehung auch derjenigen, die eher zurückhaltend sind, der Nachteil liegt in dem eventuell entstehenden Druck auf Personen, denen keine Idee kommen mag. Das unsystematische Brainstorming vermeidet diesen Nachteil, indem spontane Meinungsäußerungen gefragt sind. Nachteilig dabei kann die Dominanz einiger weniger Meinungsführer sein.

Folgende Regeln müssen beim **Brainstorming** unbedingt eingehalten werden:

* Exakte Formulierung der Fragestellung.
* Absolutes Kritikverbot während der kreativen Phase.
* Vorschläge stellen Anregungen dar und sind weiterzuentwickeln.
* Schriftliche Fixierung der geäußerten Ideen.
* Stimulation der Ideensammlung durch den Moderator.
* Hervorbringung möglichst vieler Ideen.
* Keinerlei Zeitdruck während der kreativen Phase.

Erst nach Abschluss der Ideenfindung nach maximal 15 Minuten kann dann mit der Metaplan-Technik weitergearbeitet werden. Die Ideen können strukturiert zusammengefasst und von den Teilnehmern durch Vergabe von Punkten bewertet werden.

4.3.5 Null-Fehler-Programme

Allzu oft hört man auf die Forderungen des TQM-Ansatzes nach Null-Fehlern die Antwort, dass eine Arbeit ohne Fehler gar nicht möglich sei. Dem ist entgegenzuhalten, dass es Bereiche gibt, in denen jeder einzelne Fehler für Menschen tödlich enden kann, wie zum Beispiel in der Medizin oder der Raumfahrt, und damit Fehlertoleranz nicht stattfinden darf. In diesen Fällen muss mit entsprechendem Aufwand Vorbeugung getrieben und eine enge Prozesskontrolle mit sofortigem Reagieren gewährleistet werden.

Die Strategie der Fehlervermeidung setzt am wirkungsvollsten in der Entwicklungs- und Konstruktionsphase von Produkten und Prozessen an. Der Amerikaner Philip B. Crosby[61] entwickelte hierzu ein Null-Fehler-Programm, dessen Schritte in Abb. 4.31 dargestellt sind.

---

[61] Crosby, Philip B: Qualitätsmanagement, Wien, 2000.

Programmschritt	Inhalte
Verpflichtung des Managements	Das Management muss sich zur Qualität bekennen
Lenkungsgruppe Qualität	Promotoren für Qualitätsverbesserungsprogramme
Qualitätsmessung	Basis für objektive Bewertung des Ist-Zustands und der Verbesserungen
Kosten der Nichtqualität	Ermittlung der Kosten und Bedeutung für das Unternehmen
Qualitätsbewusstsein	persönliches Verantwortungsgefühl aller fordern und fördern
Korrekturmaßnahmen	systematische Methoden anwenden, um festgestellte Probleme zu lösen
Null-Fehler-Planung	Vorbereitung des offiziellen Null-Fehler-Programms
Mitarbeiterschulung	Schulungsbedarf ermitteln und Mitarbeiter für die Anforderungen fit machen
Tag der Qualität	regelmäßige Veranstaltungen, auf denen der Fortschritt demonstriert wird
Zielsetzung	Umsetzung der Verpflichtung, sich selbst und in Gruppen Ziele zu setzen
Beseitigung von Fehlerursachen	Kommunikationssystem einrichten, über das Probleme offenbart werden
Anerkennung	Die Leistung der teilnehmenden Mitarbeiter würdigen
Expertengruppen	Die Fachleute regelmäßig zu Erfahrungsaustausch bringen
wieder von vorne anfangen	Verdeutlichen, dass Qualitätsverbesserung ein permanenter Prozess ist

Abb. 4.31: Das Null-Fehler-Programm nach Crosby

4.3.6   Das Poka-Yoke-Konzept

In anderen Bereichen entsteht die Null-Fehler-Forderung aus wirtschaftlichen Über-legungen wie zum Beispiel in der Serienfertigung mit weltweitem Wettbewerb. Wie die Philosophie der Null-Fehler-Produktion in die Praxis umgesetzt werden kann, zeigt die Methode des Poka-Yoke-Konzepts[62].

Erkannte oder vermutete Abweichungen von der vereinbarten Qualität dürfen nicht stillschweigend weitergegeben werden. Sie müssen am Ort der Entstehung identifi-ziert und fachkundig behandelt werden. In der Praxis häufig auftretende Fehlerquel-len sind unbeabsichtigte Fehler, die den Menschen im Produktionsprozess unterlau-fen.

Poka Yoke sind technische Vorkehrungen, die das Auftreten von Fehlern unmöglich machen oder entstandene Fehler unmittelbar entdecken. Durch spezielle Gestal-tungsmaßnahmen am Arbeitsplatz oder am Produkt werden Fehlhandlungen ausge-schlossen - zum Beispiel wird durch eine zusätzliche optische Anzeige dafür ge-sorgt, dass bei einer Reihe von zu montierenden Teilen keines vergessen werden kann.

4.3.7   Six Sigma

Six Sigma ist ein integrales Verbesserungsprogramm, das 1987 in den USA von Motorola entwickelt und erfolgreich angewendet wurde. Six Sigma fußt auf drei Säulen:

- Systematik zur Generierung eines Quantensprungs in der Leistungssteigerung
- Six Sigma-Organisation mit Champions, Black- und Green Belts
- Management-Reviews unterstützt durch geeignete Performance-Anzeigen.

Die Effizienz und Effektivität von Arbeitsprozessen lässt sich mit Hilfe von statisti-schen Instrumenten quantifizieren. Der Vorteil einer wissenschaftlichen, methodi-schen Vorgehensweise der Qualitätsmessung liegt in der universellen Einsatzmög-lichkeit in allen Bereichen. Dadurch werden Prozesse vergleichbar. Außerdem er-leichtern es die gemessenen Daten, Probleme korrekt zu identifizieren und sachliche Entscheidungen zu ihrer Lösung zu treffen.

Der griechische Buchstabe Sigma charakterisiert in der Statistik die Verteilung ei-nes Prozesses um einen Mittelwert. Der Sigma-Wert ist ein Maß für die Fehlerfrei-heit von Prozessen und somit für die Erfüllung vereinbarter Kundenanforderungen. Der oft zitierte Wert "Six Sigma" bedeutet, dass in einem Prozess unter bestimmten

---

[62] Poka Yoke kommt aus dem Japanischen und heißt „Vermeidung unbeabsichtigter Fehler".

statistischen Rahmenbedingungen von 1 Millionen Fehlermöglichkeiten nur 3,4 fehlerhafte Ergebnisse auftreten. Ein Prozess ist damit zu 99,99966 % fehlerlos. Je weniger Fehler im Prozess auftreten, umso höher ist der Sigma-Wert.

Six Sigma-Verbesserungsprojekte basieren auf einer einheitlichen Vorgehensweise, bei der in der Regel fünf verschiedene Phasen durchlaufen werden. Der Umfang eines Six Sigma-Projektes wird so gewählt, dass das Verbesserungsprojekt in maximal 90 Tagen erfolgreich abgeschlossen werden kann.

Phase	Inhalte
Definieren (Define)	Definition der Projektziele und der Projektschwerpunkte. Beschreibung des zu verbessernden Prozesses und Festlegen der Kundenanforderungen.
Messen (Measure)	Sammeln und Feststellen aussagefähiger und objektiver Daten über das Maß, in dem die Kundenanforderungen bereits erfüllt werden.
Analysieren (Analyze)	Ursachen für die Nichterfüllung von Zielen ermitteln. Verbesserungsbedarf und Verbesserungsmöglichkeiten aufdecken.
Verbessern (Improve)	Lösungen zur Ursachenbeseitigung erarbeiten. Kosten-/Nutzenbetrachtungen anstellen. Erstellen eines Umsetzungsplans.
Steuern (Control)	Überwachen des optimierten Prozesses hinsichtlich seiner Wirksamkeit zur Erfüllung der Kundenanforderungen. Integration in das Tagesgeschäft. Überprüfung auf Eintreffen des erwarteten Nutzens - ggf. Durchführung weiterer Korrekturen.

Abb. 4.32: Phasenkonzept in Six Sigma Projekten

Neben grundlegenden Schulungen aller Mitarbeiter in den Six Sigma-Methoden hat sich ein System der speziellen Ausbildung von Managern eingebürgert, den so genannten "Belts" = Gürtel entsprechend dem Verständnis im Judosport. Die "Black Belts" sind in der Regel Vollzeitkräfte, die das Programm umsetzen. Zur Unterstützung werden "Green-Belts" ausgebildet, die neben ihrer operativen Tätigkeit spezielle Aufgaben in den Six Sigma-Projekten wahrnehmen.

Bereichs- und Abteilungsleiter unterstützen Six Sigma-Programme als „Champions". Sie setzen die Unternehmensvision in Ziele und Messgrößen um, definieren und genehmigen die Six Sigma-Projekte und beschaffen die notwendigen finanziellen und personellen Mittel. Die Champions wählen die Personen aus, die als Green oder Black Belts die Verbesserungsprozesse vorantreiben sollen. Dabei werden auch Modelle eingesetzt, in denen die Bezahlung der Manager vom Projekterfolg abhängig gemacht wird.

4.3.8 Prüfmittelmanagement

Prüfmittel sind die Referenz, an dem die Qualität der Produkte und Prozesse gemessen werden. Das Prüfmittelmanagement ist damit ein wesentliches Element in einem Qualitätsmanagement-System. Das Prüfen kann subjektiv durch Sinneswahrnehmungen oder objektiv durch Messen und Lehren erfolgen. Bei der subjektiven Prüfung beurteilt der Messende das Ergebnis mit seinen Sinnesorganen. Soweit es sich um nicht messtechnisch erfassbare Vorgänge handelt, verbleibt der Mensch als Prüforgan. Für die Beurteilung von weichen Faktoren wie Kundenzufriedenheit, Mitarbeiterzufriedenheit oder Image kann man nur versuchen, gewisse Checklisten zu nutzen, auf jeden Fall bleibt das Ergebnis subjektiv und ist damit schwerer zu deuten als messtechnische Ergebnisse.

Das Qualitätsniveau hergestellter Produkte kann durch entsprechende Maßnahmen verbessert werden. Der Nachweis ist aber nur durch fähige Prüfmittel zu führen. Das bedeutet, dass Prüfmittel entsprechend dem Anwendungsfall ausgewählt sein müssen, im Bedarfsfall verfügbar sind und bei der Anwendung auch die geforderten Eigenschaften besitzen. Der überwachte Einsatz von geeigneten Prüfmitteln wird aber auch von Kunden und durch gesetzliche Normen und Richtlinien gefordert. Die Rückkopplung aus den Prüfauswertungen führt schließlich noch zu einer Optimierung der Prozesse und zur Kostenoptimierung des Prüfmitteleinsatzes.

Im Produktionsbereich gelten die Begriffe der DIN 1319 „Grundbegriffe der Messtechnik":

- **Messen**
  ist der experimentelle Vorgang, durch den ein spezieller Wert einer physikalischen Größe als Vielfaches einer Einheit oder einer Bezugsgröße ermittelt wird (quantitative Aussage).

- **Prüfen**
  heißt feststellen, ob der Prüfgegenstand die vorgeschriebenen oder vereinbarten Bedingungen erfüllt (qualitative Aussage).

Prüfen soll niemals Selbstzweck sein. Prüfungen, aus denen keinerlei Folgerungen gezogen werden, können unterbleiben. Die Aufgaben des Prüfmittelmanagements sind ein Teil des QM-Systems eines Unternehmens. Neben der Prüfmittelplanung und -beschaffung und der Prüfmittelverwaltung ist es für die Prüfmittelüberwachung zuständig. Die Aufgaben und die jeweilige organisatorische Einbindung sind in Abb. 4.33 zusammengestellt.

Prüfmittel....	Aufgabe	Organisation
Planung und Beschaffung	Eigenschaften, Anforderungen und Spezifikationen müssen festgelegt sowie die geeigneten Lieferanten ausgewählt werden	vorgelagerte Funktion als Teil der Fertigungsplanung
Verwaltung	Erfassung und Beschreibung inklusive Kennzeichnung und Dokumentation, Kapazitätsplanung und Bestandsoptimierung	zentrale Funktion mit eigenem Verfahrensablauf
Überwachung	Einsatzfähigkeit sicherstellen, laufende Überwachung inklusive Eichung, Kalibrierung und Justage, Instandhaltung und Reparatur	prozessbegleitende Funktion mit Überwachungsaufgaben

Abb. 4.33: Aufgabenfelder des Prüfmittelmanagements

Die betriebsinterne Prüfmittelüberwachung mit Kalibriernormalen muss dahingehend abgesichert werden, dass deren Genauigkeiten bekannt sind. Die Überprüfung dieser Kalibriernormale kann durch amtliche oder amtlich zugelassene Stellen erfolgen. Das sind die Physikalisch-Technische Bundesanstalt (PTB) in Braunschweig sowie die Bundesanstalt für Materialprüfung (BAM) in Berlin mit ihren nachgeordneten Stellen. Bei Erfüllung messtechnischer und organisatorischer Voraussetzungen kann ein Unternehmen die Anerkennung seiner eigenen Überprüfung beim DKD beantragen.

Die **Prüfmittelüberwachung** soll :

- für die vorgesehene Benutzung Spezifikationen liefern,

- über die systematische Auswahl der Prüfmittel bzgl. Art und Anzahl sicherstellen, dass dieses Verfahren unter wirtschaftlichen Rahmenbedingungen erfolgt,

- sicherstellen, dass die Rückführbarkeit der Normale auf nationale oder internationale Normale staatlicher Institute (PTB, DKD) gegeben ist,

- gewährleisten, dass die Messgeräte in einer Weise benutzt werden, die sicherstellt, dass die Messunsicherheit bekannt und mit der für die Messung geforderten Eignung vereinbar ist.

- über die eindeutige Kennzeichnung eine genaue Bestandsführung der eingesetzten Prüfmittel ermöglichen und verhindern, dass fehlerhafte Prüfmittel verwendet werden.

In den meisten Fällen werden für die Aufgaben des Prüfmittelmanagements rechnergestützte Verfahren eingesetzt. Somit ist eine zeitnahe und aktuelle Aussage über den Zustand der Prüfmittel möglich sowie über den sinnvollen Prüfumfang, eine Voraussetzung für die Anforderungen der Produktion in punkto Qualität, Flexibilität und Kostenoptimum.

4.4 Fragenkatalog

1. Beschreiben Sie in Bezug auf die Unternehmens-Ressourcen den Zusammenhang zwischen Qualitätsmanagement und der betriebswirtschaftlichen Systemtheorie.

2. Warum stellen die Mitarbeiter einen wichtigen Bezugspunkt für das Qualitätsmanagement dar? Welche besondere Bedeutung besitzen sie für die Erzielung von Qualität?

3. Was verstehen Sie unter Motivation? Welche „Motivations-Theorien" kennen Sie und wie gut eignen sie sich zur Lösung von Motivationsproblemen?

4. Wie lassen sich Mitarbeiter motivieren? Diskutieren Sie diese Fragen vor dem Hintergrund eines von Ihnen gewählten praktischen Beispiels.

5. Was ist bei der Mitarbeiterauswahl aus der Perspektive des Qualitätsmanagements zu beachten? Welche Fehler können besonders bei der Einweisung und Einarbeitung neuen Personals aus Sicht des Qualitätsmanagements gemacht werden?

6. Aus welchen Komponenten besteht eine professionelle Personalentwicklung?

7. Welche Erscheinungsformen der Gruppenarbeit kennen Sie und wann kommen sie jeweils zum Einsatz? Welche speziellen Probleme können auftreten?

8. Welche Methoden aus dem Ideenmanagement kennen Sie und wann kommen sie jeweils zum Einsatz?

9. Worin liegt der Unterschied zwischen dem betrieblichen Vorschlagswesen und kontinuierlichen Verbesserungsprozessen? Finden Sie jeweils Beispiele.

10. Was ist ein Qualitätszirkel? Welche Ziele werden damit verfolgt und welche Vorteile werden davon grundsätzlich erwartet?

11. Wie kann das Prinzip der kontinuierlichen Verbesserung mit anderen Managementwerkzeugen kombiniert werden? Wann ist KVP nicht sinnvoll durchführbar?

12. Welche Rolle spielt die Ausprägung guter Kommunikation für die Qualitätsfähigkeit eines Unternehmens?

13. Welche Vorteile resultieren aus regelmäßigen Mitarbeitergesprächen für beide Seiten?

14. Welche Einsatzmöglichkeit von CAQ-Systemen kennen Sie und welche Vorteile bringt eine DV-Netzwerkstruktur?

15. Interpretieren Sie die Anforderungen des EFQM-Modells bezüglich des Aspekts „Partnerschaften und Ressourcen". Finden Sie Beispiele guter Unternehmenspraxis.

16. Zeigen Sie beispielhaft auf, wie durch vorbeugende Maßnahmen der Qualitätssicherung erhebliche Kosten eingespart werden könnten.

17. Worin liegen die Schwerpunkte der Qualitätssicherung moderner Prägung? Nennen Sie Beispiele.

18. Skizzieren Sie in Umrissen kurz die Möglichkeiten statistischer Verfahren im Zusammenhang mit dem Qualitätsmanagement.

19. Welche Qualitätstechniken lassen sich bei der Fehlererfassung und -analyse nutzen? Wie können die Methoden miteinander im zeitlichen Ablauf kombiniert werden?

20. Was halten Sie vom „Null-Fehler-Ansatz"? Erörtern Sie kurz die Grundsätze dieses Konzeptes. Was hat Poka Yoke damit zu tun?

21. Welche Ergebnisse erhofft man sich vom Einsatz der Black- and Green-Belt-Mitarbeiter im Six Sigma-Prozess?

22. Welche Aufgaben kommen dem Prüfmittelmanagement im betrieblichen Ablauf zu? Welche Probleme können bei nicht korrekter Arbeitsweise entstehen?

5. Qualitätsmanagement in der Wertschöpfungskette

Inhaltsübersicht zu Kapitel 5

In diesem Kapitel werden die Abläufe des Kernprozesses „Kundenbelieferung" behandelt. Obwohl hier die eigentliche Wertschöpfung stattfindet, sind die unterstützenden Prozesse nicht weniger bedeutend. Diese ermöglichen durch Planungs-, Lenkungs-, Korrektur- und Vorbeugungsmaßnahmen erst den optimalen Ablauf in der Wertschöpfungskette.

5.1   Qualitätsmanagement in Marketing und Vertrieb

Der Kunde eines Unternehmens erwartet nicht nur selbstverständlich die Erfüllung seiner Grundanforderungen an Produkte oder Dienstleistungen, sondern er möchte auch seine persönlichen Vorstellungen erfüllt sehen. Aufgabe der Funktionsbereiche Marketing und Vertrieb im Rahmen des Qualitätsmanagements ist es, diese Erwartungen bestmöglich zu erfüllen. Eine Hilfe bei der systematischen Vorgehensweise zur Zielerreichung stellt die Beantwortung von Fragen dar, wie sie in Abb. 5.1 zusammengestellt sind.

Frage	Hinweise
Wer ist mein Kunde ?	nicht nur extern, sondern auch intern
Was benötigt mein Kunde von mir ?	materielle / immaterielle Dinge
Welche Erwartungen hat mein Kunde ?	messbare, erfüllbare Sollerwartung
Was biete ich ihm jetzt ?	Ist-Analyse
Wo erfülle ich seine Erwartungen nicht ?	Schwachstellenanalyse
Was kann ich tun, um seine Erwartungen zu erfüllen ?	Veränderungskonzept
Welche Aktionen setze ich um ?	was, wann, wo, mit wem ?

Abb. 5.1: Die sieben Fragen des Lieferanten

5.1.1 Aufgaben des Marketing

Im Zusammenspiel der Funktionsbereiche innerhalb eines Unternehmens besteht die Aufgabe des Marketing darin, die Anforderungen an Produkte, Dienstleistungen und Serviceangebote im Markt zu identifizieren und daraus eine Marketingkonzeption zu entwickeln.

Die Teilaufgaben des **Marketing** beinhalten:

- Konzipierung neuer Produkte und Dienstleistungen
- Betreuung / Weiterentwicklung bestehender Produkte und Leistungen
- Erstellung von Portfolios
- Bestimmung einzelner Marktsegmente
- Preis- und Kommunikationspolitik
- Plazierung der Produkte und Leistungen
- Vermittlung zwischen internen und externen Kunden

Die Anforderungen an die Entwicklung neuer Produkte und Dienstleistungen sind in mehreren Dimensionen stark gestiegen. Neben der grundlegenden Erfüllung von Zuverlässigkeits- und Qualitätskriterien treten Erfordernisse bezüglich erweiterten Services, spezieller Logistikleistungen und der Erfüllung von Auflagen aus der Produkthaftung oder dem Umweltschutz.

Die Umsetzung dieser umfassenden Qualitätsforderungen ist nur durch die Bildung multifunktionaler Teams und den Einsatz eines Projektmanagements zu leisten. Deshalb müssen sich Mitarbeiter im Marketing neben ihrer Fachausbildung die Fähigkeit im Umgang mit sozialen Systemen, Teamorganisationen, dem Null-Fehler-Management und für die Anwendung statistischer Methoden aneignen.

5.1.1.1 Marktforschung und Marktbeobachtung

Um Entscheidungen über Produkt- und Qualitätspolitik treffen zu können, kann man eine Reihe von Informationsquellen nutzen. Neben den allgemein verfügbaren Daten aus der Sekundärforschung (interne und externe Quellen) sind in der Regel zusätzliche Informationen in Form verschiedener Primärerhebungen notwendig. In Abb. 5.2 sind einige Verfahren zur Informationsgewinnung aufgelistet, wobei aus den Ergebnissen von Beobachtungen und Befragungen Inhalte für spezifische Experimente erarbeitet werden können. So gewinnt man Anforderungsprofile des Marktes bezüglich Eigenschaften und Qualitätsmerkmalen unter besonderer Berücksichtigung von Kundenerwartungen und Kundenzufriedenheit.

Beobachtungen	Befragungen	Experimente
• Analyse des Produktlebenszyklus • Analyse der Programmstruktur • Kundenbeobachtungen • Wettbewerbsbeobachtungen • Analyse von Portfolios	• Kundenbefragungen wie Imagemessung, Markenpositionierung oder Panelerhebungen • Expertenbefragungen • Handelsbefragungen	• Produkttest • Storetest • Markttest • Warentest

Abb. 5.2: Methoden zur Informationsgewinnung im Marketingbereich[63]

Aufgrund solcher Untersuchungen lassen sich im Abgleich mit der allgemeinen Unternehmenspolitik Schwerpunkte der zukünftigen Entwicklungstätigkeiten herleiten. Es werden Zielkunden und Zielmärkte festgelegt, die Markt- und Wettbewerbssituation berücksichtigt, Kostenüberlegungen angestellt und das Geschäftsrisiko abgeschätzt.

5.1.1.2 Produkt- und Leistungsdefinition

Zur endgültigen Definition der anzubietenden Produkte oder Dienstleistungen sind im folgenden Schritt Gewichtungen durchzuführen, um Kundenvorstellungen mit Qualitätsmerkmalen abzugleichen. Daraus entstehen dann Werte, Spezifikationen oder Bandbreiten, um die Qualitätsanforderungen des Kunden näher zu bestimmen. Die Tatsache, dass Kunden ihre Wünsche subjektiv formulieren und auf unterschiedliche Angebote verschieden reagieren, ist in Abb. 5.3 skizziert.

Grundlage für die Erfüllung der Kundenerwartung bildet also sein Soll-Profil, das heißt, der Kundenanspruch an Produktqualität und Kommunikation sowie der persönliche Kontakt mit dem Unternehmen. Die Erfüllung von Grundforderungen wird stillschweigend vorausgesetzt, da sie selbstverständliche Funktionen betreffen. Es reicht aber nicht aus, nur diese Forderungen zu erfüllen, sondern erst durch die Erfüllung zusätzlicher Merkmale kann eine positive Differenzierung gegenüber dem Wettbewerb erzielt werden. Gelingt es darüber hinaus, dem Kunden Leistungen anzubieten, die er eigentlich gar nicht erwartet hat, führt das zur Begeisterung und lässt über diese „Zusatz-Leistungen" das Unternehmen an sich als innovativ erscheinen. Oft sind diese Effekte relativ kostengünstig durch kundenorientierte Kommunikation zu erreichen. Zur Feststellung des Soll-Profils wird häufig das In-

---

[63] Angelehnt an: Bruhn, M.: Forderungen des Marktes, in: Masing, W.: Handbuch Qualitätsmanagement, München, 1999.

strument Quality Function Deployment (QFD) eingesetzt, um so die produkt- und leistungsbezogenen Kundenforderungen detailliert zu ermitteln (siehe Kap. 5.2.4).

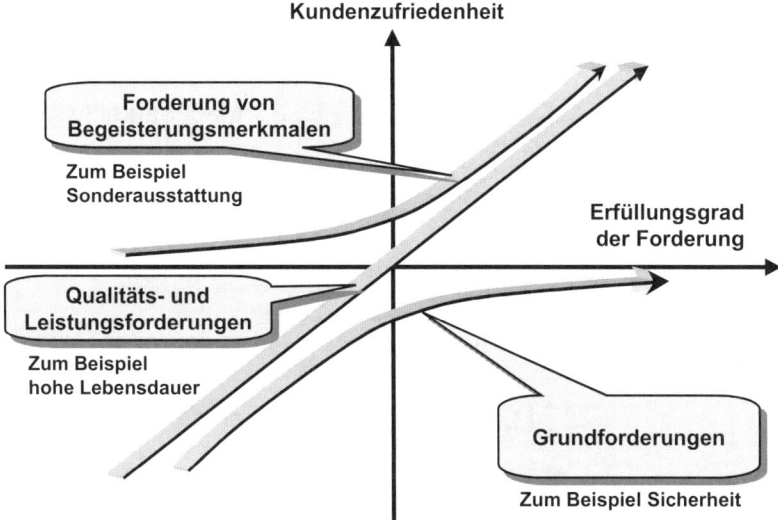

Abb. 5.3: Kundenzufriedenheit bei unterschiedlichen Forderungskategorien[64]

5.1.1.3 Markteinführung

Es lassen sich für einen typischen Lebenslauf von Produkten oder Dienstleistungsangeboten bestimmte Phasen feststellen, die nacheinander zu durchlaufen sind. In Abb. 5.4 sind diese Phasen mit ihren jeweiligen Inhalten zusammengestellt. In einem Prozessnetzplan wird es mit der Festlegung von Meilensteinen ständig zu Prüfterminen kommen, an denen die Zielerreichung überprüft wird und gegebenenfalls eine Rückkopplungsschleife zu den vorhergehenden Abschnitten durchlaufen werden muss.

Das Lasten- und das Pflichtenheft bilden die Grundlage eines jeden Projektes. Deren Qualität und Vollständigkeit ist Grundlage für eine erfolgreiche Projektabwicklung. Die Erstellung des Lasten- und Pflichtenheftes muss deshalb mit entsprechender Sorgfalt und in notwendiger Qualität und Vollständigkeit erfolgen. Das Lasten-

---

[64] Nach Kano. Siehe auch Sauerwein, E.: Das Kano-Modell der Kundenzufriedenheit, Wiesbaden, 2000.

heft wird vom Vertrieb, das Pflichtenheft in Zusammenarbeit zwischen Vertrieb und Entwicklung ausgearbeitet.

Definition	Produktvorschlag
Bewertung	Machbarkeitsstudie
Konzept	Lastenheft
Spezifikation	Pflichtenheft
Realisierung	serienreifes Produkt
Markteinführung	eingeführtes Produkt
Betreuung	Umsätze
Outphasing	Ersatzteile

Abb. 5.4: Lebenslaufphasen eines Produkts bzw. eines Dienstleistungsangebots

---

Lastenheft:

DIN 69905 - VDI/VDE 3694 - VDA 6.1: Gesamtheit der Forderungen des Auftraggebers an die Lieferungen und Leistungen eines Auftragnehmers.

Das Lastenheft erfasst alle Kundenwünsche und -anforderungen an das zu entwickelnde und zu konstruierende Produkt. Im Lastenheft wird definiert, was für eine Aufgabe vorliegt und wofür diese zu lösen ist.

Pflichtenheft:

DIN 69905 - VDI/VDE 3694 - VDA 6.1: Vom Auftragnehmer erarbeitete Realisierungsvorhaben aufgrund der Umsetzung des Lastenheftes.

Das Pflichtenheft enthält das Lastenheft. Im Pflichtenheft werden die Anwendervorgaben detailliert und die Realisierungsforderungen unter Berücksichtigung konkreter Lösungsansätze beschrieben. Im Pflichtenheft wird definiert, wie und wo die Forderungen zu realisieren sind.

5.1.2 Qualitätsziele im Vertrieb

Während der Marketingbereich auf mittel- und langfristige Lösungen in den Kundenbeziehungen fokussiert ist, richtet sich das Augenmerk des Vertriebs auf den operativen Teil dieser Zusammenarbeit, also auf das Tagesgeschäft. Zunehmend treten einzelne Funktionen wie Auftragsannahme oder Terminüberwachung in den Hintergrund. Funktionsorientierte Abläufe werden von prozessorientierten Organisationsformen abgelöst.

Voraussetzung für die Erfüllung solcher Qualitätsziele sind hochmotivierte Mitarbeiter im Marketing- und Vertriebsbereich. Mitarbeiterorientierung ist damit ein wesentlicher Baustein des Qualitätsmanagements im Vertrieb.

Die Umsetzung der **Qualitätsforderung des Kunden** bedeutet:

das fertige Produkt oder die Leistung so gut wie vom Kunden gefordert herzustellen und zu vermarkten,

also so gut wie nötig (subjektive Qualität)
und nicht so gut wie technisch möglich.

Für die Marketing- und Vertriebsaufgaben sind Themen wie Kundenorientierung, Prozessorientierung, Mitarbeiterorientierung und Ergebnisorientierung von besonderer Bedeutung. Erst in der Langzeitrevision der ISO-Norm 9000:2000 werden diese Aspekte ausreichend berücksichtigt. In den Modellen des Baldrige National Quality Award (BNQA) sowie des European Quality Award (EQA) oder des Ludwig-Erhard-Preises in Deutschland besaßen diese Elemente schon immer besonderen Stellenwert.

Kundenorientierung

Qualität wird vom Kunden immer subjektiv erlebt. Als Vergleichsmaßstab dienen die Leistungen des Wettbewerbs oder frühere Erfahrungen. Aber erst weitere verhaltensbezogene Kriterien wie Image des Unternehmens, Verhalten der Verkäufer, Service und Kundendienst oder Kundenbindungskonzepte führen zu einer totalen Kundenorientierung.

Prozessorientierung

Beanstandungen von Kunden zeigen, dass sie sich selten auf den Produktionsprozess alleine beziehen. Sie betreffen auch Prozesse der Auftragsannahme und Bestätigung, der Termintreue, der Auftragsabwicklung bis hin zum Kundendienst. Für die internen Kunden- und Lieferantenbeziehungen ist es deshalb wichtig, die einzelnen Kontaktstellen im Unternehmen so zu definieren, dass quantifizierbare und qualifizierbare Zielvorgaben für einzelne Prozesse definiert werden können. Sogenannte „Prozesseigner" sind dafür verantwortlich, Fehlleistungen innerhalb des ihnen anvertrauten Prozesses aufzudecken und nach Möglichkeit in Zukunft zu verhindern.

Mitarbeiterorientierung

Im Vertrieb erhält die Teamarbeit zwischen Außen- und Innendienst immer größere Bedeutung. Sichtbar wird sie an dem Kommunikationsverhalten, der Motivation sowie der Qualifikation einzelner Teammitglieder. Die wichtigsten Faktoren bei der Unterstützung kundenorientierter Teamarbeit sind entsprechende Organisation, Kompetenzverteilung sowie Schulung und gemeinsame Entlohnung. Im Vertrieb tritt der Einzelkämpfer an der Vertriebsfront immer stärker hinter den Teamspieler zurück.

Ergebnisorientierung

Ergebnisverbesserung kann entweder durch geschickte Preisgestaltung oder durch konsequente Kosteneinsparung erreicht werden. Um höhere Preise am Markt durchsetzen zu können, benötigt der Vertrieb ein Alleinstellungsmerkmal (USP= Unique Selling Proposition), das beispielsweise durch Begeisterungsmerkmale (siehe Abb. 5.3) erreicht werden kann. Auf der Kostenseite können hauptsächlich durch Vorbeugemaßnahmen unnötige Kosten vermieden und durch Kostenkontrolle, wie sie beispielsweise durch Einsatz der Prozesskostenrechnung möglich wird, Einsparungen erzielt werden.

Positive Auswirkungen auf das Ergebnis haben:

- Umfassende Marktuntersuchungen,
- Einbeziehung der Lieferanten in die Entwicklung von neuen Produkten,
- Interpretation von Testergebnissen aus dem Markt,
- Richtiges Timing bei der Einführung,
- Optimierte Koordination der einzelnen Marketinginstrumente,
- Nur einhaltbare und nachprüfbare Aussagen in der Werbung,
- Keine Verletzung von Schutz- und Wettbewerbsgesetzen.

Durch seine weitgehende Preiskompetenz ist der Vertrieb in der Lage, in hohem Maße ergebnisorientiert zu agieren. Entlohnungssysteme, die nicht mehr den Umsatz, sondern den Produkt- und Kundenertrag in den Mittelpunkt stellen, sind ein wichtiger Schritt auf diesem Weg. Für die Verkäuferführung sind Kennzahlen wie in Abb. 5.5 aufgeführt interessant, an denen die Leistung gemessen werden kann und Trends abgelesen werden können.

Quantitätsorientierte Elemente	Qualitätsorientierte Elemente
• Deckungsbeitrag	• Besuchsziele
• Umsatz/Absatz	• Besuchsergebnisse (Akquisition, Auftrag, Service)
• Aufträge	• Reklamationsquote
• Nutzungsgrad pro Jahr	• Umwandlung, Lost Order
• Besuchsschnitt pro Woche	• Kundenbindung
• Kosten-/Zeitoptimierung	• Kundenzufriedenheit
• Neukundengewinnung	• Trainings-, Veranstaltungsteilnahme

Abb. 5.5: Beispiel für Kennzahlen im Vertriebscontrolling

5.1.3 Der Kundenbelieferungsprozess

Innerhalb des Kernprozesses „Kundenbelieferung" sind vom Vertrieb eine Reihe von Aufgaben wahrzunehmen, die in Abb. 5.6 dargestellt sind.

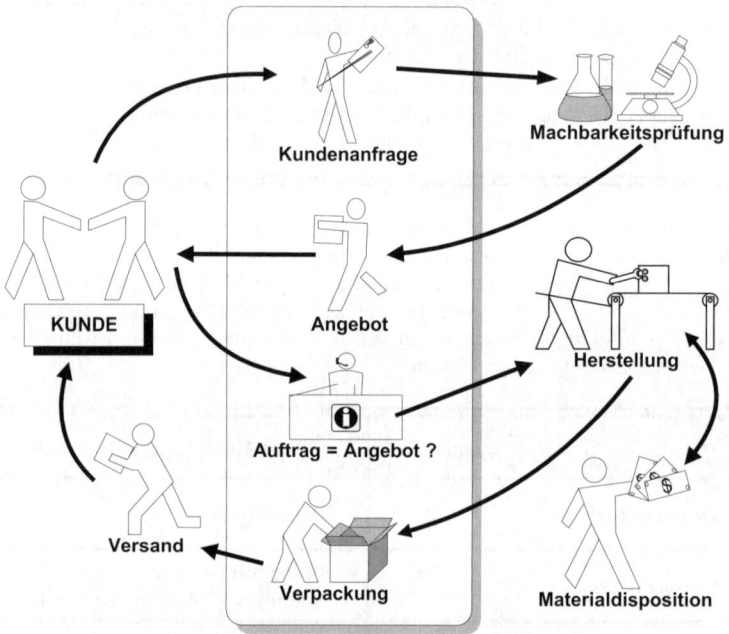

Abb. 5.6: Aufgaben des Vertriebs im Kundenbelieferungszyklus

Nach einer Kundenanfrage muss überprüft werden, ob alle Kundenerfordernisse inklusive Verfügbarkeit, Auslieferung und Unterstützung ausreichend ermittelt, definiert, dokumentiert und verstanden sind und ob das Unternehmen in der Lage ist, die Anforderungen zu erfüllen. Dazu gehört auch die Erfüllung vom Kunden nicht angegebener Forderungen, die jedoch zur Eignung für den Verwendungszweck notwendig sind, sowie die Berücksichtigung von Auflagen in Bezug auf das Produkt einschließlich behördlicher und gesetzlicher Forderungen.

Vor Unterbreitung eines Angebots, der Annahme eines Vertrags oder Auftrags müssen sämtliche bekannten Forderungen erfasst und dokumentiert werden. Die Forderungen werden durch den Verantwortlichen auf ihre technische und terminliche Realisierbarkeit in Rücksprache mit allen betroffenen Bereichen geprüft und dokumentiert.

Vor Auftragsbestätigung erfolgt eine Überprüfung mit den Inhalten des Angebots. Vertragsänderungen müssen dabei wie Neuaufträge behandelt werden. Für den Fall, dass eine Anfrage aus technischen oder terminlichen Gründen abgesagt werden muss, erfolgt die Benachrichtigung des Kunden unter Angabe von Gründen, um nachfolgende Geschäftsbeziehungen weiter zu ermöglichen.

Die Terminierung der Arbeitsabläufe erfolgt durch die Produktionsplanung oder das Auftragszentrum in Abstimmung mit den anderen zuständigen Bereichen. Technische und kaufmännische Kosten werden bei der Angebotserstellung ermittelt und in die Gesamtkalkulation eingebracht.

Zu den Kommunikationsinhalten gehören neben regelmäßigen technischen Informationen auch Hinweise zum Verhalten bei Kundenbeschwerden (siehe Kap. 5.1.4), Schulung bezüglich Maßnahmen bei Auftreten fehlerhafter Produkte sowie die Messung der Kundenzufriedenheit (siehe Kap. 5.1.5)

5.1.4 Beschwerdemanagement

Ein wichtiges Instrument zur Kundenbindung stellt das professionelle Beschwerdemanagement dar. Mit seiner Hilfe kann man Kundenzufriedenheit wiederherstellen, betriebliche Schwachstellen identifizieren und marktliche Chancen nutzen.

Nur ein Teil der unzufriedenen Kunden beschwert sich überhaupt, hauptsächlich dann, wenn sie sich in Form einer Reklamation auf ihren Rechtsanspruch berufen. Deshalb sind geringe Beschwerdezahlen kein aussagekräftiger Indikator für Kundenzufriedenheit. Ein proaktives Beschwerdemanagement sollte deshalb nicht vordergründig die Minimierung von Beschwerden zum Ziel haben, sondern die Maximierung des Anteils der unzufriedenen Kunden, die sich dann auch beschweren. Erreichen kann man das durch eine offene Kommunikationspolitik, zum Beispiel durch eine Hotline oder eine Beschwerdeseite im Internet.

Unterstützt wird diese Möglichkeit der Informationsgewinnung zur Problemanalyse und für die Prävention durch Messung der Kundenzufriedenheit wie in Kap. 5.1.5 beschrieben. Insgesamt kann ein Unternehmen so den dauerhaften Verlust unzufriedener Kunden vermeiden, zusätzliche Akquisitionschancen nutzen und durch Auswertung der gesammelten Informationen Kosten für Nichtqualität vermeiden.

5.1.4.1 Beschwerdebearbeitung

Von größter Bedeutung ist, wie der Erstkontakt mit einem unzufriedenen Kunden gestaltet wird. Dazu sind die Mitarbeiter entsprechend im Verhalten zu schulen und mit Informationen zu versehen, mit denen sie relativ schnell dem Beschwerdeführer eine zufrieden stellende Antwort geben können. Der Versuch, den Kunden „abzuwimmeln", indem man jede Schuld von sich weist oder dem Kunden Fehlverhalten vorwirft, geht in der Regel zu eigenen Lasten. Jede Beschwerde sollte als Chance aufgenommen werden.

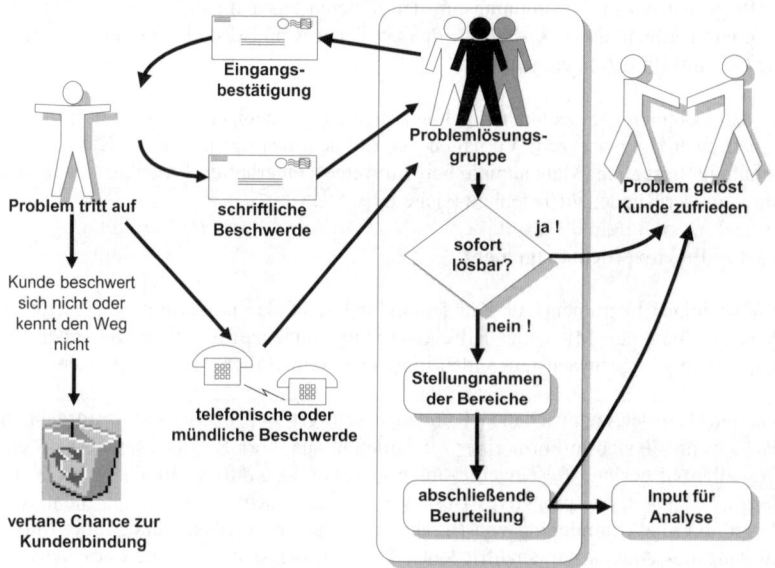

Abb. 5.7: Abläufe im professionellen Beschwerdemanagement

Um eine objektive Bearbeitung durchzuführen, ist eine systematische Aufnahme der Beschwerdeumstände äußerst wichtig. Dazu gehören Informationen über die Art des Problems und die genauen Umstände des Vorfalls sowie Basisdaten über das Beschwerdeobjekt und den Beschwerdeführer. Hierbei helfen eine Reihe von rechnergestützten Systemen und die Entwicklung von Checklisten. Wichtig ist dann, dass der Kunde nicht das Gefühl bekommt, selbst das Problem zu sein. Durch schnelle Zwischeninformation und abschließende Lösung seines Problems ist er eher geneigt, den Vorfall zu vergessen, und es bleibt sogar eine positive Grundmeinung zurück. In vielen Fällen kann das Problem auch unmittelbar gelöst werden.

5.1.4.2 Beschwerdeauswertung

Die Auswertung aufgetretener Beschwerden identifiziert Schwachstellen im Unternehmen und bildet die Basis für Verbesserungsmaßnahmen und für die Vermeidung ähnlicher Probleme in der Zukunft. Die einfachsten Methoden der Auswertung zeigt Abb. 5.8 mit der Aufstellung von Häufigkeitsverteilungen, Periodenvergleichen und der Anfertigung von Kreuztabellen.

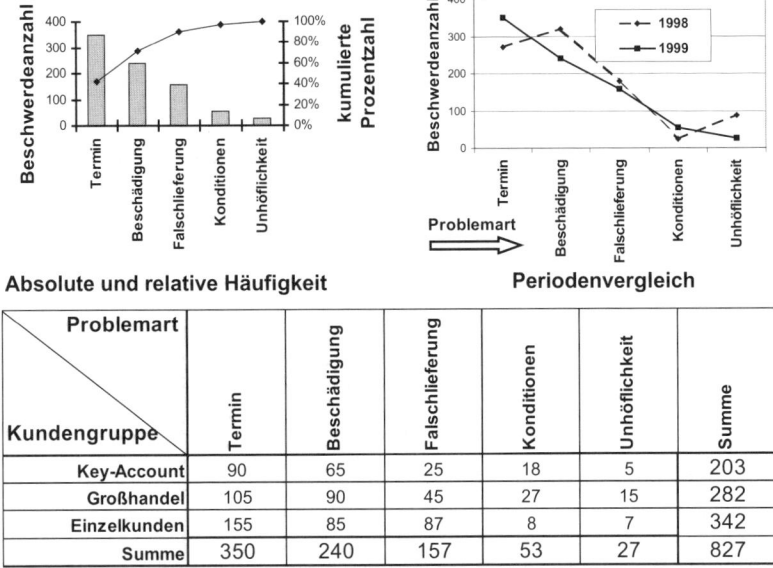

Absolute und relative Häufigkeit   **Periodenvergleich**

Problemart Kundengruppe	Termin	Beschädigung	Falschlieferung	Konditionen	Unhöflichkeit	Summe
Key-Account	90	65	25	18	5	203
Großhandel	105	90	45	27	15	282
Einzelkunden	155	85	87	8	7	342
Summe	350	240	157	53	27	827

Kreuztabelle zwischen Problemart und Kundengruppe

Abb. 5.8: Mögliche Beschwerdeauswertungen

Als Instrumente der Ursachenanalyse eignen sich die in den Kapiteln 3.1.4 und 4.3.4 dargestellten Problemlösungstechniken, wobei häufig das Ursache-Wirkungs-Diagramm zum Einsatz kommt. Das Beschwerdemanagement muss in der betrieblichen Ablauf- und Aufbauorganisation fest verankert sein. Durch ein entsprechendes Controlling muss die Unternehmensleitung regelmäßig feststellen, inwieweit Fehler sofort behoben werden bzw. welche Zeiträume bis zur endgültigen Lösung verstreichen. Die Festlegung und Überwachung von Qualitätszielen, möglichst durch Benchmarking (siehe Kap. 3.3) hinterfragt, runden ein Beschwerdemanagement ab, das nicht nur Kosten verursacht, sondern Nutzen stiftet durch Vermeidung von Kundenverlust und stärkerer Kundenbindung.

5.1.5 Kundenzufriedenheit

Empirische Untersuchungen belegen, dass es mindestens fünfmal so teuer ist, einen neuen Kunden zu gewinnen, als einen vorhandenen Kunden zu halten.[65] Durch länger anhaltende Kundenbindung wird das Deckungsbeitragspotential gestärkt, da Zusatzgeschäfte möglich werden, die Abwicklung standardisiert werden kann, die Preissensibilität abnimmt und durch positive Propaganda auch neue Kunden erreicht werden können.

Kundenzufriedenheit spiegelt den Grad der Erfüllung von Kundenanforderungen.

- Mit zufriedenen Kunden lassen sich leichter neue Kunden gewinnen.
- Die Außendienstmotivation steigt mit einem „sicheren" Kundenstamm.
- Die Preisempfindlichkeit nimmt ab.
- Die Außendienst- und Innendienstkosten sinken.
- Der Betreuungsaufwand kann gezielter eingesetzt werden.
- Die Wiederkaufrate nimmt zu.

Kundenzufriedenheit führt zur Kundenbindung

Durch ernsthafte Auseinandersetzung mit den Anforderungen und Zielen des Kunden erreicht man nachhaltige Verbesserungen der Gesamtprozesse. Um den Grad der Kundenzufriedenheit zu ermitteln, reichen Analysen von Beschwerden oder Reklamationen des Kunden nicht aus. Sie würden nur die Spitze eines Eisbergs beschreiben. So müssen zusätzliche Verfahren eingesetzt werden, wie die direkte Kommunikation mit Kunden, das Auswerten zuvor verschickter Fragebögen oder die Analyse von Berichten in Medien und von Verbraucherorganisationen (z.b. Stiftung Warentest).

Ein weiteres Hilfsmittel bei der Formulierung von Marketing- und Vertriebskonzepten stellen Produkt- und Kundenportfolios dar. Hier wird in einer Matrix beispielsweise die Erwartungshöhe der Kunden auf einer Achse aufgetragen und der Grad der Erfüllung auf der anderen. Dadurch, dass jedes Merkmal entsprechend der Erfüllung dieser beiden Komponenten in die Matrix eingetragen wird, lassen sich Aussagen zu Differenzen zwischen Erwartung und Erfüllung machen und entsprechender Handlungsbedarf identifizieren. Eine umfangreicheres Instrumentarium, um Kundenerwartungen zu identifizieren, ist Benchmarking, wobei Zufriedenheits-

---

[65] Müller, W.; Riesenbeck, H.-J.: Wie aus zufriedenen auch anhängliche Kunden werden, in Harvard Manageer, 13. Jg., 1999, Heft 3, S. 67-79.

faktoren der Branchenbesten oder auch von Branchenfremden als Vergleichsmaßstab verwendet werden können[66].

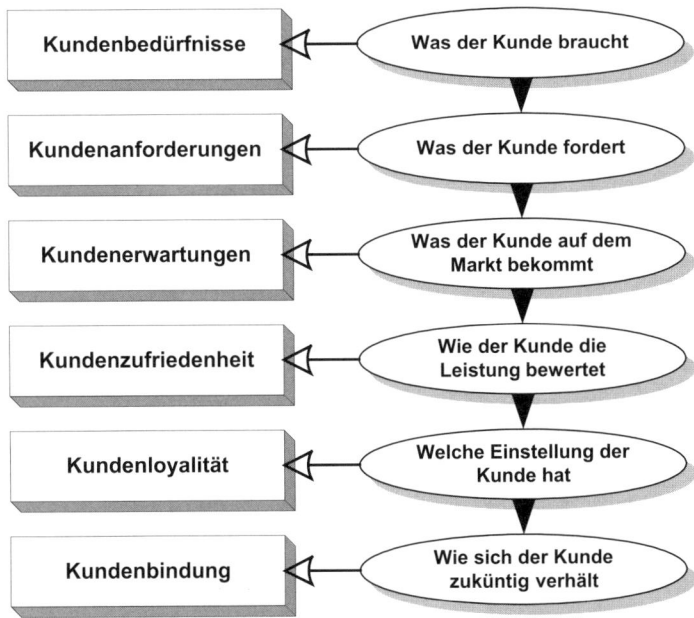

Abb. 5.9: Die Wirkungskette zur Kundenbindung[67]

Die Wirkungskette von der Befriedigung des Kundenbedürfnisses bis zur Kundenbindung zeigt Abb. 5.9. Eine oft angewandte Methode zur Ermittlung der Kundenzufriedenheit sind schriftliche Befragungen. Auch wenn hier systematisch nach
Eindrücken gefragt werden kann und komplexe Zusammenhänge übersichtlich
ausgewertet werden können, besteht grundsätzlich die Gefahr, dass sich die Kunden
durch den x-ten Fragebogen eher belästigt fühlen und die Rücklaufquote zu klein
und damit nicht mehr repräsentativ ist. Deshalb kommt es auf eine übersichtliche, in
persönlichem Stil gehaltene Formulierung solcher Fragebogen wie in Abb. 5.10 an.

---

[66] Pieske, R.: Benchmarking in der Praxis, Landsberg, 1997.
[67] In Anlehnung an Töpfer, A.: Kundenzufriedenheit messen und steigern, Neuwied, 1996.

Zufriedenheit als Basis der Zusammenarbeit

Um eine kontinuierliche Verbesserung unserer Dienstleistung sicherzustellen, ist Ihre Meinung zu unserem Leistungsangebot eine entscheidende Voraussetzung. Wir bitten Sie um Beantwortung dieses Fragebogens, um Ihre persönlichen Erfahrungen in unsere Aktivitäten einzubeziehen. (1 = sehr zufrieden bis 6 = sehr unzufrieden)

Produkt	Ist 2002	SOLL 2003
Wie beurteilen Sie unsere Leistungen?	1 2 3 4 5 6	1 2 3 4 5 6

Fertigungsqualität
Technische Ausführung
Generelle Leistungskapazität
Ihre Ergänzungen

Der Fragebogen setzt sich fort mit Fragen zur Gesprächseffizienz, sowie folgenden Rubriken:

Persönliche Verbindungen
Wie beurteilen Sie Ihre Ansprechpartner?

Nehmen sich genug Zeit
Präsenter, hilfsbereiter Kontakt
Offene, klare Kommunikation
Halten Zusagen und Vereinbarungen ein
Aussagefähigkeit der Angebote
Ihre Ergänzungen

Welche Schwachstellen sind Ihnen aufgefallen, die schnellstens beseitigt werden sollten?
Ihre Anregungen:

Welche Stärken fallen Ihnen ein, die Sie bei der ... . als positiv beurteilen?
Ihre Meinung:

Termintreue
Wie beurteilen Sie unser Team?

Umgehende Infos über Terminabweichung
Aktualisierung des Terminplans
Einhaltung der vereinbarten Termine
Ihre Ergänzungen

Welche Anmerkungen haben Sie?

Um eine effektive Bearbeitung durchzuführen, bitten wir um Angabe Ihrer persönlichen Daten.

Service
Wie beurteilen Sie unser Team?

Unmittelbare, telefonische Erreichbarkeit
Flexibilität
Betreuung nach Produktauslieferung
Schnelle Reklamationsbearbeitung

Vielen Dank für die umgehende Bearbeitung (bitte zurück bis 31.12.2002)

Ihre Fragen beantwortet Ihnen gerne Herr .... und Frau ....

Abb. 5.10: Fragebogen eines Automobilzulieferanten

Insgesamt geeignete Maßnahmen zur **Kundenbindung** können sein:

- systematische und stetige Informationen an die Kunden,
- individuelle Kundenbetreuung wie Spezialangebote an ausgewählte Kunden,
- aktives Beschwerdemanagement (siehe Kap. 5.1.4)
- Kundenzufriedenheit als ein wesentlicher Aspekt des Marketingcontrollings,
- Vergütungssystem für die Führungskräfte im Zusammenhang mit der ermittelten Kundenzufriedenheit
- Existenz geeigneter Kundenbindungsmodelle,
  z.B. Kundenclubs oder Teilnahme an besonderen Ereignissen mit der Möglichkeit, unmittelbar die Kundenzufriedenheit zu überprüfen.

5.2   Qualitätsmanagement in der Entwicklung

Im Ablauf der Wertschöpfungskette gemäß Abb. 5.4 findet nach der Erstellung des Lastenheftes die Umsetzung der Forderungen in ein internes Pflichtenheft statt, das als Vorgabe für die Entwicklungstätigkeit dient. Optimales Qualitätsmanagement in der Entwicklung ist ein entscheidender Faktor für die Qualität der Produkte und Leistungen. Die Wirtschaftlichkeit der Herstellung wird in der Entwicklung festgelegt. Durch eine stärkere Beachtung des Gesamtprozesses wird ein frühzeitiger und permanenter Informationsfluss gewährleistet und damit eine Verkürzung der Entwicklungs- und Belieferungszeiträume erreicht[68]. Qualitätsmanagement in der Entwicklung darf aber Flexibilität und Kreativität nicht einschränken. Diese Grundsätze müssen bei der Definition aller qualitätssichernden Maßnahmen im Vordergrund stehen.

5.2.1   Entwicklungsplanung

Es empfiehlt sich - nicht nur wegen der Forderungen bei einer Zertifizierung - zu beschreiben, wie im Regelfall die Entwicklung von Produkten, Dienstleistungen oder Verfahren ablaufen soll. Wenn Projektorganisation, Vorgehensweise, Verantwortungen, Befugnisse und einzusetzende Hilfsmittel für die Entwicklung von Produkten, Dienstleistungen oder Verfahren beschrieben sind und anhand von Aufzeichnungen über einzelne durchgeführte Entwicklungsprojekte die Anwendung nachgewiesen werden kann, sind die Bedingungen für eine optimale Vorbereitung zum Einsatz beim Kunden gegeben.

---

[68] Zur Vertiefung siehe VDA-Band 4 Teil 3, Frankfurt, 1998.

Phase	Ablaufschritt	Unterlagen	Verantwortung
Definition	Pflichtenheft erstellen	Lastenheft, Normen, Vorschriften, Standards	Vertrieb, Entwicklung, Qualitätsmanagement
	Pflichtenheft freigeben	Pflichtenheft	im Team mit Leitung und ggf. Kunden
Entwicklung	Entwicklung und Entwurf	Spezifikationen, Zeichnungen, Programme, Qualitätspläne usw.	Entwicklung in Abstimmung mit Team
Qualifikation	**Muster** erstellen	Berechnungen	Entwicklung mit Arbeitsvorbereitung und Qualitätssicherung
	Erprobung und Tests	Prüf- und Versuchsplanung, Erstmusterbericht	Entwicklung mit Qualitätssicherung und externen Stellen
	Prototyp erstellen	Werkzeuge, Stücklisten, Arbeitspläne, Prüfpläne	Produktion, Qualitätssicherung
	Verifizierung, Freigabe zur **Nullserie**	Prototypprüfprotokolle	Team mit Leitung
Nullserie	Herstellung einer geringen Menge unter Produktionsbedingungen	Prozessplanung, Regelkarten	Produktion mit Qualitätssicherung
	Validierung Freigabe zur Serie	Prüfberichte	Team mit Leitung und ggf. Kunde
Serie und Nutzung	Herstellung unter Serienbedingungen	Prüfaufschriebe, Regelkarten, Statistiken	Produktion
	Beobachtung des Verhaltens im Markt	Beschwerdemanagement, Zufriedenheitsmessungen	Vertrieb, Qualitätsmanagement

Abb. 5.11: Basisplan für Entwicklungsprojekte

Um bei der Planung einzelner Entwicklungsprojekte weder Ablaufschritte noch mit einzubeziehende Personen oder Bereiche zu vergessen, bietet sich die Erstellung eines Basisplanes zur Entwicklung im Sinne einer Checkliste an. Ein solcher Basisplan, wie in Abb. 5.11 gezeigt, sollte alle Tätigkeiten enthalten, die im Rahmen der Entwicklung notwendig werden können, sowie die daran beteiligten und verantwortlichen Bereiche.

Muster:
Ein Muster entspricht in der funktionellen und messtechnischen Anforderung den Pflichtenheftaufgaben und ist normalerweise noch nicht nach fertigungstechnischen Gesichtspunkten gestaltet. An ihm werden die Funktionen des Produktes nachgewiesen.

Prototyp:
Der Prototyp entspricht den Funktionen, dem Verhalten, Aufbau und Erscheinungsbild des fertigen Produktes. Für die Fertigung des Prototyps stehen nicht immer endgültige Unterlagen zur Verfügung.

Nullserie:
Unter Nullserie versteht man die Fertigung einer bestimmten Losgröße unter Serienbedingungen, die der Überprüfung aller Produktionsmittel bzw. Erprobung neuer Fertigungstechniken dient.

Pro Entwicklungsprojekt ist ein spezifischer Ablauf zu definieren. Die Übersicht aller laufenden Projekte bildet die Entwicklungsplanung. Aus diesem Entwicklungsplan muss jederzeit der Stand des Entwicklungsprojektes ersichtlich sein, d.h. welche Aufgabe abgeschlossen ist, bearbeitet wird oder noch nicht begonnen ist. Bei vielen gleichzeitig laufenden Entwicklungsprojekten kann der Einsatz einer Projektmanagement-Software sehr sinnvoll sein.

5.2.2 Design Review und Qualitätsbewertung

Das Ergebnis der Entwicklung muss dokumentiert und so dargestellt werden, dass es mit den Vorgaben verglichen werden kann, um festzustellen, ob die Vorgaben erfüllt sind. Wenn keine überprüfbaren Vorgaben existieren, kann auch kein Fortschritt festgestellt werden, und es können keine Korrekturmaßnahmen für die nächsten Entwicklungsprojekte abgeleitet werden.

Nur was man messen kann, kann man auch verbessern.

Ein ganz wesentlicher Bestandteil jedes Qualitätsmanagementsystems sind daher formalisierte Überprüfungsverfahren für die Ergebnisse jeder Entwicklungsphase. In dem Prozessnetzplan wird es mit der Festlegung von Meilensteinen ständig zu Prüfterminen, sogenannten Design-Reviews kommen, an denen die Zielerreichung überprüft wird.

> Unter einem **Design Review** ist eine dokumentierte, umfassende und systematische Untersuchung eines Designs zu verstehen. Ziel ist es, dessen Fähigkeit zu beurteilen, die Qualitätsforderung zu erfüllen, potentielle Probleme zu identifizieren und die Entwicklung von Lösungen hierfür vorzuschlagen.
>
> Ein Design Review kann in einem beliebigen Stadium des Design-Prozesses durchgeführt werden.

Die Ziele eines Design-Reviews sind neben der Sicherstellung, dass die Anforderungen erfüllt werden können, auch die Eingrenzung des Produktrisikos und die Vermeidung späterer Änderungen. Insgesamt werden die Entwicklungszeiten durch begleitende Tests verkürzt, da potentielle Fehler früher erkannt und vermieden werden können. Ebenso stellt sich durch interdisziplinäre Sitzungen eine verbesserte Kommunikation ein (siehe auch Kap. 4.2).

> **Verifizierung[69]:**
>
> Bestätigen aufgrund einer Untersuchung und durch Bereitstellung eines Nachweises, dass festgelegte Forderungen erfüllt worden sind (Prüfung gegen Pflichtenheft). Design-Verifizierung umfasst folgende Vorgänge:
> - alternative Berechnungen,
> - Vergleichen des neuen Designs mit einem bewährten Design,
> - Durchführen von Untersuchungen und Tests und
> - Prüfung der zur entsprechenden Design-Phase gehörenden Dokumente vor der Freigabe.

Ein Design-Review sollte von einer formalisierten Qualitätsbewertung begleitet werden. Hier können durch systematische Abfragen bezüglich Kundenanforderungen und Markterwartungen noch vor der Freigabe Schwachstellen erkannt und rechtzeitig behoben werden. Bewertungen erfolgen üblicherweise nach dem Entwurf, der Erprobung (Verifizierung) und nach der Nullserie (Validierung).

---

[69] DIN EN ISO 9000:2000, Ziffer 3.8.4

Validierung[70]:

Bestätigen aufgrund einer Untersuchung und durch Bereitstellung eines Nachweises, dass die besonderen Forderungen für einen speziellen beabsichtigten Gebrauch erfüllt worden sind (Prüfung gegen Lastenheft). Sie schließt sich an eine erfolgreiche Design-Verifizierung an und wird üblicherweise unter festgelegten Betriebsbedingungen ausgeführt.

Methoden zur Unterstützung einer geplanten Vorgehensweise nach TQM-Ansätzen finden sich in den nachfolgenden Kapiteln 5.2.3 bis 5.2.7. Dabei kommen verschiedene Methoden zu jeweils anderen Phasen in Betracht. Eine Übersicht dazu zeigt Abb. 5.12.

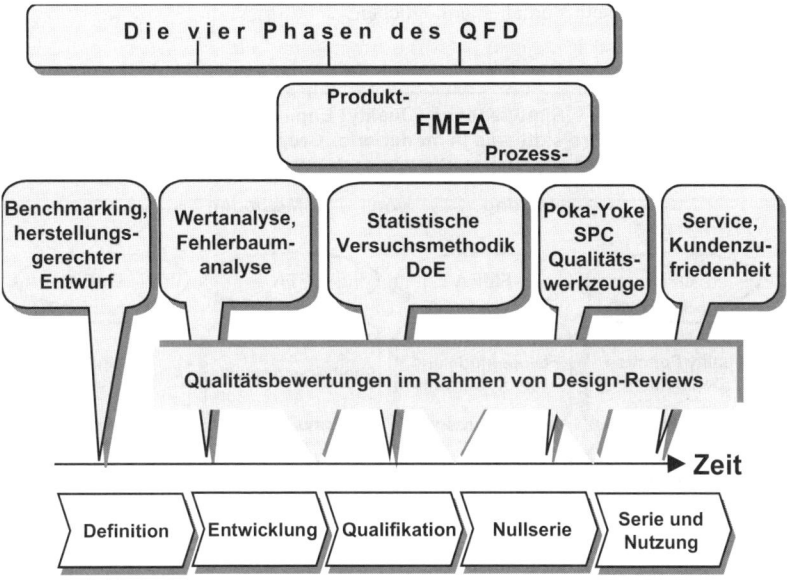

Abb. 5.12: Methodeneinsatz im Entwicklungsablauf

---

[70] DIN EN ISO9000:2000, Ziffer 3.8.5

5.2.3   Simultaneous Engineering (SE)

Die meisten Unternehmen und Organisationen sind nicht so prozessorientiert aufgebaut, dass Teams die Kunden von der Anfrage bis zur Auslieferung betreuen, sondern sind funktional gegliedert in Bereiche wie Vertrieb, Entwicklung, Einkauf, Produktion. Im Entwicklungsprozess sind demzufolge verschiedene Funktionen in unterschiedlichem Ausmaß beteiligt. Für einen optimalen Entwicklungsablauf muss sichergestellt sein, dass die jeweiligen Funktionen zum richtigen Zeitpunkt in das Projekt einbezogen werden. Diese Aufgabe muss von einem Projekt- oder Produktmanager geleistet werden.

Die zunehmend kürzeren Produktlebenszyklen fordern schnellere Produktentwicklungsverfahren. „Time to market" wird zunehmend ein entscheidender Wettbewerbsfaktor. Jeder am Prozess beteiligten Mitarbeiter muss das Denken in unternehmensweiten Zusammenhängen, das Erkennen von Verknüpfungen von funktionalen Nahtstellen im Unternehmen sowie das Berücksichtigen des geforderten Endergebnisses durch sein Verhalten ermöglichen.

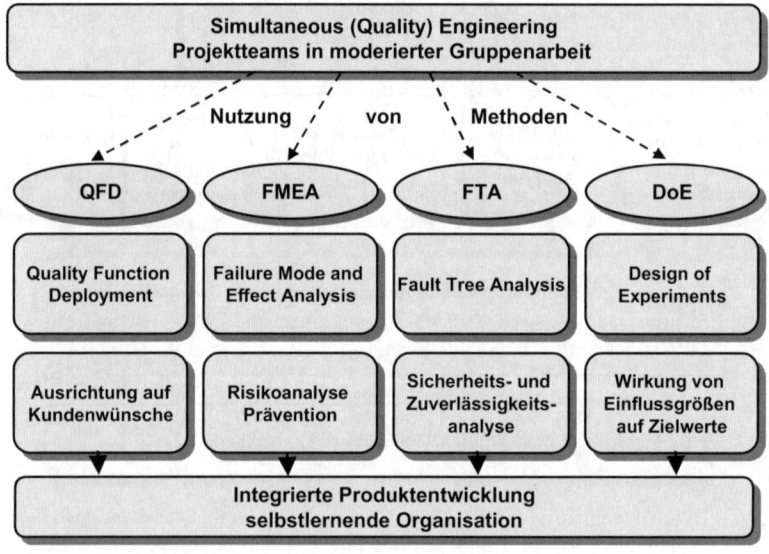

Abb. 5.13: Methoden im Simultaneous oder Quality-Engineering

Im Simultaneous Engineering oder Quality Engineering wird durch gezielten Einsatz von Methoden zur parallelen Bearbeitung eines Projekts in verschiedenen Verantwortungsbereichen die Durchlaufzeit reduziert und gleichzeitig ein verstärkter Wissenstransfer ermöglicht. So werden in interdisziplinärer Teamarbeit Probleme frühzeitig erkannt und gelöst sowie der Anpassungs- und Änderungsbedarf im späteren Einsatz reduziert. Siehe dazu auch Abb. 4.23.

5.2.4 QFD - Quality Function Deployment

QFD ist eine Planungs- und Kommunikationsmethode. Sie wird bereits in der Entwicklungsphase begonnen, um möglichst alle Kundenanforderungen zu erfassen und in technische Merkmale umzusetzen. Diese Arbeitssystematik kann wesentlich zur Verkürzung der Entwicklungszeiten und zur Senkung der Entwicklungskosten beitragen.

> Bei **QFD**[71] handelt es sich um eine
>
> Methodik anhand formalisierter Dokumente zur Systematisierung der umfassenden Qualitätsplanung in Zusammenhang mit der Erstellung eines Angebotsprodukts unter ständiger Berücksichtigung der Erfordernisse des Kunden.

Als Werkzeug zur gezielten Umsetzung der Kundenwünsche in Produkte dient dabei das „House of Quality" gemäß Abb. 5.14. Es handelt sich um eine Anzahl von Matrizen, in denen der Stand des Wissens komprimiert wird. Die horizontale Achse ist auf den Markt ausgerichtet, die vertikale auf die Fähigkeiten des Unternehmens.

Der grobe Ablauf der Planungsarbeit gestaltet sich wie folgt:

①   Sichtung der erfassten Kundenanforderungen und Eintrag der wesentlichen Forderungen mit einer Gewichtung.

②   Vergleich von bestehenden eigenen Produkten mit Konkurrenzprodukten.

③   Die Kundenanforderungen werden in Produkteigenschaften umgesetzt und die zu erfüllenden Qualitätsmerkmale eingetragen.

④   Durch systematische Untersuchung wird festgestellt, wie stark jeweils ein Produktmerkmal die Kundenanforderungen beeinflusst, und dies wird in die Beziehungsmatrix eingetragen.

---

[71] DGQ-Schrift 11-04, S. 86, Nr. 2.1.1.2.

⑤ Qualitätsmerkmale, die sich gegenläufig stark beeinflussen, werden in dem Konfliktfeld markiert.

⑥ Die Produktmerkmale werden quantifiziert und als Spezifikation festgelegt.

⑦ In einem technischen Wettbewerbsvergleich wird das eigene Produkt relativ positioniert, und technisch schwierige Merkmale werden gekennzeichnet.

⑧ Durch Multiplikation der Beziehungswerte mit der Gewichtung aus Kundensicht ergibt sich für die höchsten Ergebniswerte eine besondere technische Bedeutung, die für die folgenden Stufen die Eingangswerte darstellen.

⑨ Ebenso werden Merkmale mit besonderem Schwierigkeitsgrad identifiziert; diese stellen neben den Konfliktmerkmalen und den Schwachstellen aus dem Wettbewerbsvergleich weitere Eingangswerte für die nächste Stufe dar.

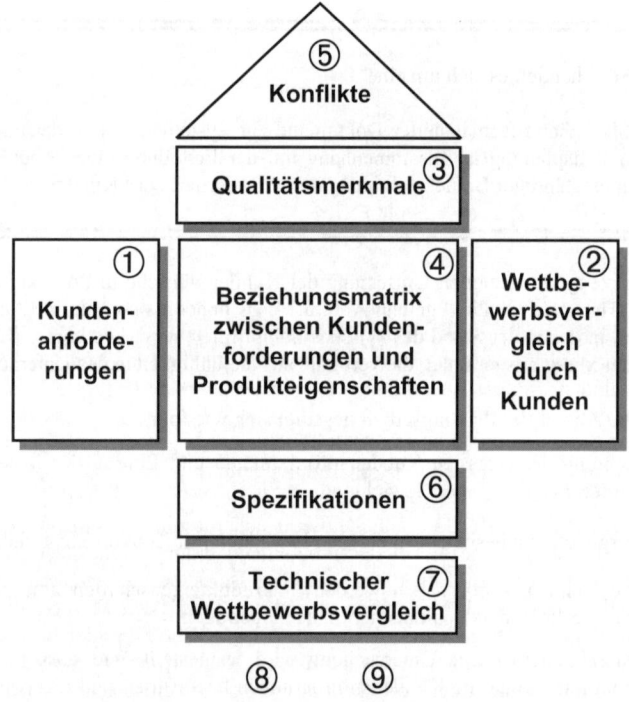

Abb. 5.14: Das Prinzip des „House of Quality "

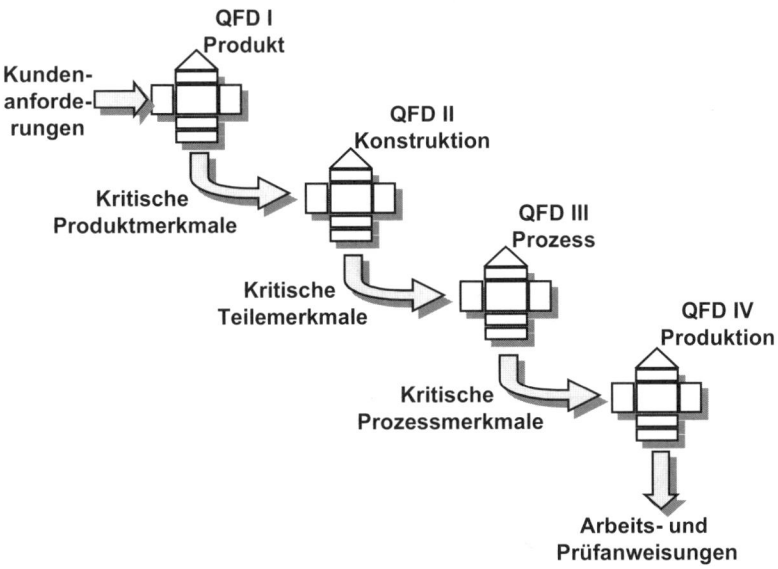

Abb. 5.15: Die vier Phasen des Quality Function Deployment

Nachdem in Stufe I die Kundenwünsche in Qualitätsmerkmale für das Produkt umgesetzt wurden, dienen die kritischen Merkmale als Input für die Stufe II. In ähnlicher Form werden jetzt die kritischen Merkmale für die Einzelteile des Produktes ermittelt und in Stufe III die kritischen Prozessmerkmale festgestellt. Schließlich wird wie in Abb. 5.15 dargestellt, in der letzten Stufe unter Berücksichtigung der kritischen Prozessmerkmale die endgültige Planung der Arbeitsvorgänge und Prüfanweisungen für die Anwendung vor Ort durchgeführt.

Durch die fachübergreifende Teamarbeit wird sichergestellt, dass nicht nur die sachlichen, technischen Aspekte bei der Produktentwicklung berücksichtigt, sondern auch die auszuführenden Tätigkeiten und Prozesse einbezogen werden. Diese Zusammenarbeit wird durch Moderation unterstützt. Durch den Einsatz von Visualisierungstechniken wird jedem Teilnehmer auf einen Blick die gleiche Information zuteil. Durch den Einsatz von DV-gestützten Auswertungsprogrammen entsteht gleichzeitig mit jedem Arbeitsfortschritt des Teams die entsprechende Dokumentation der Ergebnisse.

Insgesamt erzielt man durch Anwendung der **Planungsmethode QFD**:

* Durchgängige Kundenbezogenheit
* Übersichtliche Darstellung komplexer Planungsergebnisse
* Entscheidungsgrundlage für Strategie und operationale Planung
* Konzentration auf das Wesentliche
* Identifizierung kritischer Faktoren und möglicher Konflikte
* Vermeiden späterer Änderungen
* Vermeiden von Insellösungen und Teiloptima
* Kosten- und Zeitersparnis
* Qualitätsfähigkeit wird im Team entwickelt

Bevor QFD und auch FMEA eingesetzt werden können, sind einige Voraussetzungen zu erfüllen. So müssen z. B. die unternehmensinternen Ressourcen zielgerichtet und effizient eingerichtet werden. Dies verlangt von den Verantwortlichen das Nachdenken über Grundlagen neuer Organisations- und Arbeitsformen.

5.2.5 FMEA (Failure Mode and Effects Analysis)

Beim Arbeiten mit der Methode des QFD werden die kritischen Pfade sichtbar.

Zur Risikoabschätzung in der Prozesskette hat sich der Einsatz der Methode

FMEA :   Failure Mode and   Effects   Analysis oder in Deutsch
bewährt.   Fehler Möglichkeits- und Einfluss-Analyse

5.2.5.1 Historie und Zielsetzung der FMEA

In der FMEA werden potentielle Fehler methodisch analysiert und hinsichtlich ihrer Bedeutung, der Wahrscheinlichkeit des Auftretens und der Entdeckungswahrscheinlichkeit bewertet. Das Ergebnis einer durchgeführten FMEA ist die Basis zur konstruktiven Überarbeitung, zum Einsatz geeigneter Verhütungsmaßnahmen oder zur Produktverbesserung mit dem Ziel, bessere Produkte bei gleichbleibenden Kostenzielen herzustellen.

Die FMEA wurde Mitte der sechziger Jahre in den USA von der NASA für das Apollo-Projekt entwickelt. Nach der Anwendung der Methode in der Luft- und Raumfahrt sowie der Kerntechnik folgte die Automobilindustrie. Die Forderung der Automobilhersteller an ihre Zulieferer, diese Methode verstärkt einzusetzen, hat zur Verbreitung der FMEA in Deutschland entscheidend beigetragen. Diese Methode wurde permanent weiterentwickelt und wird vollständig in einem VDA-Band[72] beschrieben. Die grundlegenden Elemente sind aus der DIN 25448 „Ausfalleffektanalyse" abgeleitet.

Im VDA-Band 4 Teil 2 ist angeführt, welche Unternehmensziele durch die FMEA unterstützt werden:

- Steigerung der Funktionssicherheit und Zuverlässigkeit von Produkten
- Reduzierung von Garantie- und Kulanzkosten
- Kürzere Entwicklungsprozesse
- Störungsärmere Serienanläufe
- Bessere Termintreue
- Wirtschaftlichere Fertigung
- Bessere Dienstleistungen
- Bessere innerbetriebliche Kommunikation

Die FMEA identifiziert kritische Punkte eines Verfahrens oder eines Produktes und ermöglicht frühzeitig, Ursachen und Auswirkungen potentieller Fehlermöglichkeiten zu erkennen, deren Risiken abzuschätzen sowie Vorkehrungen zur Beseitigung oder Minderung von Gefahren einzuleiten. Sie unterstützt den Verbesserungsprozess durch konsequente Berücksichtigung bereits gemachter Erfahrungen und verringert die Anzahl später notwendig werdender Änderungen.

Nicht verschwiegen werden sollen aber auch gewisse Schwierigkeiten beim Einsatz einer FMEA wie der recht hohe Zeit- und Pflegeaufwand, Probleme bei der exakten Definition und der subjektiven Risikoabschätzung sowie die schwer quantifizierbare Kosten-Nutzen-Relation. Wie bei allen präventiven Maßnahmen lässt sich die Höhe des zeitlich versetzten Nutzenpotentials nur schätzen oder durch Vergleiche mit ähnlichen Projekten eingrenzen (siehe Abb. 5.16)

---

[72] VDA-Band 4 Teil 2, Frankfurt am Main, 1996.

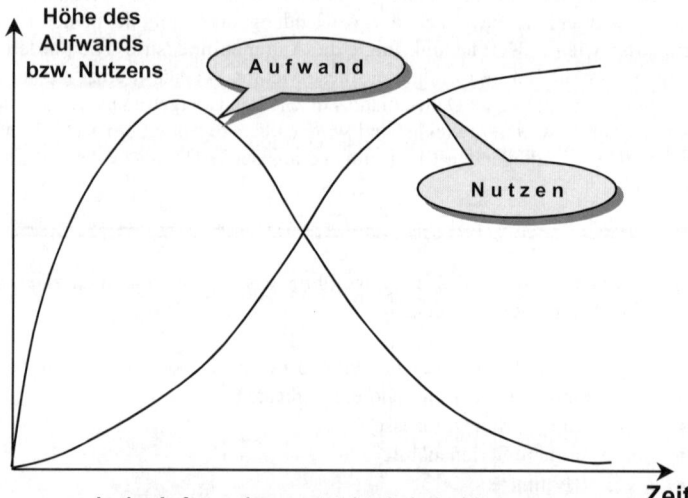

In der Anfangsphase entsteht ein hoher Aufwand,   **Zeit**
der später durch den ansteigenden Nutzen kompensiert wird

Abb. 5.16: Zeitlich nachlaufender Nutzen bei Präventivmethoden

5.2.5.2 Anlässe und Arten von FMEAs

Die betriebliche Praxis hat gezeigt, dass eine Einführung der FMEA-Methode im Unternehmen nur top-down erfolgen kann. Die Geschäftsleitung muss entschieden hinter den FMEA-Aktivitäten stehen, dafür Sorge tragen, dass die Schulung der Mitarbeiter erfolgt und den erforderlichen zeitlichen sowie organisatorischen Handlungsspielraum für die Mitarbeiter schaffen.

Anlässe für die Durchführung einer FMEA können sein:

- Neuentwicklung oder Änderung von Erzeugnissen
- neue/geänderte Einsatzbedingungen für vorhandene Produkte
- erhebliche Prozessänderungen
- Einsatz neuer Technologien
- potentielle Ausfälle mit kostenintensiven Folgen
- Organisatorische Änderungen

Die **System-FMEA „Produkt"**
betrachtet die möglichen Fehlfunktionen oder Funktionsfehler ganzer Produkte.

Die **System-FMEA „Prozess"**
untersucht und bewertet alle denkbaren potentiellen Fehler im Produktionsprozess.

Den Verfahren gemeinsam ist die interdisziplinäre Zusammenarbeit der Fachexper-
ten des Unternehmens für die inhaltliche Bearbeitung und eines FMEA-Moderators
als Methodenexperte (siehe Abb. 5.17).

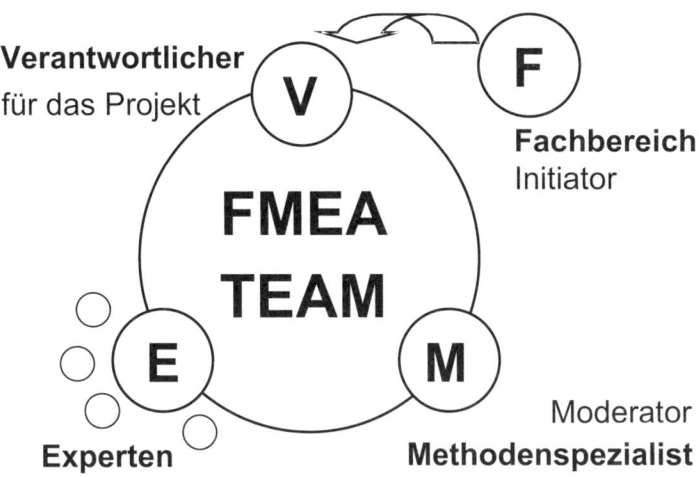

Abb. 5.17: Das FMEA-Team

5.2.5.3 Phasen eines FMEA-Projektes

Die Vorbereitung, Durchführung und Realisierung eines FMEA-Projekts sollte nach
einem Phasenplan erfolgen. In der Vorbereitung zur Teamarbeit entsteht eine
Vorselektion möglicher Betrachtungsgegenstände und die Auswahl der
teilnehmenden Personen. Vorhandene Unterlagen werden gesammelt und gesichtet.
Die eigentlichen FMEA-Sitzungen werden von einem Moderator geleitet und
orientieren sich an den fünf Schritten in Abb. 5.18. Um den FMEA-Anwendern eine

an den fünf Schritten in Abb. 5.18. Um den FMEA-Anwendern eine Richtlinie an die Hand zu geben, wird vom Verband der Automobilindustrie (VDA) ein Formblatt zur FMEA vorgeschlagen, das für alle FMEA-Arten angewendet werden kann.

Abb. 5.18: Die fünf Schritte einer System-FMEA

Neben den Stammdaten im oberen Teil des Formulars in Abb. 5.16 , die zur Identifikation und Nachverfolgbarkeit dienen, sind zeilenweise die möglichen Fehlerfolgen eines denkbaren Fehlers und seine möglichen Ursachen aufgeführt. Die Bewertungen von 1 bis 10 für die Bedeutung der Folgen, die Wahrscheinlichkeit des Auftretens und die Wahrscheinlichkeit der Fehlerentdeckung werden jeweils im Team festgelegt und dann zur Gesamtbewertung multipliziert. So erhält man eine Rangfolge der Fehlerursachen, die als Hinweis für die Reihenfolge der Optimierung dient, wobei hohe Werte als erstes zu bearbeiten sind.

Nach Dokumentation der beschlossenen Abstellmaßnahmen muss in einem Projektcontrolling die Umsetzung begleitet und die Wirksamkeit der Maßnahmen beurteilt werden. Nach einer gewissen Zeit empfiehlt es sich, eine Überarbeitung der FMEA durchzuführen, um Erfahrungen zu nutzen und weitere Maßnahmen zu bestimmen.

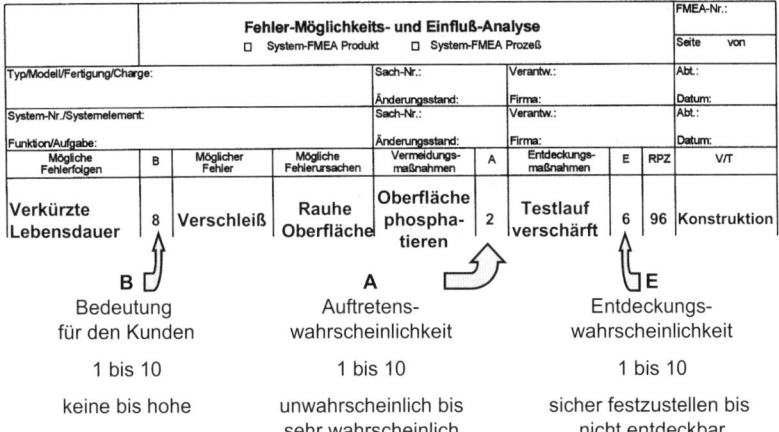

						FMEA-Nr.:		
Fehler-Möglichkeits- und Einfluß-Analyse						Seite von		
☐ System-FMEA Produkt ☐ System-FMEA Prozeß								
Typ/Modell/Fertigung/Charge:			Sach-Nr.:	Verantw.:		Abt.:		
			Änderungsstand:	Firma:		Datum:		
System-Nr./Systemelement:			Sach-Nr.:	Verantw.:		Abt.:		
Funktion/Aufgabe:			Änderungsstand:	Firma:		Datum:		
Mögliche Fehlerfolgen	B	Möglicher Fehler	Mögliche Fehlerursachen	Vermeidungs-maßnahmen	A	Entdeckungs-maßnahmen	E	RPZ	V/T
Verkürzte Lebensdauer	8	Verschleiß	Rauhe Oberfläche	Oberfläche phospha-tieren	2	Testlauf verschärft	6	96	Konstruktion

```
        B                     A                      E
    Bedeutung            Auftretens-            Entdeckungs-
   für den Kunden      wahrscheinlichkeit     wahrscheinlichkeit

     1 bis 10             1 bis 10               1 bis 10

   keine bis hohe      unwahrscheinlich bis   sicher festzustellen bis
                       sehr wahrscheinlich    nicht entdeckbar
```

RPZ = Risikoprioritätszahl = B * A * E ,

je höher, um so größer das Risiko

Abb. 5.19: Beispiel eines FMEA-Formblattes nach VDA

Im Rahmen der weiteren Integration rechnergestützter Verfahren in die Unternehmensabläufe wird auch das FMEA-System sinnvollerweise mit anderen Modulen zu verknüpfen sein. Die gemeinsame Nutzung von Wissen führt zu Synergieeffekten, die auch unternehmensübergreifend eingesetzt werden sollten. Die gleiche Überlegung gilt für weitere Methoden im Quality Engineering.

5.2.6 Fehlerbaumanalyse

Nach der FMEA ist die Fehlerbaumanalyse die am weitesten verbreitete Methode des Qualitätsmanagements. Sie dient zur Quantifizierung und Ausschaltung besonderer Produktrisiken und ist damit ein hilfreiches Mittel bei Sicherheits- und Zuverlässigkeitsanalysen. Ziel ist es, eine fundierte Aussage über das Systemverhalten bei Auftreten eines bestimmten Fehlers zu machen. Dabei kommt es besonders auf die Abschätzung der Wahrscheinlichkeit eines Ausfalls an. In dieser Methode wird ein Fehlerbaum erstellt, in dem alle möglichen Ausfallkombinationen eingetragen werden, die diesen Fehler verursachen können.

Ein **Fehlerbaum** ist die graphische Darstellung der logischen Zusammenhänge zwischen den Fehlern und daraus entstehenden Ereignissen[73].

Die **Fehlerbaumanalyse** dient dazu, den Analysegegenstand (ein Projekt, ein Produkt, eine Dienstleistung) in seine Bestandteile zu zerlegen, um deren Risikopotentiale (im Sinne einer Fehleranfälligkeit bzw. zu erwartender technischer Schwierigkeiten) zu ermitteln.

Ausgangspunkt dieser Art der Risikoanalyse ist ein System, dessen Komponenten entweder intakt oder defekt sind. Es wird ein unerwünschtes Ereignis beschrieben, das einen Systemausfall zur Folge. Das Fehlerbaummodell findet nun alle möglichen Ausfälle oder Kombinationen von Ausfällen an Subsystemen und Komponenten heraus, die ursächlich zu diesem Systemausfall beitragen können.

Der eigentliche Fehlerbaum wird durch genormte Bildzeichen dargestellt, in denen die Wirkungen eines Ausfalls auf die nachfolgenden Stufen beschrieben wird. Man unterscheidet zwischen

- **Primärausfall**   bei normalen Einsatzbedingungen
- **Sekundärausfall**   als Folgeschaden oder bei extremen Einsatzbedingungen
- **Kommandoausfall** durch falsche oder fehlerhafte Bedienung

Führt jeder mögliche Ausfall für sich zu einer Fehlfunktion der nächsten Stufe, spricht man von einer ODER-Verknüpfung, muss mehr als eine Fehlfunktion vorliegen, wenn sich das auf die nächste Ebene auswirken soll, handelt es sich um eine UND-Funktion. In Abb. 5.20 ist beispielhaft der Aufbau eines Fehlerbaums skizziert.

Im Rahmen der Auswertung erhält man zunächst alle Ausfallkombinationen, die zu dem unerwünschten Fehlerfall führen können. Durch Bewertung der Eintrittshäufigkeit ergeben sich Hinweise, welche Schwachstellen mit oberster Priorität zu beseitigen sind, um die Zuverlässigkeits- und Sicherheitsziele zu erreichen. Da die Auswertungen sehr komplex werden können, empfiehlt sich der Einsatz rechnergestützter Systeme, nicht zuletzt auch, um im Sinne des Quality Engineering Inputs für weitere Maßnahmen liefern zu können.

---

[73] DIN 25424, Teil 1.

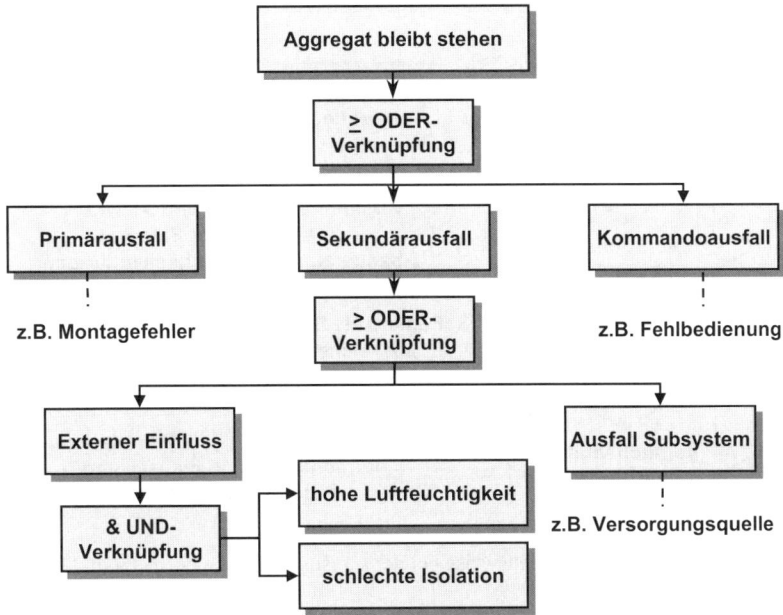

Abb. 5.20: Beispiel für einen Fehlerbaum

5.2.7 Statistische Versuchsplanung DoE (Design of Experiments)

Nachdem mit Hilfe der QFD (siehe Kapitel 5.2.4) die Kundenanforderungen in Produktanforderungen umgesetzt wurden und in System-FMEAs (siehe Kap. 5.2.5) Präventivmaßnahmen zur Fehlervermeidung eingeführt wurden, sind in der Entwicklungsphase eine Reihe von Tests und Versuchen durchzuführen. Damit möchte man die Spezifikation des Produktes und die Kenngrößen für die Prozesse optimal einstellen, so dass die nachfolgende Produktion mit möglichst geringer Abweichung sicher erfolgen kann.

Die Methode DoE vermindert die Anzahl der erforderlichen Versuche, die der Ermittlung der Haupteinflussgrößen für Prozesse und ihrer optimalen Einstellung dienen. Durch Einsatz statistischer Methoden wird die Wirkung veränderter Einflussgrößen auf die Zielwerte untersucht. In Abb. 5.21 ist eine in der Literatur vorgeschlagene Vorgehensweise skizziert.

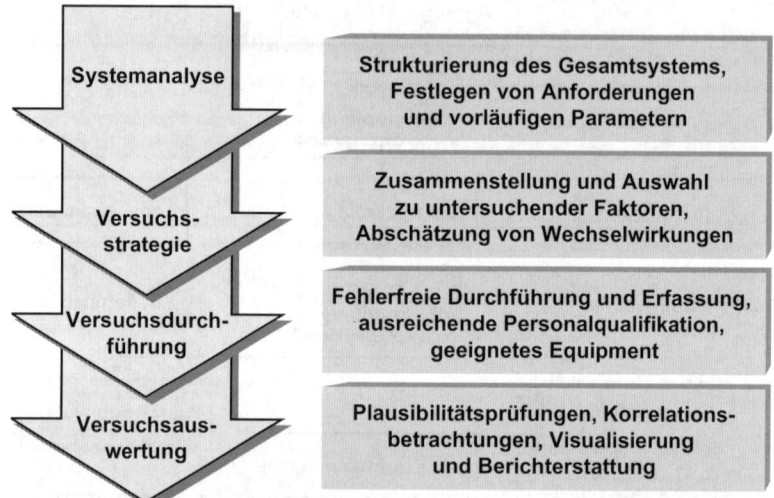

Abb. 5.21: Vorgehensweise bei der statistischen Versuchsmethodik[74]

Die **Taguchi-Methode**[75] ist eine weiterentwickelte Methode zur statistischen Versuchsplanung, welche die Anzahl notwendiger Versuche reduziert. Taguchi betont die Bedeutung einer ständigen Produkt- bzw. Prozessverbesserung in Richtung auf immer kleinere Merkmalsstreuungen auch innerhalb der Toleranzen. Dieses Verringern der Streuung soll jedoch nicht durch ein Erhöhen der Kosten (z. B. durch eine engere Tolerierung) erreicht werden, sondern durch eine geeignete Wahl der Arbeitspunkte bei Prozessen bzw. durch eine geeignete Konstruktion der Produkte. Er fordert robuste Produkte und Prozesse, bei denen eine Änderung der Störgrößen einen möglichst geringen Einfluss auf die Zielgrößen hat. Nicht die Suche nach den Fehlerursachen steht im Vordergrund, sondern deren Verlustreduzierung soll das Ziel der Produkt- und Prozessentwicklung sein.

Eine weitere Methode, die sich speziell auf die Verbesserung bereits vorhandener Prozesse konzentriert, ist nach dem Amerikaner **Shainin**[76] benannt. Das Hauptziel ist die Reduzierung der vielfältigen Einflussgrößen auf nur noch drei oder vier, die dann vollständig untersucht werden können. Die Ermittlung dieser relevanten Einflussgrößen erfolgt durch Anwendung der Pareto-Analyse, paarweisen Vergleich und Komponententausch.

---

[74] Nach Pfeifer, T.: Qualitätsmanagement, München, 2000.
[75] Taguchi, G.: System of Experimental Design, Dearborne, 1987.
[76] Shainin, D.: Alternatives to Taguchi Orthogonal Tables, München, 1989.

5.3 Qualitätsmanagement in der Logistik

> Im ökonomischen Sinne stellt Logistik eine ganzheitliche Betrachtungsweise aller Faktoren-, Güter- und Stoffverwertungsströme von der Produktentstehung einschließlich Vorleistungen bis hin zur Auslieferung an den Endabnehmer, ergänzt durch die Wiederverwertung, dar.[77]

5.3.1 Die Bedeutung der Logistik für die Unternehmen

Die Unternehmenslogistik umfasst die Planung, Steuerung, Durchführung und Kontrolle aller Informations- und Materialflüsse innerhalb und zwischen Unternehmen vom Kunden bis zu den Lieferanten. Die durchgängige Ausrichtung der Logistik (dargestellt in Abb. 5.22) an den für die Wertschöpfung und den Kundenservice zentralen Kernprozessen unterstreicht ihre Bedeutung als strategisches Instrument der Unternehmensführung.

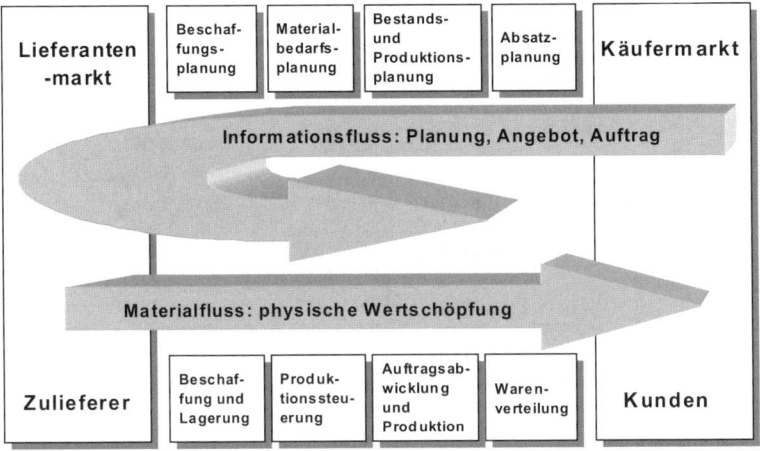

Abb. 5.22: Die Querschnittsaufgabe der Logistik

---

[77] Aberle, G.: Transportwirtschaft, 2. Aufl., S. 433, München, 1997.

Wichtige Teilaufgaben der Logistik sind die Versorgung mit Materialien (Beschaffungslogistik), die Festlegung der Lagerstrategie (Bestandslogistik), die Festlegung der Vertriebsstrategie (Distributionslogistik) und die Versorgung der Fertigungseinheiten (Produktionslogistik).

Die Logistik unterliegt - bedingt durch die Dynamik der Märkte - einem stetigen Wandel. Ein neuer Erfolgsfaktor für Logistikkonzepte kristallisiert sich heraus. Die Logistik der führenden Unternehmen ist nicht nur schnell und kostengünstig, sondern vor allem flexibel, anpassungsfähig an Veränderungen und trotzdem in der Performance stabil und verlässlich. Die Kundenanforderungen im Sinne eines TQM-Ansatzes werden zukünftig wichtiger als der bisher vorherrschende Kostenaspekt. Zusätzlich ergeben sich Ansatzpunkte zur Vertiefung partnerschaftlicher Zusammenarbeit. Diesen Zusammenhang veranschaulicht Abb. 5.23.

Abb. 5.23: Bedeutung der Logistik als Instrument der Unternehmensführung

Die Logistik hat damit ein sehr hohes Einfluss- und Verbesserungspotential in Bezug auf den gesamten betrieblichen Leistungsprozess. Im heutigen Verständnis ist die Logistik überwiegend an Prozessen orientiert, zumeist dargestellt in Form einer „Supply-Chain" wie in Abb. 5.24. In effizienten und konsequent kundenorientierten TQM-Unternehmen übernimmt die Logistik zunehmend die Steuerung der Abläufe und die Verbindung zu Beschaffungs- wie Distributionsmärkten.

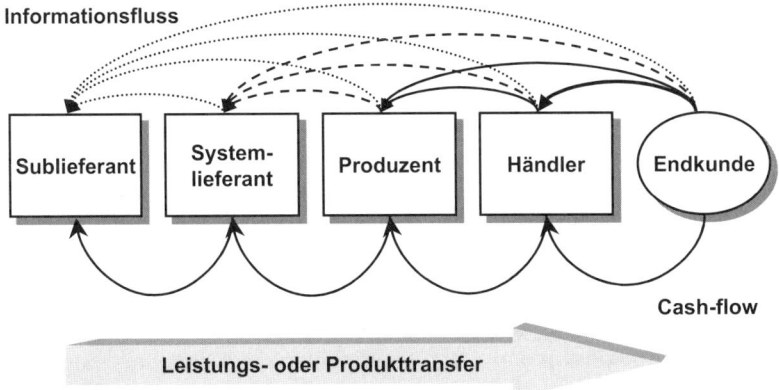

Abb. 5.24: Maximale Effizienz in kürzester Zeit mit den besten Ergebnissen durch Supply-Chain-Management

Eine Optimierung der **Supply-Chain** lässt folgende Nutzenpotentiale entstehen:

- reduzierte Durchlauf- und Lieferzeiten,

- verbesserte Termintreue durch höhere Transparenz und · schnellere Reaktionsfähigkeit,

- Reduktion von Lagerbeständen und Anzahl von Lagerorten durch abgestimmte Bestandsplanung über mehrere Wertschöpfungsebenen hinweg,

- direkte Kostensenkung durch Vermeidung von kostenträchtigen Notmaßnahmen wie Eil- und Lufttransporte,

- Frühwarnsysteme durch frühzeitige Meldung von Bedarf oder Störfällen.

5.3.2 Aufgaben der Logistikbereiche bei der Qualitätssicherung

Der Aufgabenumfang der Logistik ist in den vergangenen Jahren stark gewachsen. Kernbereiche der Logistik sind nach wie vor die Materialwirtschaft, die Distribution und der außerbetriebliche Transport. Informations- und Kommunikationssysteme, Produktionssteuerung und Qualitätssicherung sind neue Aufgaben für die Logistik. Die bereichsübergreifende Optimierung des Unternehmens führt zu einem zunehmenden Aufgabenspektrum für die Logistik. Als "logistische Drehscheibe" des Unternehmens setzt sich zunehmend das **Auftragszentrum** nach Abb. 5.25 durch, in dem der gesamte Kundenauftrag abgewickelt werden kann, inklusive der notwendigen Beschaffungs-, Produktions- und Distributionsvorgänge. Aber auch frühzeitiger Informationsaustausch im Sinne des Simultaneous Engineering (siehe Kap. 5.2.3) wird durch das Auftragszentrum unterstützt. Die besonderen Aufgaben der Beschaffung im Qualitätsmanagement werden in Kapitel 5.4 behandelt.

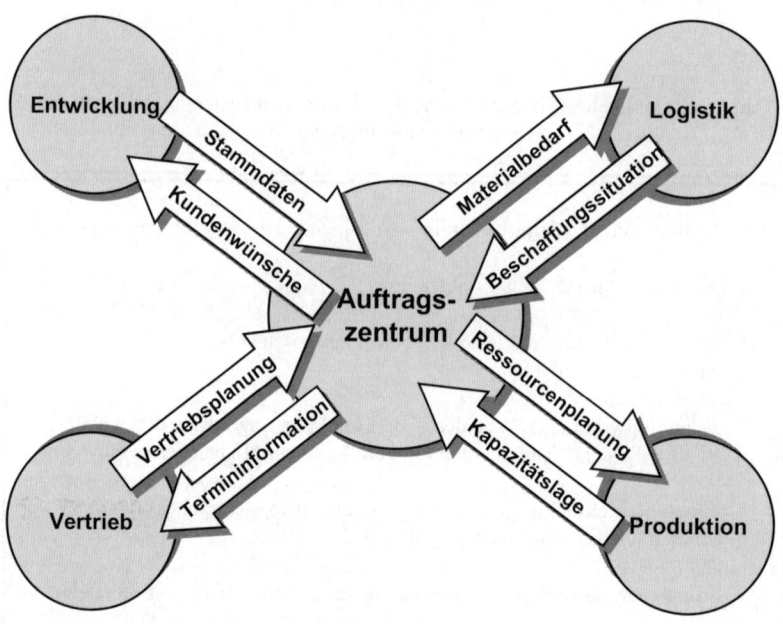

Abb. 5.25: Informationsdrehscheibe Auftragszentrum

5.3.3 Lagerwirtschaft

Aufgabe der Lagerwirtschaft ist es, die beschafften Materialien entgegenzunehmen, sie auf Verwendbarkeit zu überprüfen und bei Bedarf an die anfordernde Stelle weiterzugeben. Dazwischen müssen Materialien, die nicht unmittelbar gebraucht werden, zweckmäßig und überschaubar zwischengelagert werden. Wichtig ist eine stets aktuelle Übersicht über die Höhe des Bestands und über die räumliche Verteilung der Materialien.

Je nach Unternehmensgröße und Produktspektrum kann die organisatorische Eingliederung der Lagerwirtschaft unterschiedlich gehandhabt werden. Oft werden die Lager für Zukaufteile und für Zwischenprodukte der Materialwirtschaftsabteilung oder dem Bereich Logistik zugeordnet. Lagerbereiche für verkaufsfähige Produkte und für Handelsware unterstehen oft dem Vertriebsbereich. Um jedoch ganzheitlich aussagefähig zu sein, bietet es sich an, die gesamte Bestandssituation von einem **Auftragszentrum** als logistische Drehscheibe (siehe Abb. 5.25) aus im Überblick zu haben.

5.3.3.1 Lagerorganisation

Der Aufbau von Lagerbereichen kann nach unterschiedlichen Prinzipien geplant werden. Werden spezielle Lagereinrichtungen benötigt (Stangenlager, Treibstofflager, Kühllager, Gefahrstofflager, Kleinteile-Paternoster), fasst man das Material dort zu Warengruppen zusammen. Werden Materialien prozessbezogen in der Fertigung zugefügt, werden diese in fertigungsnahen Verbrauchslagern zusammengefasst. Eine Unterteilung in spezielle Eingangslager, Fertigungslager und Versandlager findet meist nicht mehr statt, da aufgrund der DV-Verarbeitung unterschiedliche Wertschöpfungsstufen problemlos in denselben Lagerbereichen vorhanden sein können.

Die Organisation und Gestaltung der Lager orientiert sich am Materialfluss, an den geometrischen Abmessungen und an der Beschaffenheit der Materialien. Spezielle Rohstofflager, Lagerbereiche für gefährliche Stoffe oder für brandgefährdete Materialien sind oft räumlich abgetrennt. In Hochregallagern ist eine Automatisierung der Lagerzugangs- und -abgangsvorgänge möglich. Durch Lagerverwaltungsrechner, die mit der zentralen Produktionsplanungs- und Steuerungs-Software (PPS) kommunizieren, lassen sich wahlfreie Lagerorte (chaotisches Lager) und Materialreservierungen organisieren und optimieren. Unterschiedliche Ausprägungen von Regalen (Durchlauf, Compact, Paternoster oder Paletten) ermöglichen eine materialbezogene Optimierung. Als Packmittel dienen zumeist Container, Tablare oder Paletten. Der Transport erfolgt durch Be- und Entladungsgeräte, Transportbänder, Paternoster oder Flurförderfahrzeuge. Bei der Kommissionierung für Fertigungsaufträge bietet sich eine integrierte Messstation an, deren Ergebnis z.B. in eine permanente Inventur einfließen kann.

Als Instrument zur Organisation und Optimierung dieser Aufgaben haben sich rechnergestützte Warehouse-Management-Systeme (WMS) etabliert.

Warehouse-Management-Systeme (WMS) unterstützen:

- die Verwaltung von Lagerstrukturen und -einrichtungen,
- die Übersicht über Lagerbewegungen,
- das Management der den Wareneingang und -ausgang begleitenden Aktivitäten
- das Führen von aktuellen Bestandsdaten auf Lagerplatzebene mit Hilfe der permanenten Inventur,
- die Ein- und Auslagerung von Gefahrstoffen und allen anderen Materialien, welche eine Sonderbehandlung erfordern, und
- spezielle Dienstleistungen im Auftrag des Kunden.

5.3.3.2 Lagerung und Verpackung

Um Beschädigungen der Produkte bei Verpackung, Handhabung, Transport und Lagerung und somit eine Beeinträchtigung der Qualität zu vermeiden, ist sicher zu stellen, dass alle Produkte geschützt sind und richtig gehandhabt und gelagert werden.

Verfahren und Mittel zum **Schutz der Produkte** sind:

- Festlegen der Verpackungsart und des Verpackungsschutzes
- Anweisungen für das Verpacken und Transportieren
- Festlegen der Kennzeichnungsart
- Bereitstellen und Kennzeichnen geeigneter Lagerbedingungen und Lagerbereiche
- Festlegen der Versandmethode
- Anweisungen für den Versand
- Bewahrung der Qualität bis zur Auslieferung am Bestimmungsort

---

5.3.3.3 Kennzeichnung und Rückverfolgbarkeit

Die beschafften und hergestellten Produkte, die Planungs- und Fertigungsunterlagen sowie die Qualitätsaufzeichnungen sollen so gekennzeichnet werden, dass die nachträgliche Rückverfolgbarkeit, sofern sinnvoll und wirtschaftlich, möglich ist. Dadurch ist jederzeit erkennbar, welche Prüf-, Freigabe- und Bearbeitungsschritte erfolgt sind. Zusätzlich hilft es, eine Weiterverwendung fehlerhafter Teile oder Verwechslungen auszuschließen. Dies verlangt ein System, das den gesamten Prozess vom Zeitpunkt des Wareneingangs bis zur Auslieferung am endgültigen Bestimmungsort begleiten muss. Ebenso müssen für Produkte, die vom Kunden mitgeliefert werden und in die Produktion gehen, Regelungen festgelegt werden, die verhindern, dass diese beschädigt, vertauscht oder verloren gehen können.

Durch entsprechende Kennzeichnung auf den spezifischen Begleitpapieren oder auf der Ware ist sicherzustellen, dass folgende Prüfzustände klar erkennbar sind:

- Nicht geprüfte, noch nicht freigegebene Produkte,
- Geprüfte und freigegebene Produkte,
- Fehlerhafte und deshalb gesperrte Produkte.

5.3.4 Materialverteilung

Entnahmen aus den Lagerbereichen sind nur gegen einen entsprechenden Beleg möglich, um die Bestandssicherheit nicht zu gefährden. Der überwiegende Teil wird durch vorher geplante Fertigungs- oder Vertriebsaufträge angefordert. Ungeplante Entnahmen (Sonderbedarf, Mehrmengen, Ersatzteile und Kompensation von Ausschuss) führen oft zu einem Versorgungsengpass, der nur durch konsequente Bestandssicherheit und schnelle Beschaffungsplanung vermieden werden kann.

Die Bewegungssätze aus dem Lagerbereich bilden die Grundlage zu statistischen Auswertungen über Umschlagshäufigkeit, Lagerbelastung, Verweilzeit oder Fehlteilsituation und spielen im Rahmen der Inventur eine wesentliche Rolle.

Die Materialverteilung hat die Aufgabe, den Materialfluss vom Lieferanten über das eigene Unternehmen bis zum Verbraucher durch Planung, Steuerung und Kontrolle wirtschaftlich zu gestalten (Materialmanagement).

5.3.5 Distribution

Neben Qualität und Preis spielen Lieferzeit und Liefertreue eine große Rolle bei der Beurteilung eines Unternehmens durch die Kunden (siehe Kap. Abb. 5.26). Sowohl die Auftragserfassung mit der möglichst parallel laufenden Verfügbarkeitsprüfung als auch die Einsteuerung der Aufträge in eine Fertigungsplanung erfordert ganzheitliche Kenntnis der zur Verfügung stehenden Kapazitäten und Materialien.

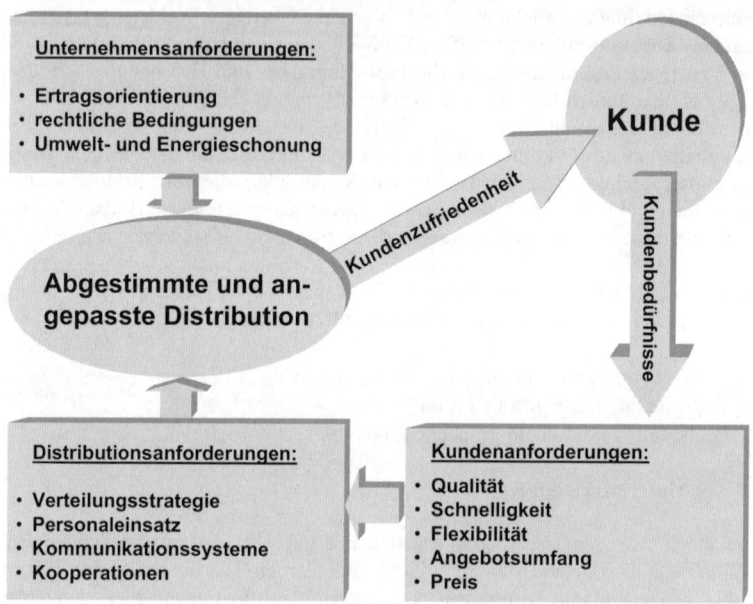

Abb. 5.26: Ansprüche an die Leistungen der Distribution

Die Verteilung der Ware zum Kunden hin wird als Distributionslogistik bezeichnet. Sobald ein Produkt versandfertig und vorschriftsmäßig verpackt ist, müssen die dazugehörigen Versandpapiere geschrieben sowie die Transportplanung durchgeführt werden. Je nach Aufgabenstellung (Einzelfertigung, Serienprodukte oder Versandhandel) kommen sehr unterschiedliche Verfahren zum Einsatz. Aufgabenstellungen sind die Auswahl kostenoptimaler Verteilwege und Standorte sowie die permanente Steigerung des Lieferservices nach Termineinhaltung, Preis und Qualität unter gleichzeitiger Beachtung der Unternehmensziele und der gesetzlichen Forderungen.

Bei der Tourenplanung werden entsprechend den vorliegenden Aufträgen, den Lieferkonditionen und den Lieferorten Auslieferungstouren festgelegt. Oft bedient man sich dazu spezialisierter Speditionen, die mit umfangreichen DV-gestützten Optimierungsprogrammen arbeiten.

5.3.6 Abfallwirtschaft

Neben der angestrebten betrieblichen Leistung entstehen in jedem Produktionsprozess Rückstände. Zum einen handelt es sich um **Reststoffe,** die wiederverwertbar sind (Roh-, Hilfs- und Betriebsstoffe), zum anderen um **Abfälle,** für die keine sinnvolle Verwendungsmöglichkeit besteht (unbrauchbar gewordene Güter, Verpackungen und Schadstoffe).

Das Erstellen eines Abfallwirtschaftskonzepts ist in einigen Bundesländer für bestimmte Betriebe bereits Pflicht. Im Rahmen der EU-Umwelt-Auditierung wird zukünftig auf den geplanten Umgang mit Abfallstoffen geachtet, und es werden entsprechende Vorgehensweisen gefordert. Neben der Art der in einem Betrieb vorkommenden Abfälle sind auch deren anfallende Mengen übersichtlich aufzunehmen und darzustellen. Das getrennte Sammeln und Erfassen ist zu organisieren und die umweltverträgliche Entsorgung - besser noch Verwertung - ist nachzuweisen.

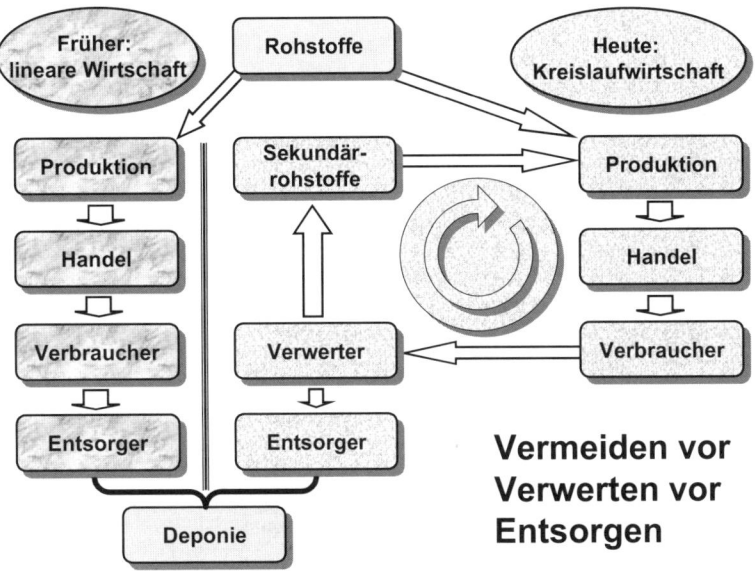

Abb. 5.27: Das Prinzip der Kreislaufwirtschaft

Die Grundlage bildet das Abfallgesetz von 1986[78], in dem die Grundsätze einer vorbeugend orientierten Abfallwirtschaft aufgestellt sind. Ergänzt wird dieses Gesetz durch das Bundes-Immissionsschutzgesetz[79], das einheitliche Regeln zur Luftreinhaltung und Lärmbekämpfung festschreibt. Hinzu kommt eine Reihe von Verordnungen zur Klassifizierung und zum Nachweis des Verbleibs von Abfällen. Eine der bekanntesten Verordnungen ist die Verpackungsverordnung von 1991, wodurch die Flut des Verpackungsmülls tatsächlich eingedämmt werden konnte.

In einem neuen Kreislaufwirtschafts- und Abfallgesetz[80], das am 6. Oktober 1996 für alle verbindlich in Kraft getreten ist, soll erreicht werden, dass Rückstände weitgehend im Wirtschaftskreislauf gehalten werden. Es wird unterschieden zwischen „Abfall zur Verwertung" und „Abfall zur Beseitigung". Es bestehen Verpflichtungen zur Abfallvermeidung (Produkt und Prozessgestaltung, Mehrfachverwendung, langlebig, reparaturfreundlich und schadstoffarm) und - sofern nicht vermeidbar - zur umweltverträglichen Verwertung (Recycling oder Energiegewinnung durch Verbrennung). Nur noch die Abfälle, die nicht mehr verwertet werden können, sind - mit hohen Auflagen - zu behandeln und zu deponieren. Den Wirkungskreislauf zeigt Abb. 5.27.

Wenn Abfallvermeidung und Abfallverminderung nicht mehr weiter gesteigert werden können, muss eine geeignete und rechtmäßig zugelassene Entsorgung stattfinden. Hierzu hat sich eine ganze Industrie von Entsorgungs- und Verwertungsdienstleistern etabliert.

Aus diesen Randbedingungen ergeben sich für die Materialwirtschaft Aufgaben wie die Materialauswahl nach Recyclingfähigkeit und Umweltverträglichkeit und damit die Einflussnahme auf die Konstruktion. Die Produktionsverfahren sind abfallarm und energieoptimiert auszulegen, die Lieferanten sind nach Umweltgesichtspunkten auszuwählen und die Logistik muss ökologieorientiert ausgerichtet sein (Transportwege und -mittel).

Um den Stand der eigenen Bemühungen bezüglich der umweltbezogenen Kennwerte überwachen und gegebenenfalls gegensteuern zu können, bietet sich der Aufbau einer Ökobilanz an. Durch Anwendung der Normenreihe DIN EN ISO 14040 ff. erhalten die Unternehmen Sicherheit, nachprüfbare und öffentlichkeitstaugliche Beurteilungen zu Umweltauswirkungen machen zu können.

---

[78] Gesetz über die Vermeidung und Entsorgung von Abfällen (AbfG) vom 27.08.1986, zuletzt geändert am 27.06.1994.

[79] Gesetz zum Schutz vor schädlichen Umwelteinwirkungen durch Luftverunreinigung, Geräusche, Erschütterungen und ähnliche Vorgänge (BImSchG) vom 14.05.1990, zuletzt geändert am 27.06.1994.

[80] Kreislaufwirtschafts- und Abfallgesetz (KrW-/AbfG) vom 27.09.1994.

Die Analyse und Registrierung sämtlicher Stoff- und Energieströme kann als Hilfsmittel der ökologischen Optimierung von Prozessen und Produkten dienen und gibt Handlungsempfehlungen für die Unternehmensleitung. Ziele einer Ökobilanz sind neben der objektiven Darstellung nach außen auch die innerbetriebliche Optimierung und der Vergleich mit anderen Standorten und Unternehmen im Sinne eines Benchmarkings. Aber auch im Rahmen der zunehmenden Integration von Qualitäts- und Umweltmanagement wird der Erstellung einer Ökobilanz eine stärkere Bedeutung zukommen.

5.3.7 Zukünftige Entwicklungen: E-Logistik

Betrachtet man den Wandel der Logistik in den letzten 30 Jahren, so ist ihr Entwicklungsprozess „von einer stark auf die physischen Abläufe fokussierten Unternehmensfunktion zu einem ganzheitlichen, prozess- und kundenorientierten Managementkonzept" erkennbar. Der Begriff E-Logistik umfasst nicht nur den eigentlichen Transport der Ware, der den Online-Einkauf letztendlich komplettiert, sondern auch den durchgängigen Einsatz von Informations- und Kommunikationssystemen entlang der gesamten Wertschöpfungskette. Demnach beinhaltet E-Logistik die strategische Planung und Entwicklung aller für die elektronische Geschäftsabwicklung erforderlichen Logistiksysteme und -prozesse sowie deren administrative und operative Ausgestaltung für die physische Abwicklung.

Im Vergleich zu traditionellen Logistikkonzepten lassen sich charakteristische Verschiebungen identifizieren, die u.a. durch die Anforderungen an eine geringe Lagerhaltung und eine zeitgenaue Belieferung geprägt sind.

Es besteht daher die Notwendigkeit, die E-Commerce-Lösungen mit den Logistiksytemen (Lagerverwaltung, Transportsysteme, Auftragsabwicklung, Zahlungssysteme) zu koppeln. Neue Technologien ermöglichen eine ganzheitliche, unternehmensübergreifende Steuerung der Supply Chain, von der Bestellung der Zulieferteile über die Produktion bis hin zur Auslieferung an den Endkunden. Damit wird deutlich, welches Potential das Internet für die logistischen Abläufe eröffnet und welch hohen Stellenwert die informationstechnologische Unterstützung für den künftigen Erfolg der Logistik hat. Folglich kann hier zudem von einer positiven Wechselwirkung zwischen der Informationstechnologie und der Logistik gesprochen werden.

Für die Entwicklung der E-Logistik ergeben sich aus den Megatrends
- Kundenintegration
- Globale Netzwerke
- IT-Einsatz

als mögliche Erfolgsstrategien:
- Prozessorientierung in der Supply Chain
- Verringerung eigener Wertschöpfung durch Outsourcing
- Fusionen und Kooperationen
- Aufbau von Netzwerken für ein dynamisches Fulfillment
- Nutzen von Methoden des Wissensmanagement
- Einsatz spezialisierter Logistikdienstleister
- angepasste Nutzung der IT-Techniken

Durch die Umsetzung moderner Logistikkonzepte ergeben sich erhebliche Kostensenkungspotentiale. Im Handel entfallen heute über 20% Prozent der Gesamtkosten auf die Logistik, eben so hoch sind die Kosten für die Fremdvergabe von Aufgaben und Funktionen an externe Dienstleister.

5.4 Qualitätsmanagement in der Beschaffung

Die Beschaffungsaufgabe in einem Unternehmen besteht darin, einen orts-, mengen-, qualitäts- und terminmäßig spezifizierten Bedarf an Produktionsfaktoren optimal zu befriedigen. Dazu ist ein Beschaffungsprogramm zu erstellen, welches das letzte Glied in der Kette nach dem Absatzprogramm und dem Produktionsprogramm darstellt. Die Materialbeschaffung ist eng mit den anderen dispositiven Tätigkeiten wie Bedarfsrechnung und Bestandsrechnung verknüpft.

Bedient man sich einer zentralen Beschaffungsabteilung, ergeben sich Möglichkeiten der Bedarfszusammenfassung, der Standardisierung und der kostengünstigen Beschaffung aufgrund größerer Bestellmengen und stärker spezialisierten Beschaffungspersonals. Dagegen empfiehlt sich eine dezentrale Beschaffung, wenn die räumliche Lage ungünstig ist, pro Bereich sehr spezialisiertes Material benötigt wird oder wenn oft schnelle Anlieferungen geringer Mengen notwendig sind.

In kleineren Betrieben wird die Beschaffung des gesamten Spektrums von einer Stelle aus durchgeführt; je größer das Unternehmen ist, um so stärker erfolgt eine Spezialisierung sowohl nach Materialgruppen als auch nach Teiltätigkeiten wie Anfragen, Bestellungen oder Prüfungen.

5.4.1 Beschaffungsmarketing

Um kostenoptimal beschaffen zu können, ist eine Reihe von Informationen notwendig, die durch eine systematische Untersuchung des Beschaffungsmarktes zu gewinnen sind. Die Marktstruktur ist sehr schnellen Änderungen unterworfen und wird zunehmend internationalisiert. Zu einem bestimmten Zeitpunkt nimmt man die Daten und Grundstrukturen des interessierenden Marktes in einer Marktanalyse auf. Im Anschluss daran erfolgt eine kontinuierliche Marktbeobachtung, um sich umgehend an Veränderungen anpassen zu können. Aufgrund längerer Marktbeobachtungen lassen sich Trends ermitteln und Prognosen erstellen.

Dabei sind Informationen verschiedenster Art zu sammeln. Es interessieren Besonderheiten im Materialangebot (Normungen, Zertifikate, spezielle Verpackungsformen) genau so wie die Zusammensetzung der Anbieter am Markt (Monopolisten, viele Händler oder einige Großanbieter). Durch Einschätzung des Markttrends können saisonale und konjunkturelle Marktentwicklungen herausgefunden werden und anschließend in die jeweils angepasste Beschaffungsstrategie Eingang finden (Lieferfristen, Lagerhaltung, Bestellzeitpunkt, Abrufverfahren).

Die Auswahl des geeigneten Lieferanten ist für das Unternehmen von existentieller Bedeutung. Fehlt nur ein Teil wegen Lieferverzugs oder Qualitätsmängeln kann unter Umständen die gesamte Fertigung zum Erliegen kommen. Dadurch werden Aufträge nicht mehr bedient, der Kunde ist verärgert und wandert ab.

Die häufigste Marktuntersuchung beschäftigt sich mit dem Preis. Aber nicht immer ist der Lieferant mit dem niedrigsten Angebotspreis der wirklich günstigste. Zusätzlich sind Liefer- und Zahlungskonditionen zu beachten sowie die Qualitätsfähigkeit und Lieferzuverlässigkeit auf längere Sicht.

Zielsetzung des **Beschaffungsmarketing** ist es, wettbewerbswirksame Leistungs- und Kostenpotentiale aufzubauen und abzusichern.

- Entwickeln und Realisieren von Marketing-Maßnahmen auf der Beschaffungsseite wie Beobachten und Erschließen von Lieferantenmärkten im In- und Ausland sowie Ausweitung internationaler Informationsquellen

- Beraten und Betreuen von strategisch wichtigen Lieferanten in Bezug auf Materialanforderung und Qualität

- Entscheidung über Fertigungstiefe herbeiführen

- Mitwirkung beim Abschluss von QM-Vereinbarungen

- Beilegen von Streitigkeiten im Zusammenhang mit Lieferantenbeurteilungen

- Audits beim Lieferanten zusammen mit dem Qualitätsbeauftragten

- Verhandlungen mit Lieferanten über Volumen und Konditionen

- Verhandeln und Abschließen von Rahmenverträgen und -konditionen für Abrufe nach Bedarf

- Vertragsgestaltung von Leasing-, Wartungs-, Kaufverträgen

- Beraten und Unterstützen des Auftragszentrums in Beschaffungsfragen

---

5.4.2 Materialstandardisierung

Neben der Beschaffung optimaler Mengen zu möglichst günstigen Preisen sind Überlegungen anzustellen, wie Kosten durch die Standardisierung und die Analyse der Materialien eingespart werden können. Bei der Materialstandardisierung handelt es sich um die Vereinheitlichung von Gütern, die sich auf bestimmte Eigenschaften bzw. Mengen bezieht. Durch Normung und Typung werden die Beschaffung und Lagerhaltung der Materialien sowie der Kundendienst verbilligt.

Möglichkeiten der **Standardisierung** von Eigenschaften der Güter sind :

- **Normung**[81]
  als Vereinheitlichung von Einzelteilen durch das Festlegen von Größen, Abmessungen, Formen, Farben, Qualitäten.

- Internationale Normen
  wie die ISO-Normen werden von der International Organization for Standardization in Genf festgelegt und von fast allen Industriestaaten als nationale Norm übernommen.

- Nationale Normen
  werden vom Deutschen Normenausschuss (DNA) festgelegt und sind - rechtlich gesehen - Empfehlungen, können aber durch Lieferverträge, Gesetze bzw. Verordnungen, die sich auf die Normen beziehen, zwingen den Charakter erhalten.

- Verbandsnormen
  werden von Verbänden und Vereinen als Richtlinien bzw. Vorschriften entwickelt, beispielsweise VDE, VDI, RAL, und haben empfehlenden Charakter.

- Werksnormen
  werden von einzelnen Unternehmen zur eigenen Verwendung erstellt.

- **Typung**
  als Vereinheitlichung ganzer Erzeugnisse oder Aggregate hinsichtlich Arten, Größen, Ausführungsformen. (Überbetrieblich in Kooperation branchengleicher Unternehmen wie die Reifenindustrie, innerbetrieblich als Festlegung von Baukästen).

5.4.3 Beschaffungsplanung und Beschaffungsstrategien

In Abhängigkeit der Wertigkeit von Materialien und der Prognosesicherheit lassen sich verschiedene Beschaffungsprinzipien festlegen. Bei einer Vorratsbeschaffung wird nur eine sehr grobe Schätzung der Bedarfssituation aus dem Absatzplan durchgeführt. Im Vordergrund steht die Versorgungssicherheit und die Nutzung von

---

[81] Siehe auch Kapitel 2.2.1.

zeitlich begrenzten Marktangeboten. Das Unternehmen ist damit zwar relativ gut abgesichert, muss dies jedoch mit hohen Kosten für Lagerhaltung und Kapitaldienst bezahlen.

Werden die Materialien erst bei Auftreten des Bedarfs beschafft, entfallen die Lagerhaltungskosten, dafür entsteht aber ein größeres Risiko, die Teile nicht rechtzeitig oder nicht in der benötigten Qualität zu erhalten. In langfristigen, materialintensiven Geschäften wie dem Anlagenbau kann diese Methode jedoch die einzig realisierbare sein.

Eine Mischform stellt die fertigungssynchrone Beschaffung dar. Hierbei wird zeitnah entsprechend der Fertigungsplanung beschafft, aber aus einem größeren Rahmenauftrag heraus, der mit dem Lieferanten z.B. jahresweise geschlossen wird. So ist die Flexibilität bei gleichzeitig niedrigem Lagerbestand gewährleistet. Allerdings wird dabei oft das Risiko auf den Lieferanten verlagert, der seinerseits Konsignationslager unterhalten muss.

5.4.3.1 Just-in-time-Belieferung mit Kanban-Prinzip

Im Laufe der 70er Jahre wandelte sich aufgrund der weltweiten Rezession der Verkäufermarkt in einen Käufermarkt. Als Folge ging die Gewichtung der Unternehmensziele von einer möglichst guten Auslastung der Kapazität in Richtung kurzer Lieferfristen. Gleichzeitig mussten aber Lagerbestände vermieden werden, da sie sich zunehmend als Risiko erwiesen. Gerade auf dem Investitionsgütermarkt konnten aufgrund technischer Neuerungen Produkte oft über Nacht zu Ladenhütern werden. So wurde nun eine kurze Durchlaufzeit zur strategischen Erfolgsposition im unternehmerischen Wettbewerb. Das Just-in-time-Konzept zielt auf einen möglichst schnellen Durchfluss der Güter ab.

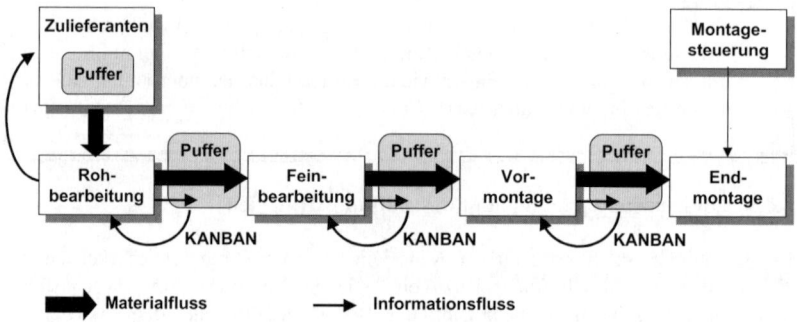

Abb. 5.28: Fertigungssteuerung nach dem Kanban-Prinzip

Im Just-in-time-Verfahren wird das Produkt nicht auf Lager vorgefertigt, sondern erst dann eingesteuert, wenn es tatsächlich benötigt wird. Die Fertigungsabläufe werden von einem Bring-System auf ein Hol-System umgestellt. Erst dann, wenn ein Ausgangsbedarf entsteht, wird Material bereitgestellt und der Arbeitsgang durchgeführt.

Im Zusammenhang mit der JIT-Philosophie steht das **Kanban-Prinzip.** Dabei handelt es sich um eine Karte, eine Tafel oder einen markierten Bereich. Die nachfolgende Fertigungsstelle holt sich die benötigten Teile aus der vorgelagerten Einheit und hinterlässt oder markiert einen solchen Kanban. Damit wird ein optisches Signal gesetzt, so dass die vorgelagerte Einheit nun wieder diese Teile nachproduziert. Das Kanban-Prinzip sieht eine am Mindestbestand orientierte Fertigungsdisposition vor, indem eine Produktionsstufe immer dann neue Aufträge generiert, wenn der zugeordnete Lagerbestand einen Mindestbestand unterschritten hat, wie in Abb. 5.28 skizziert.

Das Verfahren ist auch im zwischenbetrieblichen Lieferverkehr anwendbar. Vor allem aus Japan kommend haben sich in der Automobilindustrie solche Verflechtungen zwischen Zulieferer und Hersteller in stundengenau getakteten Lieferfrequenzen aufgebaut. Der dazu notwendige sehr enge Austausch von Daten und Know-how lässt die Anwendung des Verfahrens allerdings nur in ganz bestimmten Fällen zu.

Durch Einsatz von Just-in-time können die Bestände gesenkt und die Fertigungsabläufe beschleunigt werden. Allerdings setzt diese Methode innerbetrieblich eine hohe Mengenstabilität der Fertigung und eine hohe Qualitätszuverlässigkeit voraus. Einsetzbar ist Just-in-time bei Serien- und Massenfertigung und langfristiger Auftragsbindung.

Den Vorteilen beim Hersteller, wie Senkung der Kosten für die Administration und Kontrolle von Beständen und Reduzierung der Kapitalbindung, stehen Nachteile auf beiden Seiten gegenüber. Niedrige Bestandsreserven erhöhen die Gefahren eines Produktionsabrisses beim Hersteller. Die Transportkosten werden nicht reduziert. Der Zulieferer muss vielfach, um seinen eigenen Produktionsprozess technisch und kostenmäßig unter Kontrolle zu halten, die Vorratshaltung betreiben, die vorher beim Hersteller lag. Die Gesamtkosten für Zulieferer und Hersteller werden also nicht erkennbar gesenkt.

5.4.3.2 Logistik-Center und Warenhauskonzept

Weil das Just-in-time-Prinzip bei Störungen recht anfällig ist, da keine Puffer vorhanden sind und die Kostensituation recht kritisch sein kann, hat man sich vielfach zum Aufbau von „Logistic-Centern" entschieden. Sie wurden vor allem für solche

Lieferanten etabliert, die sich nicht als „Lieferant auf der grünen Wiese" vor den Werkstoren der Hersteller niederlassen konnten. Die am weitesten verbreiteten Konzepte stellt Abb. 5.29 dar.

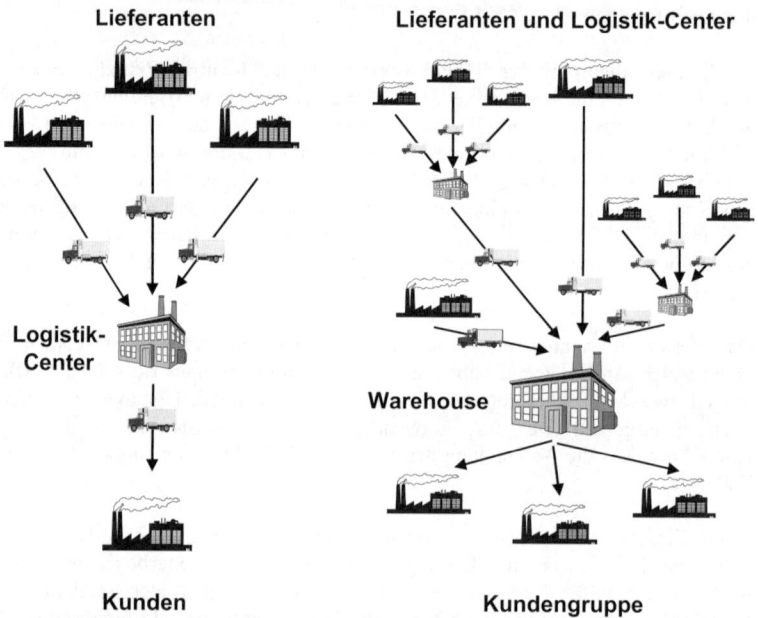

Abb. 5.29: Die Prinzipien von Logistik-Center und Warenhaus

Im Rahmen von Grobabrufen versorgen Zulieferer das in der Nähe des Herstellerwerkes befindliche Logistik-Center. Dieses übernimmt das komplette Lagermanagement einschließlich der Just-in-time-Lieferung benötigter Teile und wirkt somit als Puffer zwischen Zulieferer und Hersteller. Die Kosten dafür werden üblicherweise nach einem vorher ausgehandelten Schlüssel vom jeweiligen Zulieferer getragen und sinken bis zu einer optimalen Größe, je mehr Teilnehmer sich dem Konzept anschließen. Die Abrechnung der Ware erfolgt ausschließlich über den Lieferanten, der seinerseits das Logistik-Center für seine Dienstleistung bezahlt.

Einige Hersteller nutzen auf der Basis bestehender Lieferstrukturen das sogenannte Warenhauskonzept (Warehouse). Der Hersteller gibt dem Warenhaus technische, preisliche und zeitliche Vorgaben für seinen Teileverbrauch. Das Warenhaus übernimmt die Beschaffung, Bezahlung, Lagerung und den Versand der Teile und wird damit zum alleinigen Lieferanten des Herstellers. Aufgrund des hohen Kapitalbedarfs des Warenhauses und des Umfangs der benötigten Lagerflächen ist das Modell in seinem Anwendungsbereich beschränkt, eignet sich für die Zielsetzung jedoch hervorragend. Gerade wenig sperriges Hilfsmaterial, in hoher Vielfalt bei unerwartetem Reparaturbedarf sofort benötigt, wird oft von sehr kleinen Lieferanten beschafft. Mit der Konzentration auf das Warenhaus vor dem Werkstor sichert sich der Hersteller nicht nur die ständige Verfügbarkeit; die Anzahl der Lieferanten wird drastisch reduziert. Der administrative Aufwand für Einkauf, Disposition und Kreditorenbuchhaltung wird ebenfalls erheblich gesenkt.

5.4.4 Beschaffungsdurchführung

Die Beschaffungstermine müssen unter Berücksichtigung von Lieferzeiten, Beschaffungszeiten und Prüfungszeiten ermittelt werden. Die Ermittlung der optimalen Losgröße bietet Anhaltspunkte für die jeweilige Bestellmenge bzw. den Bestellzyklus. Andere Verfahren bedienen sich zusätzlich noch Erkenntnissen aus periodenabhängigem Bedarf und ermöglichen somit eine zeitnähere und dem momentanen Verbrauch angepasste Optimierungsaussage.

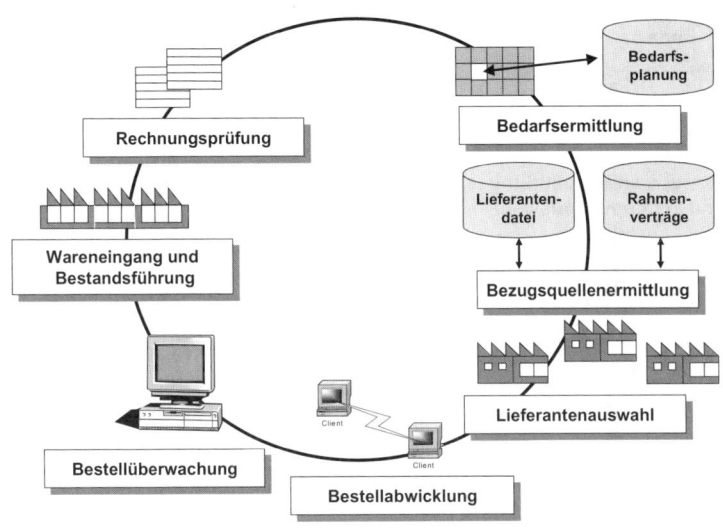

Abb. 5.30: Phasen im Beschaffungszyklus[82]

---

[82] Angelehnt an Gronau, N.: Management von Produktion und Logistik mit SAP, München, 1996.

Auf Basis der Daten aus der Beschaffungsplanung (Prinzipien, Wege, Termine, Mengen) kann die eigentliche Beschaffungsdurchführung geschehen. Zunächst muss festgelegt werden, welche Lieferanten überhaupt in Frage kommen. Grundlage sind die Ergebnisse des Beschaffungsmarketing, aus denen eine Lieferantenbewertung abgeleitet werden kann.

In der Materialbestellung muss die geforderte Beschaffenheit und die vereinbarte Menge des Materials exakt definiert sein, um bei der Beschaffungskontrolle oder im Reklamationsfall eindeutige Bezugsgrößen zu haben. Weitere Vereinbarungen betreffen die Verpackung (Kosten, Verbleib), die Erfüllungszeit (Festtermin, Abruf, Rahmenvertrag), den Erfüllungsort, an dem die Gefahr für das Material vom Lieferanten an den Besteller übergeht, sowie die Zahlungskonditionen wie Preis, Rabatt und Zahlungsziel. Abgeschlossen wird der Beschaffungszyklus nach Abb. 5.30 mit der Rechnungsprüfung.

5.4.5   QM-Aufgaben im Beschaffungsablauf

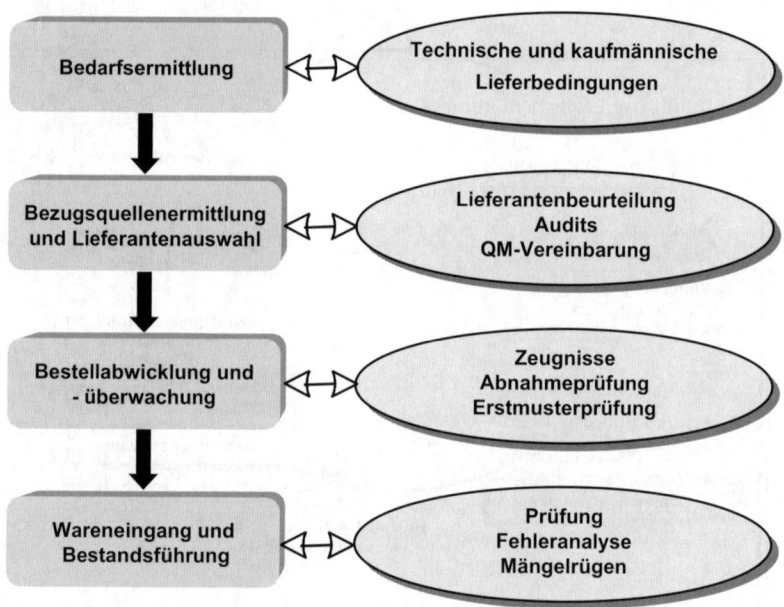

Abb. 5.31: Qualitätsbezogene Aufgaben im Beschaffungsablauf

Durch Einsatz von Methoden des Qualitätsmanagements in der Beschaffung soll sichergestellt werden, dass die beschafften Produkte und Leistungen die festgelegten Qualitätsanforderungen des Kunden und damit des Unternehmens erfüllen und wirtschaftlich bezogen werden. Dazu sind in den verschiedenen Phasen des Beschaffungsablaufs entsprechende Maßnahmen vorzusehen, wie in Abb. 5.31 zusammengestellt. Die besonderen Aspekte der Lieferantenbeziehungen werden in Kapitel 5.4.6 behandelt.

5.4.5.1 Technische und kaufmännische Lieferbedingungen - Spezifikation

Aufgrund der Komplexität von Produkten oder umfangreicher Dienstleistungsangebote reicht eine bloße Bereitstellung von Stammdaten und Basisunterlagen nicht mehr aus, um den Lieferanten wirklich eindeutige Anforderungen zu übermitteln. Zusätzlich erfordern Haftungsfragen eine möglichst konkrete und umfassende Beschreibung der Erwartungen an die Produkt-, Leistungs- und Qualitätsmerkmale. Ebenso müssen Angaben über den beabsichtigten Einsatz der eigenen Produkte und Leistungen vorliegen, um dem Lieferanten eine Vorstellung des beabsichtigten Einsatzfalles zu geben.

Inhalt von Lieferbedingungen können sein:

im technischen Bereich

- Produkt- und Leistungsspezifikationen
- Pflichtenheftangaben
- Werksnormen und Einschränkungen sonstiger Normen
- Kennzeichnungs- und Verpackungsvorschriften

im kaufmännischen Bereich

- Liefer- und Zahlungsbedingungen
- Qualitätsnachweise und Prüfzeugnisse
- Art und Umfang der Qualitätsprüfungen
- Art der Reklamationsabwicklung
- Qualitätsmanagement-Vereinbarungen
- Just-in-time-Vereinbarungen
- Abrufbedingungen und Anlieferzyklen
- Bonusvereinbarungen

Ideal ist die Einbeziehung potentieller Lieferanten bereits bei der Planung und Entwicklung im Sinne eines Simultaneous Engineering, so wie in Kapitel 5.2.3 beschrieben. Damit kann ein Großteil der konzeptionellen Qualitätsprobleme im Vorfeld vermieden werden. Im Pflichtenheft sind die grundlegenden Forderungen und Randbedingungen festgelegt und in weiteren technischen Lieferbedingungen für den speziellen Fall detailliert. Oft erstellen Unternehmen der Serienfertigung spezielle Dokumente für alle Zulieferer, in denen die unternehmensbezogenen Forderungen zusammengefasst sind. Dazu können Werksnormen und Einschränkungen von Standards ebenso gehören wie generelle Kennzeichnungs- und Verpackungsvorschriften.

Im Bereich der kaufmännischen Lieferbedingungen hat sich die Zahl der Vertragspositionen ebenfalls permanent erhöht. Neben den Standardbedingungen wie Lieferart und Zahlungsbedingungen (z.B. Lieferung ab Werk ausschließlich Verpackung, Zahlung ohne Skonto) spielen weitere Aspekte eine zunehmend wichtigere Rolle[83].

5.4.5.2 Erstbemusterung

Vor Aufnahme einer Serienbelieferung empfiehlt es sich, eine ausführliche Erstbemusterung durchzuführen. Dadurch erhält das Unternehmen Aufschluss darüber, ob die vereinbarten Bedingungen eingehalten werden, und der Lieferant erhält eine eindeutige Freigabe der Lieferung bzw. Hinweise, inwieweit noch Verbesserungen durchzuführen sind. Auch im Rahmen der Produkthaftung empfiehlt sich eine solche dokumentierte Vorgehensweise.

Anlässe für **Erstmusterprüfungen** sind:

- neue Produkte oder Leistungen
- geänderte Produkte oder Leistungen
- neuer Lieferant
- neue Produktionsstätte
- neue Verfahren oder Einrichtungen

Die zu beurteilenden Produkte oder Leistungen werden mit den Spezifikationen verglichen. Dazu müssen beim Kunden die für den Normalfall vorgesehenen kalibrierten Prüfmittel verfügbar sein und die erforderlichen Prüfungen von qualifiziertem Personal nach einem Prüfplan durchgeführt werden. In einem Berichtsformular

---

[83] Siehe dazu Dommasch, C.E.: Der Profi-Einkäufer, Frankfurt, 1999.

werden die ermittelten Werte dokumentiert und dienen zur abschließenden Entscheidungsfindung über Freigabe oder Rückweisung. Dieser Vorgang wird von den meisten CAQ-Systemen unterstützt und ist Bestandteil der erweiterten Forderungen der Automobilindustrie.

Bei dieser Gelegenheit ist es oft sinnvoll, auch Aussagen über Zuverlässigkeit und Lebensdauer der freizugebenden Komponenten anzustellen, um Abschätzungen über die Fehlerfreiheit des eigenen Gesamtangebots durchführen zu können[84].

5.4.5.3 Prüfungen

Wenn eine Lieferung den Besteller erreicht, ist zu überprüfen, ob die vereinbarte Leistung auch tatsächlich erbracht wurde. In Abb. 5.32 ist ein gebräuchlicher Ablauf aufgezeigt.

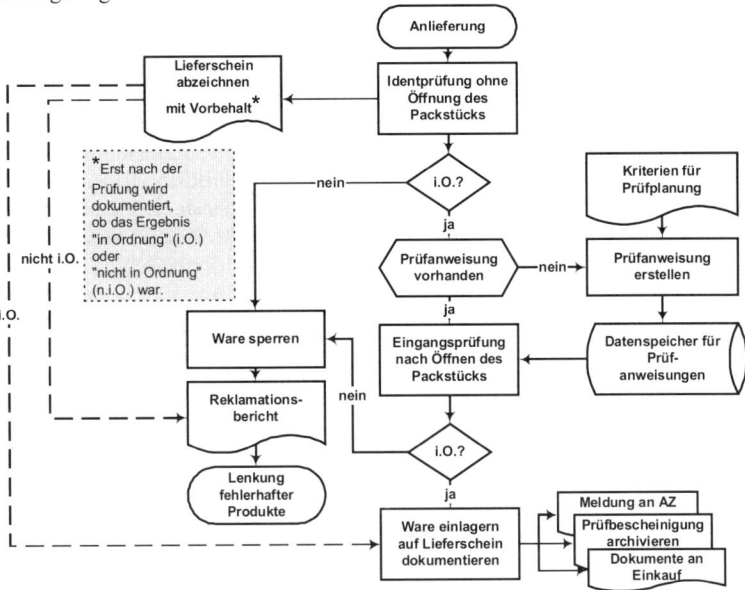

Abb. 5.32: Typischer Ablauf bei der Eingangsprüfung

Bei der Annahme des Materials wird anhand der Begleitpapiere eine Identifikationsprüfung (Art, Menge, Bestellzuordnung) und eine grobe optische Prüfung auf

---

[84] Siehe dazu Zipperer, M.: Zuverlässigkeitsprüfung in Masing, W.: Handbuch Qualitätsmanagement, München, 1999.

Transportschäden durchgeführt. Bei Abweichungen (Unter- oder Überlieferung, Beschädigung) ist vor Einlagerung mit den zuständigen Stellen (Beschaffung, Qualitätssicherung) abzuklären, welche Korrekturen anzuwenden sind (Rücksendung, Sperrlager oder Änderung der Beschaffungsdaten).

Aufgrund von Prüfanweisungen kann eine technische Prüfung verlangt werden. Dabei kann stichprobenartig geprüft werden (sowohl bezogen auf die Liefermenge als auch auf die Prüfmerkmale), eine Hundertprozentprüfung durchgeführt werden (bei Erstlieferungen oder bei dokumentationspflichtigen bzw. besonders relevanten Teilen) oder aber im "skip lot"-Verfahren mit teilweisem Überspringen von Prüfungen bei bisher guter Qualität gearbeitet werden. Unterschieden wird in attributiver Prüfung (ja/nein-Entscheidung) oder in Variablenprüfung (Aufzeichnen des exakten Messwertes). Die Dokumentation der durchgeführten Prüfungen und deren Auswertung sind Bestandteil der Lieferantenbewertung. Nach der Einlagerung des Materials gehen die entsprechenden Belege an die Beschaffung und werden dort sachlich, preislich und rechnerisch geprüft.

Regelungen für die Behandlung von Beanstandungen sind mit entsprechenden Verbesserungsvorschlägen mit dem Lieferanten vorab festzulegen. Ebenso müssen besondere Ausnahmeregelungen für die Weiterverwendung von Zuliefermaterial ohne Wareneingangsprüfung, z. B. wegen Terminengpass, schriftlich festgelegt werden. Dies verlangt eventuell firmenintern zu ergreifende Maßnahme, die ebenfalls dokumentiert werden müssen. Um im Vorfeld mögliche Streitpunkte auszuschließen, empfiehlt sich der Abschluss einer Qualitätsmanagement-Vereinbarung wie in Kap. 5.4.5.4 beschrieben.

Durch regelmäßige Kontrolle von Bestellkosten und Lagerhaltungskosten sowie durch permanente Preisvergleiche sind die Beschaffungskosten zu überprüfen. Durch zumeist DV-mäßige Überwachung werden Liefertermine verfolgt und gegebenenfalls Mahnungen erzeugt. Insgesamt sind die Aspekte Versorgungssicherheit und kostenoptimale Beschaffung stets gleichzeitig zu beachten, und zwischen deren Extremen ist ein Optimum zu finden.

5.4.5.4 Qualitätsmanagement-Vereinbarungen (QMV) mit Lieferanten

Bei engeren Lieferbeziehungen haben sich Qualitätsmanagement-Vereinbarungen mit Lieferanten bewährt. Hierbei werden grundsätzlich alle notwendigen Produktspezifikationen, Ausführungsvorschriften, die Merkmale, die für die Qualitätssicherung von besonderer Bedeutung sind, und die beizustellenden Zertifikate, Prüfzeugnisse usw. produktbezogen definiert und detailliert beschrieben.

Im Rahmen von Qualitätsmanagement-Vereinbarungen und von Just-in-time-Verträgen wird zunehmend auf die technische Prüfung verzichtet. Man geht davon aus, dass aufgrund der nachgewiesenen Qualitätsfähigkeit des Lieferanten das Ziel "Null Fehler" nahezu erreicht wird. Kostenmäßig ist diese Methode dann von Vorteil, wenn der nicht wertschöpfende Vorgang einer Überprüfung eingespart werden kann und auch kein Fehler in den nachfolgenden Stufen mehr auftritt. Kritisch kann es dann werden, wenn trotzdem Fehler auftreten oder sogar Folgefehler entstehen. In diesen Fällen ist oft ungeklärt, inwieweit der Lieferant dann noch in Regress genommen werden kann. Hier ist die Interpretation des § 377 HGB in Bewegung, indem man die Festlegung, dass der Käufer die Ware unverzüglich nach der Ablieferung - soweit dies nach ordnungsmäßigem Geschäftsgang tunlich ist - zu untersuchen hat, dahingehend erweitert, dass beiderseitige Vereinbarungen über Qualitätsnachweise durch den Zulieferer die Gewährleistungspflicht für verdeckte Mängel nicht verkürzen.

Inhalte von **Qualitätsmanagement-Vereinbarungen** können sein:

- Festlegen der Dokumente und Nachweise, die der Lieferant mitliefern muss

- Festlegen der qualitätsrelevanten Prozessparameter und deren Überwachung

- Festlegen von Kennzeichnungen und Abnahmebedingungen

- Festlegen von Methoden zur Fehlerbehandlung und Reklamationsabwicklung

- Festlegen von präventiven Qualitätssicherungsmaßnahmen (DoE, FMEA,usw.)

- Festlegen von Gewährleistungsumfang und Kostenübernahmen bei Fehlern

- Festlegen von Auditmaßnahmen und Zutrittsmöglichkeiten beim Lieferanten

- Verpflichtung zur Aufrechterhaltung eines dokumentierten QM-Systems

- Regelmäßige Absprache über Trends und Austausch von Marktinformationen

---

Ziel der Vereinbarungen soll die Koordination qualitätssichernder Maßnahmen zwischen Lieferant und Kunde sein. Es sollen Rechtsunsicherheiten vermieden und eine Absicherung gegen Haftungsrisiken erzielt werden. Wenig sinnvoll sind Vereinbarungen allerdings dann, wenn der potente Abnehmer die zusätzlichen Lasten ausschließlich auf den Zulieferer überträgt und sich damit von seinen eigenen Verpflichtungen befreit.

5.4.6   Auswahl und Beurteilung von Lieferanten

Der Erfolg eines Unternehmens steht im direkten Zusammenhang mit der Leistungsfähigkeit seiner Lieferanten. Die Reduzierung der Fertigungstiefe durch Outsourcing und der zunehmende Einsatz von Systemlieferanten, bei gleichzeitiger Ausweitung der Beschaffungsaktivitäten über den gesamten Globus, verlangen eine gesamtunternehmerische und fortschrittliche Lieferantenpolitik. Das oft gehegte Misstrauen und die unterschiedlichen Zielsetzungen der Partner - „billig einkaufen" gegen „teuer verkaufen" - muss zugunsten eines vertrauensvollen Miteinanders überwunden werden. Abb. 5.33 zeigt eine Einteilung der möglichen Lieferantenbeziehungen .

örtliche Herkunft:	
Global Sourcing	weltweit beste Quelle (z.B. Hochtechnologie)
Domestic Sourcing	innerhalb des Landes oder der Wirtschaftszone (EU)
Local Sourcing	intensive persönliche Zusammenarbeit, große Transportmengen

Art der Konkurrenz:	
Multiple Sourcing	möglichst viele Quellen, Risikostreuung
Single Sourcing	nur eine Quelle, kurze Durchlaufzeit, niedrige Transaktionskosten
Dual Sourcing	zwei Bezugsquellen mit Risikoaufteilung, z.B. 60:40
Sole Sourcing	Alleinlieferant, der keine weiteren Kunden hat

Dauer und Intensität der Partnerschaft:	
Co-Distributorship	traditionelle Zusammenarbeit mit Händlern
Co-Producership	Know-how-Träger für Produktionstechnologie
Co-Makership	Know-how-Träger für Produkte und Entwicklungen
Co-Entrepreneurship	Mittragen der unternehmerischen Risiken

Abb. 5.33: Perspektiven der Lieferantenbeziehungen

5.4.6.1 Lieferantenmanagement

Lieferanten entwickeln sich in einem komplexen Umfeld immer mehr weg von dem reinen Zulieferer, hin zu einem strategischen Geschäftspartner des Unternehmens. Lieferantenbeziehungen mit strategischen Lieferanten, besonders im internationalen Umfeld, erfordern ein differenziertes Lieferantenmanagement.

Erfolgreiches **Lieferantenmanagement** berücksichtigt:

- partnerschaftliche Lieferantenbeziehung (Win-Win-Situation in ausgewogenem Verhältnis unter Einbeziehung der Leitung)

- Betreuung im Team (neben dem Einkäufer auch Kontakte zur Qualitätssicherung, Entwicklung, Produktion und Service)

- regelmäßige Business-Review-Meetings mit Berichten und Lieferantenvergleichen

- regelmäßige und wechselseitige Besuche (auch der Lieferant muss die Kundenumgebung kennen)

- frühzeitige Einbeziehung in neue Projekte

- offene Kostendiskussionen unter Nutzung des Target Costing

- Optimierung der Kostenstrukturen durch Wertanalyse

- durchgängiges Qualitätsmanagement (TQM) über die gesamte Wertschöpfungskette

- Entwicklungskooperation mit Nutzung des Simultaneous Engineering

- produktionssynchrone Beschaffung (Just-in-time)

- Übernahme von wertschöpfenden Tätigkeiten durch den Lieferanten

---

Durch unternehmensübergreifende Zusammenarbeit erschließen sich Synergieeffekte und Zeitvorteile. Die Kooperation muss im Sinne einer TQM-Philosophie der Kunden- und Lieferantenorientierung zu einer langfristig angelegten Partnerschaft führen. Dazu gehört gegenseitiges Vertrauen, Offenheit und die Bereitschaft zur Konsensfindung. Reine Preiskämpfe, der übermäßige Einsatz von Kontrollmechanismen und das Abwälzen von Risiken wird auf Dauer nicht zu einem gemeinsamen Optimum führen. Es ist zu hoffen, dass sich diese Einsicht in realen Unternehmen durchsetzen wird - die Realität sieht leider noch etwas anders aus.

5.4.6.2 Anforderungen an die Kommunikationssysteme

Bei der Umsetzung einer internationalen Beschaffungsstrategie spielt die Optimierung des Informationsflusses innerhalb und außerhalb des Unternehmens eine wichtige Rolle.

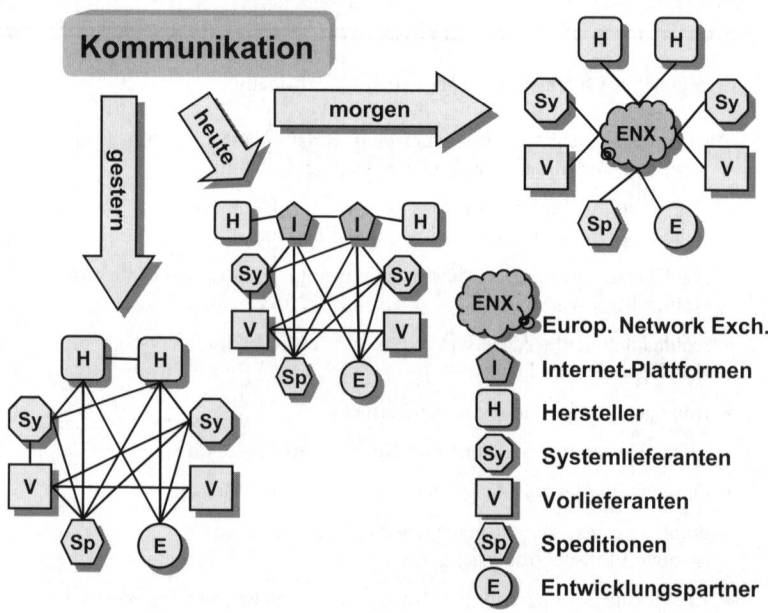

Abb. 5.34: Entwicklung des weltweiten Kommunikationssystems

Zu Beginn des neuen Jahrtausends findet eine rasante Entwicklung auf dem Gebiet der Informations- und Kommunikationstechnik statt. Wie in Abb. 5.34 gezeigt, geht der Trend weg von Einzelkontakten über Internetnutzung bis hin zu speziellen Kommunikationssystemen europa- und weltweit. Unter dem Begriff „Electronic Data Interchange" (EDI) entwickelte sich ein elektronischer, unternehmensübergreifender Austausch strukturierter Geschäftsdaten. Die Grundvoraussetzung für die Einführung des überbetrieblichen elektronischen Datenaustausches ist die Vereinbarung einheitlicher Nachrichtenstandards zwischen den Partnern. Nur wenn sich die jeweiligen Systeme „verstehen", können Daten und Nachrichten elektronisch übermittelt werden.

Hierzu wurde 1987 von der Wirtschaftskommission der Vereinten Nationen für Europa der UN/EDIFACT-Standard entwickelt, der für die Anwendung in allen Wirtschaftsbereichen und in der öffentlichen Verwaltung geeignet ist.

Durch den Einsatz von EDI können in den Unternehmen Verwaltungsarbeiten enorm rationalisiert werden. Durch den Wegfall manueller Eingaben, insbesondere von Mehrfacheingaben sowie durch eine insgesamt schnellere Bearbeitungszeit können unmittelbare Einsparungen erzielt werden. Zusätzlich ergeben sich Einsparungen bei der elektronischen Datenübermittlung durch kurzfristigere Lieferungen und niedrigere Lagerbestände. Hierdurch vermindert sich die benötigte Lagerfläche und die Kapitalbindung. Darüber hinaus ist EDI durch den weitgehenden Wegfall der manuellen Dateneingabe wesentlich sicherer, Fehlerquoten werden reduziert. Die schnelle Verfügbarkeit umfangreicher Daten erhöht den Informationswert von Datenanalysen.

Mit dem European Network Exchange (ENX), einem Virtual Private Network ist eine weitere zukunftsorientierte Lösung in der Entwicklung, die universelle Kommunikationsdienste über alle Plattformen ermöglicht. Verschlüsselung, Authentifizierung und Vertraulichkeit garantiert der Standard IPSec.

Anforderungen an ein nutzbringendes **Kommunikationssystem** sind:

- integrierter Aufbau (flexibler Wechsel von einem Dienst zum anderen)

- Mehrfunktionalität und Kompatibilität der Kommunikationsgeräte (keine Trennung in Sprach-, Daten-, Text- und Bildkommunikation)

- Flexibilität (sowohl vernetzte Rechner als auch Stand-alone-Lösungen).

- Wirtschaftlichkeit (effiziente Abwicklung auch seltener Datenvolumina)

- Hohe Portabilität (Möglichkeit, Neuentwicklungen in Hard- und Software zu folgen)

- hohe Übertragungsgeschwindigkeiten (insbesondere für Just-in-time und Simultaneous Engineering)

- globaler Datentransfer in alle Richtungen (Nutzen des Weltmarktes)

- benutzerfreundlich und nach neuesten ergonomischen Erkenntnissen implementiert

5.4.6.3 Lieferantenbeurteilung

Bei Einsatz von neuen Lieferanten muss zunächst eine Lieferantenbeurteilung durch die verantwortlichen Bereiche vorgenommen und eine Freigabe erteilt werden. Im Allgemeinen unterzieht man eine Probelieferung einer Musterprüfung und gibt bei positivem Befund den Lieferanten frei. Eine weitere Möglichkeit stellt die Selbstauskunft des Lieferanten dar, indem er eine vorgegebene Fragenliste zu den Merkmalen seiner Organisation und seines Qualitätsmanagementsystems beantwortet.

Die Beurteilung/Bewertung von Lieferanten und Dienstleistungsunternehmen während der laufenden Geschäftsbeziehung dient einer Stärken-/Schwächenanalyse zum Zweck der Qualitätsverbesserung. Ein Beispiel für einen Bewertungsvorgang findet sich in Abb. 5.35.

Mögliche Kriterien für die **Lieferantenbeurteilungen** können sein:

- Erfahrungswerte oder Vorgeschichte der Lieferbeziehung
- Beurteilung von Erstmustern
- Ergebnisse laufender Prüfungen
- Einschätzungen der betroffenen Mitarbeiter bezüglich Leistungskriterien
- Ergebnisse von Audits beim Lieferanten
- Innovationsfähigkeit
- Bereitschaft zur intensiven Zusammenarbeit

Die Gesamtbewertung eines Lieferanten kann durch eine gewichtete Zusammenfassung dieser und eventuell weiterer Faktoren zu einer Kennzahl erfolgen, die dem Lieferanten monatlich oder vierteljährlich mitgeteilt wird, gegebenenfalls mit der Bitte um Stellungnahme, wie Unzulänglichkeiten behoben werden sollen.

Im Fall des Beurteilungsbeispiels aus Abb. 5.35 erfolgt die Einteilung der Lieferanten wie folgt:

Klasse 1: (Erste Wahl),	Durchschnitt < 2 $\Rightarrow$	A-Lieferant
Klasse 2: (Normal),	max. 1 Wertung > 3 $\Rightarrow$	B-Lieferant
Klasse 3: (Stellungnahme anfordern),	max. 4 Wertung > 3 $\Rightarrow$	C-Lieferant
Klasse 4: (Als Lieferant sperren),	ab 5 Wertungen > 3 $\Rightarrow$	gesperrt

Lieferant:	Bewertungszeitraum:
Lieferantennummer:	Lieferant für:

Generelle Bewertungsaspekte							
Kriterium	**Bewertung**					**Beurteilung durch:**	*Erläuterung*
Kundendienst	1	2	3	4	5		1: sehr kompetent, schnell, flexibel 2: korrekt 3: korrekt, aber sehr langsam 4: wenig kompetent 5: mangelhaft
Zusammen-arbeit	1	2	3	4	5		1: sehr gut 2: gut 3: teils problematisch 4: immer problematisch 5: mangelhaft
QM-System	1	2	3	4	5		1: zertifiziert 2: aufgebaut 3: im Aufbau 4: geplant 5: nicht vorhanden

Durchschnittliche Bewertung aller Lieferungen							
Kriterium	**Bewertung**					**Beurteilung durch:**	*Erläuterung*
Menge	1	2	3	4	5		1: entsprechend der Bestellung 2,3: mehr als bestellt 4,5: zu wenig
Termin	1	2	3	4	5		1: wie vereinbart 2,3: unpünktlich, zu früh 4,5: unpünktlich, zu spät
Preis	1	2	3	4	5		1: günstigster Marktpreis 2,3: durchschnittliches Preisniveau 4,5: hohes Preisniveau
Qualität	1	2	3	4	5		1: besser als gefordert 2: entsprechend der Bestellung 3,4: Nacharbeit erforderlich 5: nicht akzeptabel

Bemerkungen

Abb. 5.35: Beispiel für ein Formular zur Lieferantenbewertung

5.4.6.4 Lieferanten-Audit

Eine weitere Möglichkeit, Lieferanten zu beurteilen, bietet das Lieferanten-System-Audit. Anhand eines Fragenkatalogs werden die qualitätsrelevanten Abläufe des Betriebsgeschehens überprüft. Eine abschließende Bewertung des Ergebnisses mit dem Lieferanten zusammen kann zur Festlegung weiterer Verbesserungsmaßnahmen genutzt werden. Dazu ist aber bereits ein hohes Maß an gegenseitigem Vertrauen notwendig, da der Lieferant seine Interna preisgeben muss.

Ziel der **Auditierung** beim Lieferanten kann sein:

- Überprüfung auf ein funktionierendes QM-Systems der entsprechenden Nachweisstufe
- Sicherstellen der Qualitätsfähigkeit des Lieferanten
- Nachweis entsprechender Fähigkeiten in Entwicklung, Prozess und Service
- Nachweis der Lieferzuverlässigkeit und Just-in-time-Fähigkeit
- Hinweise auf gemeinsam zu realisierende Kostenpotentiale
- Anstoß von Projekten zur ständigen Verbesserung

Neben reinen System-Audits sind auch Produkt- oder Prozess-Audits sinnvoll, wenn es um die Planung neuer Produkte oder Verfahren geht oder wenn sich die geforderte Qualitätslage noch nicht eingestellt hat. Zur Vorbereitung der Audits sollte eine Checkliste mit relevanten Fragen und Punktwerten erstellt werden. So kann je nach Ausgang des Audits auch eine quantifizierte Bewertung nach Punkten durchgeführt werden.

Eine mögliche **Klasseneinteilung** ist:

A-Lieferant: > 95% der Höchstbewertung ⇨ Anwärter für Auszeichnungen
B-Lieferant: > 85% der Höchstbewertung ⇨ Verbesserungspotentiale nutzen
C-Lieferant: > 75% der Höchstbewertung ⇨ Grundlegende Systemverbesserung

---

Vorteil von Checklistensystem, vor allem wenn Sie von Verbänden oder Zertifizierungs-Organisationen zur Verfügung gestellt werden, ist der einheitliche neutrale Bewertungsmaßstab, der auch zu Benchmarks (siehe Kap. 3.3) oder zu Self-Assessments (siehe Kap. 3.4.3) genutzt werden kann.

5.5 Qualitätsmanagement in der Produktion

Die Aufgabe, bei der Produktion von Gütern oder in der Dienstleistungserbringung einwandfreie Qualität sicherzustellen, kann nicht erst durch Überprüfung der fertigen Leistungen erfüllt werden, sondern muss präventiv und prozessorientiert gelöst werden.

Die ISO 9000:2000 fordert hierzu die Festlegung entsprechender Verfahren in der **Produktion** unter Berücksichtigung von:

- Verfügbarkeit von Spezifikationen
- Verfügbarkeit klarer Arbeitsanweisungen
- Gebrauch und Wartung geeigneter Einrichtungen
- Verfügbarkeit und Einsatz geeigneter Prüfmittel
- Implementierung geeigneter Steuerungsaktivitäten
- Geeignete Methoden für Freigabe, Lieferung und Kundendienst

---

Damit ist eindeutig der Weg zur Planung und Entwicklung geeigneter, sicherer und robuster Prozesse vorgezeichnet, damit Qualität nicht erprüft, sondern produziert wird.

5.5.1 Anforderungen an die Prozesslenkung

Bis in die 60er Jahre waren Fertigung (Mengendurchsatz) und Kontrolle (Qualitätsaspekt) voneinander getrennt und hintereinander geschaltet. Fehler wurden am Ende des Bearbeitungsprozesses ausgesondert. Aufgrund der Erkenntnisse der Endkontrolle fand dann eine Korrektur der Prozesse statt. Zum einen war der zeitliche Verzug zwischen Fehlerentstehung und Abstellung der Fehlerursachen sehr groß, zum anderen war nach Abfolge vieler Bearbeitungsschritte der eigentliche Ort der Fehlerentstehung nur sehr schwer nachvollziehbar.

Auf dem Weg zur Null-Fehler-Philosophie ist es notwendig, den Prüfarbeitsgang parallel zum Fertigungsschritt durchzuführen. Durch die unmittelbare Erfassung von Prüf- und Messwerten durch den Werker selbst und eine einfach gehaltene Auswertung kann vor Ort ständig die erzeugte Qualität überprüft werden und bei Fehlern sofort eine Reaktion erfolgen.

Diese Methodik der Prozessbeherrschung wird ergänzt durch eine mitlaufende Beurteilung der Prozessfähigkeit durch den Planer. Anhand von Datenauswertungen können Trends und Tendenzen ermittelt werden. In Abb. 5.36 ist dieses Zusammenspiel dargestellt. Durch entsprechende Prozessverbesserungen wird damit eine permanente Steigerung der Qualität erreicht.

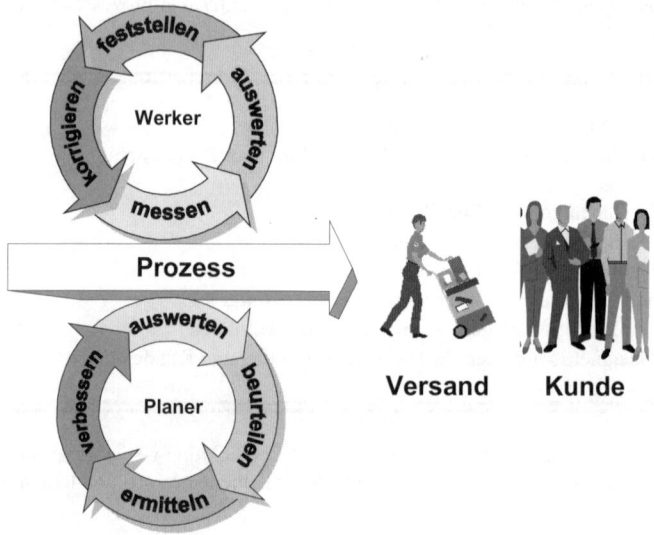

Abb. 5.36: Prozessoptimierung durch Regelkreise

Derjenige, der eine Tätigkeit ausführt, kann auch am besten beurteilen, welche Probleme an seinem Arbeitsplatz auftreten oder welche Verbesserungsmöglichkeiten es gibt.

Durch Betonung der **Verantwortung am Arbeitsplatz** erreicht man:

- Identifikation mit der geleisteten Arbeit,
- schnelle Reaktion auf Abweichungen,
- direkte Rückkopplung in den laufenden Prozess,
- geringeren Prüfaufwand,
- weniger Fehlleistungsaufwand durch bessere Steuerung,
- geringere Durchlaufzeiten und damit niedrigere Bestände.

Während des Prozessablaufes werden begleitende Methoden[85] eingesetzt wie :

- Automatische Prozessüberwachung durch Messmittel oder Grenzwertanzeiger,
- SPC-Methoden (Statistical process controlling) als prozessbegleitende Maßnahmen auf Basis von variablen oder attributiven Prüfmerkmalen,
- Prozessfähigkeitsuntersuchungen durch permanente Analyse von Stichproben,
- Prozessparameteranalysen (z.B.: Temperatur, Kraft, Reaktionszeiten oder Häufigkeiten),
- Prozess- und Risikomanagement (Prozeß-FMEA),
- Vorbeugende Instandhaltung (TPM - Total Productive Maintenance) möglichst durch das Produktionspersonal selbst.

5.5.2 Prozessfähigkeit

Von besonderer Bedeutung bei der Neueinführung oder Änderung von Prozessen ist der Nachweis, dass die Eigenschaften der Produkte sich nicht nachteilig verändern. Manche vom Kunden vorgegebenen Spezifikationen entsprechend QS 9000 und VDA 6.1 schreiben vor, dass Änderungen am Prozess dem Kunden vor deren Einführung bekannt zu geben sind und evtl. eine Zustimmung abzuwarten ist.

Aspekte, die bei der **Neueinführung und Änderung von Prozessen** geregelt sein müssen, sind:

- Nachweis der Prozessfähigkeit
- Nachweis der Produkteigenschaften
- Akzeptanz durch den Kunden
- Nachweis der Verfügbarkeit von Zulieferungen
- Vorhandensein der Dokumentation
  (Ablaufplan, Arbeitsanweisungen, Prozessparameter, Schulungsunterlagen, Prüfplan, Unterlagen für die Wartung der Anlagen)

---

[85] Die Methoden zur Qualitätssicherung und Statistik sowie das Prüfmittelmanagement sind in Kap. 4.3. behandelt. Die FMEA ist in Kap. 5.2.5 beschrieben, Näheres zu TPM findet sich in Kap. 5.5.4.

Ein Prozess wird als **beherrscht** bezeichnet, wenn sich die Parameter der Verteilung der Merkmalswerte des Prozesses praktisch nicht oder nur in bekannter Weise oder in bekannten Grenzen ändern. Man bezeichnet einen Prozess als **qualitätsfähig**, wenn er geeignet ist, die Qualitätsanforderungen an das produzierte Produkt zu erfüllen. In Abb. 5.37 sind mögliche Prozess-Situationen dargestellt.

Voraussetzung für die Anwendung **statistischer Überwachungsverfahren**[86] ist:

- **ein beherrschter Prozess**
  Die Abweichungen von einem gegebenen Sollwert sind vorhersagbar, das Qualitätsniveau ist stabil.

- **und ein qualitätsfähiger Prozess**
  Es entstehen Produkte, welche die Qualitätsanforderungen erfüllen, Produktion praktisch ohne Ausschuss.

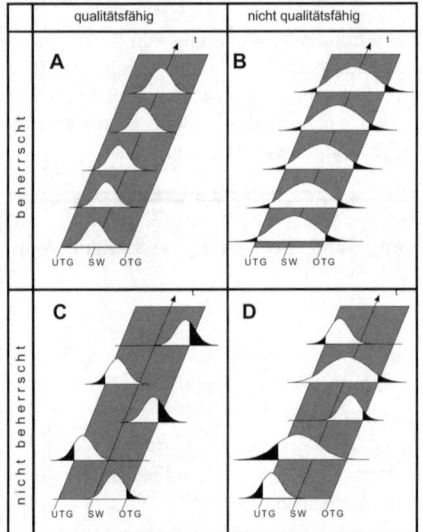

A = erwünschter optimaler Zustand

B = Streuung zu groß, 100%-Prüfung

C = Änderung im Prozess notwendig

D = keine praktische Bedeutung

UTG = Untere Toleranzgrenze,

OTG = Obere Toleranzgrenze,

SW = Sollwert

Abb. 5.37: Fähigkeitsbeurteilungen anhand gemessener Streuungen[87]

---

[86] Zu SPC (Statistical Process Control) siehe Kap. 4.3.4.
[87] In Anlehnung an: UB MEDIA AG: Fach-Datenbank Qualitätsmanagement, Markt Schwaben, 2000.

Analog zur Prozessfähigkeit von Produktionsanlagen kann die „Messfähigkeit" (measurement capability) von Mess- und Prüfmitteln definiert und ermittelt werden. Die Genauigkeit des Messverfahrens muss der zu ermittelnden Abweichung vom Sollwert (Toleranzeinhaltung) angepasst sein.

Größen, die auf die **Gesamtstreuung** bei Prüfungen Einfluss nehmen, sind:

- **Genauigkeit:**
  systembedingte Abweichung des beobachteten Mittelwerts vom tatsächlichen Wert.

- **Wiederholbarkeit:**
  Streuung von Messungen an demselben Objekt durch dieselbe Person direkt nacheinander.

- **Stabilität**:
  Streuung von Messungen an demselben Objekt durch dieselbe Person zu unterschiedlichen Zeiten.

- **Vergleichbarkeit:**
  Streuung bei Prüfung durch verschiedene Personen oder an unterschiedlichen Orten

- **Linearität**:
  Genauigkeitsunterschiede über den gesamten Messbereich

5.5.3 Prüfplanung und Controlplan

Alle während und nach der Herstellung der Produkte durchzuführenden Prüfungen auf Konformität mit den Anforderungen müssen geplant und in Ablaufplänen dokumentiert sein. Dazu gehört neben der Festlegung der Sollwerte und zulässigen Toleranzen die Angabe der zu verwendenden Mess- und Prüfmittel sowie der Prüfpläne. Die Prüfplanung soll die besonderen Merkmale des betreffenden Auftrags und die dokumentierten Prozessfähigkeiten berücksichtigen. Generell soll die Prüfung an der Stelle erfolgen, an der die entsprechenden Produktparameter entstehen. Ziel muss es sein, die Konformität des Produktes mit den Anforderungen während der Fertigung so zu erfassen und zu dokumentieren, dass auf eine Endprüfung im Standardfall verzichtet werden kann.

Prozesse, Einrichtungen und Maschinen müssen so beschaffen sein, dass sie eine fehlerfreie und wirtschaftliche Produktion ermöglichen. Zwischen der Planung und Entwicklung von Prozessen und der von Einrichtungen und Maschinen besteht ein enger Zusammenhang. Deshalb ist es sinnvoll, die Verantwortung für beide Aktivitäten demselben Team von Mitarbeitern zu übertragen oder mindestens eine enge Kooperation in Form eines Projektmanagements oder Simultaneous Engineering mit Meilensteinplänen vorzusehen.

Der in Abb. 5.35 gezeigte Control- oder Prüfplan nach den Vorgaben der QS 9000 hat sich in Unternehmen mit industrieller Serienproduktion bewährt und ist dort zum Standard geworden.

Bei der Erstellung des **Control- oder Prüfplans** in bereichsübergreifenden Teams können folgende Informationen genutzt werden:

- Ablaufpläne der Prozesse
- Kenntnisse der Teammitglieder über Prozessbesonderheiten
- Erfahrung bei der Herstellung ähnlicher Teile
- Ergebnisse aus FMEAs
- Ergebnisse aus Design-Reviews
- Ergebnisse aus Optimierungsmethoden wie QFD oder DoE

Die Methode zur **Prüfplanerstellung** und die Inhalte von **Prüfplänen** variieren je nach:

- Art der Fertigung   (Großserie, Kleinserie, Einzelfertigung),
- Produktstruktur   (Komplexität, Komponenten, Produkte, Anlagen)
- Produktionsstruktur (automatisiert, dezentral, Maschinenpark, Rüstanteil)
- Prüfmethodik   (attributiv, variabel, Automaten, optisch, Stichproben)

CONTROL PLAN (PRÜFPLAN)   Seite 2 von 4

Prototyp	Vorserie	x Serie	Datum der Erstfreigabe 1-1-92	Änderungsdatum 20-2-93

Control Plan - Nummer 002   Kontaktperson/Telefon   T. Smith/313-555-5555

Teilnummer/Letzter Änderungsstand Stromkreis 10/8   Kernteam Siehe Anlage   Datum/Freigabe durch Kundenentwicklung (falls erf.)

Teilname/Beschreibung Elektronische Leiterplatte   Lieferant/Standort Freigabe/Datum   Datum/Freigabe des Kunden-Qualitätsbereich/Datum (falls erforderlich)

Lieferant/Standort ACR Kontrolle   Lieferantenschl. 439412   Datum / Weitere Freigabe (falls erforderlich)

Datum / Weitere Freigabe (falls erforderlich)

Teil/ Prozeß- nummer	Prozeßname/ Beschreibung d. Arbeitsgangs	Maschine, Gerät, Vorrichtung, Produktions- werkzeug.	Nr.	Produkt	Prozeß	Klassifiz. besond.	Produkt-, Prozeß- spezifikation, Toleranz	Bewertung/ Eingesetztes Prüfsystem	Stichprobe		Lenkungs- methode	Reaktionsplan
					Merkmale				Umfang	Häufigkeit		
											Methoden	
2	Verbindungen löten	Schwalllöt- maschine		Höhe des Schwallotes					100%	Kontinuierlich	Automatische Prüfung (Fehler- vermeidung)	Einstellen und erneut prüfen
							·	2,0±0,25 mc	Kontinuierliche Prüfung durch Sensor			
							Fludmittel- konzentration	Standard #3028	Musterprüfung unter Laborbed.	1Teil	alle 4 Stunden	xMR- Qualitäts- regelkarte	Separieren und erneut prüfen

Merkmale / Prozeß / Produkt

Im oberen Teil befinden sich Angaben zum Produkt und zur organisatorischen Einbindung

Dann wird pro Arbeitsgang zeilenweise angegeben, welche Merkmale mit welchen Methoden geprüft und überwacht werden, um einen beherrschten Prozess sicher zu stellen.

Es folgen Angaben zur Art der Überwachungsverfahren und Hinweise auf durchzuführende Reaktionen im Fehlerfall.

Abb. 5.38: Controlplan nach den Vorgaben der QS 9000

Dennoch lassen sich einige **generelle Ablaufschritte** definieren wie:

• Festlegen der Stammdaten	(Produkt- und Ablauf-Spezifikation)
• Auswahl der Prüfmerkmale	(Sicherheitsmerkmal, funktionskritisch, für Nachfolgebearbeitung wichtig)
• Festlegen der Prüfart	(variabel, attributiv)
• Festlegen der Prüfintensität	(wie häufig, Abhängigkeit von vorhergehenden Ergebnissen, Prüfaufwandssteuerung)
• Festlegen der Prüfmittel	(Messtechnik, Automatisierung, Fähigkeit)
• Festlegen der Dokumentation	(Volldokumentation, nur bei Abweichungen)
• Festlegen von Reaktionen	(Sperrungen, Korrekturen, Rückweisungen)
• Einweisung und Schulung	(Dokumentation, Mitarbeiterinformation)

Zur Erstellung von Prüfplänen bietet eine Reihe von CAQ-Systemen Unterstützung an. Insbesondere bei wiederkehrenden Aufgaben wie Erstellung von Prüfplänen für ähnliche Produkte, Generieren von Prüfaufträgen für konkrete Fertigungslose oder Datenerfassung und Prüfmittelüberwachung können solche Systeme zur Effizienzsteigerung eingesetzt werden. Hauptsächlich stehen aber Aspekte der Vernetzung und des bereichsübergreifenden Informationsaustauschs im Vordergrund eines DV-Einsatzes.

Die strukturierte Methode zur Erstellung eines Prüfplans ermöglicht eine umfassende Bewertung des Produktes und des Prozesses. Die gezielte Senkung des Risikos und Konzentration der Mittel auf die Qualitätssicherung wichtiger Merkmale helfen so entwickelte Prüfpläne die Kosten ohne Qualitätsverlust zu senken. Zusätzlich besitzt das Unternehmen ein lebendes Dokument, das alle wesentlichen Merkmale nachprüfbar dokumentiert und entsprechende Überwachungsmethoden und Korrekturmaßnahmen in einer Unterlage konzentriert. Das kann auch zur Kommunikation mit dem Kunden genutzt werden, der entsprechendes Vertrauen in die Produkte gewinnt, wenn er deren Herstellprozesse und die jeweiligen Qualitätssicherungsmethoden kennt.

5.5.4 Prüfausführung und Datenauswertung

Zur Absicherung des Prozesses müssen die fertigungsbegleitenden Prüfungen so durchgeführt werden, dass ein Abwandern der Prozessparameter aus den vorgegebenen oder statistisch ermittelten Grenzen verhindert wird. Zur Erfüllung der Aufgaben hat sich die Methode der Statistischen Prozesssteuerung (SPC) vielfach bewährt. Zur Beurteilung des Prozesses werden in regelmäßigen Abständen Stichproben aus der laufenden Fertigung entnommen und deren Kennwerte berechnet. Die Werte werden in eine Regelkarte (siehe Kap. 4.3.4) eingetragen. Der Verlauf der eingetragenen Punkte erlaubt Aussagen über den Prozess und ermöglicht einen regelnden Eingriff.

Die Endkontrolle gilt heute vornehmlich als Komplettierungsüberprüfung und ist ein letzter Vollständigkeits-Check vor der Auslieferung. Fehler sollten möglichst auf den vorgelagerten Stufen bereits ausgemerzt sein oder erst gar nicht gemacht werden. Soweit wie möglich soll die Endprüfungstätigkeit in dem Verantwortungsbereich der Produktion liegen, die damit stärker in die Pflicht zur Selbstprüfung genommen wird.

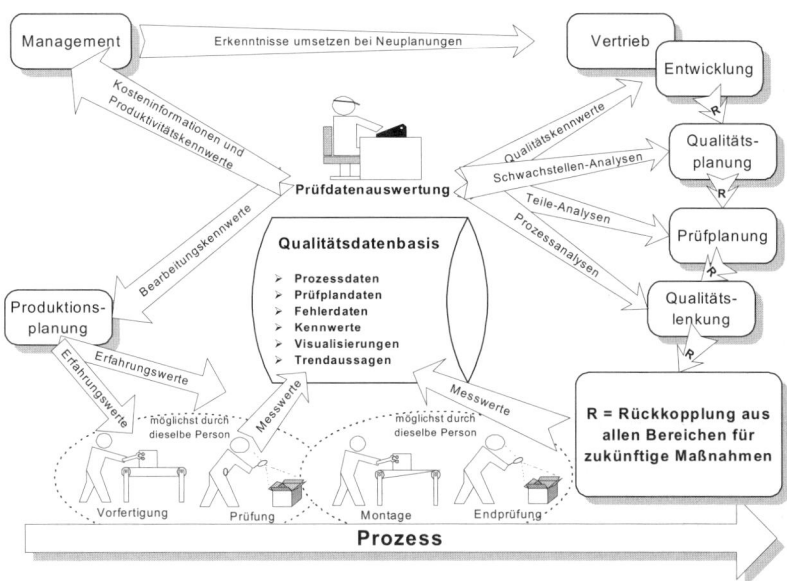

Abb. 5.39: Nutzung der Qualitätsdaten zu Verbesserungsmaßnahmen

Bei der Analyse des Prozessablaufs und der Überwachung von Zielvorgaben werden prozessorientierte CAQ-(Computer-Aided-Quality-Assurance)-Systeme eingesetzt. Mit DV-Unterstützung können die Datenmengen der SPC-Systeme geordnet werden und übersichtliche Auswertungen erstellt werden. Der Anwender wird selbst in die Lage versetzt, korrigierend einzugreifen, ohne dass langwierige Auswertungen abgewartet werden müssen. In verdichteter Form dienen die CAQ-Daten als bereichsübergreifende Qualitätsinformationen zur Rückkopplung in Entwicklungs- und Planungsabteilungen.

Durch eine gezielte Prüfdatenauswertung sind für alle Ebenen des betrieblichen Managements Hinweise zu ermitteln, die bei zukünftigen Entscheidungen mit in die Überlegungen einfließen. In Abb. 5.39 sind die Möglichkeiten aufgeführt, die Auswertung von Prüfdaten im Unternehmen zu nutzen.

An dieser Stelle ist der Einsatz wissensbasierter Systeme, so genannter Expertensysteme, schon weit fortgeschritten. Ein Expertensystem basiert auf Techniken der künstlichen Intelligenz und ist in der Lage, anspruchsvolle Aufgaben in einem Spezialgebiet zu lösen. Dabei wird eine Wissensbasis mit Informationen gefüllt und durch Interpretationen einer Aufgabenstellung und Analogien zu bereits gemachten Erfahrungen versucht, komplexe Zusammenhänge zu analysieren und durch Assoziationsverarbeitung zu neuen Aussagen zu kommen.

Expertensysteme werden in der Qualitätssicherung eingesetzt, um:

- die einheitliche Nutzung von Messmitteln zu erhöhen,
- die Genauigkeit von Daten durch Ausgleich externer Einflüsse zu erhöhen,
- die Gebrauchstauglichkeit von Messmitteln zu überwachen,
- Erfahrungen bei der Lösung komplexer Messaufgaben zu übertragen,
- Bediener durch Online-Hilfe zu unterstützen,
- Fehlanwendungen zu vermeiden.

Wegen der Beschleunigung des wissenschaftlich-technischen Fortschritts muss die Qualitätssicherung eine enge Informationsverknüpfung sicherstellen, damit die Qualitätsziele der Produktion wie „Qualität auf Anhieb" und „Vermeidung von Kosten der Nichtqualität" auch weiterhin erreicht werden können. Die ergiebigste Qualitätsreserve bleibt dabei immer noch der motivierte Mitarbeiter.[88]

---

[88] Siehe auch Hofmann, D.: Wissensbasiertes Messen, in Masing, W.: Handbuch Qualitätsmanagement, München, 1999.

5.5.5 Produktivitätsorientierte Instandhaltung TPM (Total Productive Maintenance)

Ein großes Potential zur Vermeidung von Verschwendungen stellen die Maschinen und Anlagen eines produzierenden Unternehmens dar.

Typische **Verlustbringer** bei den Maschinen-Ressourcen sind:

- Stillstand durch Störungen
- Unproduktive Zeit durch Rüsten (Vorbereiten)
- Zusatzzeiten durch nicht optimierte Maschineneinstellungen
- Kosten durch Auftreten von Prozessfehlern
- Mehrkosten durch ungenaue Planung

Der größte Teil von Anlagenstillständen ist durch Maßnahmen einer produktivitäts-orientierten Instandhaltung (TPM) vermeidbar .

Instandhaltungsmaßnahmen untergliedern sich in:

- Wartung   : Der Soll-Zustand wird erhalten   ⇨ schmieren
- Inspektion   : Der Ist-Zustand wird beurteilt   ⇨ messen, testen
- Instandsetzung : Der Soll-Zustand wird wiederhergestellt ⇨ reparieren

---

Wartung und Inspektion als präventive Maßnahmen sollen dazu führen, dass die korrektive Maßnahme der Instandsetzung möglichst nicht eintritt. Das TPM-Prinzip kam im Rahmen des „Lean-Managements" aus Japan. Es entwickelte sich von einer „vorbeugenden Instandhaltung", also von präventiven Maßnahmen, die aber von Spezialisten durchgeführt wurden zu einer „qualitätssichernden Instandhaltung", bei der nun der Mitarbeiter an der Maschine für routinemäßige Instandhaltungsarbeiten selbst verantwortlich gemacht wurde. TPM vereinigt die drei Maßnahmen

- maximale Anlageneffizienz,
- maximale Anlagenerhaltung und
- maximale Mitarbeitermotivation und -identifikation.

Auch wenn die Verantwortung der Mitarbeiter mehr in den Vordergrund gerückt wird, gibt es Tätigkeiten, die weiter von speziell dafür ausgebildeten Mitarbeitern durchgeführt werden müssen. Durch intensiven Informationsaustausch und Nutzung der Informationen aus kontinuierlichen Verbesserungsprojekten (KVP) entsteht ein Zusammenspiel zwischen den Bedienern vor Ort und dem für die Durchführung geplanter Instandhaltungen zuständigen Bereich. So können Schwerpunktprobleme gezielt identifiziert und angegangen werden.

Bei der Einführung von TPM-Programmen empfiehlt es sich, einen Projektplan zu erstellen, in dem eine stufenweise Überleitung der Verantwortlichkeiten vorgesehen ist. Zur Unterstützung und Stabilisierung helfen die „5-S" aus der japanischen Produktion wie in Kap. 4.1.4.4 dargestellt. Auf Seiten der Maschinen und Anlagen selbst können ebenfalls entsprechende Maßnahmen greifen.

So können bereits beim Maschinenkauf und der Konstruktion von Betriebsmitteln Aspekte der Instandhaltbarkeit und Prozess-Sicherheit berücksichtigt werden. Prinzipien wie **SMED** (Single Minute Exchange of Die - Einminuten-Werkzeugwechsel) ermöglichen eine schnelle Umrüstung und hohe Verfügbarkeiten der Maschinen. Dabei wird ein Großteil der Rüstarbeiten bereits im Vorfeld außerhalb der Maschine erledigt. Die Aufräumarbeiten im Anschluss werden ebenfalls so organisiert, dass die Maschine jeweils produktiv eingesetzt werden kann. Das führt zu einer Reduzierung der Stückkosten und zur Verringerung von Lagerbeständen, da kleinere Lose wirtschaftlich gefertigt werden können.

Oft sind für die Verwirklichung der Zuverlässigkeit und Verfügbarkeit der Maschinen und Anlagen zusätzliche Aufwendungen nötig. So führt eine Online Maschinenüberwachung durch automatisierte Diagnosesysteme zu einer frühzeitigen Warnung bei drohenden Problemen. Damit können vorbeugend Fehler verhindert werden und durch rechtzeitigen Austausch von Verschleiß- oder Problemteilen Anlagenstillstände vermieden werden.

Nach Aussage von hervorragenden Unternehmen[89] führt die Einführung von TPM zu großen Verbesserungen von Produktivität und Qualität und damit zu geringeren Kosten. Da alle Mitarbeiter einbezogen werden, können die Anlageneffizienz nachhaltig gesteigert und hohe Verfügbarkeitswerte erreicht werden.

---

[89] Siehe Brunner, F.J.: Taschenbuch Qualitätsmanagement, Kapitel 14.6, München, 1999.

5.6 Fragenkatalog

1. Welche begleitenden Aktivitäten sind parallel zur Wertschöpfungskette notwendig, um einen optimalen Durchlauf des Prozesses „Kundenbelieferung" zu gewährleisten?

2. Nennen Sie wichtige Aufgaben und Methoden des Marketing-Bereichs im Qualitätsmanagement.

3. Skizzieren Sie einen typischen Produktanlauf. Wie können die Qualitätsziele der verschiedenen beteiligten Bereiche jeweils dabei berücksichtigt werden?

4. Wodurch zeichnet sich ein kundenorientiertes Unternehmen aus? Versuchen Sie, einige konkrete Beispiele zu finden.

5. Welche Möglichkeiten gibt es, eine Kundenzufriedenheitsanalyse durchzuführen? Diskutieren Sie die Möglichkeiten hinsichtlich ihrer Aussagekraft kritisch. Worauf lässt sich die Kundenzufriedenheit überhaupt beziehen?

6. Welche Bedeutung hat ein professionelles Beschwerdemanagement?

7. Erläutern Sie die Schritte einer Qualitätsbewertung anhand eines Beispiels.

8. Welche Methoden im Quality Engineering kennen Sie und welche Bedeutung hat dabei die Ausprägung organisatorischer und technischer Schnittstellen?

9. Welche Vorteile erzielt man durch Einsatz der QFD-Methode? Wo sehen Sie Grenzen oder Nachteile der Anwendung?

10. Definieren Sie die Zielsetzung der FMEA-Methode. Beschreiben Sie einige FMEA-Arten und kennzeichnen Sie deren Einsatzgebiete. In welche Phasen lässt sich typisch ein FMEA-Projekt einteilen?

11. Versuchen Sie die Methoden des Quality Engineering im Zusammenhang mit den Zielen des TQM-Ansatzes einzuordnen und deren Zusammenspiel zu erläutern.

12. In welchem Zusammenhang stehen die Fehlerbaumanalyse und die statistische Versuchsplanung? Welche Informationen können gegenseitig genutzt werden?

13. Welche Bedeutung kann ein optimales Supply-Chain-Management haben? Welche Nachteile erfahren Unternehmen, wenn sie hier Nachzügler sind?

14. Welche Aspekte der Unternehmenszielsetzung werden durch ein optimales Logistik-Management erfüllt? Welche Rolle spielt dabei das Auftragszentrum?

15. Charakterisieren Sie Aufgabenstellung der für Materialmanagement und Distribution verantwortlichen Bereiche. Welche Zielsetzungen liegen vor?

16. Inwieweit sind die Anforderungen an die Produkt- und Produktionsstrategie durch das Kreislaufwirtschaftsgesetz beeinflusst worden?

17. Welche Möglichkeiten besitzt das Beschaffungsmanagement, den Unternehmenserfolg zu steigern?

18. Welche Merkmalen lassen sich zur Messung der Qualität in der Beschaffung heranziehen?

19. In welchen Fällen kann das „Just-in-time-Verfahren" nutzbringend eingesetzt werden? Welche Chancen und Risiken sind mit diesem Verfahren verbunden?

20. Weshalb haben in neuerer Zeit Warenhauskonzepte Erfolg?

21. Schildern Sie den Auswahl- und Beurteilungsvorgang für Zulieferanten.

22. Welche Bedeutung messen Sie den Lieferbedingungen zu?

23. In welchen Fällen sind Qualitätsmanagement-Vereinbarungen sinnvoll und worauf müssen beide Seiten bei den Inhalten achten?

24. Welche Bedeutung kommt den Kommunikationskanälen in der Lieferantenbeziehung zu?

25. Inwiefern haben sich die Anforderungen an die Lenkung von Produktionsprozessen in den letzten Jahrzehnten verändert und was ist der Grund dafür?

26. Skizzieren Sie kurz den Vor- oder Nachteil der fertigungsbegleitenden Prüfung gegenüber einer Endkontrolle.

27. Nennen Sie die wichtigen Inhalte eines Controlplans. Welche Vorteile bietet er?

28. Inwieweit trägt ein professionelles Qualitätsdatenmanagement zum Unternehmenserfolg bei?

29. Durch welche Maßnahmen kann das Potential „Vermeidung von Anlagenstillständen" in der Organisation genutzt werden?

6. Messung, Analyse und Verbesserung

Kapitel 8 der ISO 9004:2000 führt aus:

- Die Organisation sollte ihre Maßnahmen zur Leistungsverbesserung ständig überwachen und deren Verwirklichung aufzeichnen, da dies Daten für künftige Verbesserungen liefern kann.

- Die Ergebnisse der Datenanalyse aus Verbesserungstätigkeiten sollten eine der Eingaben in die Managementbewertung darstellen, um Informationen zur Leistungsverbesserung der Organisation zu liefern.

Damit wird die für eine permanente Unternehmensentwicklung notwendige Rückkopplung von Informationen als Grundlage weiterer Entscheidungen beschrieben.

Ausgehend von den Aktivitäten

Planen	: **P** lan
und **Ausführen**	: **D** o
wird durch Beobachten bzw. **Überwachen**	: **C** heck
ein Regelkreis aufgebaut, der durch die Aktivität **Korrigieren**	: **A** ct

geschlossen wird.

Dieser nach Deming benannte Zyklus, auch PDCA-Zyklus genannt, beschreibt das aufeinanderfolgende Durchlaufen verschiedener Stufen, so dass am Ende eine verbesserte Situation entsteht, die wiederum Ausgangspunkt für den nächsten Planungsprozess ist. In dieser Form entwickelt sich der Prozess permanent weiter und erreicht immer höhere Anspruchsstufen wie in Abb. 6.1 skizziert.

Die einzelnen Teilaufgaben lassen sich in ihrem Zusammenhang, wie in Abb. 6.2 gezeigt, darstellen. Zunächst muss ein System etabliert werden, dass durch Messungen im Prozess und am Produkt aufgetretene Fehler entdecken kann und diese Nichtkonformitäten systematisch lenkt. Gleichzeitig werden diese Ergebnisse in einer Datenbasis verdichtet und führen mit anderen Ergebnis-Inputs sofort zur Korrektur des laufenden Prozesses sowie zu Vorbeugungsmaßnahmen, die in Zukunft das Auftreten dieser Fehler verhindern sollen.

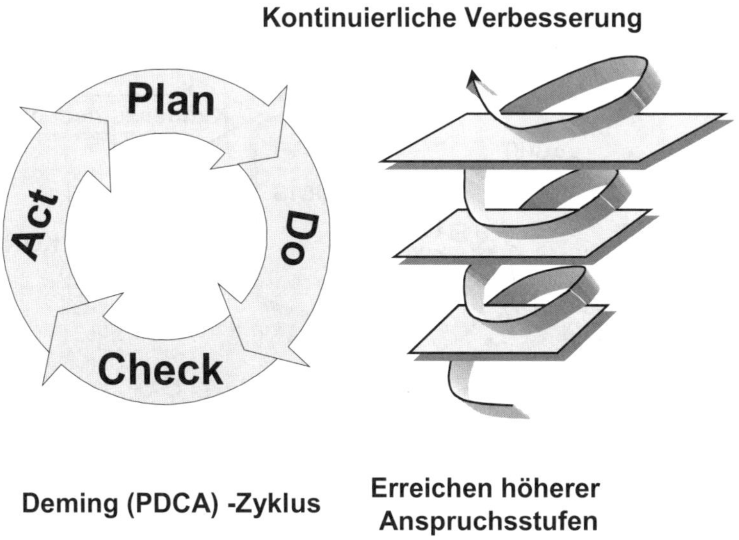

Kontinuierliche Verbesserung

Deming (PDCA) -Zyklus

Erreichen höherer
Anspruchsstufen

Abb. 6.1: Niveausteigerung durch wiederholtes Anwenden des Deming-Zyklus

6.1 Messung und Überwachung

Obwohl Fehler in Abläufen und an Produkten von Anfang an vermieden werden müssen, sind diese nicht gänzlich auszuschließen, so dass Maßnahmen zur Messung und Bewertung qualitätsrelevanter Punkte notwendig sind. Die Aufgabe der Qualitätsplanung besteht darin, die wirklich relevanten Spezifikationsparameter zu ermitteln und dafür Messkriterien und -methoden festzulegen. Auf jeden Fall muss sichergestellt sein, dass Messungen nur dort durchgeführt werden, wo auch ein entsprechender Nutzen feststellbar ist. Bloßes Anhäufen von Daten, die nicht systematisch ausgewertet werden oder deren Aussagekraft keine Schlüsse zulässt, ist zu vermeiden.

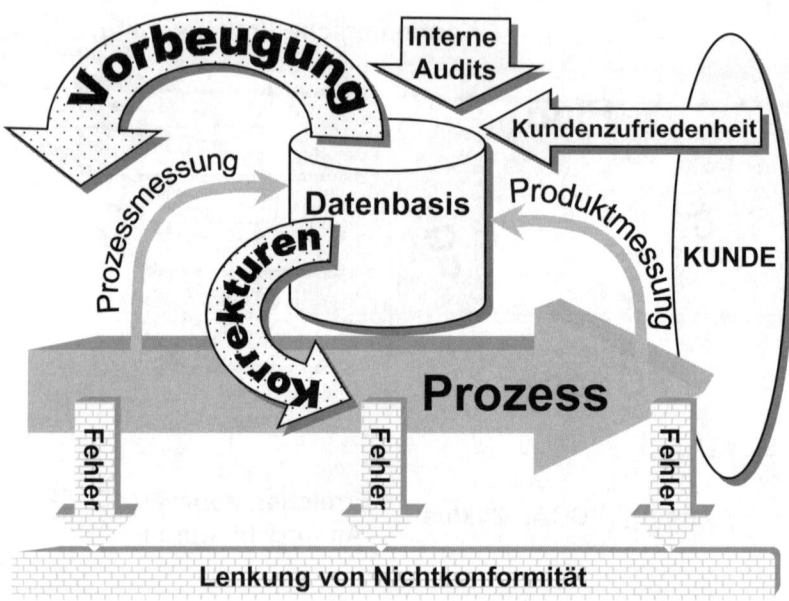

Abb. 6.2: Zusammenwirken von Überwachung, Korrektur und Vorbeugung

Messergebnisse können zur Überwachung des Einhaltens vorgegebener Grenzwerte dienen, können jedoch auch in Form einer Trendanalyse ausgewertet werden. Dazu stehen eine Reihe von statistischen Methoden zur Verfügung, wovon einige in Kap. 4.3.4 beschrieben sind. Ebenso bilden Messergebnisse eine objektive Grundlage bei der Definition und Überwachung von Verbesserungsprozessen und sind für eine optimale Kommunikation zwischen allen beteiligten Bereichen wesentlich.

6.1.1   Messung und Überwachung des Qualitätsmanagement-Systems

Aus der praktischen Erfahrung haben sich einige Mess- und Überwachungsschwerpunkte für die Beurteilung des Qualitätsmanagement-Systems herauskristallisiert. Die folgende Zusammenstellung zeigt diese Ansätze und gibt einen Hinweis auf die Kapitel, in denen diese Themen vertiefend behandelt werden.

Mess- und Überwachungsverfahren zum Qualitätsmanagement-System sind:

• Interne Audits	Kap. 2.5
• Auswertung qualitätsbezogener Kosten	Kap. 3.2.4
• Benchmarking	Kap. 3.3
• Management-Review	Kap. 3.4.1
• Self-Assessment	Kap. 3.4.3
• Bewertung von Projekten des Ideenmanagements	Kap. 4.1.4
• Ermittlung der Mitarbeiterzufriedenheit	Kap. 4.2.2
• Ermittlung der Kundenzufriedenheit	Kap. 5.1.5

Die Erhebung von Daten ist naturgemäß einfacher, wenn sich die Quellen im eigenen Unternehmen befinden, als wenn man auf Informationen von außen angewiesen ist. Bei der Durchführung interner Audits kann eine Vielzahl von Themen behandelt werden, die den detaillierten Ablauf der Unternehmensprozesse abbilden. Dazu gehören Dokumentationen, Fehleraufzeichnungen, Leistungsdaten, Korrektur- und Verbesserungsmaßnahmen. Ebenso sind Daten aus der betriebswirtschaftlichen Kosten- und Leistungsrechnung relativ einfach abrufbar.

Schwieriger wird die Datenerhebung bei externen Partnern wie Kunden, Lieferanten oder gesellschaftlichen Gruppierungen. Hier gilt es, die zur Verfügung stehenden Quellen zu analysieren und auch auf ihre Glaubwürdigkeit hin zu prüfen.

Mögliche Ursprünge für **externe Informationen** können sein:

• Kundenbeschwerden
• Besuchsberichte
• Kundendienstdaten
• Fragebögen
• Medienberichte
• Verbandsnachrichten
• Marktforschungsberichte
• Wettbewerbsanalysen

Im Rahmen der Festlegung von Unternehmenspolitik und -strategie sind die Ergebnisse der Marktanforderungen, der Zufriedenheitsmessungen und der gesellschaftlichen Strömungen zu berücksichtigen.

6.1.2   Messung und Überwachung von Prozessen und Produkten

Die traditionell am weitesten entwickelten Mess- und Überwachungsmethoden finden sich in dem Produktionsprozess materieller Güter. Durch gute Planung versucht man zunächst einen möglichst stabilen Prozess einzustellen, der mit hoher Wahrscheinlichkeit zu einwandfreien Produkten führt. In Kap. 5 finden sich nähere Ausführungen zur Prozesslenkung und Prüfung.

Die Überwachung der Prozess-Stabilität wird durch Einsatz von manuellen oder automatisierten Messmitteln durchgeführt.

Kenngrößen der **Prozessüberwachung** können sein:

- Mengendurchsatz
- Genauigkeit
- Zuverlässigkeit
- Taktzeiten
- Termineinhaltung
- Reaktionszeit bei Abweichungen
- Kostenanteile
- Technologieeinsatz
- Effizienz und Effektivität

Die Messung von Produkten kann in verschiedenen Phasen des Herstellprozesses erfolgen. Sie sollte möglichst frühzeitig und direkt am Ort des Geschehens erfolgen. Es ist festzulegen, welche Parameter wie häufig mit welchen Prüfmitteln und mit welchen Toleranzen zu messen sind. Auch können Prüfvorgänge zur Dokumentation an Dritte verlangt sein wie Typprüfungen oder dokumentierte Freigabeprüfungen.

Die Ergebnisse von **Produktprüfungen** sind dokumentiert in:

- Prüfberichten
- Materialfreigabescheinen
- Zertifikaten
- elektronischen Daten

Ziel muss es sein, den Prozess soweit zu beherrschen, dass ein möglichst geringer Prüfaufwand erforderlich ist. Prüfungen an sich sind nicht wertschöpfend, da der Kunde keinen Mehrpreis für ein mehrfach geprüftes Produkt zahlen wird.

6.2 Fehlerbehandlung und -analyse

Trotz aller Bemühungen um Qualität ist das Auftreten fehlerhafter Produkte eine Realität. Es muss unbedingt vermieden werden, dass ein Produkt, das die Forderungen nicht erfüllt, nicht versehentlich ausgeliefert wird oder dass Prozesse fehlerhaft weiterlaufen. Wenn fehlerhafte Produkte zum Kunden gelangen, ist das Schadenspotential in Form von Reklamationen, Folgeschäden, Haftungsansprüchen und Imageverlust außerordentlich hoch. Deshalb verdient die Lenkung fehlerhafter Produkte höchste Aufmerksamkeit aller betroffenen Stellen.

6.2.1 Meldung von Fehlern

Jeder Mitarbeiter hat die Pflicht, die von ihm festgestellten Fehler an Produkten oder Prozessen zu melden. Gleichzeitig müssen die als fehlerhaft erkannten Produkte gesperrt und getrennt von fehlerfreien Produkten gelagert werden. Fehlerhaft arbeitende Maschinen sind stillzulegen und ebenfalls zu sperren.

Bei der **Lenkung fehlerhafter Produkte** sind Verantwortlichkeiten festzulegen für die Schritte:

- Feststellung des Fehlers   jeder Mitarbeiter
- Sperrung des Produkts   z.B. Meister, Qualitätsstelle
- Meldung des Fehlerfalls   z.B. mündlich oder auf Formularen
- Bewertung des Fehlerbilds   z.B. durch Team-Mitglieder
- Entscheidung zur Vorgehensweise   z.B. QMB oder Geschäftsleitung

---

Es empfiehlt sich, für die Fehlerbehandlung formulargestützte Verfahren einzusetzen, damit die Information allen zugänglich ist und die weitere Bearbeitung nachvollziehbar dokumentiert werden kann. Typische Inhalte zur Datenerfassung zeigt Abb. 6.3. Nach Meldung des aufgetretenen Fehlers sollte es unmittelbar zu einer Entscheidung über das weitere Vorgehen kommen. Die Verfolgung der Fehlermeldungen bis zur Fehlerbehebung und eventuellen Einleitung von Korrekturmaßnahmen ist eine typische Aufgabe des Funktionsbereichs Qualitätssicherung. Die konkrete Bearbeitung des Vorgangs sollte aber immer in einem Team geschehen, dem Mitarbeiter angehören, die am fehlerhaften Prozess beteiligt sind.

Art der Information	Beispiele
Allgemeine Angaben	Bezug zu Kunde, Lieferant oder Produktionsauftrag Angaben zu Ort, Zeit, Maschine und Personen
Feststellender Bereich	Wareneingang Produktion Zwischenprüfungen Endprüfung Kundenreklamation
Festgestellter Fehler, Reklamationsgrund	Materialfehler Fertigungsfehler Methodenfehler Organisationsfehler Anlagenfehler
Verursachender Bereich oder Kundenangaben	vermuteter Bereich, in dem der Fehler auftrat; empfehlenswert ist eine vorherige Rücksprache
Fehlerbeseitigung, Reklamationsbearbeitung	Aufwand in Stunden, Kostenaufstellungen, Aussagen über Art der Fehlerbeseitigung Aussagen durch Kundenrückfragen
Weitere Veranlassung	erledigt Nacharbeit aussortieren Sonderfreigaben Aufnahme in Verbesserungsprogramme Grundsatzklärung herbeiführen Anstoß eines Problemlösungsverfahrens

Abb. 6.3: Mögliche Inhalte eines Fehlererfassungsformulars

Nach der Erfassung der Fehler und dem Sicherstellen, dass fehlerbehaftete Prozesse gestoppt und fehlerhafte Produkte zuverlässig gesperrt sind, muss eine schnelle Bearbeitung des Vorgangs sichergestellt sein. Insbesondere Reklamationen vom Kunden müssen mit besonderer Priorität versehen werden. Die kundenorientierte Nutzung eines Beschwerdemanagements ist in Kap. 5.1.4 näher beschrieben.

6.2.2 Behandlung fehlerhafter Produkte, Prozesse und Abläufe

Die Bedeutung aufgetretener Fehler für die Produktqualität ist von besonderer Wichtigkeit. Deshalb muss die Entscheidung, wie mit den fehlerhaften Produkten, Prozessen oder Abläufen weiterverfahren werden soll, sorgfältig und kompetent getroffen werden. Die Bewertung der Fehler im Team führt zu einer Einstufung bezüglich der sich anschließenden Aktivitäten.

Entsprechend der Einstufung des Fehlers werden die **Produkte**

- dem Zulieferanten zurückgeschickt (bei Zukaufteilen),
- nachgearbeitet,
- aufgrund einer Sonderfreigabe - wenn der Kunde zustimmt - angenommen,
- für andere Zwecke eingesetzt
- oder ausgesondert für die Verschrottung.

Bei fehlerhaften **Prozessen** oder bei **Organisationsdefiziten** muss

- eine Überprüfung und Korrektur des Prozesses oder des Systems und
- eine Änderung der anweisenden und beschreibenden Dokumentation

erfolgen.

Eine Nacharbeit oder Reparatur kann durchgeführt werden, wenn dadurch die Erfüllung aller festgelegten Forderungen möglich ist. Anschließend müssen aber die vorgegebenen Prüfprozeduren wiederholt werden, bevor eine Aufhebung der Sperrung erfolgen kann. Ist eine Nacharbeit oder Reparatur fehlerhafter Produkte nicht möglich, so kann, abhängig von Fehlerart und Fehlergewichtung, eine dokumentierte Sonderfreigabe erteilt werden. Dabei muss sichergestellt sein, dass die gesetzlichen Anforderungen erfüllt sind. Bei kundenspezifischen Produkten erfolgt eine Sonderfreigabe in der Regel nur nach der schriftlichen Zustimmung des Kunden.

Werden Mängel in Prozessen oder Abläufen festgestellt, müssen die Verantwortlichen und die Prozesseigner gemeinschaftlich Abhilfemaßnahmen festlegen und für deren Umsetzung in die Organisation Sorge tragen. Werden dabei Unterlagen geändert, ist auf einen fehlerfreien Änderungsdurchlauf mit Freigaben, Neuverteilung und Einzug ungültiger Unterlagen zu achten.

6.2.3   Datenanalyse zur Verbesserung

Das Auftreten von Fehlern stellt zunächst ein Problem dar, das schnellstmöglich gelöst werden muss. Wichtig ist aber auch zu erkennen, dass jedes Problem eine Chance bietet, Verbesserungen zu identifizieren. Dabei hat sich der Einsatz statistischer Verfahren bewährt. Durch Zusammenfassen von Ereignissen über einen längeren Zeitraum können Häufigkeitsverteilungen und Schwerpunkte identifiziert werden. Die aus allen Bereichen zusammengeführten und aufbereiteten Daten ergeben ein Gesamtbild des Qualitätsstands im Unternehmen und bei Zulieferern.

Der zeitliche Bezug von Auswertungen und Berichte sollte angepasst an den Inhalt der Aussagen erfolgen. So sind alle prozessnahen Qualitätsdaten zur laufenden und direkten Steuerung und Überwachung der Prozessfähigkeit sofort weiterzuleiten. Dagegen reicht eine tägliche oder wöchentliche Information über tendenzielle Abweichungen und Veränderungen oder über Ausfallhäufigkeit und Kosten. Ein längerer Berichtszeitraum ist angebracht, wenn es um die Darstellung genereller Kennwerte und die Beurteilung des Gesamtsystems geht. Hier kann man in monatlichen Qualitätsberichten oder halbjährlichen Reviews den Entwicklungsstand aufzeigen und als Basis für mittelfristige Entscheidungen nutzen.

Aus **Datenanalysen** lassen sich ermitteln:

• Tendenzen	Zunahme oder Reduzierung
• Marktbezogener Leistungsstand	Reklamationen, Liefertreue, Service
• Produktivitätskennwerte	Durchsatz, Stillstand, Stückkosten
• Zufriedenheitsaussagen	Kunden, Mitarbeiter
• Effizienz- und Effektivitätskennziffern	Zielerreichung, Mitteleinsatz
• Fähigkeit der Zulieferanten	Reklamationen, Serviceleistung
• Wirtschaftliche Kennziffern	Ertrag, qualitätsbezogene Kosten

---

6.3   Korrekturmaßnahmen

Eine wesentliche Aufgabe eines QM-Systems ist es, Fehler nicht nur zuverlässig zu finden und auszusondern, sondern die Fehlerursachen zu identifizieren und dauerhaft zu beseitigen. Dabei sollen Wirksamkeit und Effizienz der Korrekturprozesse im Vordergrund stehen. Eine zeitnahe Überwachung garantiert dafür, dass die vereinbarten Ziele auch erreicht werden oder - wenn Schwierigkeiten auftreten - entsprechend reagiert werden kann. Ziele der Verbesserungen können dabei Prozesse, Produkte oder aber das System mit seiner Aufbau- und Ablauforganisation selbst darstellen. Ebenso sind die Qualifikation und die Motivation der Mitarbeiter Gegenstand möglicher Verbesserungsmaßnahmen.

Die Herkunft der Informationen kann vielfältig sein. In Abb. 6.6 sind als typische Quellen von Fehlermeldungen die Zulieferer, die eigene Produktion und die Kunden genannt.

Hinweise auf **Abweichungen und Unzulänglichkeiten** erhält man durch:

- Fehlermeldungen (Lieferant, intern, Kunde),
- Besuchsberichte
- Ergebnisse interner Audits,
- Auswertung von Qualitätsberichten,
- Datenanalysen, Trendkurven,
- Auswertung von Reviews und Self-Assessments,
- Ergebnisse aus Qualitätszirkel,
- Erkenntnisse bei der Schulungsbedarfsermittlung,
- Erkenntnisse aus Mitarbeitergesprächen,
- Erkenntnisse aus Benchmarks, Marktberichten oder Konferenzen

---

6.3.1 Bewertung der Abweichungen

Um angemessene Reaktionen einleiten zu können, muss die Bedeutung der festgestellten Abweichung richtig eingeordnet werden, wie in Abb. 6.4 dargestellt. Damit stellt man sicher, dass schwer wiegende Probleme mit der nötigen Priorität gelöst werden und unbedeutende Abweichungen nicht unnötig Ressourcen verbrauchen.

Einordnung	Beschreibung	Maßnahme
kritische Abweichung	gravierender Mangel, Verletzung der Spezifikation oder Gefährdung des Benutzers	umgehende Behebung
Hauptabweichung	die Brauchbarkeit wird in Frage gestellt	mittelfristige Behebung
Nebenabweichung	die Brauchbarkeit wird eingeschränkt, geringfügige Abweichung zur Spezifikation	langfristige Behebung
keine Abweichung	vermuteter Fehler hat sich nicht bestätigt, keine potentielle Fehlerursache erkennbar	keine Maßnahmen

Abb. 6.4: Klassifizierung von Abweichungen

6.3.2 Der Phasenreport

In der Automobilindustrie hat sich für die Vorgehensweise bei der Problemlösung ein standardisiertes Verfahren bewährt, welches dort als 8-D-Report bezeichnet wird. In Abb. 6.5 sind die einzelnen Phasen in der Übersicht dargestellt.

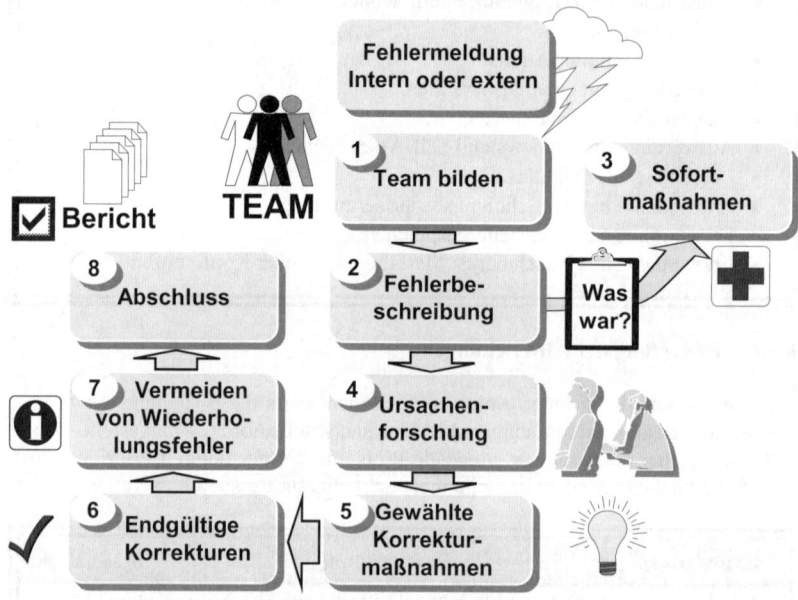

Abb. 6.5: Ablauf eines Problemlösungsverfahrens (8-Phasen-Report)

Im Einzelnen ist zu berücksichtigen:

Nach der Entscheidung, einen gemeldeten Fehler mit dem Verfahren des Phasenreports zu bearbeiten, sind zunächst die allgemeinen Angaben aus der Fehlermeldung zu übernehmen. Damit ist eine Zuordnung und Rückverfolgung gewährleistet, spätere Rückfragen werden erleichtert und der vom Fehler Betroffene kann eine exakte Rückmeldung erhalten.

Die Fehlerbeschreibung soll erste Hinweise auf mögliche Schwachstellen geben. Eventuell sind bei der Stelle, die den Fehler entdeckt hat oder bei den vermuteten Fehlerverursachern Detailinformationen nachzufragen. Eine diffuse Beschreibung wie „da muss etwas schief gelaufen sein" oder „früher lief es besser" reicht nicht aus, eine systematische Ursachenanalyse zu betreiben.

Bevor eine grundsätzliche Klärung herbeigeführt wird, was oftmals sehr langwierig sein kann, gilt es zunächst, durch Einleitung von Sofortmaßnahmen weiteren Schaden zu verhindern oder die Wiederholung desselben Fehlers unmöglich zu machen.

Sofortmaßnahmen können sein:

- 100%-Prüfung aller auszuliefernden Waren
- Produktionsstopp bis zur Fehlerabstellung
- Auslieferung von Alternativprodukten nach Absprache
- Beschaffung von Ersatzprodukten aus anderen Quellen

Damit aus dem Bestreben, den augenblicklichen Schaden möglichst gering zu halten, nicht unbewusst ein noch größerer Schaden entsteht, empfiehlt sich vor der Einführung von Sofortmaßnahmen eine Risikobetrachtung. Hier muss überlegt werden, inwieweit die Maßnahme das angestrebte Ziel erreicht und ob z.B. durch technische Risiken dem Kunden nicht noch größere Nachteile entstehen. Eine Rücksprache mit dem Kunden sollte das eindeutig klären.

Zur Ermittlung der Fehlerursachen bieten sich bewährte Praktiken an wie die Pareto-Analyse oder andere Methoden der Qualitätswerkzeuge, wie sie in Kap. 4.3.4 beschrieben sind. Diese Methoden werden in jedem Einzelfall von Teams angewendet, die sich aus in allen Aspekten des aktuellen Problems sachkundigen Mitgliedern zusammensetzen. Gegebenenfalls können tiefergreifende Verfahren wie FMEA oder QFD (siehe Kap. 5.2.4 und 5.2.5) zum Einsatz kommen.

Sofern die Fehlerursache eindeutig und zweifelsfrei feststeht, kann relativ schnell eine Korrektur durchgeführt werden. Oft sind aber mehrere potentielle Fehlerquellen zu betrachten, die sich teilweise gegenseitig in ihrer Auswirkung beeinflussen. So können gleichzeitig Kundenforderungen verändert worden sein, während ein neuer Prozess eingeführt wurde. Hier müssen verschiedene Korrekturmöglichkeiten Schritt für Schritt in Betracht gezogen und ausprobiert werden. Deshalb sind endgültige Prozessänderungen oder Ablaufveränderungen erst nach einer Erprobungs- und Beobachtungszeit mit entsprechender Risikoabschätzung verbindlich einzuführen.

Nachdem sich die gewählte Korrekturmaßnahme bewährt hat, können die zugehörigen Änderungen an der Dokumentation durchgeführt werden. Diese endgültigen Korrekturen dienen als Basis für die anschließende Mitarbeiterinformation.

Durch Schulung der am Prozess beteiligten Mitarbeiter mit besonderem Hinweis auf die aufgetretenen Fehler und deren Ursache kann eine Wiederholung desselben Fehlers vermieden werden. Eine entsprechende Überarbeitung der Prozess- und Prüfplanung sowie die Nutzung von FMEAs sichern die zukünftige Qualität ab. Durch Einsatz von Fehlervermeidungsmethoden wie Poka-Yoke (siehe Kap. 4.3.6) ist darüber hinaus auch eine automatische Verhinderung von Fehlern denkbar.

Die Wirksamkeit der korrigierenden Maßnahme wird am Produkt oder der Leistung überprüft. Durch statistische Aussagen erhält man ein Bild über das Maß der eingetretenen Verbesserung und kann Abschätzungen über die nach der Korrektur zu erwartende Zuverlässigkeit des Prozesses durchführen. Von einem Erfolg der Maßnahme kann erst gesprochen werden, wenn das Produkt oder die Leistung in seiner Gesamtheit wieder die Anforderungen des Kunden erfüllt.

6.4 Vorbeugungsmaßnahmen

Alle Maßnahmen, die geeignet sind, die Wahrscheinlichkeit des Auftretens von Fehlern zu reduzieren, bevor Fehler dann real auftreten, sind vorbeugende Maßnahmen. Wie in Kap. 1.2.2 näher erläutert, müssen sie so früh wie möglich in der Gesamtkette der Prozessschritte ansetzen, um die Kosten für die Fehlerbehebung zu minimieren oder sogar gegen Null gehen zu lassen (siehe Kap. 4.3.5 - Null-Fehler-Programme).

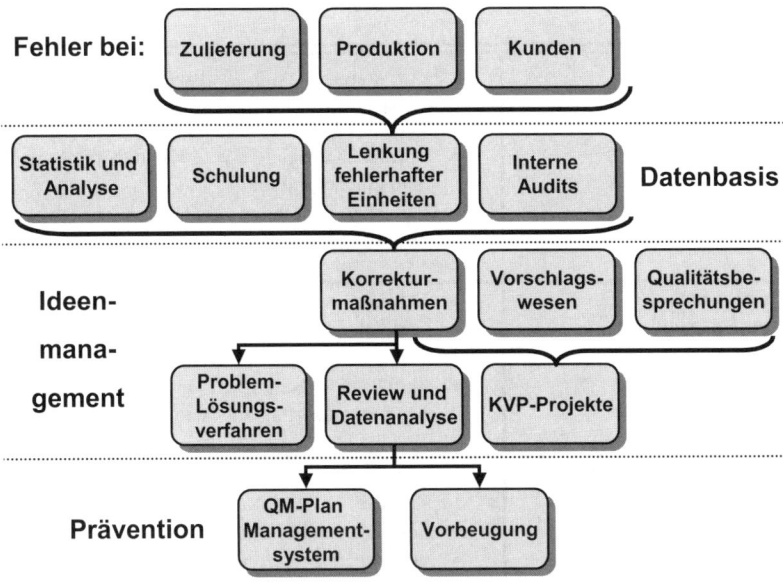

Abb. 6.6: Gesamtsystem zur Messung, Analyse und Verbesserung

In Abb. 6.6 ist zusammenfassend dargestellt, wie die Aufzeichnungen des QM-Systems, Ergebnisse der Datenanalyse und die Erkenntnisse aus dem Ideenmanagement (siehe Kap. 4.1.4) als Eingaben für Vorbeugungsmaßnahmen genutzt werden können.

Die gesammelten Leistungsdaten helfen, Ansätze für Vorbeugungsmaßnahmen herauszufinden und Prioritäten für Projekte zu setzen. Zusätzlich können spezielle Projekte initiiert werden, um Verbesserungsmöglichkeiten auf anderen Gebieten herauszufinden.

Das Verfahren für **Vorbeugungsmaßnahmen** beinhaltet:

- Feststellung potentieller Fehler
- Ermittlung der Ursachen und Aufzeichnung der Ergebnisse
- Festlegung von Vorbeugungsmaßnahmen für potentielle Fehler
- Einführung von Vorbeugungsmaßnahmen
- Überprüfung, ob die ergriffenen Vorbeugungsmaßnahmen wirksam sind

Bereich	mögliche Vorbeugungsmaßnahme
Marketing	• genaue Kenntnis der Kundenerwartungen • optimaler Abgleich von Kundenerwartung und eigener Fähigkeit • zwischen Lieferant und Kunden abgestimmte Spezifikation
Produktde-sign/Entwicklung	• Erfüllen vereinbarter Kundenforderungen und Kundenerwartungen in allen Punkten • wirtschaftlich produzierbar und überprüfbar • einfach, wirtschaftlich und umweltschonend zu entsorgen oder wiederzuverwerten
Prozessentwicklung	• gegenüber Störeinflüssen unempfindlicher Prozess • Schulung und Einarbeitung des Personals • vorbeugende Wartung der Maschinen • Ausschluss von Sicherheitsrisiken
Beschaffung	• klare Formulierung des Bedarfs gegenüber Lieferanten • Definition der Kriterien für Prüfprozeduren • Vorsorge für Lagerhaltung • Aufbau von Zweitlieferanten

Abb. 6.7: Vorbeugung als Aufgabe aller Bereiche

Sämtliche Bereiche eines Unternehmens können sich an der Ermittlung von Vorbeugungsmaßnahmen aktiv beteiligen. In Abb. 6.7 sind exemplarisch mögliche Vorbeugemaßnahmen aufgezeigt.

Um die Abläufe immer wieder kritisch auf Schwachstellen zu untersuchen, eignen sich Prozess- und Systemaudits wie in Kap. 2.5 beschrieben. Leider ist der Erfolg einer vorbeugenden Maßnahme schwer quantifizierbar, weil ein direkter Vergleich mit einer Situation ohne Durchführung dieser Maßnahme nicht möglich ist. Trotzdem lässt sich durch Analogien an aufgetretenen Schäden durch nicht vermiedene Fehler die Größenordnung der Kostenersparnisse einschätzen. Nicht vergessen werden darf dabei auch die Bedeutung von Fehlern für das Image eines Unternehmens. Letztendlich muss es für die Leitung des Unternehmens eine Frage des Selbstverständnisses und der Unternehmenskultur sein, den vorbeugenden Aktivitäten die entsprechende Priorität einzuräumen.

6.5 Fragenkatalog

1. Beschreiben Sie die Wirkungsweise des Deming-Zyklus und seinen Nutzen bei der Unternehmensentwicklung.

2. In welcher Form wirken die Tätigkeiten Überwachen, Korrigieren und Vorbeugen zusammen? Illustrieren Sie das an einem praktischen Anwendungsbeispiel.

3. Welche Mess- und Überwachungsverfahren kennen Sie?

4. Woher können Informationen zum Stand des Qualitätsmanagement-Systems gewonnen werden? Nennen Sie Beispiele der Erhebung.

5. Wie können Prozesse sicher gestaltet werden und welche Korrekturmöglichkeiten gibt es bei Abweichungen?

6. Nennen Sie typische Aufzeichnungen, die bei Prüfungen entstehen.

7. Warum sind eine unmittelbare Meldung von Fehlern und die Sperrung von fehlerhaften Produkten so wichtig?

8. Welche Inhalte kann eine Fehlermeldung haben? Überlegen Sie sich ein Beispiel aus dem Dienstleistungsbereich.

9. Wie sollte man mit als fehlerhaft erkannten Produkten umgehen? Welche Möglichkeiten der Verwendung kennen Sie?

10. Wann sollte ein formalisierter Problemlösungsreport erstellt werden und welche Schritte sind dabei sinnvoll?

11. Welche Quellen kann man zur Planung von Vorbeugemaßnahmen nutzen?

12. Wie können Sie sich die Erfolgskontrolle von Vorbeugungsmaßnahmen vorstellen?

13. Welche Bereiche im Unternehmen können an Vorbeugungsmaßnahmen aktiv teilnehmen und in welcher Ausprägung?

14. Nennen Sie aus Sicht der Unternehmensführung Argumente für eine Null-Fehler-Strategie.

Literaturverzeichnis

Aberle, G.: Transportwirtschaft, München, 1997

Art, G., Bachtaler, M., Qualitätsmanagement lohnt sich, in QZ 42 (1997) 4

Badelt, Ch.; Pomper, F. (Hrsg.): Handbuch der Nonprofit-Organisationen, Stuttgart, 2002

Bergbauer, A. K.: Die Unternehmensqualität messen, den Europäischen Qualitätspreis gewinnen, Expert-Verlag, 1999

Berghaus, H.; Langner, D: Das CE-Zeichen, München, 1994

Beywl, W.; Schobert, B.: Evaluation, Controlling, Qualitätsmanagement in der betrieblichen Weiterbildung, Bielefeld, 2000

Bleicher, K.: Das Konzept Integriertes Management, Frankfurt, 1996

Brauer, J.P., Kühme, E.U., DIN EN ISO 9000:2000 ff umsetzen, München, 2002

Bruhn, M.: Qualitätsmanagement für Dienstleistungen, Berlin, 2002

Bruhn, M., Stauss, B. (Hrsg.): Dienstleistungsqualität, Wiesbaden, 2000

Bruhn, M.: Forderungen des Marktes in Masing, W.: Handbuch Qualitätsmanagement, München, 1999

Bruhn, M.: Wirtschaftlichkeit des Qualitätsmanagements, Berlin, 1998

Bruhn, M.; Georgi, D.: Kosten und Nutzen des Qualitätsmanagements, München, 1999

Brunner, F. J.; Wagner, K. W.: Taschenbuch Qualitätsmanagement, München, 1999

Brunner, F.J.: Taschenbuch Qualitätsmanagement, München, 1999

Camp, R. C.: Benchmarking. - München, 1994.

Conti, T.: Self-Assessment : ein Werkzeug zur Verbesserung der Wettbewerbsfähigkeit, München, 1999

Corsten, H., Gössinger, R., Einführung in das Supply Chain Management, München, 2001

Crosby, P. B.: Qualitätsmanagement, Wien, 2000

Deming, W. E.: Out of the Crisis. - Massachusetts Institute of Technology, 1986.

Desatnik, R.: Long live the king. Quality Progress, 22 (1989) 4, S. 24-26

Deutsche Gesellschaft für Qualität:

DGQ-Schriften. - Berlin, Wien, Zürich: Beuth.

11-04: Begriffe zum Qualitätsmanagement

12-28: FMEA - ein systematisches Verfahren zur Fehleranalyse

12-61: Aufbauorganisation des Qualitätswesens

12-63: Systemaudit

13-41: Produkt- und Verfahrensaudit

14-17: Qualitätskosten

14-23: Qualitätskennzahlen (QKZ) und Qualitätskennzahl-Systeme

16-03: Skip-lot Stichprobenprüfung

19-27: Qualität und Haftung
Dommasch, C.-E., Der Profi-Einkäufer, Frankfurt, 1999
Doppler, K., Lauterburg, C., Change Management, Frankfurt, 1995
Dunkhorst, P.: Handbuch Qualitätsmanagement in der öffentlichen Verwaltung, NOMOS-Verlag, 1999

Eschenbach, R.; Horak, Ch.: Führung der Nonprofit-Organisationen, Stuttgart, 2003
European Foundation for Quality Management (EFQM): Excellence einführen: Informationsbroschüre, Brüssel, 1999
Eversheim, W.(Hrsg.): Prozessorientiertes Qualitätscontrolling, Berlin, 1997

Franke, H.J.; Pfeifer, T.(Hrsg.): Qualitätsinformationssysteme, München, 1998
Frey, D.: Vom Vorschlagswesen zum Ideenmanagement, Göttingen, 2000

Geiger, W.: Qualitätslehre, Wiesbaden, 1998
George, S.; Weimerskirch, A.: Total Quality Management, New York, 1998
Grammer, M.: Das Vorschlagswesen als Harmonisierungsinstrument für den KVP, Zeitschrift für Vorschlagswesen- Ideenmanagement in Wirtschaft und Verwaltung, 1995, 4
Grass, B.: Einführung in die Betriebswirtschaftslehre, Herne, 2003
Gronau, N.: Management von Produktion und Logistik mit SAP, München, 1996
Große-Oetringhaus: Strategische Identität, Berlin, 1996

Hammer, M., Champy, J., Business Reengineering: Die Radikalkur für das Unternehmen, Frankfurt 1998
Hammer, M., Champy, J., Das prozesszentrierte Unternehmen: Die Arbeitswelt nach dem Reengineering, Frankfurt 1999
Haring, H., Logistik mit SAP R/3, Wiesbaden 2001
Harings, H.: Qualitätsmanagement mit SAP R/3 und ARIS, Wiesbaden, 2000
Helfrich, C., Vom PPS-System zum Supply Chain Management, München 2001
Herzberg, F.: One or more time: How do you motivate employes? Harvard Business Review, 09/10 1987
Heß, M.: TQM: Kaizen-Praxisbuch, Köln, 1995
Hochheimer, N., Das kleine QM-Lexikon, 999 Begriffe des Qualitätsmanagements aus GLP, GCP, GMP und ISO 9000, Weinheim, 2002
Hofmann, D.: Wissensbasiertes Messen in Masing, W.: Handbuch Qualitätsmanagement, München, 1999
Hölzer, M.; Schramm, M.: Qualitätsmanagement mit SAP R/3, Wiesloch, 2000
Horváth, P.(Hrsg.): Kunden und Prozesse im Fokus, Stuttgart, 1994
Horváth, P.: Prozesskostenmanagement, München, 1998
Howaldt, J. u.a., Kontinuierlicher Verbesserungsprozess, Stuttgart 2001

Imai, M.:KAIZEN: The Key to Japan's Competitive Success, New York, 1986.

Jaschinski, C.; Reddemann, A.: Qualitätsmanagement für Non-Profit-Dienstleiter, Berlin, 1997

Kamiske, G. F.(Hrsg.), Die Hohe Schule des Total Quality Management, Berlin, 1994
Kamiske, G. F., Brauer, J.-P., Qualitätsmanagement von A bis Z, 3. Auflage, München 2001
Kamiske, G.F., ABC des Qualitätsmanagements, 2. Auflage, München 2002
Kamiske, G.F., Der Weg zur Spitze, München 2000
Kamiske, G.F.: Unternehmenserfolg durch Excellence, München, 2000
Kaplan, R. S.; Norton, David: Balanced Scorecard, Stuttgart, 1997
Kröll, M., Schnauber, H. (Hrsg.): Lernen der Organisation durch Gruppen- und Teamarbeit, Berlin, 1997
Kuhn, A., Supply Chain Management, Berlin, 2002

Leist, R.; Meissner, H.: Praxishandbuch Total Quality Management, Augsburg, 1997
Liesegang, D.G.; Pischon, A.: Integrierte Managementsysteme für Qualität, Umweltschutz und Arbeitssicherheit, Berlin, 1999
Loos, S., QS-9000 und VDA 6.1, München 1998

Madauss, Bernd J.: Handbuch Projektmanagement, Stuttgart, 2000
Malorny, Chr., TQM umsetzen, Stuttgart 2002
Masing, W.(Hrsg.): Handbuch Qualitätsmanagement, München, 1999
Maslow, A.H.: Motivation und Persönlichkeit, Reinbeck, 1987
McKinsey: „Excellence in Quality Management "
Mehdorn, H.; Töpfer, A.(Hrsg.): Besser/Schneller/Schlanker/TQM-Konzepte in der Unternehmenspraxis, Neuwied, 1994
Meier, H.: Unternehmensführung, Herne, 1998
Müller, W.; Riesenbeck, H.-J.: Wie aus zufriedenen auch anhängliche Kunden werden, in Harvard Manageer, 13. Jg., 1999, Heft 3, S. 67-79
Müller-Christ, G., Umweltmanagement - Umweltschutz und nachhaltige Entwicklung, München, 2001

Nakajima, S.: Management der Produktionseinrichtungen, Frankfurt, 1995

Pepels, W.: Kompaktlexikon Qualitätsmanagement, Köln, 1998
Pfeifer, T., Praxisbuch Qualitätsmanagement, 2. Ausgabe, München 2000
Pfeifer, T., Qualitätsmanagement, 3. Ausgabe, München 2000
Pieske, R., Benchmarking in der Praxis, Landsberg, 1997

Regber, H., Zimmermann, K., Change Management in der Produktion, Landsberg 2001
Reiß, M.(Hrsg.): Change Management, Stuttgart 1997
Richter, M.: Personalführung im Qualitäts-Management, München, 1999

Sauerwein, E.: Das Kano-Modell der Kundenzufriedenheit, Wiesbaden, 2000
Scheibeler, A.: Easy ISO 9001:2000 für kleine Unternehmen, München, 2000
Schulte, C., Logistik, 3. Auflage, München 1999
Schwarz, P. u.a.: Das Freiburger Management-Modell für Nonprofit-Organisationen, Wien, 2002
Seghezi, H. D.: Integriertes Qualitätsmanagement, München, 1996
Shainin, D.: Alternatives to Taguchi Orthogonal Tables, München, 1989
Sprenger, R. K.: Prinzip Selbstverantwortung, Frankfurt, 1995
Stauss, B.; Seidel, W.:Beschwerdemanagement. Fehler vermeiden - Leistungen verbessern - Kunden binden, München, 1995

Taguchi, G.: System of Experimental Design, Dearborne, 1987
Taylor, F. W.:The Principles of Scientific Management, New York, 1911
Thaller, G., Von ISO 9001 zu TQM Effizientes Qualitätsmanagement, Frankfurt, 2001
Tomys, Kostenorientiertes Qualitätsmanagement, Hanser, München 1994
Töpfer, A. (Hrsg.), Business Excellence, Frankfurt, 2001
Töpfer, A. (Hrsg.): Geschäftsprozesse analysiert und optimiert, Berlin, 1996
Töpfer, A.: Kundenzufriedenheit messen und steigern, Neuwied, 1996

UB MEDIA AG: Fach-Datenbank Qualitätsmanagement, Markt Schwaben, 2003
Uehlinger, K.; v. Allmen, W.: TQM live, Kilchberg, 1999

VDI; forum!: Das Excellence Barometer 2001 und 2002, Düsseldorf/Mainz
VDI-DGQ-Richtlinie 5502, Gründruck, Düsseldorf, 2002

Wahren, H.-K.: Erfolgsfaktor KVP, München, 1998
Walgenbach, P.: Die normgerechte Organisation, Stuttgart, 2000
Wallisch, F.: Die QM-Werkstatt, m. CD-ROM, Köln, 1999
Werner, H., Supply Chain Management, Stuttgart, 2002
Wildemann, H. (Hrsg.): Qualität und Unternehmenserfolg, München, 1997
Wildemann, H., Qualitätscontrolling, München 2002
Wildemann, H.: Qualitätskosten- und Leistungsmanagement, in Controlling, Nr.5, 1995, S. 193-215

Zeithaml , V.A. : Qualitätsservice, Frankfurt, 1992
Zink, K. J.: Bewertung ganzheitlicher Unternehmensführung, München, 1998

Zipperer, M.: Zuverlässigkeitsprüfung in Masing, W.: Handbuch Qualitätsmanagement, München, 1999

Zollondz, H.D., Grundlagen Qualitätsmanagement, München, 2002

Stichwortverzeichnis